सरस संवाद

वाणी प्रकाशन

21-ए, दरियागंज, नई दिल्ली-110002

फोन : 011-23273167, 23275710, 41562622

फैक्स : 011-23275710

e-mail : vani_prakashan@yahoo.com

सरस संवाद

पुष्पा भारती

वाणी प्रकाशन

वाणी प्रकाशन

4695, 21-ए, दरियागंज, नयी दिल्ली 110 002

शाखा

अशोक राजपथ, पटना 800 004

फ़ोन: +91 11 23273167 फ़ैक्स: +91 11 23275710

www.vaniprakashan.in
vaniprakashan@gmail.com

SARAS SAMVAD
by Pushpa Bharti

ISBN : 81-7055-624-4
Linguistic

प्रथम संस्करण 1998
द्वितीय संस्करण 2006
मूल्य : ₹ 250

शुभम ऑफ़सेट, दिल्ली-110032 में मुद्रित

वाणी प्रकाशन का लोगो मक़बूल फ़िदा हुसेन की कूची से

भूमिका

उन दिनों केवल भारत ही नहीं, तमाम दुनिया के पत्रकारों के अनुरोध श्रीमती सोनिया गाँधी के पास आ रहे थे कि भले ही चंद मिनिट ही दें पर एक मौका साक्षात्कार का जरूर दें। पर सोनियाजी का जवाब सिर्फ़ इंकार होता था। मुझे उनसे एक लम्बे संवाद का मौका कैसे मिल गया, वह एक अलग कहानी है। लेकिन जब वह अंतरंग भेंटवार्ता 'धर्मयुग' में छपी तो एक तहलका-सा मच गया। सारे भारत से पाठकों के पत्रों का आना जो शुरू हुआ तो सिलसिला महीनों चला। इतनी बड़ी संख्या में पत्रों की कल्पना मैंने स्वप्न में भी नहीं की थी। भारत की प्रायः सभी भाषाओं की पत्रिकाओं और समाचार-पत्रों में उस साक्षात्कार के अंश प्रकाशित हुए। विदेशों से भी अनेक भाषाओं में अनूदित कतरनें मुझे मिलीं। यह इसलिए हुआ था कि कल तक नितांत-अपरिचित सोनिया गाँधी उस साक्षात्कार के कारण चिरपरिचित-सी लगने लगी थीं। अपने यहाँ का 'संडे आब्ज़र्वर' नामक अंग्रेजी अखबार उन दिनों बेहद लोकप्रिय था। वहाँ से जब अनुमति माँगी गयी तो मैंने उनसे महज़ सतर्कतावश कह दिया था कि छापने से पहले कृपया अपनी प्रति मुझे एक बार दिखा ज़रूर लें। दो दिन बाद जब वहाँ से अनुवाद आया तो मैंने पाया कि मेरी प्रस्तुति को उन्होंने प्रश्न और उत्तर की शक्ल में बदल दिया है। मैंने तुरंत आपत्ति की और कहा कि हो सकता है आपके पास जगह की कमी हो तो बेशक आप उस साक्षात्कार को संपादित करके उसमें कुछ अंश काट दें और छोटा कर लें। लेकिन जितना भी छापें उसको प्रश्नोत्तर शैली में न बदल कर उसी रूप में अनुवाद करें जिस शैली में मैंने लिखा है। उनके उपसंपादक़ ने कहा कि अंग्रेज़ी में तो साक्षात्कारों को प्रश्न और उत्तर के रूप में ही छापे जाने की परम्परा है, उसके चरित्र को बदलना ठीक नहीं होगा। तो मैंने अत्यंत विनम्रतापूर्वक निवेदन किया कि उस परम्परा और चरित्र के निर्वाह

हेतु आप स्वयं प्रश्न और उत्तरवाला साक्षात्कार अंग्रेज़ी में ले लें। मेरे लेख को हिंदी के लिये ही रहने दें। यहाँ एक बात बता देना मौजूं होगा कि ब्रिटेन में लंदन से निकलनेवाले लोकप्रिय अख़बार 'द टाइम्स' ने भी मेरा उक्त लेख छापने की अनुमति ली थी और पूरे के पूरे साक्षात्कार को मेरी शैली बरकरार रखते हुए अंग्रेज़ी में ज्यों का त्यों अनूदित करके छापा था। ख़ैर, बात यहाँ अपने यहाँ के संडे आब्जर्वर की हो रही है— बाद में उसके तत्कालीन सम्पादक श्री विनोद मेहता से मैंने बात की तो उन्होंने बात के मर्म को समझा और वह लेख ज्यों का त्यों अनूदित हुआ और छपा। उन लोगों ने बाद में बताया कि उन्हें भी बहुत अधिक संख्या में पाठकों के पत्र और सराहना संदेश मिले।

अंग्रेज़ी ही नहीं, अन्य भाषाओं में भी अमूमन साक्षात्कार प्रश्न और उत्तर की शैली में ही लिखे जाते रहे हैं। पर उन्हें पढ़ने के बाद संबंधित व्यक्ति का कोई एकाध पक्ष ही प्रगट हो पाता है। राजनीतिज्ञ है तो उसका राजनीतिक रूप सामने आता है, साहित्यकार है तो उसकी साहित्यिक मान्यताओं और उपलब्धियों का लेखा-जोखा सामने आ जाता है, कलाकार है तो बात उसकी कला के वृत्त में ही घूमती रह जाती है। पर जिससे साक्षात्कार करना चाहते हैं उसके व्यक्तित्व की पर्त दर पर्त को भेद कर उसको सम्पूर्ण रूप से पहचानने का योग ही नहीं बन पाता; क्योंकि इन पर्तों को कुरेदने का काम महज़ प्रश्न नहीं कर पाते तथा प्रश्न और उत्तर की औपचारिकता के बीच बहुत छोटी-छोटी वह बातें नहीं आ पातीं जो हमें अनायास ही अहसास करा देती हैं कि मानो हम इन विभूतियों को ख़ासे निकट से जानते हैं। आज जो सचिन तेंदुलकर विश्व के कीर्तिमानों को रौंदने की ओर बढ़ता हुआ विश्व क्रिकेट में अपनी चमक से सबको चकाचौंध किये है वह आठ वर्ष की उम्र तक बोतल से दूध पीता था। स्कूल के बैग में बिल्ली का बच्चा और मेढक पकड़कर रख लाता था या कि जब आप जानेंगे कि अपने पिल्लों से छेड़खानी करते सचिन को एक कुतिया ने सरपट दौड़ा दिया था तो क्रिकेट की क्रीज़ पर रन बनाने के लिये बगटुट दौड़ता सचिन आपको और भी प्यारा नहीं लगने लगेगा? या कि कैसा सरस संवाद स्थापित हो जाएगा आपका जया बच्चन से जब आपको पता चलेगा बचपन में उनका नाम 'पाता' (पत्ता) था और उन्हें नौकरों के लड़कों के साथ कंचे, लट्टू और गिल्ली-डंडा खेलने का बड़ा शौक था या कि जब पता चलेगा कि बेहद कलात्मक बल्लेबाज़ी करके अपने ज़माने में रनों का अम्बार खड़ा कर लेनेवाले जगत् प्रसिद्ध पाकिस्तानी खिलाड़ी ज़हीर अब्बास को बचपन में कंचे खेलने की लत के कारण माँ ने सख़्त सज़ा दी थी कि उनके दोनों नन्हे हाथ जलते तपते चिमटे से जला डाले थे, तो देश परदेश को विभाजित कर डालने

वाली सारी सीमा रेखाएँ तोड़कर उन हाथों को माथे लगा लेने का जी करने लगेगा न आपका ! बस यही कुछ किया है मैंने इन भेंटवार्ताओं में कि जिसके बारे में आप पढ़ें वह आपको अपना प्रिय पात्र लगने लगे और आप उससे रिश्ता कायम कर लें।

प्रस्तुत पुस्तक में जितने भी साक्षात्कार आप पढ़ेंगे वे सब लोग गौरवशाली, महिमामंडित व्यक्तित्ववाले लोग हैं। उनके पीछे उनकी बड़ी उपलब्धियों के इतिहास हैं। मेरे मन में उन सभी के प्रति बहुत आदर का भाव रहा है। लेकिन साक्षात्कार लेते समय मैंने अपने ऊपर उनकी बड़ी उपलब्धियों के आतंक को हावी नहीं होने दिया, बल्कि उनके साथ एक बराबरी के स्तर पर सरस संवाद स्थापित किया। संवाद के उस धरातल पर आते ही फ़ालतू नक़ाब हट जाते हैं और धीरे-धीरे मन पर जो स्वाद छूटने लगता है उसके चलते ऐसा लगने लगता है कि संबंधित व्यक्ति के—और पाठक के बीच से मैं हट जाती हूँ। और दोनों के बीच एक परिचय के रिश्ते को जुड़ जाने देती हूँ। क्योंकि अपनी साक्षात्कार लेने की शैली में मैंने बराबर यह कोशिश की है कि जाने-माने व्यक्ति की जो सार्वजनिक छवि सबके बीच प्रचलित है, उसके पीछे—उसका सम्पूर्ण सहज व्यक्तित्व क्या है, उस व्यक्तित्व के और कितने अनछुए-अनजाने आयाम हैं वह सब मेरे पाठकों के सामने उभरकर आ सकें।

मुझे आशा है कि सरस संवाद की यह अंतरंग आत्मीयता आपको एक नये प्रकार का संवेदन-सुख दे सकेगी।

4 सितंबर, 1998 —पुष्पा भारती

अनुक्रमणिका

राष्ट्रभक्त आर. वी. की कहानी राष्ट्रपति वेंकटरामन की जुबानी

तपता सूरज, पिघलती गर्मी, सूनी सड़कें और माहौल में व्याप्त एक खामोश दहशत! देश के सर्वोच्च पदों पर आसीन व्यक्तियों के इंटरव्यू लेने की बात हो तो दिल्ली में मुझे हर बार यही कुछ मिलेगा क्या ! नौ जुलाई '87 को दोपहर साढ़े बारह बजे का समय मिला है मुझे श्री वेंकटरामन से विशेष इंटरव्यू लेने का। झुलसती गर्मी में दिल्ली पहुँची हूँ—मालूम होता है कि नौ जुलाई को तो आतंकवादियों द्वारा निर्दोष बस यात्रियों की निर्मम हत्या के विरोध में दिल्ली बंद है। याद आता है ठीक ऐसी ही गर्मी थी जब दो वर्ष पहले श्री राजीव गाँधी और सोनियाजी का इंटरव्यू लेने आयी थी। उस दिन तो दिल्ली में ट्रांजिस्टर बम फूट रहे थे और इससे भी ज्यादा खामोश दहशत पूरे शहर में व्याप्त थी। आज तो दिल्ली की सड़कों पर जहाँ-तहाँ बोरियों पर बोरियाँ लाद कर मोर्चे बना लिये गये हैं, गश्त लगाते संगीनधारी सिपाही चौकन्ने हैं।

श्री वेंकटरामन के निवास-6 मौलाना आजाद रोड पर पहुँची तो सुरक्षा संबंधी रुटीन क्रम में से गुजरते हुए यों ही वहाँ के कर्मचारियों से मैंने कहा कि अब तो अगले हफ़्ते आप सब राष्ट्रपति भवन जाने की तैयारियाँ करेंगे—इस समय तो चारों ओर मुबारकें-मुबारकें हो रही होंगी तो प्रफुल्लित स्वर में वे लोग बोले, ''मुबारकें-मुबारकें तो जी उसी दिन से होने लगी हैं, जिस दिन से नॉमिनेशन फाइल हुआ था।'' सभी को जीत का पूरा विश्वास था। मैं तो खैर, आयी ही यह सोच कर हूँ कि हमारे अगले राष्ट्रपति श्री वेंकटरामन ही होंगे।

औपचारिकताएँ पूरी करके श्री वेंकटरामन के निवास स्थान पर कार्यालय के बाहर प्रतीक्षा कक्ष में बैठने पर पाया कि वहाँ का वातावरण आगंतुक पर

कतई हावी नहीं होता। कोई भी निश्चिन्त मन से बेखौफ बैठ सकता है। अन्यथा अकसर मैंने पाया है कि बड़े लोगों के दफ्तरों का माहौल आपको दबाने लगता है। यहाँ सादा-सा सोफा पड़ा था। सामने की दीवार पर लगभग तीन बाई चार फीट का एक कालीन टँगा था। आप सोचेंगे कालीन तो फर्श पर बिछा होना चाहिए। जी हाँ—लेकिन यह कालीन का टुकड़ा कुछ विशेष था। इस पर स्वर्ण मंदिर, अमृतसर का चित्र बुना हुआ था। बाकी की दीवारों पर श्री वेंकटरामन को विभिन्न विश्वविद्यालयों से मिली डिग्रियाँ फ्रेम की हुई टँगी थीं।

कुछ ही पलों की प्रतीक्षा के बाद जब मैं उनके कक्ष में गयी तो देखा, इस कक्ष का वातावरण भी बिल्कुल सादा है। उनकी मेज पर ढेर सारे कागजात ! फाइलें, टेबुल लैंप, कलमदान, कागज रखने की ट्रें, टेलीफोन आदि के साथ ही एक ओर पड़ी थी गोटे-तिल्ले की बनी एक बहुत बड़ी माला। शायद, थोड़ी देर पहले कोई पहना कर गया होगा। मेज के पास रखी स्टील की आलमारी की छत पर शायद मिट्टी या प्लास्टर का बना गेंडा रखा है। दूसरी ओर बाँस का बना बड़ा-सा मोर पंख फैलाये खड़ा था। उधर ही उछाल लेती लहरोंवाले हरहराते समुद्र के बीच एक खुरदरी चट्टान पर तनी खड़ी प्रियदर्शिनी इंदिरा गाँधी की बहुत ही खूबसूरत तस्वीर लगी है। जापान के राजकुमार, थाई देश की राजकुमारी, जैल सिंह, कांची कामकोटि पीठ के शंकराचार्य, रमण महर्षि के चित्र, फूजी गुरुजी की प्रतिमा आदि से कमरे का वातावरण ऐसा प्रतीत हो रहा है कि यदि समय मिले तो इस एक कक्ष से ही बीसियों संस्मरण मिल सकते हैं। एक ओर जहाँ पुस्तकों की आलमारी है, वहाँ जा कर मैं अंदाज लगाने की कोशिश करती हूँ कि वेंकटरामनजी की रुचियाँ कैसी हैं। ऊपर के दो खानों में तो कई फोटो एलबम रखे हैं। नीचे किताबों में तमाम साहित्यिक कृतियाँ हैं, योग, धर्म, कला और संस्कृति पर पुस्तकें हैं। दर्शन, इतिहास, और राजनीति पर पुस्तकें हैं। यानी कि सामने बैठा सादे सफेद खादी के वस्त्रों को धारण किये यह व्यक्ति साधारण मनुष्य नहीं है। साहित्य, संगीत और कला का मर्मज्ञ है।

मुझे बताया गया था कि वे निजी पारिवारिक जीवन की बातें नहीं करेंगे। सुन कर मन थोड़ा बुझ गया था। पर उनसे मिलने पर जब मैंने उन्हें धर्मयुग के चरित्र के बारे में बताया तो उनकी मुखमुद्रा पर आश्वस्ति की जो झलक आयी, उसे देख कर मैंने हौले से बातों का क्रम मोड़ दिया और बातों-ही-बातों में कहा, अपने बचपन की कुछ यादों को मेरे साथ शेयर कीजिए न! आप किसके लाड़ले थे— माँ के, पिता के या दादा-दादी के या... देखा वे मेरी बात स्नेह से सुन तो रहे हैं, पर अभी भी थोड़े रिजर्व हैं, तो मैंने कहा, अच्छा यह बताइए बचपन में आपको सबसे ज्यादा किसने प्रभावित किया था—क्योंकि पूत के पाँव

तो पालने में ही दिखने लगते हैं न!

4 दिसंबर, 1910 को जन्मे श्री वेंकटरामन की आँखों में चमक आयी। ओठों पर एक सहज मुस्कान फैल गयी और मेरी ओर ऐसे देखा, जैसे कह रहे हों, शैतान लड़की, आखिर तूने घेर ही लिया, कुछ सोचते हुए बोलने लगे।

''मेरे बचपन का जमाना तो वह जमाना था, जब गाँधीजी ने सारे देश में आजादी का आंदोलन छेड़ दिया था। मेरे पिता वकील थे। बार के लीडर थे, लेकिन थे पक्के नेशनलिस्ट...पक्के देशभक्त! मुझे याद है जब मैं बहुत छोटा था, स्कूल में पढ़ता था तो मेरे एक टीचर ने मुझे बुला कर कहा था कि अपने पिता से कहो, क्यों बेकार मुसीबत मोल ले रहे हैं। हुआ यह था कि काँग्रेस का एक बड़ा कार्यकर्ता गिरफ्तार कर लिया गया था। उसका केस लड़ने के लिए अंग्रेजों के डर से कोई वकील राजी ही नहीं हो रहा था। मेरे पिता वह केस लड़ने के लिए तैयार हो गये थे। अँग्रेज शासकों से टक्कर लेनी थी, इसलिए सभी चिंतित थे।''

मैंने कहा, जाहिर है आपका बालमन भी डर गया होगा तो बोले, ''टीचर ने जब मुझसे कहा तो पूरी बात तो मेरी समझ में आयी नहीं थी, लेकिन मैं डरा नहीं था बल्कि मेरे मन में यह बात आयी थी कि जरूर ही मेरे पिता कोई महान् काम करनेवाले हैं। और मैं मन-ही-मन उत्साहित हो उठा। शायद, इसी उत्साह का प्रभाव होगा कि उन दिनों की एक-एक बात मुझे खूब याद है कि एक दिन हमारे शहर में विदेशी कपड़ों की होली जलाई जा रही थी। मैं भी बड़ी देर से खड़ा देख रहा था। अचानक मैंने भी अपनी कमीज उतारी और उस आग में फेंक दी। मुझे याद है मेरा दोस्त अपनी कमीज नहीं फेंक सका था, क्योंकि उसके पास सिर्फ वही एक कमीज थी पहनने के लिए। कमीज न फेंक पाने के लिए वह बहुत उदास हो गया था।''

निश्चय ही मित्र की उस उदासी ने वेंकटरामन के मन पर असर डाला होगा। दोस्त की मजबूरी से गरीबी की कातर विवशता की पहचान ने ही शायद आगे चल कर गरीब मजदूरों के लिए उनके मन में बहुत विशेष सहानुभूति जगायी होगी। उन्होंने स्थायी मूल्य के काम किये आगे चल कर।

मैं उनको अभी बचपन की यादों में ही घेरे रहना चाहती थी, इसलिए उनके पिता के बारे में फिर पूछा तो बोले, ''मेरे पिता का नाम रामस्वामी था। वे नेशनलिस्ट थे और हमेशा खादी के कपड़े पहनते थे। ('खादी' शब्द को वेंकटरामनजी एक खास लहजे में 'कादी' कहते हैं) शायद उन्हीं का प्रभाव था कि कॉलेज में नाम लिखाने के बाद से ही मैं सिर्फ खादी के ही कपड़े पहनता था और मेरे ऊपर भी आजादी का जुनून सवार हो गया था।''

मैंने पूछा, आजादी के लिए आप क्या करते थे, तो बोले–

''मेरे पिता के पास बड़े-बड़े लीडर आदि मिलने आते रहते थे। उनकी बातें ध्यान से सुना करता था और उन दिनों मैं सुब्रह्मण्य भारती की कविताएँ बहुत पढ़ता था।''

यादों में खोये-खोये वे गुनगुनाने लगे 'विडुदलै! विडुदलै! विडुदलै! फ्रीडम फ्रीडम फ्रीडम!' मेरी ओर देखा तो शायद उन्हें ध्यान आया कि मैं तो हिंदी भाषाभाषी हूँ, तो स्वतंत्रता शब्द का अपने तरीके से उच्चारण करते हुए बोले, 'स्वतंत्रता, स्वतंत्रता, स्वतंत्रता !' (सुब्रह्मण्य) भारती की यह कविता हम लोग खूब गाया करते थे। (कविता की कुछ पंक्तियाँ बताने के लिए कहा तो स्वयं उठकर गये और बुकसेल्फ में से एक किताब निकालकर दी, जिसमें यह पूरी कविता छपी थी। ''भारती की कविताओं में बड़ा जोश होता था। गरीब हो, अमीर हो; हरिजन हो या सवर्ण–सभी के लिए आजादी जन्मसिद्ध अधिकार होता है, यह भावना उनके गीत मन में कूट-कूट कर भर देते थे। हम कई लड़के मिल कर उनकी कविताएँ गाते हुए गली-गली घूमा करते थे।''

मैंने पूछा, ये बातें किस सन् की हैं, तो एक मिनट सोचा और अपने तरीके से गणित बैठाते हुए बोले, ''सन्? सन् था...मैं तब दस बरस के करीब रहा होऊँगा ...तो 1910 + 10 यानी करीब 1920-21 का जमाना था तब। समझ लो 1923-24 तक हम यही सब करते रहते थे। खूब पढ़ते थे और पढ़े हुए देशभक्ति के गीत गा-गा कर सबको सुनाते थे। कॉलेज जीवन तक आते-आते तो हम भी पक्के नेशनलिस्ट हो गये थे।''

मैंने कहा, इसका मतलब है कि आपके चरित्र निर्माण में आपके पिता के प्रभाव के साथ-साथ सुब्रह्मण्य भारती के साहित्य से मिले संस्कार भी थे। इनके अलावा उन दिनों और कौन लोग थे जो आपको प्रभावित कर रहे थे–कोई टीचर? कोई नेता? सुनते ही बिना एक पल भी सोचे झपाक से बोले–

''उन दिनों एक बहुत बड़े नेता हुआ करते थे–सत्यमूर्ति। वे अँग्रेजी और तमिल के बड़े जबरदस्त स्पीकर थे। सेंट्रल असेंबली के मेंबर थे। उनका भाषण सुनने के लिए लोग दूर-दूर से आते थे। उन्हें लोग मद्रास रेजिडेंसी की स्टेट असेंबली में बुलाना चाहते थे। वे स्वयं भी वहाँ जाने को उत्सुक थे, तो सरदार पटेल ने खीझते हुए उन्हें खत लिखा कि ''भूलाभाई देसाई बीमार रहते हैं और तुम सेंटर छोड़ कर स्टेट असेंबली में जाना चाहते हो तो ठीक है भई, मेरे पास इसके सिवाय और कोई चारा नहीं रहेगा कि मैं सेंट्रल असेंबली से कॉंग्रेस पार्टी का बोरिया-बिस्तरा ही समेट लूँ।'' यानी कि वे इतने बढ़िया वक्ता थे कि कॉंग्रेस पार्टी का उनके बिना सेंटर में काम चलना ही मुश्किल था। वही सत्यमूर्ति एक

बार मेरे पिता से मिलने हमारे घर आये, तब मैंने उन्हें निकट से देखा और उनकी बातें सुनीं और मैं उनका भक्त हो गया। तुम यह समझ लो कि सच्चे अर्थों में वे ही पहले व्यक्ति थे, जिन्होंने मुझे सही अर्थों में प्रभावित किया और स्वतंत्रता संग्राम में कूदने की प्रेरणा दी।''

मैंने कहा, हम उत्तर भारतीयों ने सत्यमूर्ति का नाम ज्यादा नहीं जाना। आजादी मिलने के बाद वे कहाँ रहे? क्या करते रहे? तो बोले—

''अरे नहीं, वे तो सन् 1942 के आंदोलन के दौरान जेल में डाल दिये गये थे। जेल में ही बहुत बीमार पड़ गये। बीमारी के कारण उन्हें रिहा कर दिया गया। बाहर आने के बाद अस्पताल में भर्ती हुए और वहीं मर गये। सन् 1943 में ही गुजर गये थे वे, आजादी के पहले ही चले गये।''

मैंने पूछा, उनके विचार क्रांतिकारी थे क्या? मेरे कहने का मतलब है कि वे चंद्रशेखर आजाद, भगतसिंह आदि की लाइन पर सोचते थे या गांधीवादी थे ? तो आर. वी. बड़ी सादगी से बोले, ''देखो भई, हम तो धुर दक्षिण में थे—उत्तर भारत से काफी दूर हम लोगों ने आजाद और भगतसिंह वगैरह के बारे में पढ़ा तो था, पर ये लोग हमारे लिए महज नाम भर थे। हम ज्यादा जानते नहीं थे उनके बारे में। सत्यमूर्ति की लाइन तो गाँधीजी वाली लाइन थी।''

मैंने पूछा, सन् बयालीस में आप क्या कर रहे थे? तो बोले—

''मैं तो सन् 1935 में मद्रास हाईकोर्ट में एडवोकेट हो गया था।'' मैं बोली, अच्छा तो आपने बी.ए. एल.एल. बी. किया होगा। तो मुझे घुड़कते-से बच्चों जैसी सरलता से बोले—''बी. ए. नहीं भई, हमने एम. ए. किया था इकॉनामिक्स में। एम. ए. और तब एल.एल. बी. नहीं लॉ की डिग्री को बी. एल. कहा जाता था यानी बैचलर ऑफ लॉ, तो सन् पैंतीस से मैं वकालत कर रहा था। वकालत में मैं मजदूरों की समस्याओं में बहुत रुचि लेता था। बहुत-सी ट्रेड यूनियनों का मैं कानूनी सलाहकार था। पैंतीस से चालीस तक मैं लेबर यूनियन का प्रेसिडेंट था। तुम पूछ रही हो कि मैंने सन् बयालीस में क्या किया? तो देखो, सन् बयालीस में तो देश का पूरा-का-पूरा लेबर आजादी की लड़ाई लड़ रहा था, तो स्वाभाविक है कि मैं भी उन्हीं के साथ खूब सक्रिय था। मैं तो रात-दिन लेबर के काम में ही लगा रहता था। आखिर अँग्रेज सरकार ने सन् बयालीस से चौबालीस तक मुझे जेल में बंद कर दिया। जेल से छूटने पर मैंने देखा कि सारे-के-सारे लेबर को कम्युनिस्ट लोग कंट्रोल कर रहे थे तो मैंने मद्रास की कांग्रेस कमेटी के लेबर सेक्शन का काम अपने हाथों में लिया और लेबर कांग्रेस बनायी तथा बड़ी तत्परता और मेहनत से कांग्रेस के झंडे तले कई ट्रेड यूनियनें इकट्ठी कीं।''

मैंने कहा, उन दिनों की कोई खास रोचक घटना याद हो तो बताइए न!

तो ऊपर देख कर कुछ याद करते से एकदम खुल कर हँसे और बोले, ''उन दिनों की एक मज़ेदार बात बताता हूँ। द्वितीय महायुद्ध में नेताजी सुभाष बोस ने आजाद हिंद सेना बनायी थी, जिसने दक्षिण-पूर्व एशिया के तमाम भारतीयों में एक नयी जागृति पैदा कर दी थी। अँग्रेज इस कारण से बहुत खफ़ा थे। जापान के समर्पण के बाद उन्होंने मलाया और सिंगापुर के अनेक भारतीयों पर राज्यद्रोह तथा दुश्मन से मिल जाने का आरोप लगाकर मुकदमे चलाये, तो हृदयनाथ कुंजरू, कृष्ण मेनन और राजगोपालाचारी ने भारत सरकार से कहा कि नेताजी को डिफ़ेंड करने के लिए हिंदुस्तानी वकीलों का दल सिंगापुर भेजा जाना चाहिए।''

मुझे कागज पर कुछ लिखते देख वे इस तरह बोले, जैसे कोई टीचर किसी बच्चे को समझाता है। बोले, ''मालूम है न, भारत सरकार से मतलब अँग्रेज सरकार से है तब ब्रिटिश राज था न!'' हम दोनों ही खुलकर हँस दिये। अब तक माहौल बहुत सहज हो चुका था। मेरे साथ बैठकर अपनी यादों को जीना आर.वी.को शायद अच्छा लगने लगा था। वे बोले, ''पाँच वकीलों का एक दल सिंगापुर भेजा गया। यू.पी. से पी. एन. सप्रू, बंबई से नरीमन, मद्रास से के. भाष्यम् अयंगार—ये तीन वरिष्ठ वकील थे। इनके साथ दो जूनियर वकील भेजे गये, जिनमें से एक मैं था। उसी सिलसिले में जब हम लोग सिंगापुर में थे, तब उन दिनों लॉर्ड माउंटबेटन के निमंत्रण पर पंडित जवाहरलाल नेहरू सिंगापुर आये हुए थे। तब मलाया में तमिल मूल के भारतीय लोग बहुत रहते थे। पंडितजी को वहाँ भाषण देना था। मुझसे कहा गया कि मैं मंच पर से पंडितजी के बोलने के साथ-ही-साथ उनके भाषण का तमिल में अनुवाद करता चलूँ। पंडित जवाहरलाल नेहरू के साथ एक ही मंच पर खड़ा होना मेरे लिए बड़े गर्व की बात थी। मैंने बड़े ध्यान से खूब सफलतापूर्वक यह काम किया। दो-तीन मीटिंगें तो बड़े मजे में बीत गयीं, पर एक मीटिंग में पता नहीं पंडितजी को क्या सूझा कि वे बहुत ही कठिन अंग्रेजी में बड़ी-बड़ी बातें करने लगे। मुझे कुछ समझ ही न आये। शुरू में थोड़ी-बहुत कोशिश की, पर बड़ी कठिनाई हो रही थी। सामने विशाल जनसमूह बैठा था। मैंने सोचा, अटकने और लड़खड़ाने से तो बेहतर है कि मैं तमिल में अपनी ही बात बोलता चलूँ। पंडितजी अपनी बात पूरी करें, तो बजाय उनकी बात का अनुवाद पेश करने के मैंने अपना ही भाषण बोलना शुरू कर दिया। भाषण के दो-तीन टुकड़े इसी तरह निकल गये—मैं जब बोलता तो पब्लिक खूब तालियाँ बजाती। कुछ देर तक जब यही क्रम चला तो पंडितजी को शक पड़ा और वे बोले, 'यह वेंकटरामन मेरी बात आपको सुना रहा है या खुद अपना ही भाषण झाड़ रहा है।' यह सुनना था कि सारी पब्लिक खूब जोर से ठठाकर हँसने लगी। चारों ओर से तालियों और हँसी की आवाज

में आवाज मिलाकर पंडितजी भी हँसने लगे।''

पंडितजी और पब्लिक की वह हँसी तो खैर, मैंने नहीं सुनी थी, लेकिन यह घटना बताते हुए आज जब श्री वेंकटरामन हँस रहे थे तो उनके फैले ओठ और कंठ ही नहीं, उनकी आँखें भी हँस रही थीं। बड़ी दूधिया निश्छल खुली हुई हँसी है हमारे राष्ट्रपति श्री वेंकटरामन की!

यादों में प्रसन्नमन डूबे वेंकटरामन बोले, ''यह समय था फरवरी या मार्च, 1946 का।'' मैंने पूछा, उस मुकदमे का क्या हुआ, तो वेंकटरामन की आँखों में एक चमक कौंधी और नटखट बालक की तरह वे बोले, ''अरे, वह तो पंडित जी ने बीच में पड़कर रफा-दफा करवा दिया। सिवाय उनके, जिन्होंने कुछ मारपीट या कुछ दूसरे अपराध किये थे, बाकी सबको छोड़ दिया गया।'' और हँसते हुए मजा लेकर बोले, ''लोग समझते रहे कि हम लोगों ने जिरह करके उन्हें छुड़ाया। सारा श्रेय हम लोगों को मिल गया। सिंगापुर से आने के बाद मैं तो अपनी वकालत में ही लगा रहा था। मुख्य रूप से ट्रेड यूनियनों के काम में जुटा था। खेतिहर मजदूर हों, बागानों के कर्मचारी हों या डाक वर्कर हों, रेलवे कर्मचारी हों या पत्रकार। सबको संगठित करना, उनके हितों की रक्षा करना। इसी सब में मेरा समय खर्च होता था। उन दिनों तमिलनाडु के सबसे बड़े नेता थे कामराज। मैं जब उनके संपर्क में आया तो उन्होंने मुझे सक्रिय राजनीति में आने के लिए प्रेरित किया और कहा, अब तुम्हें अपना अधिक-से-अधिक समय राजनीति के कामों में खर्च करना चाहिए। बाद में सन् 1950 में उन्होंने ही मुझे प्रॉवीजनल पार्लियामेंट का मेंबर बनाकर भेजा। मैं बोलता बहुत अच्छा था, इसलिए कुछ महीने बाद ही स्पीकर ने मुझे न्यूजीलैंड में होनेवाली कॉमनवेल्थ पार्लियामेंटरी कान्फ्रेंस में भारतीय पार्लियामेंट के डेलीगेशन का मेंबर बनाकर भेजा।''

मैंने जब वहाँ की कोई यादगार घटना बताने के लिए कहा तो थोड़ी देर सोचते रहे फिर बोले, ''बहुत लोगों से परिचय हुआ था वहाँ। यूनाइटेड किंगडम के कई डेलीगेट्स और डेफन बेकर जो बाद में कनाडा के प्रधानमंत्री बने थे, वे सब मुझसे काफी प्रभावित हुए थे और मेरे बड़े दोस्त बन गये थे।'' कोई और यादगार संस्मरण न बताते हुए बात को वहीं छोड़ कर वे स्वयं ही अपनी जीवन यात्रा के अगले महत्त्वपूर्ण पड़ाव की ओर मुड़ गये और बोले, ''फिर 1952 में अपने नेटिव डिस्ट्रिक्ट तंजौर से चुनाव लड़ कर मैं पार्लियामेंट में आया। और फिर तो बाकायदा राजनीति में प्रवेश कर गया और पूरा समय राजनीति को ही देने लगा। वकालत वगैरह छोड़ दी। और दिल्ली आ गया। यहाँ इक्कीस नंबर क्वींसवे में रहने लगा।'' 'क्वींसवे' नाम सुन कर मैं चौंकी क्योंकि नाम मुझे अपरिचित-सा लगा तो मुस्कराकर बोले—''अरे, तुम्हारा आज का यह जनपथ

तब क्वींसवे कहलाता था।''

मैंने पूछा, सारा परिवार भी दिल्ली आ गया होगा, तो बोले--''नहीं, वे सब मद्रास में थे। क्योंकि बच्चे वहाँ पढ़ रहे थे। पत्नी दिल्ली आती-जाती रहती थीं।''

पत्नी और बच्चों का जिक्र आया कि मैंने मौका लपक लिया और पूछा, बच्चे कितने हैं आपके? तो बोले, ''तीन बेटियाँ हैं, पहली बेटी पद्‌मा वियना में रहती है। उसके पति यूनिडो में काम करते हैं, यूनिडो जानती हो? यूनाइटेड नेशंस इंडस्ट्रियल डेवलपमेंट ऑर्गनाइजेशंस। और दूसरी बेटी विजया कानपुर में है और उसके पति आई. आई. टी. कानपुर में प्रोफेसर हैं। तीसरी बेटी लक्ष्मी अमरीका में बेल लैबरेटरीज में काम करती है।''

मुझे लिखते देख, अँग्रेजी हिज्जे बोलने लगे—बी ई, डबल एल बेल लैबरेटरीज! (और मुझे अपने स्वर्गीय पिता याद आने लगे, वे अध्यापक थे और हिज्जों पर बहुत ध्यान देते थे।) मेरी यह बेटी फिजिसिस्ट है। उसके पति भी साइंटिस्ट हैं।'' मैंने कहा, यानी तीनों बेटियाँ सुखी वैवाहिक जीवन बिता रही हैं। तो बोले, ''हाँ, सब वेल सेटिल्ड हैं, मुझे कोई चिंता नहीं।''

मैं मन-ही-मन खुश हो रही थी कि जिन बातों पर कोई बात न करने की ताकीद मुझे मिली थी वे ही बातें स्वयं ही प्रवाह में बह आयी हैं। अब तो सब कुछ सहज ही मालूम होता चलेगा कि भीतर से बुलावा आ गया तो वे बोले, ''असल में बात यह है कि हमारी पारिवारिक मित्र हैं शुभलक्ष्मी। वे आयी हुई हैं और सब लोग खाने पर मेरा इंतजार कर रहे हैं, इसलिए मुझे तो अब जाना पड़ेगा।'' खड़े होते-होते बोले, ''और कुछ भी पूछना चाहती हो क्या?'' उनके कहने के ढंग में और स्वर में थोड़ा-सा स्नेह घुला हुआ था और उठने के पहले चर्चा भी बेटियों की चल रही थी, तो मुझे भी न जाने क्या सूझा कि सहज ही एकदम से बेटी की तरह बच्चों के-से स्वर में ठुनककर बोली, अभी तो सन् 1952 ही है। आपके राजनीतिक जीवन की शुरुआत भर हुई है—अभी तो आपने कुछ किया ही नहीं... मेरे लेख का क्या होगा...सुन कर वे जितने प्यार से हँसे उनकी वह शुभ्र हँसी मेरे टेपरेकॉर्डर में तो बंद है, पर पाठको ! मेरे शब्दकोश में कोई शब्द ऐसे नहीं। जिनसे मैं आपको वह उन्मुक्त हँसी सुनवा सकूँ। हँसते-हँसते बोले, ''ठीक है! ठीक है! गोपाल से कहना वे तुम्हें और समय दे देंगे। कल फिर आ जाना।'' गोपाल से उनका मतलब अपने निजी सचिव श्री गोपाल गाँधी से था। महात्मा गाँधी के सबसे छोटे प्रपौत्र श्री गोपालजी जितनी निष्ठा, लगन और आदर के साथ वेंकटरामनजी का काम देखते हैं, वह काबिलेतारीफ है। उन्होंने मुझे अगले दिन फिर पौने बारह बजे आने का समय दिया।

यह अधूरी भेंटवार्ता लिये जब मैं घर लौटी तो दिल्ली बंद की सांय-सांय

सड़कों पर पसरी हुई थी। गर्मी भी इतनी कि बंद कमरों से बाहर निकलने का प्रश्न ही नहीं। शाम को जब बाहर निकली और आसमान पर ढलने को उद्यत सूरज पर जो नजर गयी तो पाया कि ऐसे रंग का सूरज तो आज तक मैंने कभी देखा ही नहीं था। धूल और गर्द से सने हुए पुराने कनस्तर के टीन के रंग का सूरज! एकदम पिटा-पिटा-सा दिल्ली का सूरज! मालूम नहीं हमेशा ही गर्मियों में ऐसा होता है या आज ही मुझे ऐसा दिखाई दे रहा था। दूसरे दिन जब मैं फिर 6 नंबर मौलाना आजाद रोड पहुँची तो लगा ही नहीं कि मेरे और वेंकटरामन जी के बीच में से पूरे इक्कीस घंटे गुजर चुके हैं। बातों का सिलसिला यों-का-यों निहायत अनौपचारिक ढंग से फिर शुरू हो गया।

आज तो न मुझे कोई भूमिका बाँधने की जरूरत थी, न उन्हें मूड में लाने की। कल बात सन् 1952 के चुनावों के बाद के कार्यकलाप पर चल रही थी, आज बातों का सिलसिला वहीं से उठाकर बोले, "1957 में पार्लियामेंट के चुनावों के बाद मैं फिर जीत कर आ गया। इस बार लालबहादुर शास्त्री ने मुझे बताया कि जब नयी कैबिनेट बनेगी तो तुम्हें मिनिस्टर ऑफ स्टेट की हैसियत से उसमें शामिल किया जानेवाला है, लेकिन जब कामराजजी को यह बात पता चली तो बोले—नहीं तुम्हें तो मैं तमिलनाडु में अपनी कैबिनेट में लेना चाहता हूँ। मैंने उनसे यही कहा कि आप प्रधानमंत्री से बात कर लें क्योंकि जो वे चाहेंगे, वही करना मेरे लिए उचित होगा। तो कामराज पंडितजी से मिले और उनसे कहा कि मैं अपने राज्य में खूब औद्योगिक विकास करना चाहता हूँ। इस काम में वेंकटरामन का सहयोग मिलना बहुत जरूरी है। उनके बिना मेरा काम चलना कठिन होगा। सब बातें सुनने के बाद पंडितजी ने उनसे कहा कि तुम उसे यहाँ डिस्टर्ब करते रहोगे, इसलिए बेहतर है कि तुम्हीं ले जाओ। और मैं तमिलनाडु नें कामराज के मंत्रिमंडल में शामिल हो गया। इंडस्ट्रीज, लेबर, यातायात, सेल्स और कमर्शियल टैक्स के विभाग मुझे सौंपे गये। तब हमने तमिलनाडु की इंडस्ट्रियल नींव रखी।"

यह बताते समय उनके मुख पर संतोष की उजली रेखाएँ स्पष्ट दिखाई दे रही थीं। बड़े गर्व से बोले, "जानती हो हमारी स्टेट में तो पहले बस केवल खेतीबारी ही होती थी। वहाँ मैं 1957 से 1967 तक दस साल रहा इस दौरान हम सबने मिलकर अपनी स्टेट को भारत की सबसे बड़ी इंडस्ट्रियल स्टेट बना लिया। पहले नंबर पर आता था महाराष्ट्र, दूसरे पर बंगाल और तीसरे पर हम। यद्यपि पहले दोनों प्रदेश तो आजादी मिलने के पहले ही विकसित हो चुके थे। आजादी मिलने के बाद तमिलनाडु ने सबसे ज्यादा औद्योगिक विकास किया। हमने लोगों को तरह-तरह से उत्साहित किया। चाय बागानों को संगठित किया, छोटे किसानों के लिए कोआपरेटिव बनाये, तरह-तरह की फैक्टरियाँ खोलीं, कपड़ा

मिलें खोलीं, छोटे-छोटे उद्योग-धंधे लगाने के लिए लोगों को सहायता दी। फिटर्स और टर्नर्स के लिए संस्थान खोले। मैं तकनीकी शिक्षा का भी इंचार्ज था। उस समय कई इंजिनियरिंग कॉलेज और पॉलीटेकनिक इंस्टीट्यूट खोले। अपने मंत्रित्वकाल में हमने लंबी दूरीवाले यातायात साधनों का विकास भी किया। मद्रास से बंगलौर, मद्रास से कन्याकुमारी आदि। सोचो तीस साल पहले ही हमने यह सब काम करने शुरू कर दिये थे। देखते-देखते तमिलनाडु इतनी उन्नति कर गया।''

मैंने कहा, बड़े बढ़िया पारखी थे कामराज। ठीक ही किया कि सेंटर से आपको माँग कर ले गये। उनकी संतोषदायक यादों में से निकलकर आगे बढ़ने की गरज से मैंने कहा, मद्रास में तो आप सड़सठ तक रहे न फिर उसके बाद ? तो बोले, ''सड़सठ में मेरी नियुक्ति यूनियन प्लानिंग कमीशन के मेंबर के रूप में की गयी। वहाँ भी इंडस्ट्री, लेबर, पावर, यातायात, दूरसंचार और रेलवे के कार्यों का भार सौंपा गया। वहाँ मैं 1971 तक रहा।''

मैंने कहा, यानी जो करिश्मा आप तमिलनाडु में करके आये थे, उसी सिलसिले को यहाँ भी जारी रखा गया तो बोले, ''अरे, नहीं भई, प्लानिंग कमीशन में सक्रिय ढंग से हम क्या कर सकते थे भला! यहाँ तो योजना बना दो, नीति निर्धारण कर दो। वहाँ तो खुद काम करते थे। यह बात अलग थी, वह अलग। वैसे यहाँ एक अच्छी कोशिश की हमने। कई तरीकों से सारे राज्यों को एक सूत्र में बाँधा था, जैसे यह काम किया कि बिजली की आपूर्ति की ओर ध्यान दिया। यानी कि ऐसी योजना बनायी कि किसी राज्य के पास यदि थोड़ी अतिरिक्त पावर है तो उसका उपयोग कोई भी दूसरा राज्य कर सके। इस तरह पिछड़े हुए राज्यों के लिए कई नयी योजनाएँ बन सकीं।''

मैंने टोका कि चालीस बरस हो चुके हैं, मगर देश के हर कोने में तो बिजली अभी तक भी नहीं पहुँच सकी है। तो जरा तल्खी से बोले, ''अरे, विकास धीरे-धीरे ही होता है। सब कुछ एकदम से थोड़े ही हो जाता है। चालीस बरस! अरे, सारे संसार के इतिहास को देख लो चालीस बरस क्या होते हैं। दो-दो सौ वर्ष लग जाते हैं परिवर्तन लाने में। अंग्रेजों को अंग्रेजी लागू करने में ही दो सौ वर्ष लग गये थे। अच्छा, अब चलो आगे की बात बतायें, फिर सतहत्तर में मैंने मद्रास सिटी से चुनाव लड़ा और फिर पार्लियामेंट में आ गया। इस बार विपक्ष की बेंचों पर बैठा। पार्लियामेंट में विपक्ष की ओर से बजट पर डिबेट मैं ही शुरू करता था। फिनांस बिल में कई तरह के संशोधन कराने में भी मैं कई बार सफल रहा था। असल में वित्त और उद्योग मेरी खास रुचि के विषय रहे हैं।'' मैंने कहा, आजकल जब कभी कोई जटिल स्थिति भी आयी तो भी आपने उपराष्ट्रपति

होने के नाते राज्यसभा के चेयरमैन की हैसियत से विपक्ष को जिस तरह टैकल किया, उसकी चारों तरफ खूब तारीफ हुई है। उन दिनों जब आप स्वयं विपक्ष में थे, तब कभी कोई उलझन पेश आयी होगी या और किसी प्रकार की कोई रोचक घटना बताइए न उन दिनों की। तो काफी देर तक सोचते रहे शायद, कुछ याद भी आया होगा पर बोले, ''ऐसा तो कुछ खास याद नहीं है। याद आयेगा तो फिर बतायेंगे। यह तो वह समय था जब इंदिरा गाँधी अपदस्थ कर दी गयी थीं और काँग्रेस विपक्ष बन गयी थी। वैसे घटना की क्या बात है: आजकल जब हम सत्ता पक्ष में हैं तो जो कुछ बातें विपक्षवालों से कहते हैं, वैसी ही बातें तब हमसे कही जाती थीं। यह सब तो यों ही चलता है।

''1980 में हम फिर सत्ता में आ गये। उस समय श्रीमती इंदिरा गाँधी की सरकार में मैं केंद्रीय वित्त मंत्री बनाया गया। चरणसिंह ने तो इनफ्लेशन (मुद्रास्फीति) दर इक्कीस दशमलव चार प्रतिशत छोड़ी थी। मैंने जब यह मंत्रालय छोड़ा तो दर दो दशमलव चार प्रतिशत थी। अपने कार्यकाल में मैंने बेयरर बांड की स्कीम चालू की थी और एक हजार करोड़ रुपया इकट्ठा किया था। फिर हमें रक्षा मंत्रालय सौंपा गया।'' मैंने कहा, इस महत्त्वपूर्ण मंत्रालय में भी जरूर आपने कुछ-न-कुछ मौलिक काम किया होगा, तो बोले, ''असल में बात यह है कि 1953 से 1961 तक पंडित जवाहरलाल नेहरू ने हमें ट्रिब्यूनल में रखा था और बराबर यूनाइटेड नेशंस भेजते रहते थे। तो वहाँ हम नये-से-नये विकास कार्यों का साक्षात् परिचय कर आते थे। वह तमाम जानकारी बड़ी लाभप्रद सिद्ध हुई। 1982 से 84 के बीच हमने अपनी सेनाओं को काफी हद तक आत्मनिर्भर बना दिया था। कई स्कीमें चालू की थीं। सैनिकों की सेवा-स्थितियों में निखार के साथ-ही-साथ रॉकेट, मिसाइलें, टैंक वगैरह तक हम खुद अपने देश में ही बनाने लग गये थे। काफी काम हुए उन दिनों। फिर 1984 से तो हम उपराष्ट्रपति के पद पर काम कर ही रहे हैं। बस! अब तो हुआ तुम्हारा लेख!'' कहकर हँस पड़े।

पर मैं उनको अभी छोड़ने के मूड में कतई नहीं थी। मैंने कहा, लगभग पाँच दशकों से आप सक्रिय राजनीति में हैं। बड़े-बड़े पदों पर रहे हैं, आपने तो सारी दुनिया घूमी, देखी होगी ? बोले, ''हाँ, हाँ बहुत देखा है—पूर्व और पश्चिम, यूरोप, रूस, अमरीका, कनाडा, साउथ-ईस्ट एशिया, जापान, ऑस्ट्रेलिया, न्यूजीलैंड, यूगोस्लाविया, मॉरीशस, वगैरह तमाम देशों में सरकारी काम से गया हूँ।''

मैंने पूछा, परदेसों की तमाम यादें दिल और दिमाग में समायी रहती हैं। ऐसी कोई याद हमारे पाठकों को बतायेंगे? तो बोले, ''यादें तो बहुत हैं। एक

तुम्हें बताता हूँ। उन दिनों की बात है जब कामराज काँग्रेस पार्टी के प्रेसिडेंट थे। तब वे रूस की यात्रा पर गये थे। मुझे भी साथ ले गये थे। उनका बड़ा स्नेह प्राप्त था मुझे। उनके साथ तब कोसीगिन, ब्रेजनेव आदि सभी बड़े लीडरों को निकट से देखने, समझने का मौका मिला था और तमाम प्रसिद्ध स्थान घूम-घूम कर देखे थे। रूसी शासकों और जनता दोनों पर ही कामराज का बड़ा बढ़िया प्रभाव पड़ा था। अखबारों में कामराज की तस्वीरें छपी थीं। और खूब प्रशंसा की गयी थी। एक दिन हम लोग किसी रमणीय स्थान पर घूम रहे थे तो मैंने ऐसा महसूस किया कि काफी लोग शायद हमारे विषय में ही बात कर रहे हैं। दुभाषिये से पूछने पर पता चला कि सचमुच वे लोग कामराज के बारे में ही बात कर रहे थे और कह रहे थे कि देखो यह इंडिया का इतना बड़ा नेता है, लेकिन बेचारे के पास पहनने के लिए कोट भी नहीं है। लगता है, भारत बहुत गरीब देश है।'' यह कहकर वे फिर अपनी वही हँसी हँसने लगे जिससे अब तक मैं खूब परिचित हो चुकी थी। फिर बोले, ''असल में कामराज हमेशा कमीज और धोती ही पहनते थे। उस समय भी कमीज-धोती—नहीं, धोती भी नहीं, बल्कि लुंगी पहने हुए थे। वहाँ से लौट कर मैंने एक पुस्तक लिखी थी—**मास लीडर अमंग द सोशलिस्ट कंट्रीज**। तमिल में लिखी मेरी पुस्तक को बाद में **सोवियत लैंड** पुरस्कार भी मिला।''

बड़े शौक से उन्होंने अपनी वह पुस्तक दिखाई। उस पुस्तक का चित्र खिंचाने के लिए जब मैंने पुस्तक माँगी तो कंजूस की कौड़ी की तरह किताब हाथ में दबाकर बोले, ''नहीं भई, इसकी तो यह एक ही कॉपी है मेरे पास।'' फिर यह आश्वासन पा कर कि किताब सही-सलामत कल ही वापस कर दूँगी तो मुझे वह पुस्तक मिली। किताब देने के लिए ना करने में उनकी कितनी सादगी थी, कितना निरअहंकार, इसका आप अंदाज लगा सकते हैं। श्री वेंकटरामन की यह मानवीयता, यह सादगी और कर्तव्यनिष्ठा ही तो रही है, जिसने उन्हें सभी का प्रिय पात्र बना रखा है। पचास वर्ष लंबे राजनीतिक जीवन में उनकी किसी से भी कोई कहीं दुश्मनी नहीं है। पक्ष के हों, विपक्ष के हों—सभी लोग उनका आदर करते हैं। सच्चे अर्थों में अजातशत्रु हैं वे। तभी न जब तमिलनाडु में काँग्रेस हार गयी और विपक्ष की सरकार बनी तो केंन्द्र में जाते समय वेंकटरामन का विदाई समारोह वहाँ विपक्षी सरकार ने भी बड़े प्रेम से आयोजित किया था। स्वयं मुख्यमंत्री श्री अन्नादुराई ने वेंकटरामन को माला पहनाकर विदा दी थी।

राजनीतिक जीवन का लेखाजोखा हो लिया तो अन्य रुचियों के बारे में पूछने पर उन्होंने कहा, ''आई.सी.सी.आर. का चेयरमैन रहा हूँ। मुझे सारे संसार से विभिन्न स्तरों पर सांस्कृतिक संबंध बनाने में बड़ी रुचि है।'' मैंने कहा, नहीं

मेरा मतलब आपकी अन्य हॉबीज से है। तो बोले, ''टेनिस खेलता हूँ, देश-विदेश घूमने का शौक है। नेचर को प्यार करता हूँ। संगीत का शौक है। कर्नाटक संगीत का तो खूब ज्ञान है। हिंदुस्तानी संगीत भी समझता हूँ। मेरी बेटी जो कानपुर में है, उसने पहले तो कर्नाटक संगीत की डिग्री ली थी, फिर कानपुर जा कर हिंदुस्तानी म्यूजिक की भी डिग्री ली है। डबल डिग्री है उसके पास। उसे संगीत का भी खूब ज्ञान है। हमको भी है।'' मैंने कहा, कल जब आपने अपनी मेज की ड्राअर में से कैमरा निकालकर मेरी फोटो खींची थी तो मैं समझ गयी थी कि जरूर ही फोटोग्राफी आपकी हॉबी होगी। तो बोले, ''हाँ, हाँ, सच बात है। मैं जब चौदह-पंद्रह साल का था, तभी से मुझे फोटोग्राफी का बड़ा शौक रहा है।'' मैं बोली, उस जमाने में तो जरूर आपके पास कोडक का बॉक्स कैमरा रहा होगा तो जोर से हँस पड़े। बोले—''हाँ, हाँ ठीक, यही कोडक का ही बॉक्स कैमरा था तब मेरे पास। अब तो बेलौज, कैनन, एक बढ़िया रूसी कैमरा जैनिथ वगैरह कई तरह के कैमरे हैं मेरे पास।'' फिर बड़े शौक से बताया कि जब जापान गये थे तो वहाँ क्योतो में एक बौद्ध मंदिर के सामने के जलाशय में पड़ती छाया के साथ एक फोटो खींची थी। वह इतनी बढ़िया आयी कि मालूम ही नहीं पड़ता था कि मंदिर कौन-सा है और छाया कौन-सी है। वे जिस-जिस देश में जाते हैं, वहाँ की ढेरों तस्वीरें खुद खींच कर लाते हैं। चित्रों की बात चल रही थी, तब वे बोले कि सभी देशों की तस्वीरें हैं मेरे पास। केवल चीन ही मैंने अभी तक नहीं देखा। तो मैंने कहा, मेरे पति जब चीन गये थे तो वहाँ से लौट कर जो उन्होंने यात्रा विवरण लिखा था, वह बहुत ही बढ़िया है। आप हिंदी पढ़ते हों तो मैं भेजूँ। तो हिंदी में ही जवाब देते हुए बोले, ''हाँ, हाँ, मैं पढ़ सकता हूँ। मैं लिख सकता हूँ बस बोलना बहुत मुश्किल है। बोलने का अबियास (अभ्यास) नहीं है इसलिए लेकिन वइसे तुमको बताऊँ इंदिरा गाँधी मेमोरियल लेक्चर में मैं हिंदी में बोला। पूरा भाषण हिंदी में बोला।'' फिर आँख मींच कर हँस कर बोले, ''असल में थोड़ा बोल्ड अक्षर में कागज पर सब लिख कर सामने रखकर हम बोला, पर फिर अभी जब मैथिलीशरण गुप्त सैनटीनरी आया, उस समय पर भी मैं सब हिंदी में बोला। बिना लिखे ऐसे ही बोला। तो जैल सिंह ने कहा—क्या? आप इतनी अच्छी हिंदी बोलते हैं!'' कहकर खूब हँसे और हँसते-हँसते ही बोले, ''क्यों नहीं बोल सकते, हिंदी जरूर बोल सकते।''

इसी समय मैंने उनसे कहा कि हिंदी तो हमारी राष्ट्रभाषा है। पर अभी तक हम विदेशों में उसे वह सम्मान नहीं दिला पाते हैं, जो किसी राष्ट्रभाषा को मिलना चाहिए। अभी कुछ दिन पहले जब भारत महोत्सव का उद्‌घाटन करने राजीव जी मॉस्को गये थे तो टीवी पर देखा। उन्होंने अपना भाषण हिंदी में दिया। श्री

गोर्बाचोफ के रूसी भाषण का तर्जुमा एक रूसी दुभाषिये ने हिंदी में किया। देख कर बड़ा गर्व महसूस किया। राष्ट्रभाषा के साथ यही व्यवहार हर देश में जाने पर क्यों नहीं हो सकता? विदेशों की बात छोड़ भी दें तो ऐसा क्यों है कि भाषा को लेकर हमारे अपने देश के अंदर ही व्यर्थ के विवाद खड़े होते रहते हैं। मेरी बात को धैर्यपूर्वक सुनने के बाद एक मिनट रुककर वे बोले, ''देखो, ऐसा है कि हमारे देश में कुछ लोग तो ऐसे हैं जो चाहते हैं कि धीरे-धीरे सारे देश में हिंदी का प्रचार हो और एक राष्ट्रभाषा बने। लेकिन कुछ लोग ऐसे हैं जो जरा जल्दी करते हैं। अगर उनका मतलब न भी हो तो भी उससे दूसरों को यह आभास होने लगता है कि उन पर कोई भाषा जबरदस्ती लादी जा रही है। जहाँ यह भावना पनपने लगे तो उससे फिर उस भाषा का स्वाभाविक प्रसार रुक जाता है या फिर उसमें बहुत देर होने लगती है। बाधाएँ आती हैं। विवाद खड़े होते हैं। इसलिए इस मामले में थोड़ा धीरज से काम लेना ज्यादा अच्छा रहेगा।''

मैंने कहा, पर इस समस्या को सुलझाने में कुछ ठोस काम भी तो किया जाना चाहिए न! आखिर पेंच उलझा कहाँ है? तो समझाते हुए बोले, ''देखो, हमारे यहाँ एक और कठिनाई है। अधिकतर भाषाओं की अपनी अलग लिपियाँ हैं। यूरोप में अनेक देशों में लोग दो-दो, तीन-तीन भाषाएँ सीखते और बोलते हैं। लेकिन वहाँ सुविधा यह है कि हर भाषा की लिपि वही अंग्रेजी लिपि यानी मेरा मतलब रोमन लिपि है। इस बात को भी ध्यान में रखना होगा। मैं तुम्हें एक और बात बताऊँ, आदि शंकराचार्य ने क्या किया था। वे शुद्ध संस्कृत बोलते थे, लेकिन जब तमिलनाडु में अपने विचारों का प्रचार करने आये तो उन्होंने बोला तो खैर तमिल में, लेकिन सवाल था कि संस्कृत श्लोकों को तमिल में लिखा कैसे जाये, क्योंकि संस्कृत की कई ध्वनियाँ ऐसी थीं, जो तमिल लिपि में थीं ही नहीं। तो उन्होंने लिपि का अध्ययन किया और उन ध्वनियों के लिए तमिल में कुछ नये अक्षर प्रचलित किये। फिर वे श्लोक लिखे गये, जिसको ग्रंथ कहते हैं। मैं तो यह भी कहूँगा कि कुछ दिनों के लिए अगर हिंदी को कई लिपियों में लिखा जाये तो उसमें हर्ज क्या है। हिंदी को कहीं तमिल लिपि में, कहीं कन्नड़ लिपि में, कहीं बंगला आदि कई तरह की लिपियों में, कहीं रोमन लिपि में भी लिखा जाये तो उससे हिंदी का प्रचार बढ़ेगा।''

बातें करते-करते काफी वक्त गुजर चुका था। मेरा तो खैर, मन भरा ही नहीं था, लेकिन लगा कि शायद वे भी मुझसे ऊब नहीं रहे हैं, इसलिए उनसे आगे पूछ बैठी कि आधुनिक विचारकों में से आप किसी से प्रभावित हुए हैं या...मैं अभी वाक्य पूरा भी नहीं कर पायी कि वे बोले, ''हाँ, मुझे कृष्णमूर्ति ने बहुत प्रभावित किया है।'' यह सुनकर कि मैं भी कृष्णमूर्ति से मिल चुकी

हूँ, वे बहुत खुश होकर बोले, ''अच्छा! अरे वाह!'' मैंने कहा, कृष्णमूर्ति की एक बात पर तो अकसर बड़ी देर-देर तक सोचती रहती हूँ—वे कहते थे न कि ट्रुथ इज ए पाथलेस वॉयज (सत्य एक पथविहीन रास्ता है)। वेंकटरामनजी मुग्धभाव से बोले, ''वाह! वाह! कितनी अच्छी बात है। मैं बताऊँ, मुझसे एक बार बातों के दौरान बोले कि जो बीत गया है, उस पर सिर क्यों धुनते हो और भविष्य की चिंता में क्यों घुलते हो। आज पर ध्यान दो, आज को सँवारो।'' मैं बोली, सच बड़ी अच्छी बात है, लेकिन एक बात बताइए कि हम अतीत से स्वयं को काट लें और भविष्य की परवाह न करें तो क्या वर्तमान में कुछ बड़ा काम कर पायेंगे?

मेरी बात सुनकर बोले, ''सोचने का यह ढंग अलग है। मैं सही-गलत की बात नहीं कर रहा। मैं कह रहा हूँ कि कृष्णमूर्ति जैसे महान् लोगों के साथ बैठने पर बहुत मानसिक शांति मिलती है, आत्मिक बल मिलता है। मन खुद-ब-खुद गहरी बातें सोचने लगता है और फिजूल की बातों की ओर प्रवृत्ति ही नहीं होती।''

मैंने उनको और भी कुरेदने की गरज से कहा, कि कभी-कभी बड़े लोगों की बात भी मन में शंका जगाती है कि यह कैसा दर्शन हुआ। जैसे कई बरस पहले पुरी के शंकराचार्य बोले थे कि ठीक है कोई हरिजन यदि मेरे चरण स्पर्श करना चाहता है तो मैं उसे रोकूँगा नहीं, लेकिन यदि उसके बाद मैं स्वयं स्नान करना चाहूँ तो मुझे क्यों कोई रोकना चाहे (यह बात कहते समय शायद मैं सामने रखे शंकराचार्य के चित्र की ओर देखने लगी थी)। मैं बोली, भला यह कैसा कन्विक्शन हुआ? तो वे जोर से हँसे और उँगली से इशारा करते हुए बोले, ''यह चित्र तो कांची के शंकराचार्य का है।'' हँसी की खनक के बीच ही में से मैं बोली, मुझे गौतम बुद्ध की वह बात बहुत अच्छी लगती है, वे कहते हैं कि मेरी बातों को महज इसलिए मत मानो कि मैं कह रहा हूँ—तुम्हें खुद को यह बात ठीक जँचे तो ही उसे मानो, तो मेरा भी यह जानने का मन है कि आपको कृष्णमूर्ति या शंकराचार्य या गाँधीजी या अन्य बड़े लोगों की कौन-सी बातें बहुत अच्छी लगती हैं, और मानने योग्य लगती हैं। मेरी बात को बीच से ही लपकते से बोल पड़े, ''ओह गाँधीजी! देखो, गाँधी को तो मैं इस युग का सबसे महान्, सबसे बड़ा पुरुष मानता हूँ। वे आधुनिक युग के लिए आदर्श थे। जहाँ तक अध्यात्म की बात है, मैं शंकराचार्य को बहुत बड़ा मानता हूँ, पर जहाँ तक सामाजिक पक्ष की बात है, गाँधी से बढ़ कर कोई नहीं है। समानता, स्वतन्त्रता, भाईचारा, पुरुष और नारी में समानता—यह वही थे, जो तुम औरतों को भी राजनीति में हिस्सा लेने के लिए आगे लाये थे, वरना किसी ने भी यह बात सोची तक नहीं थी। हरिजन आंदोलन के रूप में तो उन्होंने समाज की महानतम सेवा की है,

नहीं तो हमारा समाज तो बिलकुल टूट गया होता। हरिजन उद्धार करके उन्होंने इतनी बड़ी सामाजिक क्रांति की थी, जो किसी भी राजनीतिक क्रांति से बड़ी चीज़ थी।''

मैंने कहा, लेकिन हमारा दुर्भाग्य देखिए कि उनके जीवनकाल में ही उनके स्वप्न बिखरने लगे थे। उनकी मृत्यु के बाद तो हम उनसे बहुत दूर चले गये हैं, तो बोले, ''सच है। ठीक कहती हो।''

मैंने पूछा कि हमें क्या करना चाहिए कि जनमानस में, बुद्धिजीवियों में, देश को प्यार करनेवालों में गाँधी को इंजेक्ट किया जा सके, फिर से स्थापित किया जा सके।

छत की ओर देखते हुए बोले, ''कुछ नहीं। किसी से कुछ मत कहो, कुछ मत करो। स्कूल में बच्चों को प्राइमरी स्तर से ही गाँधी के बारे में, उनके उसूलों के बारे में बताना, पढ़ाना शुरू करो। समानता, भाईचारा, प्रेम, करुणा, नारी को बराबर का दर्जा वगैरह सारी बातें कहानी के रूप में बच्चों को सुनाओ, बताओ, पढ़ाओ। बच्चा जब प्रभाव ग्रहण करनेवाली उम्र का होना शुरू होता है, उसी समय से उसे यह सब बताया जाना चाहिए। फिर देखो जो पीढ़ी तैयार होगी, वह नैतिक मूल्योंवाली होगी।''

मैंने कहा, एक जमाना था, जब आपने तमिलनाडु में औद्योगिक क्रांति लाने में बड़ी मदद की थी। आज देश में एक नैतिक क्रांति लाने की बेहद जरूरत है। इस दिशा में कुछ कीजिए न! तो बोले, ''देखो, मैंने तो कई बार यह बात कही है कि बच्चों के चरित्र निर्माण की ओर एकदम शुरू से ही ध्यान दो, मसलन उन्हें ए फॉर एपिल, बी फॉर बैट, सी फॉर कैट, डी फॉर डॉग सिखाने की बजाय ए फॉर अल्लाह, बी फॉर बुद्ध, सी फॉर क्राइस्ट, डी फॉर देवी सिखाओ। इंप्रेशनेबुल उम्र से ही वे धर्मांधता से ऊपर उठ जायेंगे। जब हम आजाद हुए थे, तभी, 1947 से ही, हमें यह तो कर ही देना चाहिए था। गाँधी के देश में जात-पांत, धार्मिक असहिष्णुता और भेदभाव की तो कोई जगह होनी ही नहीं चाहिए थी। हमने ध्यान दिया होता तो आज हमारे पास और बेहतर समाज होता।''

बातों के समापन की वेला आ गयी थी, इसलिए चलते-चलते अंत में **धर्मयुग** के माध्यम से अपने देशवासियों के लिए मैंने राष्ट्रपतिजी से संदेश माँगा तो बजाय इसके कि वे टालू-सी कोई घिसी-पिटी लाइन बोल देते, उन्होंने **धर्मयुग** के पाठकों को खूब समझाकर अपनी बात कही है, वे बोले, ''आज की सबसे बड़ी समस्या जातीय समस्या है। कम्यूनल प्रॉब्लम है। हमें सब जातियों और धर्मों के बीच सामंजस्य और सौमनस्य बनाना है। अपनी सारी कोशिशें, सारा ध्यान इस बात में लगा देना है कि सबके बीच में भाईचारा बना रहे। गाँधीजी

एक काम हमेशा करते थे, उनकी देखादेखी हम सब साधारण कार्यकर्ता तक उस जमाने में यह करते थे कि अपनी मीटिंगों की शुरुआत **गीता, कुरान, बाइबिल** की कुछ-कुछ पंक्तियों के पाठ से करते थे। ऐसा करने से जात-पांत और धर्मों में सामंजस्य तो बना ही रहता था, मन की प्रवृत्ति भी अच्छी दिशा की ओर उन्मुख रहती थी। यह परंपरा हमने एकदम तोड़ ही दी है। अब तो मीटिंगें यों ही शुरू हो जाती हैं। हमें फिर से कोई रास्ता खोजना होगा कि बड़े सहज रूप में धार्मिक सहिष्णुता और भाईचारा बना रहे।

''दूसरी बात जो मैं कहना चाहूँगा वह यह है कि हमें अपने अंदर भारतीयता की भावना को जगाना होगा। हम पंजाबी हैं, हम बिहारी हैं, हम बंगाली...मद्रासी वगैरह-वगैरह की जगह हमें अपनी पहचान यह कह कर बतानी चाहिए कि हम भारतीय हैं, हिंदुस्तानी हैं। बच्चे से लेकर बड़ों तक देश के हर तबके के लोगों में यह जागरूकता जरूर आनी चाहिए।

''दो बातें हुईं, तीसरी बहुत जरूरी बात मैं कहना चाहता हूँ कि हमें अपने नैतिक मूल्यों को फिर से सँजोना होगा, री-स्टोर (रेस्ट्रोर) करना होगा। पैसा ही सब कुछ नहीं है। चरित्र सबसे बड़ी चीज है। इस बात के लिए हमेशा जागरूक रहना चाहिए कि जिस समाज में रहते हैं, वहाँ के लोग आपकी इज्जत करते हों। आज जिसके पास ज्यादा पैसा है, बस वही समाज में सबसे आदर पाने लगता है। यह हमारी परम्परा नहीं रही है। हमारी परम्परा में तो चरित्र और आत्मिक बल, तथा बुद्धि में श्रेष्ठ मनुष्य पैसेवाले मनुष्य से बड़ा स्थान पाता था। हमारे देश में तो राजा से बड़ा स्थान संन्यासियों तथा ऋषियों-मुनियों का होता था। इसके अतिरिक्त हमारी संस्कृति में संग्रह की अपेक्षा त्याग की महत्ता अधिक है। आज के जमाने में से त्याग की भावना तो एकदम लुप्त हो चुकी है। वैसे, यह सब एकदम नया ही डेवलपमेंट है। बहुत पुराने जमाने की तो खैर, बात छोड़ भी दो तो भी आज की पीढ़ी की अपेक्षा हमारी पीढ़ी में भी त्याग की भावना आज से ज्यादा थी। मसलन देखो, खुद हम काँग्रेस का काम करते थे तो अपने किसी निजी स्वार्थ के लिए नहीं करते थे, बल्कि देश की सेवा की भावना से करते थे। हमने कभी सोचा भी नहीं था कि मंत्री, वाइसप्रेसिडेंट और प्रेसिडेंट बनेंगे। पारिवारिक सुख-सुविधाएँ छोड़ कर कभी भी जेल जाने से हम डरते नहीं थे। पर आज तो राजनीति में लोग आते ही हैं पद और पोजीशन पर आँख जमाकर पैसा कमाने की भावना लेकर। राजनीति को आज कैरिअर बना लिया गया है। बहुत जरूरत है कि राजनीतिक जीवन में उतरनेवालों के मन में देश के हित के लिए सेवाभावना से काम करने की इच्छा उनके हृदय में से जागे।''

हमारे देश की एक शानदार परंपरा रही है—अनेक बार ऐसे ऐतिहासिक बिंदु आये हैं, जब सत्ता के सिंहासन पर त्याग की भावना ने आसन ग्रहण किया है। दो दिन की इस लंबी बातचीत के बाद मुझे लग रहा है कि अपने नये राष्ट्रपति के व्यक्तित्व में एक आयाम राजनीति और प्रशासन का है, दूसरा आयाम कला और साहित्य का है, लेकिन तीसरा आयाम शायद, त्याग और फकीरी का है।

गाँधीजी के बाद हम राष्ट्रीय नैतिकता की बुनियादी बात को भूलते गये हैं। सत्ता और संपत्ति के दुश्चक्र में हमारे देश के तमाम बड़े-बड़े लोगों से लेकर छोटे-छोटे लोग तक गुमराह हो चुके हैं। लेकिन लगता है कि अब देश उस कगार पर आ पहुँचा है, जहाँ समूचे देश की मानसिकता को एक ऐतिहासिक करवट लेनी ही पड़ेगी। उसे फिर त्याग और सेवा के रास्ते पर चलना ही होगा। हमारे नये राष्ट्रपति उस बदलती मानसिकता की अगुवाई कर सकें। यही शुभकामना उन्हें मन-ही-मन अर्पित करती हूँ।

अगस्त 1987

मितभाषी, मुस्कान-पटु, निडर, आस्थावान—राजीव गांधी

अब भी विश्वास नहीं हो रहा था कि सचमुच मैं मैं हूँ। यह प्रधानमंत्री का नया निवासस्थान है। मैं यहाँ बैठी हूँ कि वे आयें और इंटरव्यू शुरू हो! कड़ी सुरक्षा जाँच के बाद बाहरी बरामदा पार कर एक बड़ा कॉन्फ्रेंस रूम जैसा कमरा। बीच में लंबी मेज, जिसके इर्द-गिर्द लगभग बीस-बाईस कुर्सियाँ, जिन पर सफेद रॉ-सिल्क की गद्दियाँ, सफेद रॉ-सिल्क के परदे! एक दीवार पर हुसेन द्वारा बनाये गये बहुचर्चित (और विवादास्पद) दुर्गा के तीन चित्र। एक दीवार पर प्रसन्न मुद्रा में इंदिराजी की भव्य पेंटिंग, और एक दीवार पर चिंतन-मुद्रा में बैठे, मानो पैनी निगाह से वहाँ बैठनेवालों को आरपार देखते हुए, पंडित नेहरू की पेंटिंग, चारों और व्याप्त सादगी की भव्यता—और अकेली बैठी मैं—कुछ-कुछ आशान्वित, थोड़ी-थोड़ी गौरवान्वित भी, कुछ-कुछ घबरायी हुई भी!

गौरवान्वित यों कि आज तक किसी राजपुरुष से भेंटवार्ता नहीं की, और आज इंटरव्यू करने का अवसर भी मिला तो उसका जो देश का सर्वोच्च है; न केवल इस देश के करोड़ों लोगों का हृदयसम्राट, नियंता है, वरन समूची तीसरी दुनिया की आशाओं का केंद्र एक विश्व-चर्चित व्यक्तित्व है। और इतनी जटिल समस्याओं के बीच, इतनी व्यस्तताओं के बीच, जब अंतर्राष्ट्रीय प्रेस को भी इंटरव्यू देने के लिए वे अवसर नहीं निकाल पाते, मुझे समय मिला और वह भी दफ्तर में नहीं, घर पर—और इसलिए घबराहट भी कि क्या होगा, कैसे बातें करूँगी।

4 बजे का समय मिला है, आधे घंटे के लिए, दिन बुधवार, पंद्रह मई उन्नीस सौ पिच्चासी। अभी चार बजने में दस मिनट हैं। बाहर चिलचिलाती धूप, धधकती लू के थपेड़े, जलती सड़कें और ऊपर से चार-पाँच दिन पहले ही गुमराह

उग्रवादियों द्वारा किये गये अमानुषिक विस्फोटों का आतंक—दिल्ली अंदर और बाहर से तप रही है—कब, कौन-सा विस्फोट न हो जाये! ऐसे में क्या वे मेरे प्रश्नों पर ध्यान भी दे पायेंगे?

एक-दो मिनट और बीतते हैं कि उनके निजी सचिव जॉर्ज आ कर पूछते हैं, "आप यहीं बैठना पसंद करेंगी या अंदर के ड्राइंगरूप में?" मुझे कुछ समझ में नहीं आता। "यहाँ भी ठीक ही है," मैं कहती हूँ। निहायत आश्वस्त भाव से दिया हुआ यह जवाब भी घबराहट को ढकने का प्रयास ही है। और घबराहट की बात भी है, पाठक बंधु! काम क्या आसान है मेरा—तात्कालिक घटनाचक्र पर चंद राजनीतिक सवाल दाग देना एक़ बात है, पर राजकरण के शिखर पर आसीन, घटनाओं, आंदोलनों, विस्फोटों, सुर्खियों में घिरे महिमामय पुरुष के अंदर के सहज-सरल, मानवीय व्यक्तित्व को नुमायां करना—यह कोई आसान बात नहीं। बात कहाँ से शुरू करूँगी, यह सोच भी नहीं पायी कि...

ठीक चार बजे सामनेवाले दरवाजे का परदा उठा—गंभीर मुद्रा में राजीव गाँधी पहले दाखिल हुए, उनके पीछे-पीछे उनकी अर्द्धांगिनी सोनिया गाँधी। मेरी आँखें क्षणांश के लिए एकदम से चौंधिया-सी गयीं। दिल किसी और ही तरह से धड़कने लगा।

उन्होंने आसन ग्रहण कर लिया, तो बातें शुरू करने से पहले मैंने उन्हें धर्मयुग के दो अंक दिये—एक जिसमें मैंने अमिताभ बच्चन से मिलकर उनके बचपन का चित्र दिया था। (**बातें राजीव की, यादें अमिताभ की : 23 दिसंबर' 84 अंक**); दूसरा, जिसमें उनके पिता (फीरोज गाँधी) की भूली-बिसरी कहानी दी थी (**फीरोज : एक कहानी भूली सी : 27 जनवरी'85 अंक**) धर्मयुग उलटते-पलटते वे बोले, "हाँ, मैंने देखे हैं ये अंक!" "मैं आज भी आपसे औपचारिक बातें न करके इसी प्रकार की घरेलू बातें ही करूँगी। पर डरती हूँ कहीं आप यह न सोचें कि मैं व्यर्थ ही आपका समय नष्ट कर रही हूँ," मैंने कहा तो मुस्कराये और बोले,"नहीं-नहीं, आप कोई संकोच मत कीजिए!" पता नहीं कितनी मीठी, आश्वस्त करती हुई-सी थी उनकी वह मोहिनी मुस्कान और निर्मल दृष्टि कि मैं अचानक एकदम हलकी हो गयी और उनसे बोली,"सारा देश यह जानता था कि आप राजनीति में नहीं आना चाहते थे, किंतु संजयजी के अचानक गुजर जाने से यह जरूरी हो गया था कि आप अपनी माँ का हाथ बटायें। आप धीरे-धीरे राजनीति के कामों में लग गये थे। तभी जब आप बंगाल की यात्रा पर थे तो अकस्मात् एक वीराने में आपको अपनी माँ की हत्या का भयानक समाचार मिला। उस समय आपकी जिस धीर गंभीरता को सारे देश ने देखा, वह असाधारण चीज थी। आज भी पंजाब की समस्या से जिस धैर्य

के साथ आप निपटने में लगे हुए हैं, उसमें इन दिनों अचानक एक क्राइसिस-सा नजर आने लगा है; लेकिन बिना किसी घबराहट के आप एक खास किस्म के निर्वेद के साथ शांति और संयम से, किंतु चुस्ती से निपट रहे हैं, यह भी सारा देश देख रहा है। तो मैं पूछना यह चाह रही हूँ कि संकट या क्राइसिस के क्षणों में यह स्थितप्रज्ञता, यह संयम, यह धीरज, जो आपमें दिखाई देता है, वह आपने कहाँ से पाया? नाना से? माँ से? पिता से? या कि स्वयं अर्जित किया है?''

मेरे इतने लंबे सवाल को ध्यान से सुनकर वे बोले, ''अपने आप तो यह बताना मुश्किल है। इस बात को तो दूसरे लोग ज्यादा अच्छी तरह से जज कर सकते हैं। स्वाभाविक है (इस शब्द को वे 'स्वाभाविक' न बोल कर'स्वभाविक' बोलते हैं) कि कुछ नाना से सीखा होगा, कुछ माँ से और कुछ दूसरे लोगों से भी सीखा होगा। वैसे हमारी अपब्रिंगिंग...''—यह कहकर जरा संकोच से बोले कि ''देखिए मेरी हिंदी ज़रा कच्ची है...'' तो मैंने कहा, ''नहीं, ऐसा मत सोचिए। बोलचाल की भाषा में प्रचलित अँग्रेजी शब्द आ जाना आज स्वाभाविक बात मानी जानी चाहिए। वैसे आपका मतलब पालन-पोषण से है न!'' वे बोले,''हाँ, हमारा पालन-पोषण ही कुछ इस तरीके से हुआ है कि ऐसा सब कुछ नैचुरली आ जाता है। वैसे यह गंभीरता या कूल व्यवहार सिर्फ क्राइसिस के समय ही नहीं होता। यह हमारा बेसिक स्वभाव ही है।''

बात करते-करते वे धर्मयुग के पन्ने पलटते जा रहे हैं। अचानक उनकी निगाह उस पृष्ठ पर पड़ी जहाँ विश्वनाथ प्रताप सिंह की कविताएँ छपी थीं। बोले, ''अरे, अपने विश्वनाथजी की कविताएँ हैं क्या?'' और वे कविताएँ पढ़ने लगे। अब तक का उनका सामीप्य मुझे थोड़ा-सा सहज साहस दे चुका था। उनकी निगाह कविताओं पर थी। तो मैंने उनके आकर्षक चेहरे को गौर से देखा और अभिभूत हो उठी—आह, मैं अपने देश के प्रधानमंत्री को इतने निकट से देख पा रही हूँ, उनका पिघले सोने-सा रंग, उन्नत ललाट, बेहद सुंदर कटावदार बड़ी अँखियाँ, सुंदर नासिका और कुछ-कुछ भिंचे-से, बहुत कोमल गुलाबी जिल्दवाले अधर! ओह, कितनी निकट थी वह शांत-सौम्य मुखमुद्रा कि कहीं धूप में एक शीतल छाँह-सी मानो मुझ पर पड़ रही हो। मुझसे उम्र में बहुत छोटे हैं वे, पर उनके भव्य व्यक्तित्व के आगे मुझमें पता नहीं कौन-सा बचपना यकायक जग आया और मैंने मचलती आवाज में कहा, ''आप जितनी देर कविताएँ पढ़ेंगे, वह समय अपने हिसाब में नहीं गिनूँगी। सिर्फ आधा घंटा मिला मुझे!'' तो मुस्कराये और बोले, ''समय तो सचमुच आज बहुत व्यस्तता का है।''

''अच्छा बताइए,'' मैंने पूछा, ''आपके सामने जब निर्णय के क्षण आते होंगे तो कभी ऐसा भी होता होगा कि कई विकल्प होते होंगे। उन 'ऑल्टरनेटिव्स'

में से किसी एक का चुनाव आप किस आधार पर करते हैं? अपनी अंतरात्मा की आवाज सुन कर, सहयोगियों की सलाह के आधार पर, या कोई और खास दृष्टि? कोई खास नीति?''

राजीव धर्मयुग बंद करते हुए बोले, ''अब राजनीति की बात होती है तो नीति को तो ध्यान में रखना ही होता है। वैसे सलाह मैं सब सहयोगियों की लेता हूँ, सबकी बातें ध्यान से सुनता हूँ; पर स्वयं जो ठीक समझता हूँ, निर्णय उसीके आधार पर लेता हूँ।''

बचपना शायद मुझ पर अभी भी छाया हुआ था। मैंने अपने हाथ की उँगली अपने सिर पर रखी और कहा, ''निर्णय लेते समय 'यह' हावी रहता है या 'यह'?'' दूसरी बार 'यह' कहते समय मैंने अपनी उँगली अपने हृदय पर रख ली थी। तो वे भी बिल्कुल वैसी ही तर्ज में मुस्कराते हुए अपनी दो उँगलियाँ ऊँची करके बोले, ''दोनों! दोनों के बीच एक बैलेंस बना लेते हैं हम।''

मैंने देखा, अभी तक जो राजीवजी तने हुए, सावधान मुद्रा में सीधे बैठे थे, अब सहज होने लगे थे। बैठने की मुद्रा में अनौपचारिक ढील-सी आ गयी थी। उनके भीतर के सहज मनुष्य की तलाश में मैं एकदम उनके बचपन की ओर लौट पड़ी और उनसे बोली,''आप बचपन में अपने पिता के साथ लखनऊ में रहते थे। मैंने सुना है, फीरोज़जी ने वह घर स्वयं अपनी रुचि से बड़ा सुंदर सजाया था। उस घर के और वहाँ के अपने जीवन के बारे में कुछ याद हो तो बताइए, कैसा था वह घर?''

वे सोचते हुए से बोले, ''हाँ, उन्होंने बहुत सुंदर सजाया था वह घर, पर यह हमने केवल सुना ही है, खुद कुछ याद नहीं है तब तो हम बहुत छोटे थे।''

''कुछ तो याद होगा? कुछ भी याद करके बताइए!''

एक पल वे याद करने की मुद्रा में आये। उनकी मुस्कान जरा-सी ज्यादा फैली और मेरी ओर जब उन्होंने देखा, तो मैंने पाया कि इतनी देर में पहली बार उनकी आँखों में एक खास किस्म का उजास आ गया है। वे बोले, ''इतना जरूर याद है कि वहाँ बंदर बहुत होते थे।'' कहकर वे हलका-सा शरमाये भी और वह क्षण मुझे एक बहुत बड़ी उपलब्धि का क्षण लगा। तमाम समस्याओं से घिरे अपने नटखट बचपन में वे लौट सके, यह बात मुझे गद्‌गद कर गयी। मैंने पूछा, ''आप कभी उन्हें ढेला फेंककर मारते होंगे, कभी कोई बंदर आपके ऊपर खौखियाया होगा!'' तो बोले, ''नहीं, डिटेल में कुछ याद नहीं आता। सिर्फ यही याद है कि बंदर बहुत होते थे।'' ''अब कभी दोबारा जाकर देखा वह घर? कौन रहता है वहाँ?'' तो बोले, ''नहीं, दोबारा तो कभी जाना नहीं हुआ। पता नहीं कौन रहता होगा अब वहाँ!''

मैंने पूछा, "आपके पिताजी आपको कहानियाँ सुनाते थे? बाजार ले जाते थे? साथ में खेलते थे? टैस्ट वगैरह होने पर या होमवर्क में आपकी मदद करते थे?" अब तक वे अपने बचपन की ओर लौट चुके थे। बोले, "ज्यादा कुछ तो याद नहीं है, लेकिन हाँ यह जरूर याद है कि कहानियाँ मैं बहुत सुनता था। कहानी सुनने का खास शौक था हमें। पर यह याद नहीं आता कि कहानियाँ कौन सुनाता था। बाकी रही होमवर्क की बात, तो उस जमाने में पढ़ाइयाँ इतनी कहाँ होती थीं? आज की तरह इतना ढेर सारा होमवर्क होता ही नहीं था। हमें तो याद नहीं पड़ता कि कभी होमवर्क वगैरह बहुत अधिक किया हो।"

मैंने फिर छेड़ा कि इतने बड़े खानदान का बच्चा होने के कारण टीचर्स आपको छूट दे देते होंगे, तो बोले, "नहीं-नहीं, ऐसा नहीं था। सचमुच उन दिनों टैस्ट या होमवर्क वगैरह जैसी समस्याएँ होती ही नहीं थीं। फिर जब वह उम्र आयी कि पढ़ाई ज्यादा होने लगी, तब तक हम बोर्डिंग स्कूल में चले गये थे। वहाँ तो हर चीज का टाइम बँधा हुआ होता है, होमवर्क के टाइम पर सब बच्चे होमवर्क अपने-आप करते ही हैं।"

मैंने कहा कि बचपन की कुछ शरारतें याद हों तो बताइए, वे बोले, "जैसे सब बच्चे शरारतें करते हैं, हम भी छोटी-मोटी शरारतें करते रहते थे। पर ऐसी कोई खास घटनाएँ अभी याद नहीं आ रहीं।" "छोटे भाई के साथ कभी-कभी झगड़ा होता होगा", मैंने पूछा। "हाँ, संजय के साथ तमाम छोटी-मोटी बातों पर झगड़े हो जाते थे। अकसर होते थे। मगर काहे पर होते थे, ऐसी कोई खास बात याद नहीं है। हमारे पास खिलौने बहुत होते थे—रेलगाड़ियाँ थीं, हवाई जहाज थे, और भी दूसरे खिलौने थे। अकसर उन खिलौनों पर ही झगड़ा हो जाता था, कोई खास रीजन तो होता नहीं था।" मैंने पूछा, "आप दोनों भाइयों के कॉमन शौक कौन से थे?" तो बोले, "राइडिंग और स्विमिंग का हम दोनों को ही बहुत शौक था। बाद में ग्लाइडिंग का शौक भी हम दोनों को इकट्ठा ही लगा था।"

"आपके पिता के क्या-क्या शगल थे? उनमें वे आपको कैसे शामिल करते थे?"

राजीव बोले, "उन्हें ज्यादातर अपने हाथ से काम करने का शौक था। मेकेनिकल काम बहुत करते रहते थे वे। हम भी उनके साथ लग लेते थे। उनके पास तरह-तरह के औजार होते थे—आरा भी था, ड्रिलिंग मशीन भी थी। वे एक खास तरह के फूलदान खराद पर बनाते थे, तीलियों में खोंस-खोंस कर फूल बनाते थे, उनका गुलदस्ता बनाते थे। हम भी उनके साथ फूल बनाया करते थे। उन्हें बिगड़ी हुई गाड़ियाँ ठीक करने का भी बड़ा शौक था। उनके साथ गाड़ियाँ ठीक करने में हमें भी बड़ा मजा आता था। हम इसी तरह के तमाम

कामों में उनके साथ लग जाते थे।''

मैंने कहा, ''अच्छा, एक बात बताइए, थोड़ा बड़ा होने पर तो आप अपने नाना के पास रहने आ गये थे। नाना का वैभव, उनका जगत् प्रसिद्ध व्यक्तित्व—इस सबसे आपको डर नहीं लगता था? दूरी नहीं महसूस होती थी?'' सुनकर वे तुरंत बोले, ''नहीं, नहीं, डर क्यों लगेगा? बिल्कुल डर नहीं लगता था।'' मैंने कहा, ''हाँ, हम लोग अपने बचपन में अकसर ऐसी तस्वीरें देखा करते थे कि पंडितजी लॉन पर पैर फैलाये बैठे हैं और संजय उनकी पीठ पर लदे हुए हैं, आप वहीं खड़े हैं। किसी चित्र में देखते कि आप उनकी गोद में घुस कर बैठे हैं—तो इस सब निर्द्वंद्वता के लिए पंडितजी कुछ खास प्रयत्न करते थे क्या?'' राजीव बोले, ''नहीं, यह सब कांशसली नहीं करते थे। इट वॉज हिज वे ऑफ लाइफ, वे हमें फ़ील ही नहीं होने देते थे कि वे इतनी बड़ी चीज हैं कि हम उन तक पहुँच ही नहीं सकते। हमारे देश के हर घर में दादा-नाना के साथ जिस तरह बच्चे फ़्री होते हैं, वैसा ही हमारे साथ भी था। उसमें क्या खास बात हुई? सब कुछ नैचुरल था।''

उन दिनों की कोई खास घटना बताइए, मैंने कहा। ''घटना वगैरह तो हमें कुछ याद नहीं।'' उन्होंने संक्षिप्त-सा उत्तर दिया तो मैंने कहा, ''जैसे मैं आपको एक बात बताऊँ। मैंने इंदिराजी के संस्मरण पढ़ते समय एक बार कहीं पढ़ा था कि आप बहुत छोटे थे तो आपको आँसू बहुत जल्दी आ जाते थे। आपकी माँ की तबीयत उन दिनों अच्छी नहीं चल रही थी। उन्होंने आपको अपने पास बुलाकर कहा कि, 'देखो राजीव, हम तुम्हें कितना प्यार करते हैं, पर तुम हमारा इतना भी ख्याल नहीं करते और बात-बात पर रोने लगते हो। इससे हमें उलझन होती है न!' तो आप बोले कि 'मम्मी, मैं रोना नहीं चाहता, लेकिन मुझे रोना आ जाता है। आप ही बताइए, मैं क्या करूँ?' तो वे बोली थीं, 'अच्छा तुम एक काम किया करो। जब तुम्हें रोना आने लगे, तो झट से भाग कर घर के बाग में लगे फव्वारे के पास चले जाया करो।' वे जानती थीं कि बाग में जाकर बच्चे का मन बहल जाएगा। बस आपने वही करना शुरू कर दिया था। आपको जब भी रोना आनेवाला होता था, तो आपकी मम्मी चुपके से आपके कान में कहती थीं, 'फव्वारा!' और आप या तो मुस्करा पड़ते थे या सचमुच भाग कर फव्वारे के पास चले जाते थे।''

यह घटना सुनकर राजीव मंद-मंद हँसे और बोले, ''हमें खुद तो इस घटना की बात याद नहीं है, लेकिन बाद में खुद मम्मी कई बार इस बात का जिक्र किया करती थीं।'' मैंने कहा, आप इसी तरह की कुछ और छोटी-छोटी बातें बताइए न! तो सोनियाजी की ओर देखकर बोले, ''आप इनसे भी पूछ सकती

हैं कि हमें बचपन की बातें याद ही नहीं। ये भी पहले हमसे बहुत पूछा करती थीं। अब तो दूसरे लोगों से सुनकर इन्हें हमसे ज्यादा हमारे बचपन के जीवन के बारे में याद है।" कुछ सोचते हुए से एक क्षण रुके, फिर बोले, "सचमुच ऐसा कुछ हमें याद नहीं रहता। वैसे आप सुना रही हैं तो सुन कर याद आने लगा है। इसी तरह कोई और भी बातों में जिक्र करता है, तो याद आता है। लेकिन यों ही अपने-आप कुछ याद नहीं आता।"

मैं बोली, "तो मुझे जो मालूम है, उसी का जिक्र करूँ। मसलन आप जब ग्यारह-बारह वर्ष के थे तो आपका एक ऑपरेशन हुआ था। डॉक्टर बोला कि इसमें तकलीफ बहुत होगी, पर बच्चे को बताइएगा मत, वह घबरा जायेगा। तो इंदिराजी ने कहा था, 'नहीं, ऐसा सोचना अपने बच्चे की बुद्धि का अपमान करना होगा।' और उन्होंने आपको बताया था कि 'देखो बेटा, अगर यह चमत्कार संभव होता कि तुम्हारी तकलीफ हम अपने ऊपर ले सकते तो मैं जरूर ऐसा कर लेती, लेकिन ऐसा हो नहीं सकता। इस ऑपरेशन में बहुत तकलीफ होगी, लेकिन तुम्हें ही उसे सहना भी होगा।' और डॉक्टर हक्का-बक्का रह गया था। जब आपने भयंकर कष्ट को एकदम चुपचाप होंठ भींच कर सह लिया था। उसका कहना था कि बड़ी उम्र के समझदार लोग तक यह कष्ट नहीं सहन कर पाते हैं—इस बच्चे की हिम्मत और सहनशीलता देखकर हैरानी होती है!"

राजीव यह सब सुनकर मीठा-मीठा मुस्कराते रहे थे। मैंने पूछा, "याद है आपको?" तो बोले "हाँ, याद आता है। हुई तो थी यह बात!" मुझे लगा कि इन क्षणों में अपने बचपन की बातें सुनकर राजीवजी को अच्छा लग रहा है। यही सोचकर मैंने पूछा, "आपके बचपन की एक और बात बताऊँ?" तो बोले कुछ नहीं, मेरी ओर एक स्नेहभरी दृष्टि से देखा, जिसमें स्वीकारोक्ति स्पष्ट थी। मैंने कहा, "आप तब बहुत छोटे थे—सिर्फ चार साल के—जब 29 जनवरी 1948 को श्रीमती विजयलक्ष्मी पंडित, श्रीमती कमला हठीसिंह और आपकी मम्मी यों ही शाम के समय गाँधीजी से मिलने गयी थीं। आप भी उनके साथ थे। वे सब गाँधीजी से बातें कर रही थीं और आप चुपचाप बैठे हुए थे। वहाँ किसी ने आप लोगों को बेला के फूलों की माला दी थी। आप चुपचाप बैठे-बैठे वह माला गाँधीजी के पैरों में लपेटकर खेल रहे थे। तब गाँधीजी ने आपका कान खींचकर कहा था, 'पगले, जिंदा आदमी के पैरों पर भी कहीं कोई फूल चढ़ाता है?' और देखिए नियति का मजाक! दूसरे दिन ही तीस जनवरी को वे नहीं रहे। अब सोचने पर कैसा विचित्र लगता है कि अनजाने में ही आप उस दिन राष्ट्रपिता के चरणों में अपने अंतिम श्रद्धासुमन चढ़ा आये थे।"

सुनकर केवल पल भर के लिए उनकी आँखें मुँद-सी गयीं। बोले, "हाँ, तब

तो हम बहुत छोटे थे। उनकी मृत्यु की हम पर क्या प्रतिक्रिया हुई थी, यह तो बिलकुल याद नहीं है, लेकिन हाँ उनका कान पकड़ना थोड़ा-थोड़ा याद आता है। बाद में फूल लपेटने की यह बात हमने अकसर अपने घर में औरों के मुँह से भी सुनी है।''

समय धीरे-धीरे सरकता जा रहा था। मुझे लगा, मैं ही बोलती रहूँगी तो जो कुछ पूछना है, वह धरा ही रह जाएगा। बातों का प्रवाह तोड़ने की गरज से मैंने कहा, ''अच्छा, अपने पिता के साथ की कोई बात बताइए,'' तो बोले, ''मैंने अभी आपको बताया था न कि उन्हें फूल वगैरह बनाने अच्छे लगते थे। बड़े रोचक किस्म के शौक थे उनके। हम भी बस कुछ-न-कुछ उनके साथ करने में लगे रहते थे। तब वे विक्टोरिया रोड पर रहते थे। (यह कहने पर उन्होंने सोनियाजी की ओर देखा और पूछा, 'अब तो शायद राजेन्द्र प्रसाद रोड कहलाती है न वह?') वह घर भी उन्होंने बहुत अच्छा सजा कर रखा हुआ था।'' अपने पिता की यादों में खोये से राजीव बोले, ''उन्हें गाड़ी चलाने का बहुत शौक था। बहुत अच्छी ड्राइविंग थी उनकी। मुझे याद है, एक बार वे मुझे अकेले ही साथ लेकर डलहौजी घूमने गये थे। खुद कार ड्राइव करके ले गये थे। भूख लगने पर हम लोग रास्ते के ढाबों में रुककर खाना खाते थे। बहुत मजा आया था। उस सफर को मैं आज तक भूल नहीं पाया हूँ। वैसे वे अकसर हम दोनों भाइयों को दिल्ली से देहरादून हमारे बोर्डिंग में छोड़ने खुद ड्राइव करके ले जाते थे। उन्हें फोटोग्राफी का भी बहुत शौक था।''

मैंने कहा, ''हाँ, मैंने सुना है कि आपको भी फोटोग्राफी का बहुत शौक है। कैसे चित्र खींचना अच्छा लगता है?'' तो बोले, ''हाँ, उन्हीं से यह शौक मिला है। मेरी जिंदगी का पहला कैमरा भी उन्होंने ही खरीदकर मुझे दिया था। मुझे याद है, वह एक एग्फा बॉक्स कैमरा था। बहुत फोटो खींचे थे हमने। हमें ह्यूमन लाइफ से संबंधित चित्र खींचना अच्छा लगता है।'' मैंने कहा, शायद किसी कंपिटीशन में आपको भी कोई अवार्ड मिला था। बोले, ''नहीं, हमें कोई इनाम वगैरह नहीं मिला। हमने कभी किसी कंपिटीशन में चित्र भेजे भी नहीं। हाँ, एक बार नुमाइश में कुछ चित्र रखे जरूर थे।'' मैंने पूछा, ''धर्मयुग के लिए देंगे कुछ?'' तो बोले, ''अब क्या दें? जो अच्छे-अच्छे चित्र थे, वे सब तो लाइफ मैग्जीनवाले झटक ले गये हैं।'' मैंने रूठी-सी आवाज में उनसे कहा कि ''यह तो अच्छी बात नहीं है। पहले हम लोगों का हक बनता है। आप हमें भी दीजिए!'' वे बोले, ''जरूर देंगे। जरा समय तो मिले, फिर निकालेंगे। लाइफ से भी मँगवा देंगे।'' सुनकर मैं बच्चों की तरह बोल पड़ी ''प्रॉमिज'' वे खुलकर मुस्करा पड़े।

शौक की बात चल रही थी, तो मैंने पूछा, ''आपको कई तरह के शौक

थे। पर पेशा आपने पायलट का ही क्यों चुना?'' बोले, ''असल में तमाम दूसरे शौकों के बीच हम दोनों ही भाइयों का हवाई जहाज उड़ाने का शौक सबसे बड़ा शौक था। यही कारण था कि इसे ही पेशा भी बना लिया था।''

मैंने पूछा, ''पहली बार जब आसमान में हवाई जहाज लेकर अकेले उड़े होंगे, उस समय के थ्रिल का अनुभव याद है?'' राजीव बोले, ''थ्रिल तो था ही। एक चैलेंज-सा महसूस हो रहा था।'' मैंने कहा, बाद में कभी कोई खास रोमांचक अनुभव हुआ हो या आपने कभी जानबूझ कर कोई खतरा मोल लिया हो तो उसकी बात बताइए। वे बोले, ''नहीं, खतरा वगैरह मोल नहीं लिया था, सिवा इसके कि दो-चार बार बेहद खराब मौसम के बीच में हवाई जहाज लेकर उड़े और उसे सुरक्षित निकाल लाये थे। उस समय यह मालूम रहता था कि अपना जजमेंट जरा-भी गलत हुआ तो कुछ भी हो सकता है। पर साथ ही अपने जजमेंट की परीक्षा लेने का मन भी होता था।'' मैं बोली, ''आपने तो उन्मुक्त अनंत आकाश में तमाम बार उड़ानें भरी हैं। कभी अकेले उड़ते समय उन ऊँचाइयों पर आपने अनंत से साक्षात्कार या यों कहूँ कि 'कन्फ्रंटेशन विद इनफिनिटी' जैसी चीज महसूस की?'' उन्होंने गंभीरता से कहा, ''नहीं, अनंत का तो नहीं, पर जैसा कि मैंने आपको अभी बताया था—मैंने हमेशा एक चैलेंज महसूस किया था। हर अकेली उड़ान पर अपने को परखने की, अपने को असेस करने की भावना ही रही है।''

''अपने को परखने और जाँचने की भावना आपको विदेश में पढ़ाई करने जाते समय भी रही थी या पहली बार विदेश में रहते हुए कभी घबराहट भी होती थी और घर और देश याद आता था?'' राजीव बोले, ''नहीं, घबराहट वगैरह कुछ नहीं हुई थी, क्योंकि हम तो नानी के पास रहते थे।'' सुन कर मेरी आँखों में शायद प्रश्न तैर गया होगा। वे समझ गये और बोले, ''शायद आप 'नानी' शब्द से मेरा मतलब समझी नहीं होंगी। मेरा मतलब अपनी मम्मी की बुआ श्रीमती विजयलक्ष्मी पंडित से है। हम उन्हें 'नानी' कह कर ही बुलाते थे। तो हमें वहाँ परदेस में भी घर का ही वातावरण मिला हुआ था। घर की सारी सुविधाएँ प्राप्त थीं। सो घबराहट या याद जैसी कोई बात नहीं होती थी।'' मैंने कहा, ''सुना है, आप वहाँ कभी-कभी काम भी तलाशते थे?'' तो बोले, ''हाँ-हाँ, परदेस में काम तो करना ही होता है। परदेस में पढ़नेवाले सब लड़के वैकेशन जॉब तो करते ही हैं। हमने भी किये थे।'' फिर सोनियाजी की ओर देखकर बोले, ''सबसे पहला जो जॉब हमें मिला था, वह एक पंप फैक्टरी में एपरेंटिसशिप का जॉब था न?'' सोनियाजी बोलीं, ''हाँ, फिर एक बेकरी में भी काम किया था।'' राजीव बोले, ''हाँ, वहाँ तो हम प्रोडक्शन लाइन में थे।'' और हँसकर

बोले, ''रोटियाँ बनायी हैं हमने!'' और भी बातें याद करते-से बोले, ''एक कोल्ड स्टोरेज में भी काम किया था।'' मैंने कहा, ''मगर आपको भला काम करने की जरूरत ही क्या थी ?'' तो जैसे मानो कोई तुर्की-बतुर्की जवाब दे रहा हो, उस अंदाज में बोले, ''क्यों, जरूरत क्यों नहीं थी? पैसा चाहिए तो काम करना ही होगा। और पैसे की तो हमारे पास कमी होती ही थी। देखिए, कुल छह सौ पच्चीस पाउंड मिलते थे हमें। उनमें से साढ़े चार सौ तो कॉलेज की फीस में ही चले जाते थे। रह गये पौने दो सौ! बस उसी पौने दो सौ में बाकी सब खर्चा चलाना होता था। उतने में क्या होता भला? तो जरूरत तो पड़ती ही रहती थी। उसे पूरा करने के लिए खुद अर्न करना ही पड़ता था।''

वातावरण में इंटरव्यू लेने और देने की बोझिलता एकदम ही नहीं थी, इसलिए हलके-फुलके रुई के फाहों की तरह समय हवा में तैर-सा रहा था और घड़ी की सुइयाँ इतना आगे सरक चुकी थीं कि मुझे अपने ऊपर खीज आयी कि शुरू में मैं स्वयं इतना क्यों बोली कि समय काफी बीत गया और बातें कुछ विशेष पता ही नहीं चलीं। पर इसमें शायद एक बात थी। पिछले दिनों धर्मयुग में ही गंगाधर गाडगील ने राजीव को देश के नये हेडमास्टर की संज्ञा दी थी। और शायद हेडमास्टरी का ही यह नया अन्दाज था कि खुद कम बोलो और इंटरव्यू करनेवाले को ही बोलने को मजबूर कर दो। खैर! तो मैं उनसे बोली, ''आपके जिये हुए जीवन की पिछली यादों को टटोलने की मैंने बहुत कोशिश की, पर आपने स्वयं को कुछ इतना बंद कर लिया कि खुलते ही नहीं। खोलने की कोशिश में मैं खुद इतना बोली कि समय ही खत्म होने को आ गया।'' तो बोले, ''कोई बात नहीं, अच्छा लगा है। ऐसा करेंगे कि रूस की यात्रा से वापस आने पर एक बार फिर बैठेंगे। तब तक गुजरे दिनों का जो कुछ याद आया, वह आपको बतायेंगे। वैसे यह बात सच है कि हमें बीता हुआ कुछ याद नहीं रहता है। मैं जो कुछ करता जाता हूँ उसे भूलता जाता हूँ सिर्फ जरूरी बातें याद रहती हैं। गैरजरूरी बातें याद नहीं रहतीं।''

मैंने कहा, ''पर देखिए, अपने गुजरे जीवन की कई छोटी-छोटी बातें याद करते रहने से मन में एक मिठास कायम रहती है। हम खुद को अपनी जड़ों से जुड़ा-सा महसूस करते रहते हैं। सब कुछ भुलाते चलेंगे, तो जीवन बहुत 'मैटर ऑफ फैक्ट' और मेकेनिकल नहीं हो जायेगा?'' तो बोले, ''हाँ वह तो है ही! हमारा जीवन सचमुच मैटर ऑफ फैक्ट और मेकेनिकल ही तो है।'' मैंने कहा, ''नहीं, यह शायद इसीलिए होता होगा कि आपके जीवन में रोज ही इतना कुछ नया और महत्त्वपूर्ण घटित होता रहता है कि गुजरे अनुभवों को री-लिव करने की आपको फुरसत ही नहीं रहती होगी।'' तो बोले, ''शायद आप ठीक ही कह

रही हैं। लेकिन सच बात तो यह है कि पिछली बातें और घटनाएँ हमें ज्यादा याद नहीं रहती हैं। आप सोनिया से पूछिएगा। ये शायद आपको मुझसे ज्यादा मेरे जीवन की घटनाओं के बारे में बता सकेंगी।'' कह कर सोनियाजी की तरफ उन्होंने जिस मधुर दृष्टि से देखा, उससे प्रेरित होकर मैं पूछ बैठी, ''सोनियाजी से आपकी मुलाकात कब और कहाँ हुई थी?''

उन्होंने सोनियाजी की ओर जिस मुग्ध भाव से देखा, उसे देखकर कोई भी कहता कि अभी मुश्किल से महीना-दो महीना ही हुआ होगा इनकी मुलाकात को! बोले, ''कैंब्रिज में मिले थे।'' उत्तर इतना संक्षिप्त था कि मुझे समझ में नहीं आया, बात को विस्तार कैसे दिलवाऊँ। और मैं पूछ बैठी, ''आप दोनों एक-दूसरे के लिए सही जीवनसाथी प्रमाणित होंगे, यह कैसे जाना था?'' सवाल अटपटा था ही, सो वे बोले, ''कैसे जाना था? अब ये कैसे क्या बताया जा सकता है?'' उन्हें भी कुछ अटपटा सा देख मैं बोली, ''यानी लव ऐट फर्स्ट साइट जैसी चीज थी?'' तो शरमाते से बोले, ''यही समझ लीजिए। ऐसा ही कुछ था। वैसे इंटयूशन से हम समझ गये थे।'' मैंने कहा, ''अच्छा, एक बात बतायेंगे? सोनिया जी को आप पत्नी बनाकर लायेंगे तो यह हो सकता है, वह हो सकता है, जैसे कुछ डर भी मन में उठ रहे होंगे। कुछ घबराहट भी होती होगी।'' राजीव पूरी निष्ठा अपने स्वर में भरकर बोले, ''नहीं घबराते हम कभी किसी बात से नहीं हैं। तब भी हमें डर कोई नहीं था। कुछ करना है तो बस करना है—डर काहे का?'' मेरा अगला सवाल था, ''सोनियाजी भारतीय जीवन पद्धति में जिस खूबसूरती से ढल-खप गयीं, उसके लिए आपने कुछ खास प्रयास किये थे क्या?'' वे अपनी पत्नी की ओर सिहाकर देखते हुए बोले, ''हमने क्या किया? इन्होंने खुद ही किया और बहुत किया—बहुत खूब किया।'' पति की चमकदार निगाह देख कर और प्रशंसा-वाक्यों को सुनकर सोनियाजी भी किसी नयी-नवेली की तरह लजा गयीं। मुझे लगा, अब इस नाजुक प्रसंग को यही छोड़ देना चाहिए, रस-बसे इन दोनों के मन को एक-दूसरे में डूबा हुआ छोड़ देना ही बेहतर होगा। मैंने राजीवजी को एक बार फिर याद दिलाया कि विदेश यात्रा से लौटने पर एक बार और बैठूँगी, क्योंकि मुझे तो अभी बहुत कुछ पूछना था, जो रह ही गया है, तो बोले, ''हाँ जरूर बताऊँगा। अभी तो नेपाल से मेहमान आ कर बैठे इंतजार कर रहे हैं। नहीं तो कुछ देर और जरूर बैठता।''

मैंने घड़ी देखी तो चार बज कर सैंतीस मिनट हो चुके थे—यानी कि नियत समय से सात मिनट अधिक। जो पाँच-सात मिनट उन्होंने धर्मयुग उलटने-पलटने में बिताये थे, उनकी एवजी पूरी कर दी थी उन्होंने, बिना कुछ कहे! मैं कृतज्ञ थी। वे उठे। प्रणाम किया। मैं भी उठने लगी, पर सोनियाजी ने बैठने का इशारा

किया। बोलीं, "मैं एक मिनट में आती हूँ!"

अब फिर कमरा खाली है, मैं अकेली बैठी हूँ। पर अब न घबराहट है, न कोई तनाव! राजीवजी चले गये हैं, पर उनका शांत, सौम्य, निर्मल व्यक्तित्व, उनका मंद-मंद मुस्काना—जाने कौन-सी आश्वस्ति दे गया है मन को। वे कम बोलते हैं, पर कम बोल कर कितना कुछ कह जाते हैं—जिसे सुना नहीं, सिर्फ गुना जा सकता है।

और मैं गुन रही हूँ। इस धीर-गंभीर लेकिन अंदर से रसमय, सहज लेकिन सुदृढ़ युवा व्यक्तित्व के हाथों में कितना सुरक्षित है हमारे देश का भविष्य।

"एक मिनट में आयी!" कहकर गयी हैं सोनियाजी। इस मिनट में मैं जैसे किसी एक स्वप्न में डूबी हुई हूँ...शायद उस दिन का स्वप्न जब वे विदेश से लौट कर आयेंगे और फिर कुछ समय देंगे अपनी यादों की सुहानी वीथियों में भटकने के लिए!...

मई 1985

बातें राजीव की, यादें अमिताभ की

सुबह के करीब साढ़े दस या पौने ग्यारह का समय है। अमिताभ बच्चन के घर के विशाल ड्राइंगरूम के सफेद परदे खिंचे हुए हैं। काँच के बड़े-बड़े दरवाजों के बीच में लगे पतले रोशनदानों से हवा आ रही है। दरवाजों के पार फैले लॉन पर धूप खेल रही है। घर की चारदीवारी के बाहर जो मकान बने हैं, उनके और मेरे बीच में लंबे घने पेड़ों की कतार है। उन पेड़ों की झिरी में से सामने के मकान की बाल्कनी यहाँ-वहाँ से झाँकती-सी दिखाई दे रही है। जया के पिता श्री शिशिर भादुड़ी भोपाल से आनेवाले थे, उन्हें लेने जया हवाई अड्डे तक गयी हुई हैं। अमिताभ नहा रहे थे, मैंने चाय के घूँट भरते हुए अचानक देखा, सामनेवाले मकान की बाल्कनी से जैसे अनगिनत सितारे झर रहे हैं या यों समझ लीजिए की रुपहली पन्नी के बारीक झिलमिल कण भरभराकर बरस पड़े हैं। बेहद खूबसूरत नजारा लगा। ज्यादा नहीं, बस कुछ ही पलों की बात थी वह। मगर मंज़र था बड़ा दिलकश। गौर से देखने पर अंदाज लगा कि शायद उस बाल्कनी में टँगे पौधों को कोई फव्वारे से सींच रहा था और वे पानी की बूँदें थीं जो झर रही थीं। वातावरण में फैली धूप का उजाला और ऊँचे पेड़ों की छाँव से उपजा अँधेरा—दोनों का कुछ ऐसा सामंजस्य उस खास कोण पर हो रहा था कि उस अँधेरे उजाले के पार से झरती पानी की बूँदें झिलमिल सितारों-सी नजर आ रही थीं।

मैं सोचने लगी, देखो कैसा संयोग है कि मैं आज अमिताभ से श्री राजीव गाँधी के बारे में बातें करने आयी हूँ। वे राजीव गाँधी जिनके जीवन में अचानक अँधेरे और उजाले का अजब घालमेल हो चुका है। माँ का बिछोह और देश का सर्वोच्च आसन। मन ने शुभकामना की कि ईश्वर करे, उनके जीवन में भी वैसी ही खूबसूरत रुपहली रोशनी का अद्‌भुत मंज़र हमेशा बना रहे, जैसी रोशनी

अभी कुछ पलों के लिए मैंने अचानक देखी थी।

मैं अभी यह सोच ही रही थी कि अमिताभ आ गये। अभी-अभी लिये स्नान की ताज़गी और गीले-गीले बाल, सफेद उजले कपड़े, खिला-खिला प्रसन्न वदन देखकर बहुत सुकून मिला। दूसरी बार बीमार होकर जब से अमरीका गये थे, उन्हें देखा नहीं था। देखा भी था तो गहन शोक संदर्भ में, टेलीविजन के परदे पर। पता नहीं था कि उनकी तबीयत में कितना सुधार हुआ है। अब कैसे हैं। मन में चिंता भी थी। पर अब जब उन्हें यों ताजादम देखा तो ईश्वर को धन्यवाद दिया।

ड्राइंगरूम के पासवाला कमरा अमिताभ ने अपने पिताश्री हरिवंशराय बच्चन के लिए बनवाया है। हम उसी कमरे में जाकर बैठे। दो-चार घरेलू बातों के बाद अमिताभ बोले, "आप किस तरह का लेख देना चाह रही हैं, क्या शीर्षक होगा?" मैंने कहा, "देखो, न तो मैंने शीर्षक सोचा है, न ही कुछ सवाल वगैरह फ्रेम किये हैं क्योंकि वैसा करने पर तुमको उन सवालों के सीमित दायरे में बँध जाना पड़ेगा। मेरा तो मन है कि वो जिसे कहते हैं न 'गोइंग डाउन द मैमोरी लेन' सो तुम बस अपनी यादों की वादियों में उतर जाओ, साये मैं पकड़ती चलूँगी। मुझे एकदम शुरू से सब कुछ बताते चलो। राजीवजी से तुम्हारी सबसे पहली मुलाकात कब, कहाँ और किस तरह हुई थी—से लेकर आज के दिन तक की बातें..."

अमिताभ से आप बातें कीजिए तो वे आपकी ओर जिन मर्मभेदी निगाहों से देखते हैं, वे आपको बता देती हैं कि यह आदमी वह ताकत रखता है कि आप जो कुछ बोल रहे हैं, उससे अगला वाक्य वह आपके बिना बोले ही समझ रहा होता है। मैं किस तरह से क्या चाह रही हूँ, यह बात अमिताभ पल भर में समझ गये और हल्का-सा मुस्कराकर बोले—सबसे पहले जब मिला था, वह दिन, वे बातें मुझे खुद तो साफ-साफ याद नहीं हैं, लेकिन उन बातों का जो घर में वर्णन सुनता हूँ, उसके आधार पर आपको बता सकता हूँ कि उनसे मेरी सबसे पहली मुलाकात तब हुई थी जब मैं चार साल का था और वे दो साल के थे। मेरा जन्मदिन था। माँ ने बच्चों की फैंसी ड्रेस पार्टी का आयोजन किया था। दो बरस के राजीव भी कुछ रूप धर कर आये थे। शायद कपड़े की गठरी लादे धोबी बने थे। लेकिन आखिर नन्हे-मुन्ने थे, जरा ही देर में कपड़े बदलने की जरूरत पड़ गयी। छोटे बच्चों के साथ चेंज के कपड़े लाये ही जाते हैं। इंदिराजी ने चेंज के जो कपड़े रखे थे, उसी गठरी में, वे भी फैंसी ड्रेसवाले ही थे। इस बार उन्हें कुर्ता, चूड़ीदार पाजामा पहनाकर और गांधी टोपी लगाकर कांग्रेसी कार्यकर्ता बना दिया गया था। माँ बताती हैं कि ऐसे प्यारे लग रहे थे

कि सब का मन जीत ले गये।

तो इलाहाबाद के उन दिनों की ऐसी ही तमाम बातें हैं जो केवल सुनी हुई हैं लेकिन उनके साथ की जो यादें मुझे खुद याद हैं, वे दिल्ली की यादें हैं। 1956 में बच्चनजी का तबादला दिल्ली हो गया था (बच्चनजी तो प्रयाग विश्वविद्यालय में पढ़ाते थे—यह तबादला नहीं था बल्कि उनका कार्यक्षेत्र ही बदल गया था)। तब राजीव के नाना पंडित जवाहरलाल नेहरू भारत के प्रधानमंत्री थे और उनका निवास तीनमूर्ति भवन में था। अपनी माँ और भाई के साथ राजीव वहीं अपने नाना के घर रहते थे। हमारा घर भी वहाँ से करीब पचास गज की दूरी पर साउथ एवेन्यू में ही था। वहाँ पहुँचने के दो-तीन दिन बाद ही माँ हमें तीनमूर्ति भवन ले गयी थीं।

पंडितजी के कमरे के बगल में ही इंदू आंटी का कमरा था और उस कमरे से लगा हुआ दूसरा कमरा राजीव और संजय का था। ये दोनों रहते-सोते तो इंदू आंटी के कमरे में ही थे। इनका अपना कमरा तो एक तरह से खेलघर समझ लीजिए। उस कमरे में दुनिया भर के ढेर सारे खिलौने ही खिलौने रखे थे। हम दोनों भाई (यानी बंटी और मैं) जब उस कमरे में पहुँचे तो ये दोनों भाई हवाई जहाज के एक मॉडल से खेल रहे थे। एक क्षण के औपचारिक परिचय के बाद उन्होंने तुरंत ही हमें अपने खेल में शरीक कर लिया। अब सोचता हूँ तो वे क्षण बहुत असामान्य और अनोखे लगते हैं। क्योंकि आप समझ सकती हैं कि अपरिचित लोग पहली बार मिलते हैं तो अपरिचय की एक झिझक होती है। जिसे दूर करने में थोड़ा समय लगता ही है। पर उस दिन के परिचय में यह असाधारणता तो जरूर थी कि बिना किसी झिझक, बिना किसी दूरी के राजीव ने एकदम स्वाभाविक रूप से हमें तुरंत ही खेल में शरीक कर लिया और पट से उस मॉडेल के बारे में बताने-दिखाने लगे। अपरिचय की प्रथम दूरी लाँघने में बिलकुल कोई वक्त ही नहीं लगा और हम खेल में मगन हो गये। फिर तो यह सिलसिला जो चल निकला तो खूब ही चल निकला। उस जमाने में मुझे भी चाबी और बैटरीवाले खिलौनों का शौक था और राजीव के पास तो ऐसे खिलौनों का भंडार ही था। वह तो खिलौनों के पुर्जों को खुद अपने हाथ से तोड़ता-जोड़ता रहता था। हमारा परिचय कब गहरी दोस्ती में बदल गया, हमें पता भी नहीं चला।

राजीव और संजय दून स्कूल में पढ़ते थे और हम दोनों भाई नैनीताल में पढ़ते थे। उनके स्कूल की छुट्टियाँ सर्दियों में होती थीं और हमारी भी तभी होती थीं। छुट्टियों में वे दोनों भी दिल्ली आते थे और हम दोनों भी। और बस, फिर शुरू हो जाता था हमारा खेलकूद का सिलसिला। उस उम्र में दोस्त तो

अक्सर स्कूल से ही बनते हैं न, तो स्कूली दोस्त तो इनके दिल्ली में थे नहीं, और ये लोग बाहर भी बहुत कम आते-जाते थे। मेरी स्थिति और स्वभाव भी ऐसे ही थे सो बस, हम चारों की आपस में खूब पटने लगी। मेरा और बंटी का हाल यह था कि सुबह हुई कि हम तीनमूर्ति भवन में दाखिल और फिर वहाँ से आने का नाम नहीं। हमारा प्रतिदिन का रुटीन ही यही था। एक बार तो मुझे याद है कि इंदू आंटी से डाँट भी पड़ गयी थी। वे बोलीं थीं कि देखो तुम दोनों दोपहर को मत आया करो। तुम लोगों की छुट्टियाँ हैं, सुबह-शाम भले ही कितना ही खेलो, मौज करो, लेकिन बच्चों के लिए दोपहर का वक्त सोने का होता है, राजीव और संजय को और तुम दोनों को भी दोपहर में सोना चाहिए। आराम करना चाहिए।

असल में राजीव के पास एक से एक बढ़कर नवीनतम डिज़ाइनों के अनोखे खिलौने होते थे, जैसे हमने कभी देखे भी नहीं थे। सो उनसे खेलने का लोभ तो होता ही था। खिलौनों के अलावा भी उन लोगों के पास और बहुत-सी चीजें होती थीं। मसलन, मुझे याद है, शायद चीन के उपप्रधानमंत्री पंडित नेहरू से मिलने आये थे। उन्होंने एक बहुत बढ़िया रेडियोग्राम उपहार में दिया था। पंडितजी ने उसे राजीव-संजय के कमरे में रखवा दिया था। ग्रुंडिग का नाम तो आज जाना-पहचाना हो गया है, लेकिन उस जमाने में वह नायाब माना जाता था। बस, वह रेडियोग्राम हमें मिलना था कि अब हर समय म्यूज़िक ही म्यूज़िक की धुन हमारे सर पर सवार हो गयी। हम लोग सुबह से शाम तक रेकार्ड ही बजाते रहते थे। एक दिन तो हम लोगों ने हद ही कर दी थी। बहुत जोर-जोर से म्यूजिक लगाया हुआ था। बगल के कमरे में पंडित नेहरू काम कर रहे थे। अचानक वे आये और बोले, 'यह क्या धमाचौकड़ी मचा रखी है ? जानते नहीं हो मैं ज़रूरी काम कर रहा हूँ ? बंद करो यह सब।' हम लोग डर गये। लेकिन बस पल भर को ही, क्योंकि डाँटने के बाद पंडितजी अपनी भावभंगिमा से यह जता देते थे कि मानो वे तो यों ही मज़ाकिया तौर पर डाँट रहे थे।

राजीव और संजय को अपने नाना का प्यार और दुलार बहुत ही ज्यादा मिला हुआ था। मगर पंडितजी का दिया एक नियम था जो उन्हें पूरी सख्ती से पालना होता था। नियम यह था कि वे लोग कुछ भी कर रहे हों, कहीं भी हों, सब काम-काज, खेल-कूद, मौज-मजा छोड़-छाड़कर डेढ़ बजे उन्हें लंच टेबुल पर पहुँचना ही होगा। नाना खाना अपने बच्चों के साथ ही खाते थे। किसी दिन, मान लीजिए, पंडितजी टेबुल पर पहुँच गये हैं और राजीव-संजय को एक मिनट की भी देर हो गयी है, तो वे दोनों किस तरह सहमे-सहमे सिमटते और दुबकते हुए जाते थे, मैं ये दृश्य आज तक भूला नहीं हूँ।

पंडितजी की बात चल रही है तो मुझे एक बात याद आ रही है, जो मेरे खयाल से बहुत अनोखी है। देखिए, आप कहीं भी जाइए, आप पाएँगी कि जानवर पालने के शौकीन लोग अपने पालतू जानवरों के नाम अंग्रेजी में रखते हैं। खासतौर से कुत्तों के तो आप अंग्रेजी नाम ही पाएँगी। लेकिन एक यह घर ही मैंने ऐसा देखा था जहाँ जानवरों के नाम भी बड़े प्यार से हिंदी में रखे जाते थे। पंडित जी बहुत खूबसूरत पैंडाज़ रखते थे, उन सबके हिंदी नाम थे। राजीव को भी कुत्ते पालने का बहुत शौक है। बचपन से ही उनके पास दो कुत्ते थे, जो अभी कुछ ही समय पहले यहाँ सफदरजंग में आ कर ही उम्र पूरी कर गये थे। उनमें से एक का नाम था मधु और दूसरा था पेपी (शायद पपीते से)।

हिंदी नामों की बात चली तो मुझे स्वयं राजीव के नामकरण की बात याद आयी, जिसे सुनकर अमिताभ भी खुश हुए, पाठकों को भी बता दूँ। राजीवजी का जन्म बंबई में डॉ. शिरोडकर के नर्सिंग होम में हुआ था। उन दिनों पंडित नेहरू जेल में थे। उन्होंने जेल से ही इंदूजी को पत्र लिखा जिसमें धेवते का नाम सुझाया था राजीव रत्न। इसलिए राजीव के अर्थ हैं कमल यानी कमला नेहरू और रत्न यानी जवाहर। कमला और जवाहर के लाड़ले धेवते हुए राजीव रत्न गांधी।

पालतू जानवरों की बात बताते हुए अमिताभ ने बताया कि घर में एक पालतू नेवला था। एक बार खाने की मेज पर पता नहीं लेडी माउंटबेटन थीं या शायद उनकी बेटी थीं—कि वह नेवला घूमता-घामता वहाँ पहुँच गया और मेज के नीचे से लेडी के पाँवों पर चढ़ने लगा। अब अंग्रेज़ी एटीकेट होते हैं बहुत संयत और शालीन। बेचारी न उसे हटा सकें न चौंक-चिहुँककर झटक-पटक कर सकें। उनकी उस दिन बड़ी खस्ता हालत हुई थी और लंबे अरसे तक नेवले की उस शरारत के चर्चे होते रहे थे।

राजीवजी के बचपन की बातों में खोये-खोये अमिताभ पंडित नेहरू की यादों में तैर-उतरा रहे थे, बोले—कितनी भी व्यस्तता हो, पर पंडितजी राजीव के कमरे में आकर कई बार देख-झाँक जरूर जाते थे कि हम लोगों के बीच में क्या चल रहा है। फिर अमिताभ ने बताया—पंडितजी छब्बीस जनवरी की परेड में हम लोगों को बड़े शौक से ले जाया करते थे। इलाहाबाद में छब्बीस जनवरी इतने बड़े पैमाने पर होती नहीं थी। हमने पहली बार जाना था कि यह समारोह कितना भव्य होता है। परेड के लिए जो लोकनृत्यों की टोलियाँ आती थीं, उनमें से कुछ समूहों को इंदिराजी तीनमूर्ति भी बुलाती थीं। तब तीनमूर्ति के लॉन पर पंडाल लगाकर जो नृत्य होते थे, उन्हें हम सब घर के लोग पंडितजी के चारों ओर बैठ कर देखते थे। उन सब कार्यक्रमों के दौरान पंडितजी बहुत ही खुश रहते थे।

अमिताभ ने बहुत भरे-भरे दिल और डूबी आवाज में कहा—सचमुच वे दिन हमारी जिंदगी के शायद सबसे खूबसूरत दिन थे। हम धीरे-धीरे बड़े होते जा रहे थे। मैकेनिकल खिलौनों और म्यूजिक के अलावा और भी चीज़ों की ओर ध्यान जाता था। मसलन मुझे याद है, शायद चेकोस्लोवाकिया से कोई डेलीगेशन आया था। वे लोग राजीव-संजय के लिए फटफटिया साइकिल लाये थे। शायद मोपेड थी। उसका मिलना था कि हम लोग घर के कमरे से जो बाहर निकलते कि सारा दिन वह साइकिल और हम। हर समय हम उसी में लगे रहते। एक जन सीखता होता बाकी तीन यों ही उसके पीछे-पीछे भागते रहते। मुझे याद है, राजीव ही सबसे पहले सीख गये थे। तीनमूर्ति में दूर-दूर तक खुली जमीन थी ही, सो बस, खूब जोरों से साइकलिंग होती थी। उसे सीखने में जो थ्रिल मिला था उसका स्वाद आज तक याद है।

और हाँ, उन्हीं दिनों उनके पास सूरज की रोशनी से चार्ज होनेवाला एक सोलर रेडियो भी आया था। तीनमूर्ति के एक खास बरामदे में खूब धूप आती है। हम चारों का अड्डा अब उस बरामदे में जमने लगा था। कई दिन की लगातार जी-तोड़ कोशिशों से आखिर राजीव ने सूर्य के जरिये वह रेडियो चलाकर हम सबको चमत्कृत ही कर दिया था। उसमें से आवाजें सुनाई दीं तो हमें वह इतनी बड़ी उपलब्धि लगी थी कि मानो रेडियो का सारा कमाल हमारा ही करिश्मा था। राजीव तो खुश थे ही। राजीव को इस तरह के कामों का बहुत शौक था, जिनमें अपने हाथ से कुछ बनाना-करना होता था, कुछ दिमाग लगता था, कुछ मेहनत लगती थी। राजीव की अपेक्षा संजय ज्यादा फ़िज़िकल था। उसे उछल-कूद ज्यादा पसंद आती थी। ब्राइट भी वह बहुत था। राजीव हमेशा से ही गंभीर और रिज़र्व रहे हैं। ये बातें जो मैं आपको बता रहा हूँ ये करीब 1956, 1957, 58 के दौरान की बातें हैं। तब वे शायद सातवीं या आठवीं क्लास में पढ़ते होंगे। यद्यपि वे संजय की तरह चंचल और नटखट नहीं थे। फिर भी उनमें साहस और निडरता का माद्दा गजब का था। एक दिन का वाकया मुझे अकसर याद आता है। तीनमूर्ति भवन में पीछे, दाहिनी ओर एक पुराना खंडहर-सा है। पता नहीं क्यों, उसे ज्यों का त्यों छोड़ दिया गया है। न तो उसे तुड़वाया गया है, न ही सुधरवाया गया है। बस, हमेशा से वह वैसा ही पड़ा है। एक बार हम चारों खेलते-खेलते उसमें घुस गये। कभी सीढ़ियाँ चढ़ते, कभी कोई अँधेरा बरामदा- सा पार करके दूसरी ओर निकल जाते। कभी इधर से कूदकर उधर से फाँद कर अचानक एक ऐसी जगह पर पहुँच गये, जहाँ से बाहर निकलने का सिर्फ एक ही रास्ता था; क्योंकि जहाँ से घुस कर आये थे, वहाँ का एक पत्थर लुढ़क गया था और वह रास्ता बंद हो गया था। अब जो सामनेवाला

एकमात्र रास्ता था, उसके बीचोंबीच एक बड़ा-सा बर्र का छत्ता लटका हुआ था। छत्ता देखते ही हम सबके होश-हवास गुम। अब क्या करें ? इन्हें छेड़ा कि शामत आ जाएगी, यह हमें मालूम था, पर बिना उन्हें छुए हम वहाँ से निकल भी नहीं सकते थे। बड़ी देर तक हम चारों वहाँ हैरान-परेशान बैठे रहे। डाँट पड़ने के डर से वहाँ से किसी को आवाज भी नहीं लगा सकते थे। कुछ समझ में नहीं आ रहा था कि क्या किया जाए। आखिर राजीव ही बोले, 'एक काम करते हैं, जितनी ज्यादा-से-ज्यादा जगह मिल सकती है उतनी दूरी से, तेजी से दौड़ते हुए पूरी फ़ोर्स के साथ इस छत्ते को तोड़ते हुए हम फुर्ती से निकल जाएँगे तो कुछ नहीं होगा। बस यही ध्यान रखना होगा कि पूरी फ़ोर्स लगे और बेहद फुर्ती दिखाई जाए।' हम तीनों बोले, 'मगर बरइयाँ काटेंगी ज़रूर'। राजीव ने कहा, 'पहली बात तो ऐसा होगा नहीं, दूसरे अगर थोड़ा काट भी लिया तो देखा जाएगा।' आखिर हमें उसकी बात माननी ही पड़ी। वही सबसे आगे तेजी से झपटा और पीछे-पीछे हम तीनों और लीजिए सचमुच वह हमें साफ़ निकाल लाया। हम इतनी तेज़ी और फुर्ती से निकले थे कि बर्रों को हमसे चिपकने का समय ही नहीं मिला। पीछे भनभनाती रह गयीं।

इस घटना की बात सुनकर मैंने मन-ही-मन प्रार्थना की थी कि ईश्वर करे देश में व्याप्त भ्रष्टाचार और अकर्मण्यता के छत्ते को भी श्री राजीव गांधी अपनी उसी ताकत और तेजी से तोड़ डालें, और हमारे प्यारे देश को उसी तरह साफ बचा ले जाएँ जैसे उस दिन अमित, संजय और बंटी को बचा लाये थे।

अमिताभ उन दिनों की यादों में सचमुच खो गये थे। उन्होंने जिस तरह बताया कि उन दिनों राजीव के पास एक नीली स्टेशन वैगन हुआ करती थी। तो उनके बताने-कहने के ढंग से साफ झलक रहा था मानो उस नीले रंग का सही शेड तक उन्हें इस समय साफ याद आ रहा है। बोले—उस नीली स्टेशन वैगन में इतवार की छुट्टी के दिन हम सब लोग यानी माँ, इंदू आंटी, राजीव, संजय और मैं और बंटी इकट्ठे पिकनिक के लिए जाया करते थे, कभी यहाँ, कभी वहाँ। हाँ, तुगलकाबाद अकसर जाया करते थे। वहाँ हम लोग सारे दिन खुले में खेलते, खाते, हँसते, बोलते, गाते, बजाते थे। इन पिकनिकों पर इंदू आंटी हम लोगों को तरह-तरह के वर्ड गेम्स, ग्रुप गेम्स खिलाती थीं। वे खेल अधिक कूद-फाँद के नहीं होते थे, पर इंटेलिजेंट गेम्स हुआ करते थे। बहुत मजा आता था इन पिकनिकों पर। और अगर कभी ऐसा होता कि हम बाहर नहीं जा सकते थे तो हम लोगों को इंदू आंटी ने ही एक तरकीब सुझायी थी—कि छुट्टी के दिन तुम्हें घर नहीं बैठना है न, तो ऐसा करते हैं कि तीनमूर्ति में जो इतनी सारी जमीन पड़ी है, यहीं के एक दूरवाले कोने में हम लोग एक तंबू लगायेंगे, वहाँ

उस तंबू में पकायेंगे, खायेंगे, खेलेंगे, गायेंगे, नाचेंगे। बस, ऐसा ही महसूस होगा जैसे घर से दूर कहीं पिकनिक मना रहे हैं; पूरा मजा करके शाम ढले कमरों में लौट आयेंगे। बस, इस तरकीब के बाद तो हमारा कोई भी इतवार बिना पिकनिक के नहीं गुजरता था। वैसे कभी कोई अच्छी विदेशी फिल्म आयी तो इंदू आंटी हम लोगों को फिल्म दिखाने राष्ट्रपति भवन ले जाती थीं।

मैंने पूछा, तुम लोग कभी आपस में लड़ते-झगड़ते नहीं थे क्या ? और आपसी ईर्ष्या, द्वेष ? तो अमिताभ बोले—नहीं, लड़ाई-झगड़े या डिस्कार्ड जैसी बात हमारे बीच कभी नहीं आयी। हाँ, यह जरूर था कि हम दोनों यानी मैं और राजीव दोनों छोटों को अकसर छेड़ा-चिढ़ाया करते थे। कभी उनकी लेगपुलिंग (खिंचाई) कर डालते थे। और कभी मौका पाकर वे दोनों भी हमें छकाया करते थे। अमिताभ के चेहरे पर अचानक एक बड़ी ममता भरी चमक आयी और हँस कर बोले—एक मजेदार वाकया याद आ रहा है। एक दिन मैं और राजीव तीनमूर्ति के लॉन पर नीचे कुछ खेल रहे थे। शायद हमने संजय और बंटी को अपने उस खेल में जानबूझ कर शामिल नहीं किया था और वे दोनों ऊपर की मंजिल की बाल्कनी में अकेले खड़े बाहर की ओर देख रहे थे। उन्हें वहाँ देखकर हमने नीचे से आवाज लगायी, 'भई, जरा कुछ खाने-पीने को भेजो।' संजय बोला, 'क्या पीना है ?' राजीव ने कहा, 'पानी, लेकिन बहुत ठंडा पानी चाहिए।' संजय बोला, 'ठीक ! और खाओगे क्या ?' राजीव ने कहा, 'अंडे चल जायेंगे।' हम अपने खेल में लगे थे ही। देखते क्या हैं, थोड़ी देर बाद एक नौकर बाल्टी लिये हुए आया और बोला, 'संजय साहब ने ठंडा पानी भेजा है।' हमने देखा, बाल्टी में पानी तो नाममात्र को जरा-सा ही था और बर्फ ढेरों ढेर पड़ी थी। अभी हम पानी देख ही रहे थे कि भीतर से दो नौकर एक बहुत ही बड़ी ट्रे पकड़े चले आ रहे थे। उसमें देखा तो एक विशालकाय ऑमलेट चला आ रहा है। बाद में पता चला कि उस दिन घर में जितने, तीस-चालीस अंडे पड़े थे, उन सबको तोड़कर खुद संजय ने किचिन में खड़े होकर अपने हाथों से ऑमलेट बनाया था; और फ्रिज में जितनी भी तरह की चटनियाँ, सॉस और जैम पड़े थे सब उस ऑमलेट पर डाल दिये थे। पीने को पानी माँगा था और खाने को अंडे—सो पानी और अंडों को देखकर हम लोगों का जो हाल हुआ कि पूछिये मत। हम दोनों के चेहरों की रंगत और खिसियाहट देखकर वे दोनों जो हँसे कि हँसते-हँसते उनके पेट में बल पड़ गये और उनकी सारी शाम की पूरी बोरडम दूर हो गयी और हम बोर हो गये। वह ऑमलेट और ठंडा पानी अकसर बहुत याद आता है। उन दिनों तीनमूर्ति की किचन-इंचार्ज मिसेज वकील थीं। उस दिन उनकी हालत भी बस देखने लायक ही थी। वे बेचारी हम चारों से यों ही

खासी परेशान रहती थीं। वहाँ का कोल्ड स्टोरेज ऐसा है कि समझ लीजिए कि एक छोटे कमरे जितना बड़ा फ्रिज है। हम चारों उसमें घुसे कि बेचारी की हालत खस्ता हो जाती। यह मत छूना, वह मत गिराना, उसे खोलना मत, यह खाना मत—जैसी बातें कहते-कहते उनका मुँह थक जाता होगा। हम जिस दिन उसमें घुस जाते कि अशोक वाटिका में घुसे हनुमान बन जाते। एक दिन तो संजय महाशय पता नहीं कैसे उसमें काफी देर के लिए बंद ही हो गये थे। हम सब तो उन्हें खोजने में परेशान हो रहे थे और वे महाशय अंदर बैठे-बैठे ठाठ से चॉकलेट पर चॉकलेट उड़ा रहे थे।

रही ईर्ष्या और द्वेष की बात, वह हमारे बीच कभी नहीं रही। होड़ाहोड़ी भी नहीं होती थी। इसकी शायद दो वजहें हो सकती हैं। एक तो हम लोगों के स्कूल अलग-अलग थे। दूसरे, हमारी दोस्ती हमारे बड़ों के माध्यम से हुई थी इसलिए हमारे आपस के संबंधों में भी एक खास तरह की डिगनिटी शामिल थी। हम दोनों ने ही कभी उम्र के फर्क को महत्व नहीं दिया। हमेशा से ही एक-दूसरे के प्रति चरम आत्मीयता के साथ एक शालीन आदर भावना भी रही है। यही कारण है कि कभी हमने एक-दूसरे के पाँव पर पाँव भी नहीं धरा। आज हम एक-दूसरे को प्यार भी करते हैं और एक-दूसरे की इज्जत भी करते हैं। अब देखिए, पहले तो उनकी पोजीशन प्रधानमंत्री के धेवते की थी, फिर वे थे प्रधानमंत्री के बेटे, लेकिन उनका रुतबा कभी आड़े नहीं आया। अब इधर एक जमाना आ गया जब पब्लिक मुझे पहचानने लगी। तब राजीव के मन में मेरे प्रति कोई दूरी नहीं आयी। मैं कैसे भूल सकता हूँ वह दिन, जब एशियाड के मौके पर खुद राजीव ने भीड़ को अपने हाथों से रोका था और मेरे लिए रास्ता खुद खड़े होकर बनाया था ? कैसे भूलूँगा, जब मुझसे बोले थे कि देखो अमित, बॉक्सिंग के लिए गोल्ड मैडल दिलाने के लिए वे लोग मेरे पास आयेंगे, पर मैं चाहता हूँ कि यह मैडल तुम जाकर दो ? और सचमुच अब आयोजक उनके पास आये तो उन्होंने कहा, मुझे नहीं, आप अमिताभजी को ले जाइये।

असल में एक बात और आपको बताऊँ कि राजीव को मुझ पर गर्व है। गर्व इस बात का कि वे जानते हैं कि आज जनता के बीच में मेरी जो भी जगह बनी है, वह मेरी अपने आप, अपनी मेहनत से बनायी हुई जगह है। जब आप कैमरे के सामने होते हैं, उस समय किसी की सिफ़ारिश या पहचान काम नहीं आती, आपको अपने काम से खुद प्रमाणित करना होता है। और इस तरह की सैल्फमेड पोजीशन के प्रति राजीव के मन में हमेशा बहुत कद्र होती है। (यह शायद राजीवजी के चरित्र का एक विशिष्ट गुण है। भारत बिना किसी विदेशी ताकत का सहारा लिये खुद अपने पाँवों पर खड़ा होकर अपनी मेहनत के बल

पर अपना विकास करे और दुनिया की सर्वोच्च ताकत बने—भारत के इस सैल्फमेड रूप का सपना श्रीमती इंदिरा गांधी ने देखा था। प्रधानमंत्री श्री राजीव गांधी अपने इस विशिष्ट चारित्रिक गुण के कारण इस सपने को जरूर ही वास्तविकता में बदल सकेंगे। इसका विश्वास भी बनता है)।

अमिताभ ने बताया संजय और राजीव को घुड़सवारी और तैराकी का भी बहुत शौक था। मैं नैनीताल में पढ़ रहा था। वहाँ मैंने भी घुड़सवारी सीखी थी और मुझे भी उसका शौक था। इसलिए उनके साथ मैं भी प्रेसीडेंट्स बॉडीगार्ड्स के राइडिंग स्कूल में जाता था। सुबह-सुबह हम खूब घुड़सवारी करते थे। फिर घंटों तैर कर तीनमूर्ति जाकर खाने की मेज पर टूट पड़ते थे। उफ्, क्या गजब की भूख लगती थी उनदिनों ! बहुत खाते थे हम लोग। उन दिनों राजीव मिठाई बहुत खाते थे। उन्हें मिठाइयाँ हमेशा से बहुत पसंद हैं। अंग्रेजी मिठाइयाँ भी और हिन्दुस्तानी मिठाइयाँ भी। खासतौर से देशी मिठाइयाँ।

और हाँ, उन दिनों की एक बात बताना मैं आपको भूल ही गया। मैंने बताया था न कि राजीव में बचपन से ही एक खास आदत थी।—हर नये आये खिलौने को पुर्जे-पुर्जे अलग कर डालना और फिर पूरे ध्यान से एक-एक टुकड़ा, एक-एक पुर्जा जोड़-जोड़ कर खिलौने को जैसा का तैसा बना देना। इस प्रक्रिया में राजीव को बड़ा मजा आता था। यह छूत मुझे भी लग गयी थी। मुझे याद है, शायद उनसठ या सन् साठ की बात है। बाबूजी (डॉ. बच्चन) विदेश गये थे। वहाँ से हमारे लिए एक ट्रांजिस्टर और टेपरिकार्डर लाये थे। घर में ऐसी चीज पहली बार आयी थी। मैंने भी अपने मित्र की देखादेखी दोनों चीजों को खोल डाला। बड़ा मजा आया। जो कुछ राजीव को करते देखता था, आज स्वतंत्र रूप से खुद कर रहा था। बड़ा थ्रिल था। लेकिन सारा मजा धरा का धरा रह गया। जब मैंने पाया कि उन चीजों को वापस असेंबल करना मेरे बूते की बात नहीं थी। लाख माथापच्ची की लेकिन मुझसे नहीं होना था, नहीं हुआ। लाजमी था कि माँ और बाबूजी की डाँट पड़ती, सो वह भी पड़ी और खूब पड़ी। आखिर मैं राजीव के पास गया कि चल भइया, अब तू ही मदद कर सकता है। तो वह हँसा और बोला, 'फिक्र मत करो, जरा-सी देर में सब ठीक हो जायेगा', और तुरंत मेरे साथ मेरे घर आया और फटाफट दोनों चीजें फिर पहले जैसी नयी निकोर बना दीं।

राजीव को यह मैकेनिकल सेंस अपने पिता से विरासत में मिला है। मुझे याद है, हमारे पास एक बड़ा-सा कैबिनेटवाला रेडियोग्राम था। लेकिन वह बेकार पड़ा था, क्योंकि दिल्ली में डी. सी. बिजली थी और वह ए.सी. पर चलनेवाला था। आज तो कन्वर्टर आम बात हो गये हैं, पर तब उनका चलन नहीं था।

मैंने अपने रेडियोग्राम की बात राजीव को बतायी तो वे बोले, 'चलो ऐसा करते हैं कि पापा के पास चलते हैं। उनके पास एक मशीन है जो उन्होंने खुद बनायी है। उससे शायद तुम्हारा रेडियोग्राम चालू हो जायेगा। उनसे वह मशीन माँग लाते हैं।' उस दिन हम दोनों फीरोज़ अंकल के घर गये थे। वाह ! क्या करीने से सजाया हुआ उनका कमरा था। हर चीज एकदम ठीक कायदे से ठीक जगह पर रखी हुई। बेहद साफ़ और चारों ओर से टपकता हुआ विशिष्ट आभिजात्य। आप आज अगर राजीव का कमरा देखें तो पायेंगी कि वहाँ भी ठीक वैसा ही माहौल है। हर चीज बिल्कुल करीने से सही जगह पर साफ-सुथरे ढंग से रखी मिलेगी। कहीं कोई कनफ्यूज़न नहीं। हाँ तो, फीरोज़ अंकल हमारी समस्या सुनकर हँसे और अपने बेटे के मित्र की मदद के लिए बड़े शौक से खुद ही चलने को तैयार हो गये। अब समस्या थी उस मशीन की। कोई छोटी-सी मशीन तो थी नहीं कि हाथ में उठाओ, गाड़ी में सीट पर रख दो और चल दो। वह थी रेडियोग्राम से भी बड़ी और भारी-भरकम ढंपलाट मशीन। खैर साहब, किसी तरह बड़ी-बड़ी तरकीबों से लाद-लूद कर वह मशीन मेरे घर लायी गयी और काफी देर की कारीगरी के बाद आखिर अंकल ने हमारा रेडियोग्राम चालू कर ही दिया। ओफ, उस दिन घंटों तक क्या शोर मचा हुआ था। क्या ज़ोरदार घर्र-घर्र करती थी उनकी वह मशीन। यह मशीन प्रेम राजीव को उन्हीं से मिला है। आज दुनिया के किसी कोने पर कहीं भी कोई ऐसा काम हो रहा है जो इलेक्ट्रानिक्स की दिशा में नया हो रहा है, तो उसकी पूरी जानकारी राजीव को होगी। फीरोज अंकल भले ही कोई टैक्नीकल विज़ार्ड नहीं होंगे लेकिन वे जिस चीज़ को भी काम में लाते थे, उसके पुर्ज़े-पुर्ज़े को समझ लेना चाहते थे। राजीव की बेसिक नेचर भी यही है। वे भी जो कुछ भी करते हैं, उसे पूरी तरह पुर्जा-पुर्जा समझ कर एक खास सिस्टम के साथ करते हैं। जब तक संजय था उन्होंने कभी राजनीति में आने की बात सोची भी नहीं थी। संजय की अकाल मृत्यु के बाद अपनी माँ का हाथ बँटाने की अपनी जिम्मेदारी को समझकर उन्होंने यह बोझ उठाया था। फिर एक बार जिम्मेदारी ले ली तो राजीव को पुर्ज़ा-पुर्ज़ा जोड़ लेना भी खूब आता है। मुझे तो पूरा विश्वास है कि अब भारत का स्वर्णिम भविष्य हमारे ठीक सामने है।

अपने मित्र की ठोस संभावनाओं के प्रति पूर्ण आस्था व्यक्त करते-करते अमिताभ बोले—अरे, बातें करते-करते देखिए बचपन तो बीत चला, आइए अब आपको कैशोर्य की बातें बतायें।

हम बड़े होने लगे थे। मैंने सीनियर कैंब्रिज कर लिया था। मैं दिल्ली के एक कॉलेज में पढ़ रहा था और राजीव आगे पढ़ने के लिए विलायत चले गये

थे। विलायत से वे मुझे बराबर खत लिखते रहते थे। हम इतने खत लिखते थे कि भौगोलिक दूरी ज्यादा महसूस नहीं होती थी। राजीव शायद मेरे पास ही इतने रैग्यूलरली खत भेजते थे, क्योंकि अक्सर इंदू आंटी माँ से पूछा करती थीं कि, 'राजीव कैसा है ? अमित के पास तो खत जरूर आते होंगे। मुझे तो उसने बहुत दिनों से कुछ लिखा ही नहीं।' राजीव के खतों में तमाम तरह की बातें होती थीं। विलायती जीवन की बातें, वहाँ के फैशन, ड्रैसेज. म्यूजिक, लोगों, जगहों वगैरह की बातें। इन सब बातों की जानकारी में मेरी भी बड़ी रुचि थी। सो उसके खतों का हमेशा इंतजार बना रहता था। एक बार तो मुझे याद है, राजीव का एक खत पढ़कर मैं खासा चकरा गया था। उसने लिखा था कि कुछ दिनों से वह कोई काम-काज ढूँढ़ लेने के चक्कर में है ताकि कुछ पैसा कमा सके, क्योंकि वहाँ का रहन-सहन इतना महँगा है कि पैसे की तंगी हमेशा ही बनी रहती है। और यह कि उसने बाजार में एक बड़ा बढ़िया टेपरिकार्डर देखा है, जिसे वह खरीदना चाहता है, पर उतने पैसे हैं नहीं। अब मुझे यह तो याद नहीं है कि उसके लिए कितनी रकम चाहिए थी; पर राजीव के अनुसार यदि वे उतनी रकम अतिरिक्त काम करके कमा सकें तब तो टेपरिकार्डर ले लेंगे। यदि उतने पैसों से कम ही जमा कर पाएँगे तो एक कार खरीदने की सोच रहे हैं, मैं चक्कर में पड़ गया कि ऐसा कैसा टेपरिकार्डर होगा जो मोटर कार से भी महँगा मिलता है। बाद में राजीव से पता चला कि सचमुच वहाँ सैकंड हैंड मोटरें बड़े सस्ते दामों में मिल जाती हैं। यह सुनकर तब मैं सचमुच बड़ा हैरान हुआ था।

हम लोग खत ही नहीं एक-दूसरे को टेप की रीलें भी भर कर भेजा करते थे। उन दिनों कैसेट तो होते नहीं थे। रील पर ही टेप चलते थे। एक बार तो मैंने अपना पूरा दिन किस तरह बिताया, इसका ड्रामा-सा ही बना कर भेज दिया था। मसलन मुझे बताना था कि फलां दोस्त का इंतजार है। तो मैंने टेप में कहा—देखो न, कमबख्त अभी तक नहीं आया है। मैं यहाँ बोर हो रहा हूँ। अरे अरे, देखो शायद वह आ रहा है। धत् तेरे की यह तो कोई और निकला। सुनो, वह देखो, सामने के पेड़ पर एक नीलकंठ आ कर बैठ गया है। कैसे गर्दन घुमा-घुमा कर इधर-उधर देख रहा है। अख्खाह। आइए-आइए महाशय। लो भई प्रकट हो गये हैं जनाब। ऐं, यह तो शायद फलाँ की गाड़ी का-सा हार्न है। वह भी आ रहा है क्या...वगैरह-वगैरह। पूरे दिन का इसी तरह आँखों देखा हाल या ड्रामा जैसा हमने टेप में भर कर भेजा था। एक बार तो बड़ी गड़बड़ भी हो गयी थी। एक टेप में हम कई दोस्तों ने मिलकर ब्यायिश टॉक्स (किशोर सुलभ बातें) भरकर भेज दी थीं। राजीव वहाँ सुनने बैठा तो उस समय वहाँ पर बैठे थे टिक्की

कौल अंकल। आंटी और उनकी बेटी भी वहीं थीं। जो टेप बजा और वे बातें शुरू हुईं तो राजीव खुद तो सकपकाया ही, वह लड़की बेचारी बहुत आकवर्ड फील करने लगी। राजीव उस बार जब आया तो ताकीद कर गया था कि यार, भेजते समय यह जरूर बता दिया करो कि टेप में है क्या।

राजीव छुट्टियों में जब भी आता, हम सबके लिए कुछ-न-कुछ उपहार जरूर लाता था। मुझे याद है, मेरी जिंदगी की सबसे पहली जीन्स उसी ने मुझे लाकर दी थी। आज तो जीन्स सारी दुनिया में छायी हुई है, लेकिन उस ज़माने में तो वह बड़ी अनोखी चीज थी। मैंने उसे इतना पहना, इतना पहना, कि पूछिए मत। कई बरस तक मैंने उसे लगभग रोज ही पहना था। वह बदरंग हो गयी, फटने-फटने को हो गयी पर मैं उसे छोड़ने को तैयार ही नहीं था।

राजीव की छुट्टियों की बात पर याद आ रहा है। एक बार वे आये हुए थे और हम लोग पता नहीं, किस बात पर उस पार्टी को याद कर रहे थे जो तीनमूर्ति भवन में पंडित नेहरू के जन्मदिन पर हुई थी। उस दिन भी फैंसी ड्रेस का आयोजन था और इंदू आंटी ने मेरे पहनने के लिए एक कांटिनेंटल ज्यार्जियन ड्रेस बनवा कर भेजी थी। बातें करते-करते याद आया कि उस दिन की बड़ों की मिक्स्ड पार्टी में हम पहली बार शामिल हुए थे। फिर सोचा कि क्यों न हम लोग भी मिक्स्ड पार्टी करें। सब लड़के-लड़कियाँ एक साथ इकट्ठे हों। इंदू आंटी से पूछा गया तो उन्होंने अपनी सहर्ष इजाज़त ही नहीं दी, बल्कि खुद अपनी देखरेख में उस पार्टी की तैयारियाँ भी कीं। हमारी पहली मिक्स्ड पार्टी थी। हम सभी के मन में बहुत थ्रिल था। थोड़ी-थोड़ी घबराहट भी थी। राजीव बिलकुल परेशान नहीं थे, शायद इसलिए कि वे विलायत में यह सब देख ही चुके थे। पर हिन्दुस्तान में तब लड़के-लड़कियों का एक साथ मिलना-जुलना इतना प्रचलित नहीं था। हमारे लिए तो यह एक खास अवसर था। मैं जरा नर्वस भी था। मुझे याद है, उस दिन इंदू आंटी पूरी शाम हम लोगों के साथ रही थीं। खाने-पीने, हँसने-बोलने, म्यूजिक गेम्स सभी में साथ थीं। साथ ही उन्हें यह ध्यान भी था कि यंगस्टर्स को कभी-कभी अकेले भी छोड़ देना चाहिए। सो बीच-बीच में थोड़ी देर के लिए चली भी जाती थीं। अनुशासन और फ्रीडम का बड़ा सुंदर सामंजस्य कर लेती थीं वे।

मैंने पूछा, 'तुम्हारे ग्रुप की लड़कियाँ तो राजीव की ओर खास खिंच जाती होंगी।' तो अमिताभ ने बताया—यह बात सच है कि उस ज़माने में हमारे बीच में ही क्या, सारे देश का ही नंबर वन पिक तो राजीव ही रहे होंगे। उनके जैसा बेहद खूबसूरत नौजवान, जो इतनी अच्छी पोजीशन भी रखता हो, भला और कौन था ? लेकिन आप हैरान होंगी जानकर कि कभी मजाक में भी राजीव

ने अपनी स्थिति का कोई फायदा नहीं उठाया। और न कभी किसी को अपने साथ खिलवाड़ करने का मौका ही दिया। ऐसी स्थितियों को वे बड़ी खूबसूरती से काट दिया करते थे। उनमें हल्कापन या छिछोरापन तो नाममात्र को भी कभी रहा ही नहीं। वे तो बड़ी गंभीर वैल्यूजवाले व्यक्ति रहे हैं हमेशा से ही।

मित्रों की पार्टी की बात बताते हुए अमिताभ ने एक और मजेदार घटना सुनाई। बोले—एक बार ऐसी ही एक मिली-जुली पार्टी के लिए हम एक दोस्त के घर में जमा हुए थे। वहाँ राजीव के दून स्कूल के कई दोस्त आये थे। पार्टी खत्म हुई और शाम ढलते ही लड़कियाँ तो सब अपने-अपने घर लौट गयीं। हम कुछ लड़के वहाँ अभी भी डटे हुए थे। मौज-मौज में योजना बनी कि अभी दून स्कूल चला जाये। उस दिन पंडित नेहरू कहीं विदेश में थे और इंदिराजी भी दिल्ली से बाहर गयी हुई थीं। राजीव-संजय एमी कृष्णा के सिपुर्द थे। रात के दस बजे थे। जाहिर है वहाँ से परमीशन माँगी जाती तो इनकार ही मिलता। तो यह तय किया गया कि मैं अपनी माँ को फोन करूँ। मैंने अपने घर पर माँ को फोन किया और सारी बात बता कर कहा, 'माँ, तुम किसी तरह कवर कर लेना। भले ही कह देना कि राजीव-संजय वहाँ तुम्हारे पास ही रात को रह रहे हैं। या जो ठीक समझो। पर आज सबका मूड बन रहा है। प्लीज दून स्कूल तक जाने की हमें परमीशन दे दो। हम प्रामिज़ करते हैं सुबह होते ही वापस आ जायेंगे।'

तो साहब, रात के दस बजे हम सारे दोस्त चल पड़े, दून स्कूल पर धावा बोलने। राजीव की स्टेशन वैगन में ही हम सब घुसे। छह ही जगह बारह-तेरह लड़के लदर-फदर बैठ गये। एक बरस पहले ही राजीव वहाँ से पास करके निकले थे। पहचानते तो सब थे ही। सो पीछे के दरवाजे से होस्टल में घुसा गया और डारमेटरी में लड़कों को पानी छिड़ककर, कान में सीटी बजाकर, अलार्म बजाकर, बिगुल बजाकर, डिब्बे पीटकर जैसे बना सबको उठाया गया। किचिन खुलवाकर जो कुछ मिला, खूब खाया-पिया गया। उस रात जो हंगामा किया वहाँ हम लोगों ने वह आज तक याद आता है। बेहद मजा आया था। सारी रात ऊधमबाजी होती रही और सुबह होते ही देहरादून शहर घूमा गया। देहरादून से एक और दोस्त ने अपनी गाड़ी निकाली और हम दो गाड़ियों में आधे-आधे बँट गये। अब यह तय हुआ कि वापस दिल्ली तक दोनों गाड़ियों में रेस होगी। सभी का उत्साह और उमंग सातवें आसमान पर। क्या शानदार रेस थी उस दिन की। राजीव ही जीते थे। आपको पता है राजीव गाड़ी बेहद तेज चलाते हैं! यों भी तेज ही चलाते थे, पर विलायत में रह लेने के बाद तो बहुत ही तेज चलाने लगे थे। उनकी गाड़ी जिस ड्राइवर के जिम्मे रहती थी, उसका नाम था देसराज। राजीव

दोस्तों के साथ हों और गाड़ी निकालने को कहा जाये तो बेचारे देसराज के चेहरे पर हवाइयाँ उड़ने लगती थीं। उसके लिए तो नाइटमेयर (दुःस्वप्न) जैसा होता था वह सब; क्योंकि राजीव उसे तो एक ओर बैठा देते थे और खुद गाड़ी चलाते थे। क्या बताऊँ आपको कि कैसे-कैसे स्टंट करते थे। गाड़ी इतनी स्किड करते थे और इतने शार्प और तेज टर्न लेते थे कि सचमुच कभी-कभी बहुत डर लगता था। पर टैक्नीकली उनकी इतनी साउंड नॉलेज होती थी कि वे हमें समझाते चलते थे कि ऐसा करने पर भी गाड़ी कंट्रोल में कैसे रहती है। सारी प्रक्रिया वे इतनी बारीकी से समझाते थे कि हम मन-ही-मन निश्चिंत रहते थे कि स्टीयरिंग जब तक राजीव के हाथ में है, कोई दुर्घटना तो हो ही नहीं सकती। गाड़ी चलाने में महारत राजीव ने विदेश में ही हासिल की थी।

कार के अलावा राजीव ने बचपन से ही सोच रखा था कि बड़े होकर हवाई जहाज चलाना सीखेंगे। हम लोग स्विमिंग और राइडिंग के लिए तो जाया ही करते थे। उन्हीं दिनों दिल्ली फ्लाइंग क्लब में हम ग्लाइडिंग भी किया करते थे। धीरे-धीरे राजीव नियमित फ्लाइंग में चले गये और मैं कलकत्ता नौकरी पर चला गया। फ्लाइंग की पक्की नौकरी मिलने के लिए जरूरी होता है कि एक निश्चित संख्या के घंटों की उड़ान का आपको अनुभव होना चाहिए। सो जिन दिनों वे घंटों उड़ान भरने के लिए आसमान में हवाई जहाज ले जाया करते थे, उन दिनों अगर मैं दिल्ली में होता था तो हम दोनों साथ ही जाया करते थे। जब पायलट अकेले अभ्यास करने को उड़ता है तो बैलेसिंग के लिए साथ की सीट पर एक रेत का थैला रख लिया जाता है, जिसे बैलास्ट कहते हैं। तो मैं राजीव के साथ बैलास्ट बनकर जाता था। उसके घंटे रजिस्टर होते रहते थे और मैं मौज से हवाई सैर करता रहता था। राजीव की तो खैर किसी भी मशीनरी को बिलकुल ठीक से हैंडल करने की आदत बहुत पुरानी है। लेकिन हवाई जहाज तो वे बहुत ही बढ़िया उड़ाते हैं। वे गजब के दक्ष और सेफ फ्लायर हैं। इधर तो मेरा आना-जाना हवाई जहाजों के माध्यम से ही होता रहता है। और बहुत बार यहाँ-वहाँ जाना पड़ता है, तो जब भी फ्लाइट पर राजीव के पुराने साथियों में से कोई पायलट या कैप्टन मिलते हैं तो हमेशा कहते हैं, 'इंडियन एअरलाइंस का सबसे बढ़िया पायलट राजनीति ने हमसे छीन लिया है।' राजीव ने 1980 में इंडियन एअरलाइंस छोड़ दी थी। उससे पहले मुझे मान लीजिए बंबई से दिल्ली या जयपुर या बंगलौर या मद्रास आदि कहीं जाना होता था तो राजीव हमेशा कहते थे कि ऐसी फ्लाइट पर बुकिंग कराना जिसे मैं चला रहा होऊँ। बहुत बार हम लोग इस तरह की उड़ानों पर साथ रहे हैं।

राजीवजी की विदेश की बातें बताने के दौरान ही अमिताभ ने बताया—

राजीव की सोनिया से मुलाकात कैंब्रिज में हुई थी। राजीव एक बार छुट्टियों में जब हिन्दुस्तान आये तो अपने वहाँ के कुछ मित्रों के चित्र दिखा रहे थे। पर सोनिया का चित्र उन्होंने कई बार दिखाया था और हमेशा पूछा था कि कैसी लगी यह। तभी मैं मन-ही-मन समझ तो गया था कि जरूर कोई खास बात है, पर चूँकि उन्होंने पक्का कुछ बताया नहीं था, इसलिए हम कुछ कह नहीं सकते थे। पता तो तब चला जब राजीव ने माँ से कहा कि इटली से मेरी एक मित्र आ रही है, भारत घूमना चाहती है; उसे मैं आप लोगों के साथ ठहराना चाहता हूँ; संभव होगा क्या ? तब भी उसने हमें यह नहीं बताया था कि वह उससे शादी का इरादा रखता है।

खैर, हमारे घर में तो एकदम से सबकी व्यस्तता बढ़ गयी। डैड ने तुरंत ही सारे घर की रंगाई-पुताई कराई। एक कमरा खासतौर से ठीक करवाया गया। एक अतिरिक्त गीजर मँगवाया गया। वगैर-वगैरह। हमने देखा, डैड ही सबसे ज्यादा उत्साहित थे। मानो उनके घर में उनकी बहू ही आनेवाली हो।

जिस दिन सोनिया आनेवाली थीं, उस दिन तो राजीव बहुत ही नर्वस थे। फ्लाइट शायद अलस्सुबह तीन-साढ़े तीन बजे आनी थी। राजीव ने मुझसे कहा, 'अमित, तुम रात को वहाँ मेरे घर ही आकर सो जाना। सुबह-सुबह यहाँ घरवालों को डिस्टर्ब करने से क्या फायदा।' मैंने कहा, 'ठीक है।' मैं तथा एक दो और दोस्त, हम सब वहीं 1,सफदरजंग चले गये। असल बात तो यह थी राजीव ने मारे नर्वसनेस के ही हम सबको इकट्ठा कर लिया था। अब सब मिल बैठे तो डर था कि कहीं आँख लग गयी और आधी रात को कोई उठ न सका तो गड़बड़ हो जायेगी। इसलिए निश्चय किया गया कि सब मिल कर सारी रात जागेंगे—कोई सोयेगा ही नहीं। जैसे-तैसे करके वह समय कटा और हम लोग काफी पहले से, आधी रात को ही हवाई अड्डे पहुँच गये। सोनिया आयीं। अभी भोर फूटी ही थी। राजीव बोले, 'घर चलने से पहले चलो, इन्हें दिल्ली घुमाते हैं' और हम लोग तीन-चार घंटों तक दिल्ली की सड़कों पर गाड़ी घुमाते रहे और करीब नौ बजे घर पहुँचे। यह तो बाद में पता चला कि राजीव ने ऐसा इसलिए किया था कि घर पर माँ और डैड को जल्दी उठाने का कष्ट न दिया जाये। गजब का कंसीडरेट शख्स है यह राजीव गांधी।

यद्यपि सोनिया इस बात से थोड़ा अटपटा महसूस जरूर कर रही थीं कि राजीव ने उन्हें अपने घर पर न ठहरा कर एक मित्र के घर ठहराया है तथा राजीव ज्यादा समय उनके साथ, उनके पास भी नहीं रह पाते, पर राजीव इस बात के लिए बहुत सतर्क थे कि कहीं किसी प्रकार की भनक लोगों को न पड़े। फिजूल की बातें न बनने लगें, अफवाहों को उड़ते भला कितनी देर लगती है। राजीव

को अपने परिवार की मान-मर्यादा का बहुत खयाल था। साथ ही सोनिया के लिए भी वे बेहद प्रोटेक्टिव थे। सोनिया के मन को किसी प्रकार की कोई ठेस न लगे, उन्हें कोई असुविधा न हो, कहीं कोई कमी न रह जाये—इसकी भी उन्हें बहुत चिंता लगी रहती थी। असल में वे चाहते थे कि सोनिया पहले भारत को अच्छी तरह से देख लें; यहाँ के लोगों को, यहाँ के पूरे परिवेश और परिस्थितियों को अच्छी तरह से समझ लें, और तब शादी के लिए तैयार हों। तभी घरवालों तथा मित्रों को अपनी इच्छा से अवगत करायें।

सोनिया नवंबर में आयी थीं। जनवरी तक उन्होंने तय कर लिया था कि उन्हें भारत में रहना है, राजीव से विवाह करना है। बस, फिर क्या था राजीव के मन की मुराद पूरी हुई। वहीं 13, विलिंग्डन क्रीसेंट के हमारे घर में ही मेहंदी की रस्म हुई। ऊपर से नीचे तक फूलों के गहनों से सजी घाघरा पहने सोनिया बहुत ही सुंदर लग रही थीं। माँ ने घर में ही झूला डलवा दिया था। पूरी कश्मीरी रीति-रस्म के अनुसार सगाई हुई। और उसी दिन से सोनिया ने मेरे साथ भाई का जो रिश्ता कायम किया है, वह जीवन भर कायम रहेगा। आपको मालूम है कि अपनी उस भयानक दुर्घटना के बाद जब मैं ब्रीच कैंडी अस्पताल में था तो डॉक्टरों के मना करने पर भी मैंने सोनिया और रमोला की राखियाँ अपने हाथ पर बँधी रहने दी थीं। रक्षा बंधन के दिन सोनिया की राखी मेरे लिए सबसे मूल्यवान चीज होती है।

फिर फरवरी में एक बड़े सादे से समारोह में सफदरजंग रोड पर शादी हुई। दुल्हन हमारे घर से ही विदा हो कर गयी थी। सोनिया हमारे घर की बहन बेटी हैं।

शादी होने से पहले के वे तीन महीने भी क्या मजेदार बीते थे। हम सब दोस्तों का बस एक ही सिरदर्द था—प्रेस और फोटोग्राफर। राजीव कतई नहीं चाहते थे कि सोनिया का कहीं कोई जिक्र हो। कोई फोटो खींचे। एक बार तो एक फोटोग्राफर ने हमारे घर के गेट के आगे एक बड़ा-सा पत्थर रख दिया और खुद बाउंड्रीवाल से लगे नाले के अंदर छिप कर बैठ गया—ताकि गाड़ी आने पर हम जितनी देर में पत्थर को हटायेंगे, वह फोटो ले लेगा। उस दिन तो खैर, हमने झपटकर उसका कैमरा छीना, रील नष्ट की। लेकिन फिर घूमने जाने से पहले हम रोज नयी योजना बना लिया करते थे फोटोग्राफर से बचने की। एकाध बार तो हमने अपनी एक सहेली को जिसके बाल सोनिया की तरह ही कटे हुए थे और जो कुछ-कुछ विदेशी जैसी भी लगती थी, गाड़ी में आगे भेज कर सोनिया को पीछे की ओर से घर में घुसाया था। हमारी और प्रेस की बड़ी लुकाछिपी चली थी उन दिनों। आखिर जीते हमी लोग थे। सोनिया को बराबर

घुमाने-फिराने भी ले जाते थे और अवांछित लोगों की नजर में भी नहीं पड़ते थे। बड़े मजेदार अनुभव हैं उन दिनों के। सोनिया तो कभी भी खबरों की सुर्खी बनना पसंद ही नहीं करतीं। वे बहुत परफेक्ट हाउसवाइफ़ हैं।

खुद राजीव को भी झूठे प्रदर्शन और फालतू नारेबाजी से बड़ी नफरत है। अभी उन दिनों जब वे अमेठी का चुनाव जीत कर आये थे, तब की बात है। हमेशा की ही तरह मैं उन्हें लेने एअरपोर्ट गया हुआ था। उस दिन मैं अपनी बड़ी गाड़ी ले गया था। देखते ही बोले—'नहीं अमित, इसमें नहीं, छोटी गाड़ी में ही चलेंगे।' और हवाई अड्डे की नारेबाजी-जयजयकार, हार-फूलों से पीछा छुड़ाकर हम दूसरे दोस्त की ऐंबेसडर में घर की ओर चले। रास्ते में राजीव का आफिस पड़ता था। उन्होंने देखा, पार्किंग प्लेस में कुछ गाड़ियाँ बड़ी बेतरतीबी से खड़ी हैं। साथ ही देखा कि कुछ लोग, जिन्हें इस समय अपनी काम की मेज पर होना चाहिए था, बाहर मटरगश्ती कर रहे हैं। राजीव एकदम झुँझला गये। गाड़ी रुकवायी और जिस मित्र की गाड़ी थी उसे समझाया कि जरा जा कर इन लोगों को इस तरह डाँटो-फटकारो, इस तरह समझाओ और खुद ड्राइव करके घर पहुँचे। असल बात यह है कि राजीव बहुत ही कट्टर रूप से नो नॉनसेंस मैन हैं। उन्हें फिजूल में वक्त की बर्बादी और झूठी चापलूसी तथा दिखावे से बहुत चिढ़ है। मुझे पूरा विश्वास है कि वे इस सफाई से देश को सँभाल ले जायेंगे कि दुनिया दंग रह जायेगी।

राजीव को एअरपोर्ट पर लेने जाने की बात पर मुझे खयाल आ रहा है कि देखिए कैसी अजीब-सी बात रही है—राजीव अपने परिवार में किसी के भी अंत समय पर किसी के साथ नहीं थे। अपने पिता श्री फीरोज गांधी के देहावसान के समय वे दून स्कूल में थे। पंडित नेहरू का स्वर्गवास हुआ तब भी दून स्कूल में थे। संजय की प्राणांतक दुर्घटना के समय इटली में थे और अब माँ गयीं तो कलकत्ता में थे। और अजीब-सी बात रही है कि हर बार मैं ही उन्हें एअर पोर्ट से लाया हूँ। संजय के वक्त भी मैं उन्हें लाया था और अब कलकत्ता से आये, तब भी मैं ही उन्हें लेकर आया। इस बार तो हद ही हो गयी। हम ऑल इंडिया इंस्टीट्यूट से अभी मुश्किल से दस-पंद्रह गज दूर ही होंगे कि राजीव बोले, 'अमित, इस बार फलां डॉक्टर से कलकत्ता में भेंट हुई। उससे तुम्हारी बीमारी के बारे में बहुत-सी बातें हुईं। वह कह रहा था...' मैंने ही कहा था, 'मेरे दोस्त! प्लीज इस समय यह सब बातें छोड़ो।' कितना बड़ा है इस आदमी का दिल और कितना धीरज है उसमें ! खैर, छोड़िये इस बात को। हाँ तो मैं आपको बता रहा था कि राजीव देश की बागडोर बहुत शान से सँभालेंगे।

साथ ही खूबसूरती की बात तो यह है कि वे अपने पारिवारिक जीवन को

भी बड़ी सहजता से, सँभालकर साथ-साथ ले चलना भी खूब जानते हैं। अभी मैं उसी दिन रात के खाने पर उनके साथ था। उन्हें प्रधानमंत्री बने अभी तीन-चार दिन ही हुए थे कि रात के करीब दस बजे वे खुद अपने हाथों में ढेर सारी फ़ाइलें उठाये हुए आये और डाइनिंग टेबुल पर ही रख कर काम में मशगूल हो गये। सोनिया चिंतित थीं कि सारा दिन निकल गया, ठीक से कुछ खाया-पिया नहीं है। राजीव फ़ाइलें देख रहे थे और सोनिया बीच-बीच में उन्हें कुछ खिलाती चल रही थीं। ऐसे आलम में भी राजीव को यह ध्यान था कि टेबुल पर साथ में मैं भी खाना खा रहा था। सो बीच-बीच में कहते चलते थे—यह तो खाकर देखो, वह तो तुमने चखा ही नहीं, इसे इस तरह खाओ, बड़ा मजेदार लगेगा वगैरह। ऐसे में बीच में उनका पुत्र राहुल अपनी कोई समस्या लेकर आया तो उसे भी नजरअंदाज नहीं किया। सब छोड़-छाड़ कर उठे। उसके साथ उसके कमरे तक गये और उसे आश्वस्त करके आये और फिर अपने काम में लग गये। मेरे कहने का मतलब है कि घर-परिवार और बाहरी जिम्मेदारियाँ सबको पूरी समझदारी और ध्यान से निभाना राजीव खूब जानते हैं। अपनी जिम्मेदारियों के प्रति तो इतने तत्पर रहते हैं कि आपको सबसे ताज़ा बात बताऊँ। उस दिन श्रीमती इंदिरा गांधी की पार्थिव देह तीनमूर्ति भवन में ला कर रखी ही गयी थी कि कुछ ही देर बाद एक व्यक्ति ने खबर दी कि शहर में दंगे शुरू हो गये हैं। मैं वहीं बैठा था। तुरंत मुझसे बोले, 'शैल वी गो टू दैट स्पाट इमीजिएटली?' और तुरंत वहाँ जाने को उठ खड़े हुए, बड़ी मुश्किल से उन्हें रोका गया कि बिना पूरे इंतजाम के आपका वहाँ जाना मुनासिब नहीं है।

संकट की घड़ी में किस तरह गंभीर और संजीदा रहा जा सकता है। इसका अद्‌भुत उदाहरण उनके रूप में सारा देश अभी देख ही चुका है। माँ की मृत देह अभी घर में ही है और रात को एक से चार बजे तक राजीव गांधी दंगाग्रस्त क्षेत्रों का दौरा कर रहे हैं। शांति स्थापना करवाने के कामों में चुस्ती और मुस्तैदी से आदेश दे रहे हैं; इंतज़ाम करवा रहे हैं। कैसा कर्मठ और कर्तव्यशील प्रधानमंत्री मिला है हमें, जिसने सबसे पहली बात जो की वह यह थी कि सभी राज्यों के मुख्यमंत्रियों को आदेश दिये कि श्रद्धांजलि तो दे ली, अब आप अपने-अपने राज्यों में लौट जायें और अमन चैन की स्थिति बनाये रखने के लिए सारे इंतजाम करें।

दुनिया के किस देश में ऐसा व्यक्ति होगा जिसके अभी आँसू सूखने की बात तो छोड़िए, आँसू बहाने का अवसर भी जिसे नहीं मिला; अपनी इतनी पर्सनल ट्रेजेडी पर उदास होने का समय भी नहीं मिला कि उसके कंधों पर इतने बड़े देश की जिम्मेदारी आ गयी और वह बिना एक क्षण नष्ट किये उस जिम्मेदारी

को पूरा करने की दिशा में सधे कदमों से चल भी पड़ा। तत्क्षण! ऐसे ही क्षण किसी की अंदरूनी ताकत का, भीतरी फ़ोर्स का आईना होते हैं।

लेकिन कुछ लोगों का चीजों को देखने का नजरिया भी अजीब होता है। अब उनकी यह शिकायत है कि इतने युवा व्यक्ति को भला प्रशासन का क्या अनुभव होगा! उन पर इतनी बड़ी जिम्मेदारी कैसे सौंपी जाये! अभी तो यह भी नहीं मालूम कि उनके काम करने का ढंग क्या है! उन्होंने देश के लिए कोई नीतियाँ निर्धारित की भी हैं या नहीं ?

बड़ी अजीब बात है। सच बात तो यह है कि यही चीजें राजीव के पक्ष में हैं। यही बातें उनका प्लस पाइंट हैं। वे युवा हैं। नया सोचने की शक्ति रखते हैं। परिस्थितियों को देखते हुए तुरंत निर्णय लेने की क्षमता उनमें हैं। बँधे बँधाये साँचों से अलग अपनी नयी नीतियाँ निर्धारित करने की संभावना रखते हैं। वे निश्चित साँचों में ढले हुए, चुके हुए जर्जर व्यक्ति नहीं हैं। जिन लोगों की कार्य पद्धति, पसंदगी या नापसंदगी और नीति कौशल निश्चित हो चुका है, जिनके अगले मूव को सब लोग जान सकते हैं, उनकी शक्ति और उनकी कमज़ोरियाँ, दोनों का लोग अंदाज लगा लेते हैं और उसी के अनुसार विरोधी उनके मार्ग में रोड़े भी अटका सकते हैं। लेकिन यहाँ तो राजीवजी के पास बिलकुल नयी जमीन है। नयी संभावनाएँ हैं। नयी दिशाएँ हैं। नये सपने हैं। और मुझे मालूम है, बिगड़ी मशीनों को पुर्जा-पुर्जा खोल लेने और फिर उन्हें पुर्जा-पुर्जा जोड़ कर दुरुस्त कर देने की उनकी आदत पुरानी है।

दिसंबर 1984

पतझर की हवा...

21 मई की रात में साढ़े ग्यारह बजे के करीब फोन की घंटी बजी और रिसीवर उठाने पर उधर से जो बात सुनायी गयी उसे सुन कर ऐसा लगा जैसे किसी ने सीसा पिघला कर कान में डाल दिया हो। मन पर लगे सदमे के बारे में तो क्या कहा जाये, सारा शरीर भी अजब तरीके से सुन्न होता-सा लगने लगा था। हमारे परिवार ने ही नहीं शायद हिन्दुस्तान के हर परिवार ने इतिहास के इस क्रूर आघात को अपने ऊपर पारिवारिक स्तर पर ही झेला था। कैसे भी और कितने भी वैचारिक मतभेद हों पर राजीवजी का यों विगत होना सभी को हिला गया है। वक्त साँय साँय करता ठहर-सा गया है।

जब से सुना कि उनका चेहरा इतना क्षत-विक्षत हो गया है कि उसे पहचाना भी नहीं जा सकता; कि यह वही सुदर्शन चेहरा था जिस पर भारत ही नहीं, सारे संसार के लोग रीझ चुके थे। और फिर मुझे याद आती रही वह शाम जब ऑस्ट्रेलिया में एक छोटे से राजकीय समारोह में राजीवजी भाषण देने खड़े हुए थे। तब महिलाओं के बीच से बेसाख्ता आवाजें आ रही थीं 'ओह सो चार्मिंग ....सो हैंडसम....सो इंप्रेसिव....' आवाजें कुछ इतनी मुखर थीं कि निश्चित ही राजीवजी के कानों तक पहुँच ही रही थीं। भाषण आदि के बाद जब चाय, कॉफी तथा अन्य पेय पदार्थों का दौर चल रहा था तो मैं राजीवजी के पास गयी। उन्हें प्रणाम करने के बाद बोली, ''आज महिलाओं की ओर से आनेवाली आवाजों को सुन कर मुझे अपनी बेटी याद आ रही है।'' एक पल को वह मेरी बात समझे नहीं पर ज्यों ही मैंने याद दिलाया कि टी. वी. पर आपको देखते ही वह 'हाय हैंडसम' कह कर बुलाती है न, तो उनकी आँखों में जो चमक आयी उसने बता दिया कि वह बात उन्हें याद थी।

अक्तूबर, 1986 में राजीवजी ने ऑस्ट्रेलिया की यात्रा की थी। उसी समय

मद्रास में ऑस्ट्रेलिया और भारत के बीच टेस्ट मैच खेला जा रहा था जिसका परिणाम टेस्ट टाइ के रूप में हुआ था। राजीवजी ने वहाँ अपनी प्रेस कॉन्फ्रेंस की शुरुआत ही इस वाक्य से की थी कि हमारे दोनों देशों की दोस्ती का प्रतीक है यह टेस्ट परिणाम। और पत्रकारों की ओर मुखातिब होकर बोले थे इस समय बैटिंग मुझे करनी है मैं जानता हूँ एक से एक बाउंसर, गुगली और सीमर हैं आपके पास—आप मुझे कैच करना चाहेंगे और मैं पूरी कोशिश करूँगा कि मेरा विकेट न गिरने पाये—तो आइए शुरू करें अपना खेल ! पत्रकारों से प्रश्न आमंत्रित करने का क्या नायाब तरीका खोज निकाला था राजीव ने। उपस्थित पत्रकार वाह-वाह कर उठे थे और राजीव गांधी थे कि बस मुस्कराये जा रहे थे।

वहाँ सिडनी में शाम को एक प्रोग्राम था जिसमें ऑस्ट्रेलिया के दूरदराज कोनों से तमाम भारतीय राजीव को सुनने और देखने आये थे। रोली-अक्षत, दीप, फूल से उनका स्वागत हुआ था लेकिन वहाँ से जब वे जा रहे थे तो कुछ बहके-भटके भारतीय भाई अपने हाथों में नारे लिखी पट्टियाँ लेकर 'राजीव गांधी मुर्दाबाद' के नारे लगा रहे थे। पुलिस ने उन सबको इकट्ठा करके एक ओर घेर रखा था। वे उस घेरे में से ही चिल्ला-चिल्ला कर राजीव विरोधी नारे लगा रहे थे। लेकिन हम लोगों ने बड़ी हैरानी से देखा था उस दिन कि जब राजीवजी की कार उनकी ओर से गुजरी तो वे उचक-उचककर सोनियाजी और राजीवजी को देख रहे थे और अपने नारे वगैरह भूलकर मंत्रमुग्ध से उन्हें बस देखे जा रहे थे। राजीवजी ने हाथ हिलाकर उनका अभिवादन किया तो वे सभी उसी तरह उमगकर हाथ हिला-हिलाकर जवाब दे रहे थे—सामने से गाड़ी गुजरकर चली गयी तो जैसे अचानक उन्हें याद आया और फिर वह जोर-जोर से विरोधी नारे लगाने लगे—ऐसा ही गजब का जादू था उस सुदर्शन चेहरे का!

कैसे अभागे हैं हम कि उनके उस भोले चेहरे के अंतिम दर्शन भी नहीं कर सकते—सारा क्षत-विक्षत पार्थिव शरीर पूरी तरह तिरंगे में लिपटा रखा है तीन मूर्ति भवन में।

जब से सुना है कि वे तीन मूर्ति भवन में हैं मुझे याद आ रहा है वह दिन जब सन् '84 के चुनाव होनेवाले थे और मैं अमिताभ बच्चन के घर पर बैठी उनसे तीन मूर्ति भवन में राजीवजी के साथ बीते उनके बचपन के दिनों की बातें सुन रही थी। राजीव और संजय दून स्कूल में पढ़ते थे तथा अमिताभ और अजिताभ नैनीताल में। लेकिन छुट्टियाँ चारों इकट्ठे बिताते थे। तीन मूर्ति भवन में जहाँ राजीवजी अपने नाना पंडित जवाहरलाल नेहरू के साथ रहते थे, राजीव

के पास तमाम तरह के चाभी और बैटरीवाले खिलौने थे जिनके पुर्जों को वह तोड़ते-जोड़ते रहते थे। अमिताभ को भी यही सब करने में बड़ा मजा आता था। तीन मूर्ति भवन के एक बरामदे में धूप बहुत आती है वहाँ चारों ने बड़ी मेहनत से एक रेडियो बनाया था जिसे सोलर एनर्जी से चलाने की कोशिशें की जा रही थीं। कई दिनों की मेहनत के बाद एक दिन जब राजीव ने उसमें से सूर्य के जरिये खर-खर आवाजें निकाल लीं तो चारों इतने खुश हुए थे मानो रेडियो के आविष्कार का करिश्मा उन्हीं चारों ने किया है।

उस दिन अमिताभ ने तीन मूर्ति भवन का एक और वाकया सुनाया था। तीन मूर्ति में एक ओर एक छोटा-सा खंडहर है। पता नहीं क्यों, न कभी उसे तुड़वाया गया है, न ही सुधरवाया गया है। उसे बस यों ही छोड़ दिया गया है। इंदिराजी ने इन चारों से उस ओर न जाने की हिदायत भी की हुई थी। मगर एक दिन ये चारों खेलते-खेलते वहाँ घुस गये। संजय सबसे निडर था उसी की अगुवाई में ये चारों कई सीढ़ियाँ चढ़ते, कई बरामदे पार करते हुए एक टूटी-फूटी मुंडेर जैसी दीवार को फाँद कर दूसरी ओर कूद गये। पर इस कूदा-फाँदी में एक बड़ा-सा पत्थर नीचे लुढ़क गया और ये लोग जिस छत पर पहुँच चुके थे उससे नीचे उतरने का कोई रास्ता बचा ही नहीं था। कुछ समझ में नहीं आ रहा था कि क्या करें। वहाँ से किसी को सहायता के लिए पुकार भी नहीं सकते थे। इंदिराजी की डाँट पड़ने का खतरा था। सामने एक रास्ता दूसरी ओर को निकलता-सा दीख जरूर रहा था पर वहाँ बीचोंबीच एक बड़ा-सा बर्र का छत्ता लटका हुआ था। उसे तोड़ कर उस पार जाने में खतरा ही खतरा था। पसोपेश में बड़ी देर हो गयी। आखिर राजीव ने ही कहा कि यह छत्ता तोड़ना ही पड़ेगा। उन्होंने सुझाया कि खूब दूर से बेहद फ़ोर्स के साथ दौड़ते हुए आओ और एक झटके से छत्ता तोड़ते हुए निकल जाओ। इतनी तेजी से निकलना होगा कि बर्र समझ ही न पायें कि यह हुआ क्या और पीछे से भनभनाती रह जायें—इस प्रक्रिया में थोड़े-बहुत डंक तो खाने पड़ेंगे ही पर रास्ता सिर्फ़ यही है। तेजी से भाग कर छत्ता तोड़ने की रिस्क स्वयं राजीव ने ली और सबको उस मुसीबत से निकालकर ले आये।

भारी खतरों से जूझते समय अपना संयम बनाये रखना, इस बात में बेमिसाल थे राजीवजी। मुझे जापान की वह शाम भी याद आती रही जब वहाँ के प्रधानमंत्री नाकासोने ने राजीवजी का भावभीना स्वागत किया था। वे बोले थे, "आज आपका और श्रीमती सोनिया गांधी का आपके दल के साथ यहाँ स्वागत करते हुए मैं प्रसन्न ही नहीं गौरवान्वित भी हो रहा हूँ। पिछले साल मई 1984 में मैं आपसे भारत में मिला था। तब तेईस बरस बाद कोई जापानी प्रधानमंत्री

वहाँ पहुँचा था। श्रीमती इंदिरा गांधी ने वायदा किया था कि शीघ्र ही वे भी जापान आयेंगी। हम उनकी राह ही देख रहे थे कि सारे संसार को स्तब्ध कर डालनेवाली खबर आयी कि वे नहीं रहीं। मैं तुरंत भारत भागा था और उनके अंतिम संस्कार में भाग लिया था। उनका अग्नि संस्कार देखते समय मैं उस भेंट के एक-एक पल को याद कर रहा था जब अभी पाँच ही महीने पहले मैं उनसे मिला था। याद करते-करते वहीं एक हाइकू लिखा था–

ओकुरा गे नो
हितोत्सुगीं का नाशी
आकी नो हाना।
(चेहरे के इर्द-गिर्द लहराती
एक छटपटाती लट मन में दुख बन कर पिराती है
पतझड़ की हवा एक झोंके से आती, चली जाती है।)

"वैसी भयंकर ट्रेजेडी के बीच आपने जिस धीर गंभीरता से अपनी पारिवारिक मुसीबत को झेला वह देख कर मैं बेहद प्रभावित हुआ था। भारत का तो विश्वास थिराया ही होगा। दिल्ली आये सभी बाहरी लोगों के मन में विश्वास जागा था। तब से अब तक जितनी बार भी हम मिले हैं, हर बार आपके प्रति मेरी आदर भावना बढ़ती ही गयी है।

"आपने भारत का प्रधानमंत्री बनने के बाद से ही सारे अंतरराष्ट्रीय जगत् में शान्ति और सुरक्षा के लिए जो कार्य करना शुरू किया है उससे भारत की छवि और भी उज्ज्वल हुई है।"

जापान के प्रधानमंत्री ने यह बात कही थी। आज भी सारे संसार के शीर्षस्थ शासनाध्यक्षों और नेताओं की भावभीनी श्रद्धांजलियाँ आ रही हैं। भूरि-भूरि प्रशंसाएँ हो रही हैं भारत के इस लाड़ले सपूत की। सारा संसार स्तब्ध है उनके इस तरह उठ जाने पर।

और मुझे नाकासोने का हाइकू वैसे ही संदर्भ में एक बार फिर दोहराना पड़ रहा है–

चेहरे के इर्द-गिर्द लहराती
एक छपटपटाती लट मन में दुख बन कर पिराती है
पतझड़ की हवा एक झोंके से आती, चली जाती है।

मई 1991

गंगा-जमुनी बातें सोनिया गांधी की

हलके क्रीम रंग की उड़िया साड़ी पर मरून लाल पाड़ और बड़ा-सा खूबसूरत बिनतवाला पल्लू, कुहनी तक बाँहोंवाला सादा मरून रंग का ब्लाउज ! साड़ी सीधे पल्ले की पहनी है, इसलिए पल्लू की उड़िया कारीगरी अलग चमकती-सी दिख रही है। सीधी माँग निकालकर भूरे, रूखे, सीधे कटे, लम्बे बालों को दोनों ओर पिन लगा कर साधा हुआ और खुला छोड़ दिया गया है। कानों में नीचे की लौ पर दो छेद। नीचे के छेद में बहुत छोटे-छोटे हीरे के कण जड़ी हुई छोटी-छोटी बालियाँ और ऊपरवाले छेद में एक छोटी-सी सोने की कील ! गले में नायलॉन के, क्रीम कलर के कई धागों की लड़ में लटकती मूँगे के बने गणपति की छोटी-सी मूर्ति ! हाथ में लाल और सफेद बंगालीनुमा कंगन और दाहिने हाथ की कलाई पर बँधा हुआ पूजा का कलावा ! माथे पर एक नन्ही-सी लाल बिन्दी ! छोटी-छोटी आँखों में बड़े करीने से लगाया हुआ काजल और पलकों पर हलका आइ-शैडो। कहीं कोई चमक-दमक नहीं। बहुत सादा, किन्तु आकर्षक व्यक्तित्व।

मैंने आपको बताया ही नहीं कि किसका जिक्र कर रही हूँ आपसे। आपको यों भी लग सकता है कि यह आपकी ही किसी भाभी, बहन, बेटी या चाची-मौसी का वर्णन हो रहा है। तो ऐसा सोच कर आप कोई भूल नहीं कर रहे। हाँ, मैंने जो वर्णन किया है, वह एकदम हमारी अपनी घरेलू किस्म की बहू-बेटी या बहन का ही चित्र है। वे ऐसी ही हैं। आपने ठीक समझा—मैं श्रीमती सोनिया गांधी का जिक्र कर रही हूँ। ''एक मिनट में आयी !'' कह कर गयी थीं और सचमुच एक मिनट बाद ही आ भी गयीं। अभी तक जिस कुर्सी पर राजीवजी बैठे हुए थे, अब वे उस पर बैठ गयीं मानो कह रही हों—अब हमारी बारी है! पूछो क्या पूछना है।

मिल तो उनसे आधे घण्टे पहले ही चुकी थी। राजीवजी के साथ बातों की

वे चुपचाप साझेदारी भी करती रही थीं। इसलिए बिना किसी पूर्वभूमिका के मैंने उनसे कहा, ''इतने बड़े देश के लाडले व्यक्ति आपके पति हैं। पंडित नेहरू और इंदिराजी के विरोधियों तक ने उन्हें विश्वास और प्रेम दिया है। इतने महत्त्वपूर्ण व्यक्ति की पत्नी होने के नाते आप स्वयं को एकदम लाइमलाइट में प्रोजेक्ट कर सकती थीं, पर किसी भी प्रकार के यश और नाम क़ी आपने कभी कामना नहीं की। हमेशा इंटरव्यू देने या समाचारों में आने से बचती रहीं—सिर्फ अपने घर-आँगन को सँवारती रहीं। तो यह अनोखा संयम आपको कहाँ से मिला! या इसके पीछे कोई आदर्श ?''

मेरी प्रशंसा को कुछ अतिरेक-सा समझते हुए वे बोलीं, ''नहीं-नहीं, इसमें अनोखी बात कोई नहीं है। किसी आदर्श या संयम की बात भी नहीं है। इसके लिए मुझे कोई जानबूझकर कोशिश भी नहीं करनी पड़ी। बस यों ही अच्छा ही नहीं लगता लाइमलाइट में आना। इस आदत में भी मुझे कुछ ऐसा नहीं लगता कि कोई बड़ी महान् बात है, कोई एक्स्ट्राऑर्डिनरी क्वालिटी है। बस, एक आदत-सी ही है।''

मैंने पूछा, ''यह आदत अभी पड़ी है या राजीवजी से शादी के पहले, बचपन से ही, आप ऐसी ही थीं ?'' तो बोलीं, ''हाँ, बचपन से ही ऐसी हूँ।''

मैंने उन्हें कुरेदने के खयाल से कहा, ''तो क्या स्कूल में बैक-बेंचर्स में से थीं आप ?'' वे सँभलीं और बोलीं, ''नहीं-नहीं, ऐसा बिलकुल नहीं था। मैं बचपन में खूब शैतान थी। खेलती-कूदती, मस्त रहती थी। पढ़ने में भी होशियार थी, बैक-बेंचर वगैरह नहीं थी।''

मैंने देखा, बात ने सही असर किया है। पूछा, ''स्कूल के ज़माने में डिबेट या ड्रामा वगैरह में भाग लिया होगा ?'' तो बोलीं, ''मैं तो कॉन्वेंट में पढ़ती थी। वहाँ डिबेट वगैरह तो नहीं होती थीं, लेकिन पेरेंट्स डे के दिन कुछ प्रोग्राम होते थे। उनमें नन्स बताती थीं कि तुम्हें यह करना है, तुम्हें वह करना है। तो अकसर मुझे कई प्रोग्रामों में भाग लेने के मौके दिये जाते थे। लेकिन वहाँ भी यह कभी नहीं किया कि खुद को सबसे ऊपर साबित करने की या खुद को लाइमलाइट में पेश करने की जानबूझकर कोशिश की हो।'' यानी कि सोनिया की स्वयं को हमेशा पीछे बैकग्राउंड में रखने की यह आदत उनकी अपनी एक सहज जीवन-पद्धति है।

मैंने अगला सवाल पूछा, ''राजीवजी के सामने इतनी समस्याएँ हैं, इतनी जिम्मेदारियाँ हैं, जिनका अंदाज सहज ही लगाया जा सकता है—तो ऐसी चूर-चूर थका डालनेवाली परिस्थितियों से जूझते हुए जब वे घर आते हैं, तो आप अपनी गिरिस्ती को किस तरह नियंत्रित करती हैं, कि उन्हें अधिक-से-अधिक सुकून

मिल सके ? किस चीज से, किस बात से रिलैक्स होते हैं वे ?'' इस प्रश्न पर हमारी-आपकी जैसी किसी भी साधारण गृहिणी की तरह परेशान-सी वे बोलीं, ''अब तो वे इतना व्यस्त रहते हैं कि काम से फुरसत ही नहीं मिलती। घर आकर भी काम ही करते रहते हैं। उन्हें पहले भी म्यूजिक ही सबसे ज्यादा रिलैक्स करता था, अब भी म्यूजिक ही रिलैक्सेशन देता है।''

मैंने पूछा, कौन-सा म्यूजिक—देसी या पश्चिमी ? तो बोलीं, ''म्यूजिक उन्हें दोनों ही पसन्द हैं। पश्चिमी संगीत में उन्हें बाख और मोजर्ट अच्छे लगते हैं। मेरी मदर-इन-लॉ के भी यही फेवरिट थे, पहले राजीव को जैज म्यूजिक भी बहुत पसन्द था। लेकिन अब मैं देखती हूँ कि जबसे जिम्मेदारियों का बोझ बढ़ा है और काम ज्यादा करना पड़ता है, तब जब घर पर काम कर रहे होते हैं, फाइलें निपटा रहे होते हैं, तो उस समय बैकग्राउंड में हलका-हलका संगीत चलता रहता है। आजकल वे इंडियन क्लासिकल म्यूजिक ज्यादा सुनते हैं। अकसर सरोद सुनते हैं या फिर सुब्बुलक्ष्मी, भीमसेन जोशी या डागर ब्रदर्स को भी काफी सुनते हैं। तो मैं ऐसा सोचती हूँ कि शायद भारतीय संगीत में यह ताकत जरूर होगी कि थकी हुई नसों के लिए सूदिंग होता होगा।''

मैंने पूछा, ''जब घर में काम कर रहे होते हैं तो उनके लिए म्यूजिक आप लगाती हैं या कोई और ?'' तो एक आँख हलकी-सी दबाकर, ओठों पर एक प्यारभरी शरारत लाकर वे बोलीं, ''नहीं, मैं नहीं लगाती, वे खुद ही उठकर अपने मन का म्यूजिक लगाते रहते हैं।''

मेरा अगला सवाल था, ''वे जब पायलट थे तब के, और अब आप दोनों के निजी जीवन में कोई बेसिक बदलाव आया है क्या ?'' तुरन्त बोलीं, ''नहीं-नहीं, हमारी आपसी अंडरस्टैंडिंग में कोई बेसिक फर्क नहीं आया है। पर, ऑफ़कोर्स टाइम फ़ैक्टर इज़ देयर ! समय वे अब उतना नहीं निकाल पाते। पर फिर भी अगर पाँच मिनट का समय भी मिलता है, तो वे पूरी कोशिश करते हैं कि उतने समय में बच्चों से कुछ-न-कुछ बात कर सकें। राहुल से कभी पढ़ाई की बात पूछते हैं, कभी किसी खेल की बात करते हैं। कभी ऐसी कोई मैग्जीन उठा कर, जो राहुल को पसन्द है, दोनों आपस में शेयर करते हैं। राहुल को उस मैग्जीन में से कुछ दिखाते-बताते रहते हैं। इसी तरह मेरे और अपनी बेटी के साथ भी वे पहले जितना समय तो नहीं दे पाते, लेकिन जो भी समय मिलता है, उसमें से वे अधिक-से-अधिक हमें पहले जैसा ही माहौल देते हैं।''

पति के प्रति प्रशंसाभाव से भरी सोनियाजी से किसी नाजुक सवाल को पूछने के लिए यही उपयुक्त समय था। इसलिए मैंने झट से पूछ ही लिया, ''आप दोनों की मुलाकात कहाँ हुई थी ?'' पहली मुलाकात की बात छिड़ी तो सचमुच

उनके गालों पर हलकी-सी लाली दौड़ गयी और आँखों में चमक लिये बस इतना ही बोलीं, ''मुलाकात वहीं कैंब्रिज में हुई थी।'' मैं अधिक विस्तार से सुनने की मुद्रा में चुप बैठी रही, तो स्वयं ही बोलीं, ''राजीव कैंब्रिज में पढ़ते थे, मैं लेंग्वेज स्कूल में थी, वहाँ मैं स्पेनिश, इंग्लिश और फ्रेंच पढ़ती थी। मुझे इंटरप्रेटर का कोर्स करना था।''

मैंने कहा, ''आपके पढ़ने के स्थान तो अलग-अलग थे, फिर मुलाकात का सिलसिला बना कैसे ?'' तो बोलीं, ''असल में मेरा स्कूल यों तो अलग था, लेकिन वह ऐफिलिएटेड तो कैंब्रिज से ही था न ! इसीलिए वहाँ के स्टूडेंट्स के फंक्शन सब इकट्ठे होते थे। हमारे कई दोस्त थे। उनमें एक जर्मन दोस्त भी था, जो इटालियन बहुत अच्छी जानता था। इस नाते उससे मेरी जान-पहचान ज्यादा हो गयी थी। और वह राजीव का भी दोस्त था। तो एक तरह से हमारी दोस्ती उसी जर्मन दोस्त के थ्रू हुई थी। बस, हमारा पूरा ग्रुप रोज ही शाम को इकट्ठा मिलता था। कभी रेस्तरां जाते थे, कभी पिक्चर जाते थे, कभी किसी नाटक या म्यूजिक के प्रोग्राम में जाते थे। बस, ऐसे ही जैसे यहाँ भी यंग लड़के-लड़कियाँ मिल-जुल कर प्रोग्राम बनाते हैं, वैसे ही हम भी वहाँ साथ-साथ घूमते-फिरते थे। राजीव और मैं दोनों हीं वहाँ परदेसी थे। इसीलिए भी शायद हममें ज्यादा पटती थी। फिर आप जानती ही हैं कि हम लड़कियों में एक सिक्स्थ सेंस भी होती है। उससे पता चल ही जाता है कि कौन कैसा है। बस धीरे-धीरे मुझे लगने लगा कि ये औरों से थोड़े अलग हैं। जितना बाहर से दीखते हैं, भीतर से उससे ज्यादा गहरे और समझदार हैं।'' कहकर मेरी ओर देखने लगीं वे। निगाह में यह बात स्पष्ट थी कि जैसे कह रही हों कि इतना जवाब तो काफी है न !

मैंने कहा, ''उनके मन की भीतरी गहराई और समझदारी को समझ लेने के बाद....'' इतना बोल कर मैंने बात अधूरी छोड़ी और शरारत से उनकी ओर देखने लगी, तो वे भी उतनी ही चपलता से बोलीं, ''समझ लेने के बाद प्यार हो गया...'' और हम दोनों ही मिलकर हँस पड़े।

वे इतने सहज-सरल मन से खुलकर बात कर रही थीं, तो मैंने यह भी पूछने का साहस कर लिया कि प्यार होने के बाद प्रोपोज किसने किया ? एक पल के लिए वे झिझकीं, लजायीं और बोलीं, ''एक तरह से दोनों ने ही।'' मैंने कहा, ''दोनों ने ?'' तो बोलीं, ''हाँ, हमने इकट्ठे मिलकर ही सोचा था कि हम शादी करेंगे। फिर राजीव ने अपनी माँ को खत लिखा कि ऐसी-ऐसी एक लड़की है, मैं उसे प्यार करता हूँ और चाहता हूँ कि आप उसे देख लें। तब शायद मेरी मदर-इन-लॉ इन्फ़र्मेशन मिनिस्टर थीं। उन दिनों वहाँ लंदन में पंडित नेहरू पर एक नुमाइश लगायी गयी थी। उसका शायद उद्घाटन करने के लिए राजीव

की माँ जी को बुलाया गया था। इंडिया से उनका खत आया कि इस मौके पर सोनिया को लाना, मैं उसे देखना चाहूँगी। बस वे आयीं और, मुझे याद है, वहाँ हाइ कमीशन के घर ही शायद वे ठहरी थीं। राजीव मुझे वहीं ले गये थे। वे मिलीं। उन्होंने मुझसे सबसे पहली बात कही थी, ''सोनिया, मैं माँ हूँ। मुझसे डरना या घबराना मत।'' बाद में मुझे समझाती रही थीं कि मैं भी कभी तुम्हारी तरह लड़की थी और मैंने भी ऐसे व्यक्ति से प्यार किया था जिसकी जाति और धर्म मुझसे अलग थे। मैं तुम्हारे प्यार को और तुम्हें खूब अंडरस्टैंडिंग दे सकती हूँ। तुम किसी तरह की फ़िक्र मत करना। सुन कर मुझे बहुत अच्छा लगता रहा था। मैं खुश हो गयी थी।''

मैंने पूछा, ''पहली बार मिलने पर आपकी सास ने आपको क्या गिफ़्ट (उपहार) दिया था ?'' तो बोलीं, ''गिफ़्ट ?'' और मुस्कराने लगीं। राजीवजी जब मुस्कराते हैं तो उनकी मुस्कान को केवल ओंठ व्यक्त कर देते हैं, पर सोनिया जी जब मुस्कराती हैं तो उनके ओंठ, उनकी आँखें और उनके गाल, तीनों मिलकर मुस्कराते हैं। इस समय भी ऐसी ही खुली-खुली मुस्कान देकर बोलीं, ''अच्छा, बताती हूँ आपको। उस दिन मम्मी से मिलने के बाद हम लोगों को स्टूडेंट्स की एक फ़ॉर्मल पार्टी में जाना था। इसीलिए मैंने ड्रेस भी फ़ॉर्मल पहनी हुई थी। उनसे जब जाने की परमिशन माँगी तो उन्होंने कहा, 'एक मिनट ठहरो !' और उठ कर अपना बक्सा खोला। बक्से में से एक छोटा डिब्बा निकाला और डिब्बे में से सुई-धागा निकाल कर सुई में धागा पिरोने लगीं। मुझे कुछ समझ में नहीं आया कि वे मुझे क्यों रोक रही हैं, क्या करना चाह रही हैं। खैर, धागा पिरो कर वे बोलीं, 'जरा पीछे की ओर घूम जाओ !' और उन्होंने मेरी ड्रेस नीचे से हाथ में पकड़ी। ओह, यानी यह बात है ! मुझे पता भी नहीं था और पता नहीं कब और कैसे उनकी निगाह पड़ गयी थी कि मेरी ड्रेस की हेमिंग पीछे से उधड़ गयी है। उन्होंने खुद अपने हाथ से उसकी तुरपन की और कहा, 'अब जाओ !' मैं आपको कैसे बताऊँ कि आइ वॉज़ टच्ड ! रीयली टच्ड ! मैं उनकी इस बात को ही उनके द्वारा दिया गया सबसे पहला गिफ़्ट मानती हूँ।''

सोनियाजी ने बोला था, ''आइ वॉज़ टच्ड !'' मैं उन्हें कैसे बताती कि उनकी यह बात सुनकर मैं भी उनके प्रति कितनी ममता से अचानक भर उठी हूँ। कितना गहरा मन है इस महिला का ! कितनी कवियों जैसी (पोयटिक) है इनकी संवेदना (सेंसिबिलिटी) ! और ऐसे लोग जो प्यार देना ही नहीं, प्यार की बारीकियों को पूरी कोमलता से ग्रहण करना भी जानते हैं, दुनिया में बहुत कम होते हैं। और ये बहुत कमवाले लोग मुझे बहुत ही प्यारे और अच्छे लगते हैं। ऐसे लोगों पर मैं जी-जान से कुर्बान रहती हूँ। आज मेरी निजी लिस्ट में एक और नाम जुड़

गया—सोनिया गांधी !

मैंने उनसे कहा कि सास की ओर से इतना आश्वासन पा कर तो आप निश्चिन्त हो गयी होंगी ? तो बोलीं, ''मदर-इन-लॉ की तरफ से तो सचमुच मुझे कोई चिन्ता नहीं रह गयी थी, लेकिन मेरे सामने मेरे खुद के पेरेंट्स की प्रॉब्लम थी। मेरे फादर बहुत स्ट्रिक्ट और कंज़रवेटिव थे। उन्हें यह बिलकुल पसन्द नहीं था कि उनकी बेटी एक बिलकुल अलग देश, अलग सभ्यता, अलग धर्म और तौर-तरीकोंवाले देश में इतनी दूर चली जाये। उन्हें लगता था कि मुझे शादी की परमिशन देकर वे अपनी ज़िम्मेदारी के प्रति वफ़ादार नहीं रहेंगे। बहुत दिनों तक कई तरीकों से उन्हें समझाया-बुझाया, तो आखिर वे इस बात के लिए राजी हुए। बोले, 'देखो, अभी तो तुम सिर्फ बीस साल की हो। जब तुम इक्कीस बरस की हो जाओ, तब जाना। और भारत जा कर पहले देखना कि तुम्हें वह देश कैसा लगता है। वहाँ तुम एडजस्ट कर सकोगी या नहीं। सब देख-समझ कर तब शादी का निर्णय लेना।' अपने मन को तो मैं समझ ही चुकी थी। मैंने सोचा, इनके मन को क्यों दुखाऊँ ? एक साल की बात ही तो है। इसीलिए मैंने उनकी बात मान ली और मैं जब इक्कीस बरस की हो गयी, तो यहाँ आयी।''

हमें बातें करते-करते एक घण्टा बीत गया था। ठीक साढ़े पाँच बजे कोई अधिकारी उन्हें बता गये थे कि राजीवजी उनका इन्तजार कर रहे हैं। सोनिया जी को जाना ही था। मगर मैंने उनसे कहा कि अभी तो आपसे बहुत बातें करनी हैं, तो वे बोलीं, ''हाँ, मन तो मेरा भी है। मेरे पास सारे देश की पत्रिकाओं की रिक्वेस्ट आयी है इंटरव्यू देने के लिए, पर क्या करूँ ? सचमुच व्यस्तता इतनी बढ़ गयी है कि समय ही नहीं मिल पाता। मगर अब जब परदेसों में राजीव राजकीय यात्रा पर जानेवाले हैं तो वहाँ तो प्रेस इंटरव्यू होंगे ही। विशेष तौर से अमरीका और फ्रांस में तो वे लोग बहुत पर्टीकुलर होते ही हैं। पर मैंने निश्चय कर लिया था कि विदेशों में इंटरव्यू देने के पहले मैं अपने देश में ही अपना पहला इंटरव्यू दूँगी। और अपने देश में भी मैं पहली बार किसी देसी भाषा के मार्फ़त ही अपनी बात कहूँगी। यही सोच कर धर्मयुग को चुना।''

मैंने उन्हें धन्यवाद दिया और पूछा कि थोड़ी और बातें करने का समय कब मिलेगा, तो बोलीं, ''मैं आपको खबर करवा दूँगी। मिलूँगी जरूर।'' दूसरे दिन ही उनका संदेश मिल गया कि कल शुक्रवार को फिर उसी समय यानी चार बजे मिल बैठेंगे।

दूसरे दिन जब मैं चार बजे पहुँची तो वे बड़ी तरोताजा लग रही थीं। आज उन्होंने

सफेद चिकन का चूड़ीदार कुरता और पायजामा पहना था। गले में दो वट डाले रंगीन दुपट्टा ओढ़ रखा था—बाकी का सारा शृंगार परसों के जैसा ही सादा और सुरुचिपूर्ण था। उनकी छोटी-छोटी चमकीली आँखों में अपने प्रति परिचय की एक उष्णता भी देखी मैंने। हमारी बातों का सिलसिला जहाँ तक पहुँचा था, वहीं से ज्यों-का-त्यों सूत्र उठा कर मैंने पहला ही सवाल किया, ''आप जब भारत आ रही थीं तो भारत आने के पहले कुछ डर, कुछ झिझक, कुछ अनसर्टेंटी जैसी लग रही थी ? क्या चीज थी जिसके प्रति आश्वस्त होकर आप सीक्योर फ़ील कर रही थीं ?''

बोलीं, ''देखिए, मेरे मन में डर बिलकुल भी नहीं था। एकदम नहीं था। क्योंकि आप जानती ही होंगी कि किसी से जब प्यार हो जाता है, तो वह प्यार ही मन को अजीब ताकत दे देता है और वह ताकत मिलने के बाद किसी चीज से डर नहीं लगता है। जिसे प्यार करते हों, बस वही चाहिए होता है। वह मिल जाये, उसका साथ मिल जाये, तो बाकी की सारी चीज़ें अनइंपोर्टेंट हो जाती हैं—मिलें तो ठीक, न मिलें तो ठीक। इसके अलावा डरे तो वह जिसे और कुछ चाहिए हो। मुझे तो सिर्फ़ राजीव चाहिए थे। फिर मैं भारत जाने या उनके साथ दुनिया के किसी भी कोने में जाने से क्यों डरूँ ? राजीव ही मेरी सबसे बड़ी सीक्योरिटी थे। उनके अलावा मैं और कुछ सोचती ही नहीं थी।''

मैंने पूछा, भारत आने पर आपको कैसा लगा यह देश ? कैसी लगी दिल्ली? तो बोलीं, ''बहुत अच्छा लगा था। क्योंकि यह राजीव का देश था, इसलिए बहुत अपना लगा था। लेकिन शाम को जब अकसर राजीव या अमित, बंटी तथा दूसरे दोस्तों के साथ हम लोग इंटीरियर दिल्ली में घूमने जाते थे, तो वहाँ के लोगों की गरीबी देख कर मन बहुत उदास हो जाता था।'' पर यह कहते-कहते अचानक उनका सुर बदला और बोलीं, ''यह तो सत्रह साल पहले की बात है। अब तो ऐसा नहीं है। लेकिन तब यहाँ सचमुच गरीबी ज्यादा थी। ऐसा नहीं था कि मेरे मायके के देश इटली में ऐसी गरीबी नहीं थी। वहाँ भी गरीबी थी। लेकिन यहाँ तो कहीं-कहीं बहुत ज्यादा ही गरीबी दिखाई दी थी तब। बाकी सब तो यहाँ बहुत-बहुत अच्छा लगता था।''

मैंने पूछा, ''भारत आने पर आप बच्चन परिवार के साथ रही थीं। उसकी कोई खास वजह ?''

वे बोलीं, ''असल में तब मेरी शादी तो हुई नहीं थी और बिना शादी के ससुराल के घर में ठहरना मुझे खुद को भी अच्छा नहीं लगा—तो किसी होटल में ठहरने के बजाय परिचित परिवार में रहना ही उचित लगा था। बच्चन परिवार से मम्मी के बरसों पुराने घरेलू सम्बन्ध थे, इसलिए उन्होंने मुझे वहीं

ठहराया—ताकि वहाँ मैं भारतीय तौर-तरीके भी सीख लूँ और यहाँ के कल्चर को निकट से जान भी लूँ। धीरे-धीरे सचमुच मैंने उस परिवार में बहुत कुछ जाना और सीखा था। तेजी आंटी तो मेरी दूसरी (और कहते-कहते उन्होंने जुबान काटी और बोलीं) नहीं-नहीं, तीसरी माँ ही हैं। एक माँ तो मेरी इटलीवाली माँ, एक माँ मेरी सास और एक माँ मेरी यह तेजी आंटी हैं। अमित और बंटी मेरे भाई हैं।''

मैंने सोनियाजी से कहा कि अच्छा, एक बात बताइए। यहाँ हमारे भारत में भी सास-बहू के सम्बन्धों का एक खास तरीके से वर्णन होता है, वहाँ वेस्ट में भी मदर-इन-लॉ को ले कर काफी मजाक प्रचलित हैं। कहने का मतलब है कि सास की एक खास तरह की इमेज होती है। इंदिराजी से जब आप लंदन में मिली थीं, तब तो वे आपके मित्र की माँ के रूप में ही मिली थीं न ! अब जब वे आपकी सास के रूप में आपको मिलीं, तो कैसी लगी थीं वे आपको?

सोनियाजी बोलीं, ''देखिए, मैं जानती हूँ कि मदर-इन-लॉ नाम की महिला की जो एक खास इमेज सारे संसार में बनी है, वह यों ही नहीं बनी। सचमुच कई तरह की समस्याएँ होती हैं। मेरी कई फ्रैंड्स हैं, जिनके जीवन में सास को लेकर परेशानियाँ हैं भी बहुत सारी। लेकिन मेरे साथ कभी ऐसी कोई समस्या नहीं आयी, क्योंकि मेरी अपब्रिंगिंग ही कुछ इस तरह से हुई थी—जैसे आपको बताऊँ कि वहाँ इटली में हमारे बचपन से ही हमें ऐसा बताया जाता था कि बहुत-सी चीजें ऐसी होती हैं जो औरत कर सकती है और बहुत-सी चीजें ऐसी भी होती हैं जो औरत नहीं कर सकती। पर आदमी के साथ ऐसा नहीं होता। आदमी सब कुछ कर सकता है। यानी कि मैन को सुपीरियर मानने की मेरी तो आदत जैसी ही रही थी। इसी को आप संस्कार कहते हैं न ! मेरा संस्कार ही ऐसा था। यानी कि मेरा पति मुझसे सुपीरियर है और वे उसकी माँ हैं, तो मेरे लिए बहुत सुपीरियर चीज़ हैं। अब पच्चीस-छब्बीस साल तक जो व्यक्ति अपनी माँ की ममता का केन्द्र रहा है, वह आज आपका पति हो गया, तो आप उस पर इतना हक जमाने लगें कि वह सिर्फ आपका ही अपना है, यह ठीक नहीं है। आपको भी अपनी सास को पूरी अंडरस्टैंडिंग देनी चाहिए। वह रातोंरात खुद को कैसे बदल सकती है ? उसके मन में अगर अपने बेटे के लिए पजेशन की भावना है, तो उसका सबलीमेशन वह धीरे-धीरे ही तो करेगी, एकदम से तो किसी की दुनिया बदल नहीं जाती। बस, सास के जीवन के इन बदलाव के दिनों में आप यदि स्वयं उन्हें सहारा देंगी, तो कभी सास-बहू की समस्या उठेगी ही नहीं। अपने दोनों बच्चों को बड़ा करने के बाद तो मैं अब बहुत ही अच्छी तरह समझ गयी हूँ कि माँ से सास बननेवाली औरत को कितनी सहानुभूति

और ममता की जरूरत होती है। मैंने उन्हें हमेशा अंडरस्टैंडिंग दी थी और उन्होंने मुझे हमेशा ममता दी थी। हमारे बीच कभी कोई झगड़े-झंझट हुए ही नहीं। मेरे और उनके तो बहुत पर्सनल सम्बन्ध थे, जिनकी पहचान केवल सास-बहू कहकर नहीं की जा सकती। मेरा और उनका तो बहुत निजी रिश्ता बन गया था।''

अपनी सास को बहुत सादर प्यार करनेवाली सोनियाजी से मैंने पूछा, ''शुरू में मायके की बड़ी याद आती होगी। तब क्या करती थीं ? किन्हीं इटालियन मित्रों या रिश्तेदारों से मिलने जाती थीं ?''

वे बोलीं, ''मायके की याद ! हाँ आती थी। शुरू में बहुत आती थी। लेकिन मैंने बहुत सोच-समझकर अपने-आप एक निर्णय लिया था कि अगर मैं थोड़ा इधर और थोड़ा उधर मन रखूँगी, तो हमेशा डगमगाती ही रहूँगी। मैंने यह डिसाइड किया कि जब तक मेरी जड़ें यहाँ पूरी तरह जम नहीं जायेंगी, मैं इस घर से पूरी गहराई के साथ एकदम जुड़ नहीं जाऊँगी, तब तक मैं वहाँ से खुद को एकदम पूरी तरह से काटे रखूँगी—ब्रेक अवे टोटली। इसलिए यहाँ इंडिया में मेरे मायके से सम्बन्धित जो लोग भी थे, मैं कभी किसी से मिलती तक नहीं थी। बाद में जब मैं अपने मन में जान गयी कि मेरी जड़ें अब भारत में पूरी तरह जम गयी हैं, तब मैंने खुले मन से सब लोगों से मिलना-जुलना शुरू किया था। मैं तो यही मानती हूँ कि कहीं खुद को नये सिरे से जोड़ने के लिए पीछे छूटी कड़ियों से एक बार तो खुद को पूरी तरह काटना पड़ता ही है। वैसे एक बात बताऊँ। जब पहली बार मेरी माँ मेरे पास रह कर इटली वापस गयीं, तो मैं उन्हें एयरपोर्ट छोड़कर आयी। घर लौटने पर उदासी बहुत बढ़ गयी थी। मम्मी दफ्तर जा चुकी थीं। घर सूना लग रहा था। खुद को अकेला-सा महसूस करती हुई मैं अनमनापन फील कर रही थी कि थोड़ी ही देर में मम्मी के दफ्तर से एक लिफाफा आया मेरे नाम। लिफाफा मैंने खोला तो उसमें एक चिट थी। चिट पर लिखा था—'सोनिया, हम सब तुम्हें बहुत प्यार करते हैं।' कागज का यह छोटा-सा टुकड़ा और उस पर लिखे ये थोड़े से शब्द मेरे लिए कितना बड़ा संदेश लाये थे, कितना बड़ा सहारा और सुख लेकर आये थे। यह बता नहीं सकती। सिर्फ यह बता सकती हूँ कि वह चिट बहुत सम्भाल कर रख ली है मैंने। आज तक मेरे पास है।''

अपने प्यारे देश के प्रधानमंत्री की प्रिय पत्नी इतनी समझदार और दृढ़ संकल्पोंवाली संयमित महिला हैं, यह देख-सुन कर मैं अभिभूत थी। यह भी सोच रही थी कि शुरू के दिनों में कितनी अकेली-अकेली-सी रह जाती होंगी वे। मैंने उनसे पूछा, ''राजीवजी के काम पर जाने के बाद आप अपना समय किस तरह गुजारती थीं ?''

वे बोलीं, ''राजीव तो पायलट थे। दो-तीन दिन फ्लाइट पर जाते थे, फिर दो-तीन दिन छुट्टी के रहते थे। उनके जाने और रहने के दिनों के अनुसार मैं अपना समय बिताती थी।''

मैंने कहा, ''जब फ्लाइट पर जाते थे, तब समय कैसे बीतता था ?'' मुस्कराती हुई बोलीं, ''तब ? असल में उन दिनों न, हमारे घर पर उषा भगत और आमी कृष्णा रहती थीं। उन लोगों के बीच दो शिफ्टें बँटी हुई थीं। एक जातीं, तो दूसरी आ जाती थीं। बस, मैं उन्हीं लोगों के साथ लगी रहती थी। उनके साथ मैंने घर का मैनेजमेंट करना भी सीख लिया था और इंडियन कुकिंग भी तभी सीखी थी। इसके अलावा शुरू से ही मम्मी अपने साड़ी-ब्लाउज तथा अन्य कपड़ों के लिए मुझी पर डिपेंड करती थीं—तो कभी-कभी मैं उनकी तथा घरेलू शॉपिंग के लिए जाती थी। बस, इसी तरह समय बीत जाता था। जब घर पर कोई खास मेहमान आते थे तो मम्मी उनके लिए जो खास इन्तजाम करवाने के लिए कहती थीं, वे हो गये या नहीं, इसकी देखरेख भी मैं ही करती थी। बस, बड़े मजे में समय निकल जाता था।''

मैंने पूछा, ''और जब राजीवजी घर पर रहते थे, तब ?'' तो हँस कर बोलीं, ''आप कुछ भी बात छोड़ती नहीं हैं। राजीव के रहने पर, क्या बताऊँ आपको—बस सब दोस्त इकट्ठे हो जाते थे। कैंब्रिज में साथ पढ़े वे दूसरे दोस्त भी इंडिया वापस आ चुके थे। वे होते थे, राजीव के दूसरे दोस्त होते थे, संजय के दोस्त भी होते थे, अमित-बंटी होते थे। बस, हमारा सारा ग्रुप कभी घर पर ही गपशप करता, म्यूजिक सुनता, बैठता था, कभी हम सब बाहर निकल जाते, कभी डांस, कभी पिक्चर, कभी पिकनिक, कभी यों ही दूर-दूर तक ड्राइविंग के लिए, प्रदीप कौल, अरुण सिंह, सुमन दुबे, सभी खूब हँसते-बोलते, खुश रहते थे।''

हँसने-बोलने, खाने-पीने की बातें हो रही थीं तो मैंने पूछा, ''आपको खाना किस तरह का पसन्द आता है ?'' वे बोलीं, ''शुरू-शुरू में थोड़ी-सी दिक्कत होती थी। तब मैं इटालियन डिशेज बनवा लेती थी। लेकिन धीरे-धीरे तो मैं सब कुछ खाने लगी। अब तो पूरी तरह से भारतीय खाना खाती हूँ। वही मुझे अच्छा भी लगता है। वैसे कोई भी नयी डिश सीखने का अवसर मिलता है, तो मैं झट से अपनी रेसिपी बुक में लिख लेती हूँ। थोड़े समय पहले मम्मी की एक मौसी, जो जयपुर में रहती हैं, आयी थीं। तब मैंने उनसे दो कश्मीरी डिशेज बनानी सीखी थीं। राजीव और मैं दोनों ही खाने के बारे में फसी (नखरेलू) बिलकुल नहीं हैं। जो भी मिलता है, प्रेम से खाते हैं। पहनने में मुझे साड़ी तो अच्छी लगती है, लेकिन आराम शलवार या पाजामा-कुरतावाली ड्रेस में ही मिलता है। मैं ड्रेसेज

भी पहनती हूँ। सभी तरह के कपड़े पहनती हूँ।''

मैंने पूछा, राजीवजी को आप पर कौन से कपड़े पसन्द हैं ? तो बोलीं, ''जो मैं पसन्द करूँ, वही वे पसन्द करते हैं—मेरे मुँह से निकल पड़ा, ''अरे वाह ! क्या कहने !'' वे शरमाकर मुस्करा पड़ीं।

उनका मुस्कराना देख कर मेरा साहस बढ़ा और मैंने पूछा, ''सोनियाजी, एक बात सच्ची-सच्ची बताइएगा। देखिए, आपके पति का व्यक्तित्व इतना सुदर्शन है, इतने सुन्दर हैं वे कि आज भी, दो टीनएज बच्चों के पिता होने के बाद भी, वे इतने आकर्षक लगते हैं कि मेरी सत्रह साल की बेटी है प्रज्ञा, वह जब भी उन्हें टेलीविजन के परदे पर देखती है कि बेसाख्ता बोल पड़ती है, 'हाय हैंडसम !' और अपनी सारी एनर्जी आँखों में समेट परदे पर तब तक देखती रहती है, जब तक राजीवजी दिखाई देते हैं। तो जब वे और भी कम उम्र के रहे होंगे, तब तो और भी सुन्दर रहे होंगे। तो क्या आप उनकी ओर सौंदर्य के आधार पर यानी गुड लुक्स के कारण आकर्षित हुई थीं ?''

मैंने साफ देखा, उनके मुख पर हलका-सा गौरव और बहुत-सा संतोष दिखाई दिया और वे बोलीं, ''राजीव सुन्दर तो हैं ही। मैं ही क्या, कोई भी उनके लुक्स के प्रति आकर्षित होता है। मैं भी आकर्षित हुई थी। लेकिन मेरे आकर्षण के पीछे केवल सुन्दरता नहीं थी। मैंने इनकी इंटरनल ब्यूटी भी पहचान ली थी। ये इतने सुन्दर हैं, इतने बड़े खानदान के हैं, इतनी बड़ी माँ के बेटे हैं—इस सब का कोई घमंड दूर-दूर तक इनके मन या व्यवहार में नहीं था। ये थोड़े से भी एरोगेंट नहीं थे। दूसरे लड़कों में जरा-सी भी सुन्दरता होती या थोड़ी-सी भी हाइ फैमिली बैकग्राउंड होती, तो वे ऐसे अकड़कर चलते थे (वैसे लड़कों का एक खास अदा से अकड़कर चलना जिस तरह सोनियाजी अपनी भावभंगिमा से बता रही थीं, वह केवल देखकर जाना जा सकता है—शब्दों में कैसे बताऊँ आपको?) अपनी वर्च्यूज का गलत इस्तेमाल भी करते रहते थे। पर राजीव में ऐसा बिलकुल नहीं था। ये बहुत ऑनेस्ट और सॉफ्ट थे। चालाकी तो कभी किसी बात में दूर-दूर तक दिखाई ही नहीं देती थी।''

सोनियाजी अपनी शादी के पहले के दिनों की याद में खोयी थीं, तो मैंने लगे हाथों पूछ ही लिया कि राजीवजी ने आपको पहला गिफ्ट क्या दिया था? बहुत खुश होकर उन्होंने बताया कि, ''एक बार छुट्टियों में भारत जाकर लौटते समय राजीव मेरे लिए नेवी ब्लू कलर की बनारसी साड़ी ले आये थे। उसमें जरी की छोटी-छोटी बूटियाँ भी थीं।'' फिर लजाते हुए बोलीं, ''राजीव को मालूम हो गया था कि मुझे नेवी ब्लू रंग पसन्द आता है।''

सामनेवाले दरवाजे की तरफ मेरी तो पीठ थी, इसलिए मैं देख नहीं पायी

थी, पर सोनियाजी को कहते सुना—'राहुल !' तो मैंने उधर देखा। राहुल दरवाजे को जरा-सा खोल कर झाँक रहा था। उन्होंने पुकारा और कहा, 'यहाँ आओ!' तो वह शरमाकर भाग गया। मेरे साथ बैठे-बैठे लगभग एक घण्टा बीत गया था। शायद बच्चे माँ को याद कर रहे होंगे। मैंने कहा, ''आपको जाना हो तो निस्संकोच बताइए। मैं उठ जाऊँगी। लेकिन अभी तक मैंने आपके बच्चों के विषय में बात नहीं की, इसलिए थोड़ा-सा समय अगर और दे सकें, तो आभार मानूँगी।'' वे बोलीं, ''नहीं-नहीं, आप चिन्ता मत कीजिए। अपना काम पूरा कर लीजिए। पूछिए, बच्चों के बारे में क्या जानना चाहेंगी ?''

मैंने पूछा, ''आपके जब पहला बच्चा हुआ, तब के कुछ अनुभव बताइए न !'' तो बोलीं, ''पहला बच्चा ! सच बात यह है कि राहुल मेरा पहला बच्चा नहीं है। 1968 में मेरी शादी हुई थी और 1969 में मेरा मिसकैरिज हो गया था। जब वह बच्चा मेरे गर्भ में था, तब मेरी सास मेरा बहुत खयाल रखती थीं। दिन में तीन-चार बार पूछ लेती थीं कि दूध पिया या नहीं ? वे दूध पीने और पालक खाने पर बहुत जोर देती थीं। कहती थीं, इन दिनों खाने-पीने का बच्चे की सेहत पर बहुत असर पड़ता है।''

अपने अजन्मे बच्चे की याद से कहीं वे विचलित न हो जायें, इसलिए मैंने तुरन्त पूछा कि राहुल तो शायद 1970 में पैदा हुआ था न ? तो बोलीं, ''हाँ, राहुल 1970 में हुआ था।''

मैंने पूछा, ''राहुल बड़ा होने पर क्या बनेगा ?'' तो बोलीं, ''अभी तो छोटा है। कुछ पता नहीं उसकी रुचि किस ओर अधिक होगी। बच्चों की जो अपनी इच्छा होगी, हम तो उसी की पूर्ति के लिए उनकी मदद करेंगे। हमारा राहुल अभी तो बाहर से दीखने में बड़ा कॉन्फीडेंट और मजबूत लगता है, लेकिन अन्दर से वह बहुत सॉफ्ट और सेंसिटिव है। अभी तो वह भी अपने पिता की ही तरह टेक्नीकल चीजों में रुचि लेता है। फुटबॉल का बड़ा शौकीन है। खूब खेलता है, टार्गिट शूटिंग भी बहुत अच्छी करता है। राहुल और प्रियंका, दोनों को ही पढ़ने का बहुत शौक है। अखबार तो दोनों रोज पूरा-का-पूरा पढ़ते ही हैं। *न्यूजवीक* और *टाइम* आने पर तो अकसर दोनों 'पहले मैं—पहले मैं' कह कर छीना-झपटी भी करते रहते हैं।''

मैंने पूछा, ''भारतीय चित्रकथाएँ देती हैं आप उन्हें पढ़ने को ? उनके माध्यम से वे अपने देश के इतिहास और माइथॉलॉजी के बारे में खूब जान सकेंगे।'' बोलीं, ''हाँ, पढ़ते रहते हैं। वैसे प्रियंका तो भरतनाट्यम सीखती है न ! तो वह सीखने के दौरान पुरानी धार्मिक कथाएँ खूब सीख गयी है। अकसर मुझे भी करेक्ट करती रहती है। उसे यह सब पढ़ने और जानने का बहुत शौक

है। प्रियंका पेंटिंग भी बहुत अच्छी कर लेती है। उसे हिस्टरी, लिटरेचर और पॉलिटिक्स में बहुत रुचि है। जहाँ तक पॉलिटिक्स का सवाल है, उसमें केवल किताबी ज्ञान ही नहीं, बल्कि सारी दुनिया के राजनीतिक संसार में क्या होता चल रहा है, इसका भी इन दोनों बच्चों को इतना ज्ञान है कि अकसर हैरानी होती है। शायद अखबार पढ़ने के शौक ने यह सम्भव किया होगा।

"ये दोनों ही बच्चे अपनी दादी से बहुत हिले थे। खासतौर से राहुल तो उनका बहुत दुलारा था। उसे अगर कभी राजीव डाँट देते थे, तो माँ राजीव को हमेशा टोक देती थीं कि बच्चों को ज्यादा डाँटना नहीं चाहिए। फिर राहुल को अपने कमरे में ले जाकर खूब समझाती-बताती रहती थीं। राहुल को वे कितना फ़ेवर करती थीं, इसका एक मजेदार उदाहरण दूँ आपको। हमारे घर में हमारी सास के दादाजी यानी पंडित मोतीलाल नेहरू के समय से खाने की मेज का एक कानून चला आ रहा है। आनन्द भवन में भी यही होता था और आज तक हमारे घर में भी यही होता है कि खाने की मेज पर बैठ कर अपनी थाली में उतना ही खाना लेना होता है, जितना तुम खा सको, क्योंकि खाना फेंका नहीं जाता, थाली खाली करके छोड़नी होती है। अब आजकल के बच्चों को तो आप जानती ही हैं—'यह अच्छा नहीं लगता'....'वह अच्छा नहीं लगता'.... या 'अब और नहीं खाया जा रहा'—जैसी बातें करते रहते हैं। तो राहुल को अकसर खाने की मेज पर राजीव की डाँट खानी पड़ती थी। वह हमेशा ही कुछ-न-कुछ छोड़ देता था। कभी-कभी जब मम्मी देखतीं कि राहुल से अब खाया नहीं जायेगा, तो उसे डाँट से बचाने के लिए राजीव की नजर बचा कर चुपचाप उसकी थाली में से खाना उठाकर अपनी थाली में रख लेतीं और जल्दी-जल्दी खत्म कर देती थीं। दादी-पोते की ऐसी साठगाँठ खूब चलती रहती थी।

"प्रियंका अपनी दादी के साथ बहुत खिलवाड़ किया करती थी। उसका एक खास शौक था। मम्मी को घर में आता देख वह झट से एक दरवाजे की आड़ में छिप कर खड़ी हो जाती थी और जैसे ही वे कमरे में घुसीं कि 'हुवा' करके उन पर झपटती थी, और वे भी डरने का नाटक किया करती थीं।"

(प्रियंका की यह बात बताते समय सोनियाजी ने स्वयं 'हुवा' की आवाज निकालकर अपने दोनों हाथों में पंजे बनाकर मेरी तरफ जैसे बढ़ाये थे—इस दृश्य की भी, पाठकगण, आप केवल कल्पना कर सकते हैं और न्यौछावर हो सकते हैं अपने देश की वरिष्ठ महिला की चरम सरलता पर।)

सोनियाजी ने बताया कि वरुण भी अपनी दादी का बहुत लाड़ला था। केवल दादी का ही नहीं, वह अपने दोनों बहन-भाई का भी छोटा-सा खिलौना जैसा

है। राहुल और प्रियंका उसे बहुत प्यार करते हैं। वरुण के जाने पर इंदिराजी बहुत उदास हो गयी थीं। यह बताते वक्त सोनियाजी ने बताया, "जब मम्मी की सरकार गिर गयी थी, उन दिनों भी वे स्वयं अपने लिए कभी परेशान नहीं होती थीं, लेकिन बच्चों की सफ़रिंग देखकर अकसर बहुत उदास हो जाती थीं। बेचारे दोनों बच्चे तब मासूम भी तो कितने थे ! उन्हें कोई समझ तो थी नहीं। उस उम्र के बच्चे एक-दूसरे को चिढ़ाने में भी कोई लिहाज तो करते नहीं हैं। एक दिन तो राहुल सिसकियाँ लेता, रोता हुआ स्कूल से लौटा था। पूछने पर उसने बताया कि लड़के मुझे चिढ़ा रहे थे कि तुम्हारे चाचा को जेल में डाल दिया जायेगा, तुम सबको घर से निकाल दिया जायेगा, वगैरह। ऐसे मौकों पर मम्मी स्वयं बच्चों को बड़े धैर्य के साथ समझाती थीं कि ऐसी बातों पर ध्यान मत दिया करो। किसी से झगड़ा भी मत मोल लिया करो, क्योंकि जो लोग ऐसा कहते हैं न, उन बेचारे बच्चों को पूरी बात मालूम नहीं होती है, इसीलिए उन्हें माफ कर देना चाहिए। एक दिन तो मेरे पास प्रियंका के स्कूल से फोन आया। मैं तुरन्त वहाँ गयी तो देखा, प्रियंका सिसक-सिसककर रो रही थी। टीचर ने कहा कि प्लीज, इसे कॉरीडोर में ले जाइए और थोड़ी देर इसके साथ ही रहिए। प्रियंका से पूछने पर पता चला कि उसके साथ की एक लड़की ने उससे उसकी दादी के बारे में वैसी ही कुछ बातें की हैं। मैंने प्रियंका को बहुत प्यार किया, किसी तरह चुप कराया और पूछा कि क्या नाम है उस लड़की का जिसने तुमसे यह सब कहा है ? तो जानती हैं आप ? वह नन्ही-सी बच्ची बोली, 'नहीं मम्मी, मैं उसका नाम नहीं बताऊँगी, क्योंकि टीचर ने भी उसे बहुत डाँटा है और नाम जानकर आप भी डाँटेंगी। इसलिए नाम नहीं बताऊँगी।' उसका यह कहना हमें और भी दुखी कर गया कि इतने प्यारे इन बच्चों को बहुत सफ़र करना पड़ रहा है।

"ऐसे सब मौकों पर मम्मी बहुत दुखी हो जाती थीं। उन्हीं दिनों एक बार उनके सिर में इतने जोरों का माइग्रेन हुआ कि हम सब परेशान हो गये। उनका तड़पना देखा ही नहीं जाता था। डॉक्टर आ कर दवा-इंजेक्शन सब दे गये थे, लेकिन कुछ असर ही नहीं हो रहा था। तकलीफ बढ़ती ही जा रही थी। मैं तो एकदम घबरा गयी थी। तभी मुझे याद आया, हमारे इटली में एक जंगली फूल होता है–कैमोमिल–यहाँ भी होता है, पर उसका देसी नाम इस समय मुझे याद नहीं आ रहा। तो कैमोमिल की चाय बनाते हैं और उस चाय को बेहद ठंडे, एकदम चिल्ड, बर्फ के पानी में मिलाकर उस पानी में पट्टियाँ भिगो कर सिर पर रखते हैं। मैंने वही किया और जब उससे माँ को आराम हो गया तो मुझे कितना अच्छा लगा, कितना संतोष मिला, यह मैं आपको बता ही नहीं सकती।

मैं मम्मी की तकलीफ कम कर सकी, इस बात से कई दिनों तक खुश रही थी।''

इस समय सोनियाजी इंदिराजी की याद में डूबी थीं, तो मैंने एक सवाल पूछा कि इंदिराजी से आपने कौन-सी ऐसी बात सीखी है जो आपको बहुत सुख देती है ? वह बात भी उन्होंने उतनी ही सादी और गहरी बतायी, जैसी सास से प्रथम गिफ्टवाली बात बतायी थी। वे बोलीं, ''मैंने अपनी सास से हफ्ते में एक दिन उपवास रखने की बात सीखी है।'' मुझे इसमें कोई अनोखापन नहीं लगा तो मैंने पूछा, ''कोई खास दिन होता है उपवास का ? मेरा मतलब है, हमारे देश में सोमवार का व्रत शिवजी को प्रसन्न करने के लिए रखते हैं, मंगल का हनुमानजी के लिए होता है, इसी तरह अलग-अलग देवी-देवताओं के अलग-अलग दिन होते हैं।'' यह सुन कर वे खासी जोर से हँसीं और बोली, ''नहीं-नहीं, ऐसा कुछ नहीं है। मम्मी पहले सोमवार का व्रत रखती थीं तो मैं भी सोमवार का रखने लगी। फिर मम्मी ने दिन बदला, तो मैंने भी बदल लिया। असल में एक घर में अगर दो लोग व्रत रख रहे हों, तो दोनों एक ही दिन रखें, तो किचिन के काम में सुविधा रहती है। इसलिए जब तक मम्मी थीं, तब तक मैं उसी दिन व्रत रख लेती थी, जिस दिन वे रखती थीं। अब भी दिन तो कोई तय नहीं है, लेकिन हफ्ते में एक दिन मैं खाना नहीं खाती हूँ। असल में ऐसा है कि मम्मी कहा करती थीं कि हमें जो कुछ अच्छा लगता है, उसको सैक्रीफ़ाइस करके कभी-कभी गॉड को ऑफ़र करना चाहिए। तो बस खाना तो सभी को अच्छा लगता है न ! बस, मैं एक दिन का खाना सैक्रीफाइस कर देती हूँ। वैसे इसे 'सैक्रीफ़ाइस' शब्द नहीं देना चाहिए। मैं तो इसे भगवान के प्रति ऑफ़रिंग के रूप में मानती हूँ। ईश्वर के चरणों में अर्पित कर देती हूँ। इससे मन बहुत धुला-धुला रहता है।''

इतनी प्यारी और गहरी बातें करनेवाली सोनिया गांधी को पढ़ने का कितना शौक है, जानना चाहा, तो उन्होंने बताया, ''हाँ, मुझे पढ़ना बहुत अच्छा लगता है। पहले तो मैं फ़िक्शन बहुत पढ़ती थी, अब बायग्राफ़ी और ऑटोबायग्राफ़ीज पढ़ना अच्छा लगता है।'' मैंने उनकी प्रिय किताब का नाम पूछा, तो बोलीं, ''मम्मी ने ही दी थी मुझे। किताब देने से पहले उनके बारे में मुझे बहुत-सी बातें भी बतायी थीं। मेरा मतलब हेलेन केलर से है। उनकी आत्मकथा मेरी सबसे प्यारी पुस्तक है। वैसे इधर मुझे आर्ट और आर्कीटेक्चर पर खूब पढ़ने का शौक जागा है। एन्शेंट मॉन्यूमेंट्स के बारे में जानना बहुत अच्छा लगता है। ऐसे अलबम और किताबें मैं खूब पढ़ती हूँ।'' मैंने पूछा, आप किताबें खरीदती कहाँ से हैं? तो बोलीं, ''खरीदने की जरूरत ही नहीं पड़ती। घर ही में इतनी किताबें हैं कि सारी जिन्दगी पढ़ती रहूँगी, तो भी खत्म नहीं होंगी ?''

समय काफी गुजर चुका था। करीब सवा घण्टा हो गया था हमें बातें करते-करते। मैंने उनसे कहा, ''परसों एक घण्टा मैं आपसे बात करती रही, आज भी सवा घण्टा बीत चुका है—इतनी देर में मैंने एक बार भी नहीं पाया कि आप हिन्दी में कही मेरी बात ठीक से समझ नहीं पा रही हैं और न ही यह पाया कि आपको अपनी बात कहने के लिए हिन्दी शब्द नहीं मिल रहे हैं। यह जरूर है कि बीच-बीच में दो-चार अंग्रेजी शब्दों का प्रयोग भी होता रहा है, पर वे तो आज प्रायः सभी पढ़े-लिखों की जुबान पर आ ही जाते हैं। तो यह इतनी अच्छी हिन्दी आपने कैसे सीख ली ?''

बोलीं, ''पहले तो खुद ही कोशिश करके सीखती रही। फिर मुझे हिन्दी पढ़ाने के लिए एक टीचर रखे गये थे, उनसे सीखी। उसके बाद यहाँ दिल्ली में ग्रीन पार्क में हिन्दी इंस्टीट्यूट है, वहाँ तीन महीने का कोर्स होता है, मैंने वह ज्वाइन किया था, रोज पढ़ने जाती थी। इस तरह सीख गयी। इसके अलावा एक और बात बताऊँ ? मैंने आपको बताया था न कि हमारे घर में खाने की मेज का एक कानून था कि थाली में कुछ छोड़ना नहीं है। उसी तरह हमारे घर में खाने की टेबल का एक और कानून है—वह यह कि बाकी समय हम भले ही अंग्रेजी में बातें कर लें, लेकिन जितनी देर तक खाने की मेज पर बैठेंगे, सब लोग आपस में अंग्रेज़ी बिलकुल नहीं बोलेंगे, केवल हिन्दी में बातें की जायेंगी। यह ऐसा कानून था कि इसे तोड़ने का सवाल ही नहीं था और खाना तो रोज खाया ही जाता है। इसलिए हिन्दी का अभ्यास अपने-आप ही रोज-रोज होता रहा। बस, सीख ली हिन्दी।''

शाम घिर आयी है। उनके साथ बैठे नियत समय से अधिक समय बीत चुका है। पर उनकी बातों से मन ही नहीं भर रहा। पांखुरी-दर-पांखुरी, बात-से-बात खुलती जा रही है और उनके भीतरी व्यक्तित्व की सुगन्ध से वातावरण महक उठा है। यहाँ से उठने का जी ही नहीं हो रहा। पर सन्देश आ चुका है कि राजीवजी उनका इन्तजार कर रहे हैं। राहुल भी बीच में झाँक गया था। उन्होंने थोड़े ही दिन पहले तो घर बदला है। विदेश-यात्रा की तैयारियाँ भी करनी होंगी। और भी न जाने कितने अनगिनत काम होंगे—सोच कर मैं उनसे विदा लेती हूँ।

गंगा तो गंगा होती ही है, लेकिन उसको संगम और प्रयाग को तीर्थराज बनानेवाली सच पूछिए तो जमुना होती है—कहाँ से आती है और सहसा गंगा में मिलकर अपना सारा अस्तित्व खो देती है, स्वयं गंगा बन जाती है और गंगा को संगम और परिवेश को तीर्थराज बना देती है।

हमारी सोनिया जिस तरह राजीव में और भारत में घुलमिल गयी हैं, एकाकार

हो गयी हैं, उससे जमुनाजी की ही याद आती है।

जितना सुख, जितनी परितृप्ति, जितनी अपनेपन की अनुभूति, जितनो सहज अंतरंगता उनकी बातों से मिली, उसके एवज में उन्हें क्या दूँ ? क्या निछावर कर दूँ—समझ में नहीं आता। धन्यवाद कहना बहुत हलकी बात लगती है। कृतज्ञता बहुत औपचारिक लगती है। मैं तो सिर्फ यह सोचती हूँ कि तुलसीदास जी से *रामचरितमानस* की एक चौपाई माँगूँगी और वह उन्हें भेज दूँगी :

अचल होउ अहिवात तुम्हारा।
जब लगि गंग जमुन जलधारा।।

मई 1985

सासू माँ और सोनिया

न्यूजीलैंड का नाम हम भारतवासियों के लिए क्रिकेट के कारण एक रोजमर्रा का-सा जाना-पहचाना नाम है। इसलिए उस देश के साथ अजनबीपन का अहसास यों भी नहीं था। लेकिन वहाँ जाकर जब प्रधानमंत्री लांगी की उन्मुक्त हँसी और अद्‌भुत मिलनसारिता से परिचय हुआ, तब तो वह देश बहुत अपना-सा लगने लगा। यही कारण था कि तीन दिन वहाँ रहने के बाद वहाँ से आना मन को थोड़ा भारी बना रहा था। काश ! एक-आध दिन और रुक पाते। रात 11 बज कर 59 मिनट पर थाईलैंड के लिए रवाना होना था। है न मजेदार सा समय। एक मिनट बाद ही तारीख बदल जाती और रवाना 18 तारीख को ही होना था, सो 11 बज कर 59 मिनट का समय तय हुआ यानी कि वहाँ रहने के नियत समय का एक-एक क्षण हमने अपने हिस्से ले लिया है। यहाँ के कार्यक्रम समाप्त हो चुके हैं—चार देशों की यात्रा का अन्तिम चरण मात्र रह गया है। थके होने के बावजूद सभी बहुत प्रसन्न मन हैं।

ऑकलैंड के साउथ पैसिफिक होटल की लॉबी में सब पत्रकार एकत्र हैं। अभी माइक्रोमिनी बस आयेगी और हम सब न्यूजीलैंड से विदा लेने हवाई अड्डे जायेंगे। गपशप हो रही है। साथ में एयर इंडिया फ्लाइट क्रू के एक वरिष्ठ अधिकारी भी हैं। उन्होंने भारत के प्रत्येक प्रधानमंत्री के साथ विदेश यात्राएँ की हैं—नाना जवाहरलाल से लेकर नाती राजीव गांधी तक सबके साथ तमाम संस्मरण सुनाते समय उन्होंने श्रीमती इंदिरा गांधी के ज़माने की एक बात बतायी। एक बार इंदिराजी राजकीय यात्रा पर स्टॉकहोम जा रही थीं। उनकी आदत थी कि हवाई जहाज के उड़ान लेने के पहले एक बार सारे इन्तजामों को खुद जाँच लेती थीं। जाँचते-देखते हुए उनकी नजर आम के टोकरों पर पड़ी तो अपने निजी सहायक को बुला कर डाँटा कि तुमसे कहा था एक टोकरी आम लाने को, तो

दो क्यों लाये ? अभी आम बहुत महँगे हैं। मुझे समझ में नहीं आता कि अंधाधुंध फिजूलखर्ची क्यों की जाती है, वगैरह-वगैरह। राउंड लेने के बाद फिर वे फ़ाइलें निबटाने बैठ गयीं। काम करते-करते अचानक उन्होंने अपने निजी सचिव को बुलाया और एक वृद्ध कलाकार महिला का नाम बताकर कहा, सुना है, वे यहीं स्टॉकहोम में एक ओल्डहोम में रहती हैं। कई बरस पहले मुझे कुलू-मनाली में मिली थीं। बहुत भली और अकेली औरत कलाकार हैं। खोज कर, इनमें से आम का एक टोकरा उनके पास भेज देना।

यानी फिजूलखर्ची तो उनको पसन्द ही नहीं थी, पर हर चीज का सही उपयोग करना भी उन्हें खूब आता था। ऐसा ही हर बरस अपने जन्मदिवस पर भी वे किया करती थीं। 19 नवम्बर के दिन सुबह से ही उनके घर तमाम नजदीकी मित्र और रिश्तेदार उन्हें शुभकामनाएँ देने आते थे। नाश्ते के समय केक काटा जाता, सब मिल कर 'हैप्पी बर्थ डे टु यू' गाते। सबके गा चुकने के बाद उनकी घनिष्ठ मित्र श्रीमती तेजी बच्चन गातीं—'हैप्पी लांग लाइफ टु यू।' हँसी-खुशी से भरा रहता था सारा माहौल। दिल्ली का एक हलवाई हर बरस अपनी शुभकामनाएँ अपने ही तरीके से देने आता था। वह सबसे पहले आकर अपना कढ़ाव चढ़ा देता और हर मेहमान को खूब इसरार कर-कर के गरम, करारी जलेबियाँ खिलाया करता। एक बार इसी फिजूलखर्ची न करने के चक्कर में इंदिरा जी ने शायद उसे आने के लिए मना कर दिया होगा, तो तेजीजी ने बच्चों की तरह ठुनककर शिकायत की कि जलेबीवाला कहाँ है ? इंदिराजी ने पूछा, "तुम्हें जलेबी खानी है ? इतनी पसन्द है जलेबी ?" तो वे बोलीं, "नहीं, पसन्द-नापसन्द की बात नहीं; खानी है, ऐसी भी बात नहीं। हमें तो वह जलेबीवाला माहौल चाहिए। उसके बिना सब फीका-फीका लगता है।" इस तरह एक बरस के अन्तर से फिर शुरू हो गया था वह जलेबियोंवाला सिलसिला। पर एक भी जलेबी बेकार नहीं जाने दी जाती थी। होता यह था कि मित्रों और रिश्तेदारों के लाये फूल और मिठाई के डिब्बों का तो ढेर ही लग जाता था। सबके जाने के बाद इंदिरा जी सब कुछ सोनिया को सहेज कर कहती थीं, "ये फूल अस्पतालों में भिजवा देना और मिठाइयाँ विलिंगडन अस्पताल की ट्रेनी नर्सों और अनाथालय के बच्चों के पास भेज देना।"

उनका जन्मदिन मनाने के लिए सोनिया का काम तो एक दिन पहले से ही शुरू हो जाता था। अपनी सास को मन-ही-मन, चुपचाप बहुत आदर और प्यार देनेवाली सोनिया 18 नवम्बर की रात को ही इंदिराजी की खास पसन्दवाली नयी साड़ी तथा अन्य सभी कपड़ों का नया सेट सुबह के लिए तैयार करवाकर रखवा देतीं। नाश्ते के लिए क्या भिगाना है क्या बिनना, साफ करना है, वगैरह

खुद देखतीं।

दूसरे दिन, 19 नवम्बर को जन्मदिनवाले दिन सोनिया सबसे पहला काम करतीं कि आम की पत्तियों का तोरण घर के द्वार पर लगवातीं। नेहरू परिवार में जन्मदिन मनाने का यही तरीका होता था। अब तक यही होता है—सोनिया हर शुभ अवसर पर प्रातःकाल की पावन वेला में द्वार पर आम्रतोरण सजा देती हैं।

इंदिराजी के जन्मदिन पर सोनिया का एक और खास काम नियमपूर्वक होता था। वे बड़े शौक से अपनी सास का कमरा खुद सजाती थीं। चादरें, तकियों के गिलाफ, मेजपोश आदि सभी एकदम नये लगवातीं। गुसलखाने में तौलियों और हाथ-रूमालों का एकदम नया सेट लगा दिया जाता। सोनिया जब से ब्याह कर आयी थीं, तब से बराबर इस घर के तौर-तरीके बड़ी बारीकी से देखती रहीं और सब कुछ उन्होंने बड़ी लगन से सीख लिया। दशहरा, दीवाली आदि बड़े त्योहार और सभी के जन्मदिनों की खास ढंग से मनाने की पद्धति उन्होंने खूब सीख ली है। जन्मदिन पर व्यक्ति के नये कपड़ों से लेकर चारों ओर के माहौल तक को नयेपन से इसीलिए भर दिया जाता है कि जन्मदिन मनानेवाला एक नये उत्साह और जोश के साथ ताजादम होकर अपने कामकाज में लगा रहे।

उन दिनों राजीव पायलट हुआ करते थे। नौकरी पर जाना होता था। लेकिन वे घर के सब सदस्यों के जन्मदिन पर जरूर ही छुट्टी लेकर घर रहते थे। हवाई उड़ान भरनेवाले कर्मचारी अकसर अपने साथियों के साथ इस प्रकार ड्यूटी बदल लिया करते हैं। इंदिराजी का जन्मदिन हो और मान लीजिए राजीव इस प्रकार की अदला-बदली का संयोजन न कर पा रहे हों, तो वे छुट्टी ही ले लेते थे, पर माँ का जन्मदिन उनके साथ ही मनाते थे। राजीव ने सारे संसार में प्रख्यात अपनी माँ के अकेलेपन को भी बड़ी गहराई से समझा था। इंदिराजी के सामने अगर कभी कोई समस्या आ पड़ती या वे किसी उलझन में होतीं, उनके मन में कोई द्वन्द्व या मन्थन होता, तो उनकी परेशानी का बस एक ही इलाज होता था कि वे अपने मन का रेशा-रेशा राजीव के आगे खोल देतीं और अकसर यह होता कि बिना एक शब्द बीच में बोले, सब कुछ धैर्यपूर्वक, चुपचाप सुन कर राजीव बस हौले से अपनी माँ का कन्धा अपनी बाँह से समेट उन्हें गले लगा लेते और बस चमत्कार कि माँ का मन थिरा जाता, उलझन दूर हो जाती और वे फिर नयी ताकत से काम में लग जातीं। राजीव से हमेशा ही उन्हें आत्मिक बल और नैतिक साहस मिलता था—ऐसी ताकत, जो सिर्फ एक बेटा ही अपनी माँ को दे सकता है।

अपने जन्मदिन पर बच्चों का उत्साह देखकर इंदिराजी अकसर कहा करती थीं, अरे भई, हम अब बूढ़े हो गये हैं, जन्मदिन की धूमधाम तो बच्चों के लिए की जाती है। हमारे लिए यह सब मत किया करो। पर सब जानते थे कि इस दिन उन्हें एक खास चीज़ का इन्तजार भी रहता था कि देखें राहुल, प्रियंका और वरुण उन्हें क्या देते हैं। अपने बच्चों का जन्मदिन मनाने का इंदिराजी का एक खास ही तरीका होता था। नेहरूजी के ज़माने से ही खाने की मेज पर परिवार के सब सदस्य एक साथ जरूर बैठते थे। जिस किसी का जन्मदिन होता, उसके बैठने की कुर्सी की गद्दी खास होती। मेज पर उसके सामने की सजावट खास होती। इंदिराजी स्वयं अपने हाथों से उसकी प्लेट के चारों ओर रंग-बिरंगे फूलों से अल्पना-सी बना देतीं और उसे नैपकिन भी बड़ा सुन्दर दिया जाता। इंदिराजी के पास गाँव में बने मिट्टी के छोटे-छोटे बड़े सुन्दर खिलौने थे। उन्हें वे उस दिन खास तौर से, खाने की मेज पर बड़े करीने से सजाती थीं। उनका नन्हे खिलौनों का यह शौक देख कर ही शायद बच्चों ने एक नयी परम्परा डाली थी कि वे अपने स्कूल में आर्ट और क्राफ्ट की कक्षा में जो नन्ही-नन्ही कलाकृतियाँ बनाते, वे सम्भाल कर रख लेते और इंदिराजी के जन्मदिन पर उन्हें भेंट करते। उस भेंट को पाकर वे कितनी खुश होती थीं, यह सिर्फ देखनेवाला ही जान सकता है। उन दिनों राहुल बोर्डिंग स्कूल में पढ़ने चला गया था। वहाँ से उसने अपनी दादी के जन्मदिन पर किसी मुलायम-सी धातु का छोटा-सा कैंडल स्टैंड भेजा था, जो उसने अपनी क्राफ्ट की क्लास में बनाया था। वह स्टैंड उन्होंने अपने सोने के कमरे की फायर प्लेस की कॉर्निस पर सजा लिया था। आज तक वह स्टैंड वहीं रखा हुआ है। बच्चों से मिले ये छोटे-छोटे उपहार उनकी बहुत बड़ी दौलत होते थे।

इंदिराजी की एक अंतरंग मित्र से ज्ञात हुआ कि ज्यों-ज्यों इंदिराजी का जन्मदिन नजदीक आ रहा है, सोनिया को अपनी सास की ऐसी ही छोटी-छोटी लेकिन मन को छू जानेवाली बातें याद आती रहती हैं। अजब-सा तो सम्बन्ध था इन दोनों सास-बहू का। बिना कहे ही दोनों एक-दूसरे की जरूरतों को समझती रहती थीं। कभी-कभी तो इतना चुपचाप कि दोनों खुद हैरत में पड़ जातीं। उन्हें खो कर आज सोनिया बड़ा अकेलापन महसूस करती हैं। गोलियों की वह आवाज जो उन्होंने 31 अक्तूबर, 1984 को सुनी थी, उसकी याद ही मन को दहला देने के लिए काफी थी कि अभी 2 अक्तूबर 1986 को फिर गोलियों की उस आवाज ने सोनिया को तो हिला ही दिया। अखबारों में निकली खबर अधूरी ही थी। हुआ यह था कि उस दिन पहली गोली की आवाज सुनते ही धीर-गम्भीर राजीवजी ने बिना विचलित हुए राष्ट्रपतिजी से कहा कि कृपा

करके परिवार के सदस्यों को तुरन्त घर वापस भेज दीजिए। फिर सोनिया से कहा कि तुम भी घर जाओ। इस आज्ञा के बाद सोनिया यदि राजीवजी के साथ ही रहतीं तो राजीव नाराज होते कि कहना नहीं सुना और अगर कहना सुनतीं तो पत्नी का धर्म आड़े आता। इन्हीं निर्मम गोलियों ने सोनिया से उनकी माँ जैसी सास छीन ली थीं। गोलियों की उस आवाज को फिर से यों सुन कर वे अपने पति से दूर नहीं जा सकतीं। मन में बच्चों की चिन्ता भी थी। लेकिन राजीव को यहाँ अकेले छोड़कर जाने का सवाल ही नहीं उठता। पति की आज्ञा टाल वे वहीं रह गयीं। राजीव को दिखाई न दें, इसलिए शास्त्रीजी के समाधि-स्थल पर प्रार्थना के समय वे उनके पास बैठी भी नहीं। जरा ही दूर पर खड़ी अपनी कार से टिककर राजीव को अपलक देखती रहीं।

गोली की आवाज से उनके मन का कोई भीतरी कोना पिरा उठता है और अपनी सास की याद एक टीस के साथ फिर उनके मन में उठने लगती है। सोनिया के बेहद घरेलू और संवेदनशील मन पर छोटी-छोटी यादें अमिट छाप छोड़ गयी हैं। उन्हें याद है, इंदिराजी के स्वर्गवास के कुछ दिन पहले की ही तो बात है, राजीव बाहर गये हुए थे दौरे पर। सोनिया अकेली थीं। सोनिया-राजीव के बेडरूम और इंदिराजी के बेडरूम के बीच में साझे का बाथरूम था। वहाँ एक छोटी-सी अलमारी में रोजमर्रा के काम आनेवाली कुछ दवाएँ भी रखी रहती थीं। उस दिन रात में अचानक सोनिया को साँस का जबर्दस्त दौरा पड़ा। सोनिया अपने बेडरूम में अकेली थीं। वे स्वयं बाथरूम में अपनी दवा निकालने गयीं। लेकिन एक मुश्किल थी—बत्ती जलायेंगी तो बगल के कमरे में सोयी माँ की नींद खुल जाने का डर था। रात बहुत देर तक दफ्तर का काम निबटाकर अभी-अभी ही तो उनकी आँख लगी होगी, यह सोच कर सोनिया ने बत्ती नहीं जलायी और अन्दाज से टटोल-टटोल कर दवा खोजने लगीं। साँस का दौरा बढ़ता ही जा रहा था और दवा मिल नहीं रही थी। सोनिया बड़ी तकलीफ में थीं कि उसी अन्धेरे में अचानक एक ममता भरे हाथ ने उनकी पीठ सहलायी, बत्ती जलायी और दवा खोज कर दी। घर के किस सदस्य को, कब क्या जरूरत है, यह वे पता नहीं किस तरह जान जाती थीं और वक्त पर हमेशा मौजूद रहती थीं।

तात्कालिक जरूरतों का ही नहीं, शायद भविष्य की जरूरतों का भी उन्हें पूरा ध्यान था। इसीलिए न, इतनी-इतनी व्यस्तता के बावजूद वे कुछ-न-कुछ समय निकालतीं और सोनिया-राजीव के बच्चों को अकसर अपने देश की गौरव-गाथाएँ सुनाया करतीं। अपने देश की आजादी की लड़ाई की बातें तो वे कहानियों की तरह सुनाती थीं। बच्चों के मन में उन्होंने भारत के लिए अभिमान कूट-कूट कर भर दिया था। यही कारण है कि राहुल और प्रियंका तो कभी-कभी

दोस्तों के बीच झगड़ा भी कर बैठते हैं और अपने नाना-नानी से तो हमेशा ही अपने भारतवासी होने की हेकड़ी दिखा कर खूब जीट की हाँका करते हैं।

इंदिराजी को बच्चों से बहुत प्यार था। राहुल, प्रियंका और वरुण, तीनों में तो उनकी जान ही बसती थी। अपने अंतरंग क्षणों में अगर ये बच्चे मिल जायें तो उन्हें किसी और के साथ की जरूरत भी नहीं पड़ती थी। इंदिराजी ने अपना अन्तिम भाषण भुवनेश्वर में दिया था। उसमें कहा था कि मेरे खून की एक-एक बूँद देश के काम आ जाये तो मुझे चिन्ता नहीं। सभी ने कहा कि उन्हें जैसे आनेवाली मौत का आभास हो गया था। पर मौत के इस आभास की बात सोनिया ने और भी मार्मिकता से महसूस की थी।

इंदिराजी को प्रकृति से बड़ा प्रेम था। पहाड़ों में तो उनका मन इतना रमता था कि वे दीन दुनिया भुला कर वहाँ बिलकुल हलकी हो जाती थीं। कश्मीर की वादियाँ उन्हें बड़ा सुकून देती थीं। खासतौर से तब जब चिनार की पत्तियाँ रंग बदलती हैं। प्रकृति का वह मंजर उन्हें बहुत आकर्षित करता था। यह तभी की बात है जब राजीव दौरे पर थे और सोनिया को साँस का दौरा उठ आया था और आधी रात को उठकर उन्होंने सोनिया को दवा दी थी। लेकिन दूसरे दिन यानी 27 अक्तूबर की सुबह वे बोलीं, मेरा जी कश्मीर जाने को कर रहा है, चिनार लाल होना शुरू हो गये होंगे। मुझे वहाँ का ऑटम (पतझड़) देखना है। राजीव थे नहीं, बिना पूर्व निर्धारित कार्यक्रम के प्रधानमंत्री का यहाँ से वहाँ जाना भी कई समस्याएँ पेश करता है। उसके अलावा, सोनिया की साँस की जो हालत थी, उसमें डॉक्टर पहाड़ों की इतनी ऊँचाई पर जाने की सलाह नहीं दे रहे थे। मगर इंदिराजी का मन था कि कश्मीर का वह मौसम जीने को बेकरार हो रहा था। वे खुद को रोक ही नहीं पा रही थीं। जैसे कोई उन्हें जबरन अपनी ओर खींच रहा था। उन्होंने किसी सुरक्षा व्यवस्था आदि की परवाह नहीं की, राहुल और प्रियंका को साथ लिया और सप्ताहांत के लिए कश्मीर चली गयीं। उनके पास समय ही कहाँ होता था। उसके अलावा सोनिया की तबीयत भी ठीक नहीं थी; तो एक ही दिन में लौट भी आयीं। और अक्तूबर का महीना खत्म भी नहीं हुआ और वे चल बसीं। तो क्या उन्हें कोई पूर्वाभास हो गया था कि जीवन अब उन्हें मोहलत देनेवाला नहीं है ? अपने सबसे प्रिय प्राकृतिक दृश्यों को वे अब कभी नहीं देख पायेंगी। कुछ पलों के लिए ही सही, चलो आखिरी बार रंग बदलते चिनारों को देख लें, उन हवाओं को अपनी साँसों में भर लें, बर्फ की ठण्डी खूबसूरती को आँखों में समेट लें ! जीवन से विदा लेने के पहले पुरखों की धरती को अन्तिम प्रणाम अर्पित कर दें ! और वे मंत्रचालित-सी चली गयी थीं।

चिनार अब भी रंग बदल रहे होंगे। प्रकृति अब भी रूप-छटा लुटा रही होगी—19 नवम्बर अब भी आयेगा, लेकिन नहीं आयेंगे वे दोस्त, वे रिश्तेदार, वे फूलों की ढेरियाँ, मिठाइयों की टोकरियाँ। नहीं गायेंगी तेजी बच्चन—'हैप्पी लांग लाइफ टु यू, हैप्पी लांग लाइफ टु डीयर इंदू, हैप्पी लांग लाइफ टु यू !'

इंदिराजी के जन्मदिवस पर सोनिया हमेशा चावल और चने से बने कश्मीरी व्यंजन 'सरवारी' और मीठे चावल बनवाती थीं। नेहरू परिवार में हर मांगलिक अवसर पर ये चीजें जरूर पकती हैं। पर अब मन नहीं होता—एक हूक-सी उठती है जी में ! पर समयचक्र तो घूमेगा ही और 19 नवम्बर तो आयेगा ही। सोनिया चुपचाप माँ के कमरे के सामनेवाले दरवाजे पर आम की पत्तियों का तोरण लगवा देंगी। प्रियंका के साथ कमरे के हर कोने में नये फूल सजा देंगी। चादरें, तकियों के गिलाफ, मेजपोश और तौलिये, सभी कुछ नये रखवा देंगी। कमरे का माहौल तो नया हो जायेगा पर क्या होगा उन यादों का जो हमेशा पुरानी ही होती हैं!

नवंबर 1986

अगर तुम साथ होतीं तो...

राजीव गांधी कैंब्रिज में पढ़ते थे उन दिनों। छुट्टियों में घर आये हुए थे और दोस्तों को तमाम सारे फोटो दिखा रहे थे। एक फोटो वह बार-बार दिखाते और पूछते कैसी लगी ? इतनी बार दिखाना और दोस्तों की प्रतिक्रिया जानने की उत्सुकता देखकर सबको अन्दाज हो गया कि जरूर कोई खास ही बात होगी। बेहद करीबी दोस्त होते हुए भी शालीनता और सभ्यता सबमें इतनी नफीस थी कि निजी जिन्दगी में झाँकने की हिमाकत किसी ने नहीं की। बात आयी गयी हो गयी। कुछ दिनों बाद राजीवजी अपने प्रिय मित्र अमिताभ के घर गये और उन लोगों से पूछा कि इटली से मेरी एक मित्र भारत घूमने आना चाहती हैं, क्या उन्हें बच्चन परिवार के साथ ठहराया जा सकेगा ? 'ना' का प्रश्न ही नहीं था। श्री हरिवंशराय बच्चन तो बहुत ही उत्साहित हो उठे और घर की नयी साज-सज्जा करवाने में जुट गये।

इटली से हवाई जहाज आधी रात में आता था—तीन-चार करीबी दोस्तों को राजीवजी ने अपने घर पर ही बुला लिया था शायद अच्छे-खासे नर्वस थे वे। कहीं नींद न लग जाय—इस डर से न खुद सोये न किसी को सोने दिया और समय से काफी पहले सब लोग एयरपोर्ट पर पहुँच गये—राजीव को शायद पहली बार लग रहा था कि समय किस कदर मन्थर चाल से चलता है।

खैर, प्रतीक्षा की घड़ियाँ पूरी हुईं और एक दुबली-पतली बेहद आकर्षक लड़की नमूदार हुई। रात अभी बीती नहीं थी और भोर अभी बस फूटने ही वाली थी। तय किया गया कि घर जाने के पहले सोनिया को दिल्ली घुमाया जाय—उस समय सड़कें वीरान थीं लेकिन दिल की दुनिया तो आबाद होने की ओर चल ही पड़ी थी। चार-पाँच घण्टे यों ही इधर-उधर की सैर करने के बाद वे लोग बच्चनजी के घर पहुँचे। सोनिया हैरान कि राजीव अपने घर क्यों नहीं ले जा

रहे ? मित्र के घर क्यों ठहराया है ? सोनिया को बड़े करीने से समझाया गया कि ससुराल की देहलीज पूरी गरिमा के साथ लाँघनी होगी तुम्हें ! पूरे भारतीय रीति-रिवाज और संस्कारों के बाद तुम्हें ले जायेंगे। अभी यहाँ इसलिए रहना है कि तुम भारत को देख लो, जिसे प्यार करती हो उसके माहौल को, उसके परिवार के लोगों, उसके यार-दोस्तों, उसके पूरे परिवेश को जान लो और फिर जब तुम्हारा मन पूरी तरह से सब कुछ स्वीकार करने को राजी हो—तभी उस बन्धन में बँधना जो अटूट होगा—पवित्र होगा। जन्म-जन्मांतर के लिये होगा।

नवम्बर 1967 में आयी थीं सोनिया। नवम्बर, दिसम्बर, जनवरी और फिर फरवरी (1968) ! इतना समय लग गया और जब सोनिया ने समझ लिया कि हर दिन हर पल राजीव के लिए वह अधिक-से-अधिक समर्पित होती जा रही हैं, राजीव के लिए, राजीव के परिवार, राजीव के देश के लिए उनका प्यार ज्यादा से ज्यादा बढ़ता ही जा रहा है, तो बस वह दिन भी आ गया जब सर से पाँव तक फूलों का सिंगार किए हाथों में मेहंदी लगाये दुल्हन अपने धर्मभाई अमिताभ बच्चन के घर से विदा होकर अपने पति के घर गयी। अपना देश छोड़ा, माता-पिता, परिवार, परिजन छोड़े और पति के देश को, पति के घर को अपना स्वर्ग बना लिया। भारतीय रीति-रिवाज सीखे, भारतीय भोजन बनाना सीखा, भारतीय पहनावा अपनाया और भारत की राष्ट्रभाषा हिन्दी सीखने के लिए एक पाठशाला में प्रवेश लिया।

बस एक ही दिन घबरायी थीं सोनिया—जिस दिन शादी के बाद अपने माता-पिता को वापस इटली के लिए विदा करके आयी थीं—अचानक उन्हें घर बेहद खाली-खाली और डरावना-सा लगने लगा था। उदासी ने घेर लिया था उन्हें, कि अचानक घर के दरबान ने उन्हें एक लिफाफा दिया--खोला तो पाया उसमें एक छोटी-सी चिट रखी है—

"Sonia, we all love you.

Mummy"

मम्मी यानी श्रीमती इंदिरा गांधी ! भारत की प्रधानमंत्री ! नयी-नयी बहू अपने माता-पिता को एयरपोर्ट छोड़कर आयी है—अकेला अनुभव कर रही होगी सो उसे सांत्वना देने, उसे अपनापन देने की बात उन्होंने समझी और सोची। उसके पास बैठ सकती नहीं क्योंकि इतने बड़े देश का काम करना होता है। दफ्तर में फाइलों का अम्बार लगा होता है—लेकिन वह विलक्षण महिला जानती थी कि दिल के किस तार को कब छूना होता है। उन्होंने उस नन्ही-सी चिट से जैसे केवल एक बार मिज़राब मारी कि सोनिया के मन-प्राण सितार की तरह

बज उठे। चिट मिलनी थी कि सोनिया की उदासी काफूर हो गयी। गुनगुनाते हुए उठीं और कमरे की छोटी-छोटी सजावट करने में स्वयं को उलझा लिया। खूब सहेज कर रख छोड़ी है वह छोटी-सी चिट सोनिया ने अपने निजी खजाने में। उस छोटी-सी चिट से शुरू होनेवाला वह खजाना एक-से-एक नायाब यादगार क्षणों और उपलब्धियों से अकूत भरता ही चला गया कि अचानक आज 21 मई 1991 की भरी दोपहर में सोनिया के माथे का सूरज डूब गया—चारों ओर अन्धेरा ही अन्धेरा छा गया। 21 मई की काली हत्यारिन रात सोनिया को इस भरी दुनिया में तनहा छोड़ गयी। मैंने 1985 में उनकी इंटरव्यू लेते समय उनसे पूछा था कि अपने देश, अपने परिवार से इतनी दूर अकेली चली आयी थीं तो आपको डर नहीं लगा था ? तो बोली थीं वे कि डर काहे का ? जब औरत किसी को सच्चे मन से प्यार करती है, तो वह प्यार एक अजीब-सी ताकत दे देता है, उस ताकत के मिलने के बाद डर वगैरा नहीं लगता—जिसे प्यार करते हो वह मिल जाये तो और कुछ नहीं चाहिए। मुझे राजीव मिल गये। फिर वह भारत लायें या दुनिया के किसी भी कोने में ले जायें मैं क्यों डरूँ ? राजीव ही मेरी सबसे बड़ी सीक्योरिटी थे। उनके अलावा मैं और कुछ सोचती ही नहीं थी।''

और अभी जब दूरदर्शन के पर्दे पर सफेद साड़ी में लिपटी सोनियाजी को देखा तो कलेजा दहल उठा। पुत्री प्रियंका माँ की छाँह-सी बनी हर समय उन्हें सहारा दिये हुए थी। पुत्र राहुल भी जब तब माँ को बाँह में समेट उन्हें अहसास दे रहा था कि माँ घबराना मत। लेकिन मैं क्या करूँ कि मुझे याद आ रहे थे उनके वे शब्द—''राजीव ही मेरी सबसे बड़ी सीक्योरिटी थे—मैं क्यों डरती ?'' अपनी उस सबसे बड़ी सीक्योरिटी को वह किस तरह सीक्योर रखती थीं इसका एक उदाहरण ही काफी होगा। राजीवजी के साथ प्रेस के एक सदस्य के रूप में कई विदेश यात्राएँ की थीं मैंने। यह बात एक यात्रा के दौरान निजी अनऔपचारिक बातचीत में बताई थी सोनियाजी ने मुझे। बात यों चली कि मैंने उनसे कहा कि आजकल लोग आप पर एक आरोप लगाते हैं कि विदेश के दौरों पर आप राजीवजी के साथ होती तो हैं लेकिन आपके भावशून्य चेहरे पर हल्की-सी भी मुस्कान नहीं होती। एकदम तना हुआ (Stiff) चेहरा होता है आपका। आप कठपुतली की तरह उनके साथ टँगी रहती हैं। तो एक क्षण को उनके माथे पर बल पड़े लेकिन दूसरे ही क्षण उपेक्षा से हँसकर बोलीं, ''आरोप लगानेवालों को क्या मालूम कि साथ रहते हुए भी पति की सुरक्षा के लिए हर पल आशंकित और घर पर छूटे बच्चों की सुरक्षा की ओर से आतंकित औरत चाल में शोखी और मुँह पर मुस्कान ला ही नहीं सकती। झूठी दिखावट करना

मेरे स्वभाव में शामिल ही नहीं है। फिर बोलीं आप इस आरोप की बात कर रही हैं मैं दूसरे आरोप की बात बताती हूँ आपको—अभी 2 अक्तूबर (1986) गांधी जयन्ती के दिन राजघाट पर जब राजीव पर हमला हुआ और वे बाल-बाल बच गये तब मैं उनके साथ ही थी। आप समझ सकती हैं कि उस समय किस तरह मेरे प्राण मुँह में आ गये होंगे। राजीव भी घबरा तो जरूर गये होंगे मगर वे अपनी शांतता बनाये हुए थे। प्रार्थना सभा में बैठने के पहले मुझसे बोले, सोनिया तुम घर चली जाओ तुरन्त। मैंने मना किया पर फिर उन्होंने अपनी बात दोहराई। इस बार उनकी दृष्टि में उनका आदेश एकदम साफ था और मेरे लिए उसे टालने का सवाल ही नहीं उठता था। मैं उनकी टेंशन बढ़ाना नहीं चाहती थी। लेकिन मैंने मन में निश्चय कर लिया था कि ऐसे समय में मैं उन्हें अकेला छोड़कर नहीं जाऊँगी—उन लोगों का कोई दूसरा साथी फिर हमला करने आ जाय तो ? और मैंने ड्राइवर से कहा कि गाड़ी उस पेड़ की ओट में खड़ी कर दो। मैं गाड़ी के पीछे से खड़ी-खड़ी राजीव को देखती रही। मैं इस तरह खड़ी थी कि राजीव मुझे देख नहीं सकते थे पर वे मुझे साफ दिखायी दे रहे थे। औरत का दिल अजीब तरह का होता है जिसे प्यार करती है उसके लिए बड़ी भीषण कल्पनाएँ भी कर लेती है। मैं खड़ी-खड़ी यही ताने-बाने बुन रही थी कि मान लो हत्यारा उधर से आता दिखेगा तो मैं यों झट से भाग कर जाऊँगी, इधर से आयेगा तो मैं यों फाँदकर झपटकर वहाँ पहुँच जाऊँगी और अपनी पूरी ताकत से उसे परे धकेल कर राजीव के ऊपर खुद को गिराकर उन्हें चारों ओर से ढक लूँगी। मेरी जान भले ही चली जाये उन्हें बचा लूँगी मैं।

"सोनिया बोलीं, शुकर है भगवान का उस दिन फिर कोई नहीं आया और सभा समाप्त होते ही मैं झट से गाड़ी में बैठकर चल दी ताकि उनके घर पहुँचने के पहले ही मैं वहाँ पहुँच जाऊँ। पर पुष्पाजी जितनी देर मैं वहाँ खड़ी रही उतनी देर किस तरह जी जी कर मरती रही हूँ और मर मर कर जीती रही हूँ यह मैं ही जानती हूँ। पर मालूम है आपको ? मेरे ऊपर यह आरोप लगाया गया कि यदि कोई भारतीय पत्नी होती तो उस दिन उस समय राजीव को राजघाट पर अकेले छोड़ कर घर न चली गयी होती। कौन बताये उन्हें कि यह इतालियन लड़की अपने पति को किसी भी भारतीय पत्नी से कम प्यार नहीं करती। उनकी कड़ी दृष्टि से डरती भी है और उन्हें जी जान से प्यार भी करती है। अपनी पीड़ाओं की साक्षी मैं स्वयं रही हूँ, इसलिए आरोपों से नहीं डरती मैं। मैं तो सिर्फ वही करती हूँ जो मेरे परिवार के लिए जरूरी होता है।"

उस दिन तो जरूरत नहीं पड़ी थी बिजली की-सी गति से दौड़कर पति को अपने आँचल की ओट में छिपा लेने की। पर जिस दिन ये होना था उस दिन

दौड़कर बचा लेने को तैयार वह पाँव, हत्यारे को परे ढकेलकर अपने आगोश में सिमेट लेनेवाली वह बाँहें, पति को चौकन्नी निगाह की गिरफ़्त में सिमेटे रखनेवाली वो आँखें तो सैकड़ों मील दूर दिल्ली में थीं। अकेले थे राजीव उस हत्यारी रात में। सोनिया, तुम होतीं साथ में तो शायद ये हादसा यों न घटित हुआ होता।

सोनिया मुझे याद आता है तुमने कहा था झूठी दिखावट मेरे स्वभाव में शामिल नहीं है। मैं वही करती हूँ जो मेरे परिवार के लिए ठीक होता है। इस समय भी आपको वही करना है। आपका यह छोटा-सा परिवार ये दोनों बच्चे हमारे राष्ट्र की धरोहर हैं। अब इन्हें माँ की ममता और पिता की छाँह दोनों ही आपको अकेले देनी है—अपने परिवार की सुरक्षा के लिए टूटना नहीं है आपको। आज इतिहास का माथा तो शर्म से झुक गया है लेकिन आपको राहुल और प्रियंका की खातिर मजबूती से सीधे खड़ा रहना है। पूरे देश की शुभकामनाएँ हैं आपके साथ !

मई 1991

जो स्वयं 'समय' हैं!

राही मासूम रज़ा

किसी छोटे-से तालाब के एकदम साफ निथरे हुए पानी में किलोल करती चटुल मछलियाँ देखी हैं आपने—बड़ी चपल लगती हैं न वे! लेकिन मासूम भी तो उतनी ही दीखती हैं। बस, वैसी ही मासूम, चपल बतियाती-सी आँखें और बोलते समय कोरों को दबाकर गोल हो जानेवाले होंठ—गोया दूधिया बचपन अभी तक उनके बीच टिका बैठा है। सिर पर बड़ी बेतरतीबी से, बेफिक्र बिखरे झकाझक सफेद बालों से जिसके भीतर का बेलौस खुलापन नजर आ जाए। उस बड़े प्यारे से शख्स का नाम मालूम है आपको! जी हाँ, वही तो हैं राही मासूम रज़ा साहब।

हाथ में कभी मखमल, तो कभी कीमखाब, तो कभी जरदोज़ी का बटुआ थामे, अजब अँगरखानुमा शेरवानी के बंद सायास खोले हुए—ताकि भीतर पहने मलमल के कुर्ते का बारीक पत्तियोंवाला अलीगढ़ी काम नजर आए, जरा टेढ़े कदमों से चलते जब आपको नजर आएँगे तो मुँह से बेसाख्ता निकलेगा— वल्लाह क्या बांकी अदा है! पर उनकी शख्सियत को यह बांकपन दिया है, उनके कमज़ोर पाँव ने जो निरे बचपन से ही दगा दे गया था। यह बताने के पहले कि यह सब कब हुआ, कैसे हुआ, आइए, आपको राही साहब के घरवालों के बारे में बताएँ।

राही मासूम रज़ा यानी असल नाम सैयद मासूम रज़ा आबदी के पिता सैयद बशीर हसन आबदी अपने जमाने के नामीगिरामी वकीलों में गिने जाते थे। वकील साहब के चार बेटे और पाँच बेटियाँ हैं। दूसरे नंबर के साहबजादे हैं, हमारे राही साहब। राही के बड़े भाई जनाब मूनिस रज़ा दिल्ली विश्वविद्यालय के वाइस चांसलर रह चुके हैं। अब रिटायर होने के बाद वहीं दिल्ली में 'इंस्टीट्यूट ऑफ

सोशल स्टडीज़' के चेयरमैन हैं। राही से छोटे जो दो भाई हैं, उनमें से एक जनाब मेहंदी रज़ा अलीगढ़ यूनिवर्सिटी में जुगराफिया के प्रोफेसर हैं और सबसे छोटे अहमद रज़ा साहब भी खासी तोप चीज़ हैं। वर्ल्ड बैंक का एक स्वतंत्र प्रतिष्ठान है 'इंटरनेशनल मौनीटरी फ़ंड', वे उसी के इंडियन डैस्क पर गोपी अरोरा के मातहत काम करते हैं। रहीं पाँच बहनें, सो उनमें से चार को तो पुराने रिवाज के मुताबिक घर पर ही तालीम दिलाई गई, मगर छोटी बहन सुरैया की जब पढ़ने की उम्र आई, तब तक घर में भाई लोग जवान हो चुके थे। सबने अब्बा-अम्मा पर जोर डाला कि बहन को बाकायदा स्कूल-कॉलेज भेज कर पढ़ाएँगे। सो बस सुरैया खूब पढ़ीं। उन्होंने संगीत भी सीखा और इतिहास में एम.ए., पी-एच.डी. करने के बाद अपनी ससुराल इलाहाबाद के एक डिग्री कॉलेज में पढ़ा रही हैं।

गरज ये कि घर में पढ़ने-पढ़ाने का खानदानी माहौल था ही। लेकिन राही साहब की किताबों से दोस्ती जरा ज्यादा ही गहरी छनी। हुआ यों कि अभी वे जब नन्हे-मुन्ने ही थे, महज चौथी जमात में पढ़ते थे कि उन्हें हड्डियों की टी. बी. हो गई। उस जमाने में यों भी टी.बी. को जानलेवा बीमारी माना जाता था, उस पर इस नन्ही जान को तो ऐसा सख्त झटका लगा कि पूरे पाँच बरस तक बिस्तर में चित लेटे रहना पड़ा। एक पाँव तो टी.बी. की ऐसी गिरफ्त में था कि पूरा का पूरा शरीर एक लकड़ी के फ्रेम में बाँध दिया गया था। पर तारीफ है घर के बेइंतिहा मोहब्बत भरे माहौल की कि बच्चे ने अपने को कभी दयनीय या निरीह नहीं समझा। सारा परिवार यदि सिनेमा देखने जा रहा है तो बीमार बच्चे को घर पर छोड़ कर जाने का सवाल ही नहीं। पूरा का पूरा लकड़ी का फ्रेम मासूम भाई को लिए गाड़ी के हुड पर रख दिया जाता था। सिनेमा हाल में भी मैनेजर से कह कर पीछे एक मेज रखवा दी जाती, जिस पर फ्रेम टिका दिया जाता और नन्हे मियाँ ठाठ से लेटे-लेटे सिनेमा देखने का मजा लेते रहते। खूब फिल्में देखी थीं उन दिनों।

फिल्में तो फिल्में जानते हैं आप, उसी ढब में आँगन में चारपाई पर लेटे-लेटे श्री राही मासूम रज़ा साहब नन्हे हाथों से पतंग उड़ाते रहते थे। खूब पेंच लड़ाए जाते, कनकव्वे काटे जाते। चरखी रहती थी कल्लू कक्का के हाथों में। ये कल्लू कक्का दादी के गाँव के थे, कुबड़े थे। इसलिए बच्चे यों भी उन्हें बड़े कुतूहल से देखते थे। ऊपर से वह कहानियाँ इतनी मजेदार सुनाते थे कि बच्चों के तो एकदम चहेते थे।

घर-आँगन से बाहर जाकर धमा-चौकड़ी करने की उम्र एक बिस्तर पर सिमटे-सिमटे बढ़ रही थी, सो जी बहलाने के लिए दादी ने राही के लिए कक्का को बुलवा लिया था। कक्का से कहानियाँ सुनते-सुनते मासूम को कहानियों की

किताबें पढ़ने का चस्का भी लग गया। घर में काफ़ी किताबें थीं, सब पढ़ डालीं। गाजीपुर में लायब्रेरियाँ भी कई थीं, सो वहाँ से भी किताबें मँगाई जाने लगीं। राही साहब को याद है, उनके अब्बा के पास उर्दू लिपि में लिखी रामायण और महाभारत की पोथियाँ भी थीं। ये ग्रंथ भी उन्होंने उन्हीं दिनों पढ़ डाले थे। ऐसी धुआँधार पढ़ाई से फायदा तो खैर हुआ ही, लेकिन एक नुकसान भी हुआ कि वह पचाने और समझने की उम्र तो थी नहीं, सो पढ़ने को तो प्रेमचन्द भी सारा पढ़ डाला, पर समझे भला क्या होंगे, सो उस ज़माने में पढ़ी सारी किताबें दोबारा फिर पढ़नी पड़ीं।

हिंदी सिनेमा इंडस्ट्री को कक्काजी का शुक्रगुजार होना चाहिए। क्योंकि कहानी की सही पकड़ का संस्कार राही को कल्लू कक्का ने ही दिया था। पर खैर भविष्य का यह महान् साहित्यकार फिलहाल तो बीमारी से जूझ रहा था। सन् पैंतीस में बीमार पड़े थे और सन् चालीस में इस लायक हुए कि स्कूल जा सकें, तब सातवीं क्लास में दाखिला लिया। पढ़ने में खूब मन लगता था, लेकिन साथ ही साथ देश के सियासी माहौल की नब्ज भी टटोलते रहते थे। आज़ादी पाने का जो जुनून उस समय देश के हर व्यक्ति पर तारी था, उसका असर राही पर भी खूब था। उसी तरंग में उन्होंने एक अंग्रेज़ की खूब पिटाई भी की थी। वह अंग्रेज़ एक रेलवे गार्ड था। भारत माता को गाली देता था, सो इन कुछ दोस्तों ने मिलकर उसकी ऐसी ठुकाई की कि पिटते-पिटतें वह बोलने लगा, 'गाँधी बाबा की जय', 'गाँधी बाबा की जय' और कमबख्त ने जाने कहाँ से अपनी जेब से एक गाँधी टोपी भी निकालकर पहन ली और हाथ जोड़कर माफी माँगने लगा। यह सन् बयालीस का जमाना था। अंग्रेज़ों की सख्ती भी चालू थी। वह तो कहिए गाजीपुर का एक पुलिस इंस्पेक्टर मासूम के अब्बा वकील साहब की बड़ी इज्जत करता था। उसनें चुपचाप घर जा कर मशविरा दिया कि राही को तुरंत गाजीपुर छोड़ देना चाहिए, नहीं तो लेने के देने पड़ जाएँगे। जवान खून के उबाल पर कुछ छींटे डाले गये और मासूम मियाँ को रातोंरात लखनऊ भेज दिया गया। चले तो गये, पर वहाँ जी नहीं लगा। कुछ समय बाद ही वापस आकर गाजीपुर की गंगा में गोते लगाकर ही चैन पाया।

उन्हीं दिनों बंगाल में भीषण अकाल पड़ा था। सारा देश बेचैन हो उठा था। राही के किशोर मन पर भी उन खबरों ने बेहद तीखा असर डाला। अकाल के दर्दनाक हालातों से पीड़ित होकर राही ने उन दिनों कई अफसाने लिखे। तब पहली बार जाना कि लिख लेने के बाद जी कुछ हल्का-हल्का महसूस करने लगता

है। राही की लिखी पहली चीज सन् पैंतालीस में छपी थी। उन्होंने रिश्ते के अपने एक चचा का शब्द चित्र लिखा था। 'शम्मू चा' नाम से। उन दिनों शेर मोहम्मद अख्तर लाहौर से 'नफ़सियात' (मनोविज्ञान) नाम का एक रिसाला निकालते थे—उसमें उन्होंने 'शम्मू चा' को बड़े शौक से छापा था। छपने के बाद राही को ख़ूब-खूब पढ़ने और नया-नया लिखने की प्रेरणा मिली। ढेरों अफसाने लिखे।

लेकिन एक और भी दौर चल रहा था, वह यह कि राही मासूम के एक चचा को शेरोशायरी का बड़ा शौक था। बहुत बढ़िया तो नहीं, पर खासा ठीकठाक लिख भी लेते थे, पर मुशायरों में पढ़ सकने का फ़न उन्हें नहीं आता था। और मासूम का गला बड़ा सुरीला था, सो चचाजान अपनी ग़ज़लें भतीजें से पढ़वा कर सुनवाते और खूब वाहवाही लूटा करते। चचा के लिए यह एवजी करते-करते स्वयं मासूम भाई को भी शेर कहने का शऊर आ गया। और लीजिए, शायरे आजम राही मासूम रज़ा साहब ने उन्नीस बरस की कच्ची उम्र में ही मऊनाथ भंज के बड़े मशहूर मुशायरे में शिरकत की और खूब प्रशंसा पाई। प्रशंसा के अलावा साहित्य से सत्तर रुपए की पहली कमाई भी उन्हें मुशायरे से हुई। नतीजतन शायरी का शौक जो परवान चढ़ा तो अफ़साने लिखने का क्रम छूट ही गया।

यह सब तो पढ़ाई के अतिरिक्त चल ही रहा था, लेकिन अभी दसवीं का इम्तहान देना बाकी था कि बीमार पड़ गये। परीक्षा में बैठ ही नहीं सके। अपने से छोटे भाई पढ़ाई में आगे निकलते जा रहे थे और बदबख्त बीमारी उन्हें लंगड़ी मारती जा रही थी। जी बड़ा खराब होता था सोच-सोच कर। पर हिम्मत नहीं हारी और उसी हाल में पड़े-पड़े पढ़ते रहे और हाईस्कूल की परीक्षा प्राइवेट रूप से पास कर ली।

उन्हीं दिनों पता चला कि यू.पी. यूनियन बैंक में खजांची की नौकरी उन्हें मिल सकती है सो उन्होंने झट से वह नौकरी स्वीकार कर ली और पढ़ाई प्राइवेट रूप से जारी रखी। अभी काम करना शुरू किया ही था कि कुछ ही दिनों बाद फिर बिस्तर पकड़ लिया। एक बार फिर टी.बी. की चपेट में आ गए। नामुराद बीमारी एक पाँव खराब कर ही चुकी थी, इस बार फेफड़ों पर असर कर गई। सो उन्हें भवाली सेनेटोरियम भेज दिया गया। नौकरी भी गई और पढ़ाई का सिलसिला भी टूट गया। भवाली में तीन-चार साल रहना पड़ा। ठीक हो कर गाजीपुर लौटे तो देखा, इस बीच उनके अब्बा ने वहाँ के बुनकरों की भलाई के लिए बहुत काम किए हैं। जुलाहों को संगठित करके उन्होंने उनके लिए कई

दुकानें भी खुलवाई थीं। वकील साहब ने राही से कहा कि अब तुम इन लोगों का माल बिकवाने में इनकी मदद करो—सो शायरे आजम अफसाना निगार मासूम भाई बन गए सेल्समैन।

सालभर तो किसी तरह अब्बा के हुक्म की तामील की, पर आखिर उनसे कह ही दिया कि अब्बा हुजूर, अब माफी मिल जाए! यह सेल्समैनी हमसे नहीं होगी। हम पढ़ना चाहते हैं।

अब्बा ने कहा, कोई बात नहीं। जरूरी केवल यह है कि तुम्हारा जी लगा रहना चाहिए। जिस काम को करके तुम्हारा दिल खुश हो, बस वही करो।

सो राही मासूम ने दसवीं कक्षा की प्राइवेट परीक्षा दी। रिजल्ट आया। वे बहुत अच्छे नंबरों से पास हुए। लेकिन खुशी की उम्र बहुत छोटी निकली। टी. बी. का साँप फिर फन उठाए खड़ा था। इस बार इलाज के लिए कश्मीर भेजे गए और फिर तीन बरस दवाओं और परहेज और अस्पताली माहौल से दोस्ती निभाने में निकल गए। पर राही ने एक बात मन-ही-मन पक्के तौर पर ठान ली थी कि बीमारी जितना जी चाहे मेरा वक्त बरबाद करती चले, मैं पढ़ाई जरूर पूरी करूँगा—बीमारी को अपनी सी करने दो—मैं अपनी सी करूँगा कि डिग्री जरूर हासिल करूँगा।

पढ़ाई का ऐसा जुनून कि बिस्तर पर लेटे-लेटे बिना किसी बाहरी मदद के खुद ही कोर्स की किताबों से जूझते रहते। अस्पताल से ठीक होकर घर आए कि इंटर की परीक्षा के लिए बोर्ड का फ़ार्म भर दिया। साथ ही साथ एक और शार्टकट मारा कि अदीबे-कामिल का इम्तिहान भी दे डाला। इस परीक्षा को पास करने से यह फ़ायदा हुआ कि अगले बरस ही बी.ए. की परीक्षा में बैठ जाने का हक हासिल हो गया। सो धुन के पक्के, लगन के मतवाले राही ने देखते-देखते झटपट बी.ए. की परीक्षा दे दी और स्नातक हो जाने का फ़ख्र हासिल कर लिया।

धुनी मासूम ने अब दूने जोशोखरोश से अलीगढ़ यूनिवर्सिटी में एम.ए. में दाखिला लिया। उसी अलीगढ़ यूनीवर्सिटी में जहाँ उनसे कई-कई बरस छोटा—सबसे छोटा भाई लेक्चरर की हैसियत से पढ़ाने जाता था—राही साहब बिना किसी हिचक के, बिना कोई मनोग्रंथि लिए कॉपी-किताब लेकर पढ़ने जाने लगे। उर्दू साहित्य में प्रथम स्थान लेकर प्रथम श्रेणी में एम.ए.पास किया। फिर वहीं से पी-एच.डी. की और वहीं पढ़ाने लगे— टी.बी. जैसी नामाकूल बीमारी के साथ जद्दोजहद में बदबख्त बीमारी सिर्फ़ उनका एक पैर ही खराब कर गई, बाकी उनका कुछ बिगाड़ नहीं सकी वह। सन् इकसठ-बासठ में उन्होंने पढ़ाना शुरू किया था, लेकिन उनका नाम हिंदी और उर्दू दोनों ही पढ़ने-पढ़ानेवालों के बीच जाना-पहचाना नाम पहले से ही बन चुका था, जिसकी वजह उनका लेखन

तो था ही, पर उसके अलावा उन्होंने एक और धमाकेदार काम भी किया था। बात तब की है जब राही के पास कोई बी.ए., एम.ए. की डिग्री नहीं थी, पर फिर भी पढ़े-लिखे तबके में उनकी शायरी की खूब धाक जमी हुई थी। अन्य अनेक अदीबों की तरह राही मासूम रज़ा भी कम्यूनिस्ट पार्टी के मेम्बर थे। सन् बावन-तिरेपन में पार्टी ने एक कमीशन नियुक्त किया, जिसके सदस्यों में कृश्न चंदर और सरदार जाफरी जैसे प्रतिष्ठित लोगों के साथ ही राही मासूम रज़ा का नाम भी था। इस कमीशन का काम था कि हिंदी-उर्दू मसले को खँगाल कर हकीकत का पता लगाया जाए कि क्या उर्दू हिंदी की ही एक शैली है या कि हिंदी उर्दू की एक शैली है या कि ये दोनों किसी तीसरी ही भाषा की अलग-अलग शैलियाँ हैं। इस मसले ने बेवजह ही सिर उठाया हुआ था। आज़ादी के पहले अंग्रेज़ों के शासनकाल में तो किसी को कोई एतराज नहीं होता था, जब यह कायदा था कि जो विद्यार्थी मातृभाषा के तहत हिंदी का नाम लिखते थे, उन्हें उर्दू सैकेंड फार्म यानी द्वितीय भाषा कह कर पढ़नी होती थी और जो उर्दू को मातृभाषा बताते थे, उन्हें हिंदी द्वितीय भाषा के रूप में पढ़ाई जाती थी। तब न उर्दूवालों को कोई एतराज था न हिंदीवालों को।

बहरहाल जैसा कि अमूमन होता है कि जोरशोर से कमीशनों का ऐलान होता है—बहस-मुबाहिसे होते हैं, पर किसी के पास भला इतना समय कहाँ होता है कि बाकायदे जनमानस को खँगाला जाए। बाकायदे छानबीन की जाए। पर राही साहब ने मन बना लिया था कि इस काम को गंभीरता से करेंगे। क्योंकि उन्हें एक चिराग की मद्धम-सी लौ के उजाले की याद अभी तक आती थी जो कई बरस पहले उनके मन में जगरमगर जग चुका था।

कई बरस पहले जब राही भवाली सैनीटोरियम में इलाज के लिए गए हुए थे, वहाँ एक दिन उन्हें डाक में एक लिफाफा मिला। लिफाफे पर पता उनके अब्बा के हाथ का लिखा हुआ था। घर से खत पा कर हर मरीज जिस तरह खुशी से उछल उठता है, उसी खुशी में सराबोर हो कर उन्होंने खत खोला। अरे, यह तो हिंदी में लिखा खत है! अब्बा और हिंदी में खत ! हैरान हो कर राही ने खत पढ़ना शुरू किया— मासूम भाई, नमस्ते! झट से खत के आखिर में निगाह डाली—आपकी बहन सुरैया! ओह, तो यह खत छुटकी का है! उस पल राही ने समझ लिया था कि हमारे देश में देवनागरी को स्थापित होना ही होगा। सुरैया बहन का वह खत उन्हें कमीशन का काम करते समय बराबर याद आता रहा और शोध करने के बाद भी उन्होंने यही पाया कि उर्दू को अगर ज़िंदा रहना है तो उसे देवनागरी लिपि स्वीकार करनी होगी। उर्दू का भविष्य देवनागरी के साथ ही जुड़ा हुआ है। खासा हंगामा खड़ा हुआ था उन दिनों राही के इस निष्कर्ष

पर।

फिर तो राही मासूम रज़ा की दो टूक और बेबाक बात करने की अपनी एक खास अदा के चर्चे हिंदी-उर्दू दोनों में खूब-खूब होने लगे। यों राही साहब की यह कोई ओढ़ी हुई अदा नहीं है। यह तो उनकी नसों में बहनेवाले खून में रली-मिली है। उनके अब्बा हुजूर बेहद रौशन दिमाग, धर्मनिरपेक्ष और खुलेदिल वाले शख्स थे। वकील साहब की मेज पर एक स्लेट और बत्ती हमेशा रखी रहती थी। जब भी कोई हिंदी पढ़ा-लिखा मुवक्किल आता तो कहते—मिसिल तो बन जाएगी, लेकिन पहले आप मुझे हिंदी सिखाइए! बस इसी तरह काफ़ी हिंदी सीख गए थे वे। हर धर्म, हर साहित्य के बारे में जितनी अधिक-से-अधिक मालूमात वह हासिल कर सकते थे, करते रहते थे। तआस्सुबी न वे खुद थे, न तआस्सुबी लोगों को पसंद करते थे। बाबू गोरखनाथ और मियां काबुल हसन नाम के उनके दोनों मुंशी भी बड़े खुले दिलवाले समझदार लोग थे। इस तरह राही मासूम रज़ा को धर्मनिरपेक्षता और हिंदी का संस्कार तो विरासत में मिल ही चुका था, पर हिंदी में कुछ लिखने के लायक काफी बाद में बने।

अलीगढ़ यूनिवर्सिटी में पढ़ाते थे। उन्हीं दिनों राजकमल प्रकाशन की श्रीमती शीला संधू ने राही साहब से अनुरोध किया कि अमर शरीद अब्दुल हमीद पर कुछ लिखें। तब राही ने 'छोटे आदमी की बड़ी कहानी' नाम से हिंदी में पुस्तक लिखी। दूसरी हिंदी किताब नीरजजी के अनुरोध पर छपी थी—वह अठारह सौ सत्तावन पर एक लंबी नज़्म थी। इस पुस्तक की भूमिका संपूर्णानंदजी ने लिखी थी। फिर तो हिंदी में कई उपन्यास शाया हुए। 'कटरा बी आरज़ू', 'हिम्मत जौनपुरी', 'टोपी शुक्ला', 'दिल एक सादा कागज', 'सीन पचहत्तर', 'ओस की बूँद' आदि कई उपन्यास छपे। कविताओं का एक संग्रह भी आया। लेकिन राही मासूम रज़ा को शोहरत की बुलंदियों पर पहुँचाया था उनके उपन्यास 'आधा गाँव' ने। साहित्य अकादमी के तत्कालीन सचिव प्रसिद्ध लेखक डॉ. प्रभाकर माचवे ने आजादी के बाद लिखे भारतीय साहित्य पर एक लंबा निबंध लिखा था, उसमें उन्होंने कहा था कि समस्त भारतीय भाषाओं के साहित्य में से यदि केवल दस उपन्यास चुने जाएँ तो हिंदी का प्रतिनिधित्व केवल 'आधा गाँव' ही कर सकता है। उनका कहना था कि आधा गाँव प्रेमचंद से एक कदम आगे की चीज़ है।

बहरहाल सूरते हाल यह था कि जिंदगी खुशियों की सभी इनायतें बख्श रही थी। कवि ने अपने लिए एक मुजस्सम कविता भी तलाश ली थी। नैयर जहाँ जैसी बेहद प्यार देनेवाली और बला की खूबसूरत बीवी पाकर उन्हें खुद अपने आप पर भी प्यार आने लगा था। मगर निरे बचपने से ही सुख-दुख के

साथ निरंतर आँख-मिचौनी खेलनेवाले राही मासूम रज़ा की किस्मत को ढेरों ढेर खुशियाँ मिलें और मिलती ही रहें, यह भला कब हुआ था उनके साथ! सो कुछ बानक ऐसे बने कि राही को अलीगढ़ छोड़ना पड़ा। कई कालेजों में अध्यापन का कार्य सहज ही मिल रहा था, लेकिन उर्दू के लिए सारी दुनिया का सबसे बेहतरीन विभाग है अलीगढ़ यूनिवर्सिटी का उर्दू विभाग ! वहाँ पढ़ा लेने के बाद अब और कहीं पढ़ाने का ख्याल मात्र राही को बेमज़ा लग रहा था।

राही जैसे कलात्मक और साहित्यिक रुचिवाले आदमी के लिए दो ही रास्ते और नजर आ रहे थे—एक था रेडियो और दूसरा फिल्म जगत्। उन दिनों लूथरा साहब दिल्ली में रेडियो के डायरेक्टर जनरल थे, उन्होंने प्रस्ताव दिया कि प्रोड्यूसर, 'स्पोकन वर्ड' की नौकरी ले लो। बारह सौ से दो हजार तक तनख्वाह मिलेगी। उस जमाने में इतने रुपए बढ़िया ढंग से गुजर-बसर लायक काफी होते, पर राही साहब को सरकारी नौकरी करना भी मंजूर नहीं था। सो ले-दे कर फिल्मों का क्षेत्र ही उन्हें खींच रहा था। मौका भी हाथ आ गया। 'बरसात की रात' नाम की मशहूर फिल्म जिन्होंने बनाई थी, वह आर.चंद्रा अलीगढ़ के ही थे। अपनी 'मुशायरा' नाम की फिल्म लिखाने के लिए वह राही साहब को बंबई ले आए। बंबई आने के बाद वाला इतिहास तो आप अच्छी तरह जानते ही हैं। अब तक तीन सौ से ज्यादा फिल्में लिख चुके हैं राही साहब। जिनमें से पचीसियों फिल्में सिल्वर जुबली मना कर हिट हो चुकी हैं। 'मैं तुलसी तेरे आंगन की' हो या 'अंधा कानून' हो—'बेमिसाल' हो या 'आखिरी रास्ता' हर फिल्म अपनी तरह की निराली फिल्में हैं। साधारण से साधारण कहानी को भी राही मासूम रज़ा की पटकथा और संवाद इस कदर उठा देते हैं कि अगर कहीं बढ़िया कथावस्तु हो तो सोने में सुहागा! मसलन हृषीकेश मुखर्जी की 'मिली' और 'गोलमाल' या अभी हाल में प्रदर्शित यश चोपड़ा की 'लम्हे' ऐसी फिल्में हैं, जिन्हें लिख कर खुद राही साहब को दिली तसल्ली मिली है।

लेकिन जिस तरह साहित्य के क्षेत्र में बुलंदियों पर पहुँचाया था 'आधा गाँव' ने उसी तरह फिल्म लेखन की कला में शीर्षस्थ स्थान पर राही को प्रतिष्ठित किया है 'महाभारत' ने। इस बेमिसाल धारावाहिक के लेखक के रूप में राही मासूम रज़ा का नाम पूरे हिंदुस्तान में ही नहीं, हिंदुस्तान की सीमाओं को लाँघ कर दसों दिशाओं में फैल गया। हिन्दुस्तान में तो गाँव-गँवई के घर-द्वार और चौबारों से लेकर महानगरों की आलीशान अट्टालिकाओं के ड्राइंग रूमों तक में बड़े प्यार और अभिमान से राही मासूम रज़ा का नाम सबकी जुबान पर चढ़

गया। संस्कृतनिष्ठ हिंदी की अकूत शब्दशक्ति में जब उर्दू की मिठास भरी रवानगी का अद्भुत मिश्रण राही ने किया तो वह इतने सहज रूप से जनमानस पर छा गई कि लोग दाँतों तले उँगली दबाने लगे।

राही के संवादों की भाषा और 'महाभारत' की पटकथा का ही कमाल था कि सारा का सारा हिंदुस्तान उस वक्त कुछ और करता ही नहीं था, सिवाय इसके कि दूरदर्शन के सामने बैठ कर कथा को घूँट-घूँट कर पीता रहे। बेहद आवश्यक कामों में जिन लोगों को उस समय लगना ही पड़ता था वे इंतजाम कर लेते थे कि जैसे ही वक्त मिले, उस अंश की रिकार्डिंग देख ली जाए।

'महाभारत' धारावाहिक समाप्त हुए भी लंबा अर्सा गुजर चुका है, लेकिन राही ने 'मैं समय हूँ' इन चंद अक्षरों के साथ जिस अमूर्त विचार को पर्दे पर साकार कर दिया था, उसने राही मासूम रज़ा के नाम को भी भूत, वर्तमान और भविष्य की सीमाओं के बंधनों से मुक्त कर सदा-सदा के लिए हरदिल अजीज़ नाम बना दिया है। अभी तक हम-आप सुनते आए हैं न कि जहाँ न पहुँचे रवि, वहाँ पहुँचे कवि। माचवेजी ने 'आधा गाँव' को प्रेमचंद से एक कदम आगे बताया था। छोटे परदे की 'महाभारत' ने राही मासूम रज़ा को इस रवि, कवि से एक कदम आगे की राह दिखा दी है और वे सचमुच हमेशा-हमेशा के लिए सबके लाड़ले रचनाकार बन चुके हैं और रसज्ञ की उनसे अपेक्षाएँ भी कदम-दर-कदम आगे बढ़ चुकी हैं।

फ़रवरी 1992

बूढ़े पेड़ की छूटी छाँव

मरियम रज़ा

मेरा जिस्म तो मर जाएगा
लेकिन सब्जा शबनम के पैमाने लेकर
अब्ला पा लोगों की राहों में बैठेगा
लेकिन चाँद हर एक घर में लोरी गाएगा
लेकिन सूरज हर हर दरवाजे पर जाकर
दस्तक देगा
बादे-सहर खुशबू को कंधों पर बिठलाकर
दुनिया दिखलाने निकलेगी
फिर मैं कैसे मर सकता हूँ

बिलकुल ठीक लिखा था राही मासूम रज़ा ने। 'मैं कैसे मर सकता हूँ।' पंद्रह मार्च बयानवे के बाद हरियाली के दामन पर शबनम के कतरे भी टपके हैं, चाँद ने मजे-मजे से लोरियाँ भी सुनाई हैं, सूरज ने दरवाजे खटखटाए हैं, हवाओं ने खुशबुओं को दसों दिशाओं घुमाया है, नदियाँ लहराई हैं, समंदर ने ठाठें ली हैं, चिड़ियाँ चहचहाई हैं, फूल झूमे हैं, सभी कुछ तो पहले जैसा ही है। फिर भला राही मर कैसे सकते हैं। राही किसी एक शख्स का नाम नहीं था। राही तो एक ऐसी अजीब शै थे कि वह शख्स ही नहीं एक ख्याल थे, एक जज्बा थे। और ख्याल कभी मरता नहीं, जज्बा कभी गुजरता नहीं। राही तो एक मुकम्मल विचार थे। वह कभी मर नहीं सकते। यह दूसरी बात है कि मैं अब कभी उस मिसरी को चख नहीं पाऊँगी—जो 'कइसी हईं भाबीऽऽ' पूछती मीठी आवाज मुझे दे जाती थी। (राही भाई कहा करते थे, 'बाकी सब भाइयों की बीवियाँ मेरी भाबीजी

हैं केवल आप ही भाबीजी, नहीं—भाबी हैं) एक बेटे की माँ मेरी पचीससाला बेटी अब कभी टेलीफोन पर इतरा-इतरा ठुनक-ठुनककर किसी से बातें नहीं कर पाएगी। फोन पर बात करते समय अपनी आवाज को झुनझुने की तरह बजाते हुए वह अपने राही अंकल से जिस तरह बातें करती थी, उसे सुनकर यह पूछने की जरूरत नहीं पड़ती थी कि किसका फोन है। बच्चों को कितनी जल्दी अपना बना लेते थे राही भाई साहब। हमारा बेटा किंशुक जब मुश्किल से पाँच बरस का था, तब राही भाई ने उसके दिल का राज जान लिया था कि हजरत मीना कुमारी के दीवाने हैं। फिर तो जब भी राही साहब घर आते कि किंशुक उन्हीं के चारों और मँडराते रहते और राही साहब भी इस तरह बतियाते मानो बड़ी-बड़ी आँखों और लरजती आवाज़वाली मीना कुमारी अपनी खास शर्मीली अदा में बस वहीं किंशुक की बगल में तो बैठी हैं। धीरे-धीरे हाल यह हुआ कि बाकायदे शादी के प्लान बना लिए थे भतीजे साहब ने अपने राही अंकल के साथ मिलकर। बेटे तो खैर उनके दुलारे थे ही लेकिन बेटियों में तो राही साहब की जान बसती थी। उनकी बेटी मरियम यानी मन्नू और हमारी बेटी प्रज्ञा यानी गुड़िया संग-संग बड़ी हुई हैं— एक दम हम उम्र और राही साहब के लाड़ की बराबर की हिस्सेदार। छोटी थीं तब तो खैर बात ही निराली थी लेकिन माशाअल्लाह अच्छा डील-डौल लेकर बड़ी होने पर भी वही लाड़-दुलार का ढंग।

जमीन पर अधलेटे भाईसाहब की छाती पर लदकर माथे पर चुम्मी का आशीर्वाद लिए बिना मुलाकात का कोई मतलब ही न होता। बेटियों को जब-जब आशीर्वाद देते, यही कहते—खूब खुश रहो और धीरे-धीरे बड़ी हो। चाहे मरियम हो या प्रज्ञा या दूसरी सभी बेटियाँ। बेटियों को हँसते मचलते किलकते देखकर राही साहब के मन की कली खिल पड़ती थी। लेकिन जितना दुलार उतनी ही फटकार। गुड़िया ने अपनी खूबसूरत लंबी-लंबी चुटियोंवाले बाल जब फैशन की रौ में कटवा डाले तो कितना तो बिगड़े थे उसके राही अंकल। हजारहा माफियाँ माँगीं। लेकिन नाराजगी रत्तीभर भी कम न हुई। बोले अब जब तक कंधों तक बाल न आ जाएँ मुझे अपनी बेहूदी शक्ल मत दिखाना। कई-कई दिनों की खुशामदों के बाद इतना कंसेशन दे दिया था कि फोन पर बात कर सकती हो, पर सूरत मत दिखाना। आखिर जब उसके नन्हे गुदगुद गुदकारे बेटे को पहली बार कलेजे से लगाकर चूमा तब गुड़िया को माफी मिली। यह कह कर कि यही काम तुमने इतना अच्छा किया है कि आज तुम्हारे सात खून माफ कर रहा हूँ। राही भाई जिस तरह हजार-हजार हाथों से मोहब्बत लुटाते थे वह असल में विरसा था, जो उन्हें अपने खानदान से मिला था। राही के पिता भी बड़े ममतालु दिलवाले थे। राही की माँ ज्यादातर बीमार ही रहती थीं इसलिए

अपने बच्चों को माँ का प्यार भी वकील साहब ने ही दिया था। तिस पर राही चूंकि टीबी की गिरफ्त में आकर सालों साल बिस्तर पर ही पड़े रहते थे। इसलिए उनका लाड़ जरा जियादा ही होता था। 8-10 बरस की उम्र में ही राही के पाँव की हड्डी जब टीबी की बलि चढ़ गई तो उनका पूरा पाँव प्लास्टर के अंदर बंद था और सारा धड़ लकड़ी के फ्रेम में। वैसे हाल में पड़े-पड़े उनके लिए किस्से-कहानियों की ढेरों ढेर किताबें पढ़ने का इंतजाम तो किया ही था। साथ ही खेलकूद का भी ध्यान रखा गया था। उसी हाल में लेटे-लेटे राही पतंगें उड़ाते, तीरंदाज़ी करते, यहाँ तक कि किसी बात पर किसी भाई-बहन से झगड़ा होने पर राही का मन अगर उसे मारने का हो और वह भाग जाए तो अपाहिज राही उसका पीछा तो नहीं कर सकते इसलिए उनके अब्बा ने एक डोरी में काठ का एक टुकड़ा बाँध कर उन्हें दे दिया था ताकि राही मौका तक कर जिसे चाहें घुमा कर मार सकें यानी कि उन्हें कभी बेचारगी महसूस नहीं होने दी गई। राही की सबसे बड़ी बहन उन्हें याद करके सुबक पड़ी कि अब पड़े हैं मनों मिट्टी के नीचे सबसे दूर। पर बाजी को यह संतोष भी है कि उनका छोटा लाड़ला भाई उस अज़ीयत से नहीं गुज़रा जो कैंसर जैसे मर्ज़ में गुजारनी पड़ती है। कहती हैं बाबला हर काम में जल्दबाज़ी करता था—मौत भी जल्दी बुला ली। गीली आँखों और रुँधे गले से अपने भाई की यादों की नदी में डुबकी लेती-सी बोलीं—बड़ा शरारती था। टाँग एक खराब हो गई थी पर सारे घर में सबसे तेज़ उचका-उचका फिरता था। मूनिस रज़ा (दिल्ली यूनिवर्सिटी के भूतपूर्व वाइस चांसलर) और मासूम दोनों तला ऊपर के भाई हैं। कभी शरारत करने पर अम्मा मारने दौड़ती तो मासूम तो चट भाग लेते पकड़े मूनिस जाते और दोनों के हिस्से की मार वही बिचारे खाते। जबकि अक्सर अपनी खाने की चीज वह मासूम को खिला दिया करते। एक बार की बात है—अम्मा ने सोहन हलवा बनाया था। सब भाई-बहनों को हिस्से से एक-एक टुकड़ा दे दिया गया। राही और माँगने की जिद करने लगे तो मूनिस ने अपना टुकड़ा भी उन्हें दे दिया। पर हमेशा से मिठाई खाने के बेहद शौकीन राही का दिल उतने से भी पूरा नहीं भरा, तो उन्होंने और भी माँगने की जिद पकड़ ली। तो मारे गुस्से के अम्मा ने बाकी बचा सारा हलुआ उनके सामने पटक दिया और वहाँ से उठकर चली गईं। दूसरा बच्चा होता तो मारे डर के जिद छोड़ कर परे हट जाता पर मासूम जनाब ने पूरा कटोरा उठाया और घर से बाहर जाकर चौंतरे पर बैठ कर आराम से सारा हलुआ गटक लिया। अब खा तो लिया लेकिन घर के भीतर जाकर अम्मा का सामना करने की हिम्मत नहीं बटोर पाए। तो भागे-भागे दादी के पास गए। आखिर उनकी सिफारिश हुई, तो अम्मा का गुस्सा उतरा। उनका गुस्सा उतरा कि लगे अम्मा का पल्लू

पकड़कर इतराने और कहने कि अम्मा री, इस बार का तेरा गुस्सा तो बड़ा प्यारा था। हमें बहुत अच्छा लगा। खाने की चीजों के मामले में तो अब तुम ऐसा ही गुस्सा करना । मिठाई का शौक ताउम्र रहा।

हमारे घर भी यदि कोई लखनऊ, इलाहाबाद या बनारस से आता और वहाँ की मिठाइयाँ लाता तो भारतीजी तुरंत अपने छोटे भाई राही का हिस्सा उन्हें खिलाने खुद उनके घर जाते या फोन करके उन्हें बुलवा लेते थे। राही भाई को मिठाई खिलाकर भारतीजी को अजीब खुशी मिलती थी। खुदा को प्यारे होने के हफ्ता भर पहले ही तो नैयर भाभी से अपनी बेहद प्रिय मिठाई शाही टुकड़े बनवाकर खाकर गए हैं।

उनकी बिटिया मरियम तो बेचारी आस लिए ही रह गई कि पप्पा उसके हाथ का पका खाएँगे। इस बार जनवरी में जब वह अमरीका से आई थी तो बोले थे मई में तुम्हारे पास आऊँगा तब रोज एक नई चीज़ पकाकर खिलाना। मरियम अपनी माँ से पूछ-पूछ कर पप्पा की कई पसंदीदा चीज़ों की रैसिपीज़ लिखकर ले गई थी और पप्पा के इंतजार में मीठी चीज़ें पकाने की प्रैक्टिस भी करनी शुरू कर दी थी ताकि पप्पा को सचमुच चमत्कृत कर देगी रोज़ नई चीज़ें पका कर।

अपने कलेजे पर चढ़ाकर जिस आँखों की पुतली-सी बेटी को अपार प्यार उन्होंने दिया था—वह कैसा तो नाटक करती है दूसरों के सामने धीर-गंभीर बने रहने का। पर भीतर के कमरे में मेरे पास अकेली हुई कि घुटनों के बीच मुँह दबाकर किस तरह फफक उठी राही की वह बेटी जिससे उन्होंने हमेशा हँसते रहने का वायदा लिया था। अभी एक-डेढ़ बरस पहले ही तो मरियम की शादी हुई थी। उसका बाबुल राही ने खुद लिखा था और हँसने का वायदा लिया था।

बाबुल

मरियम बेटी,
तेरी डोली
दरवाजे पर आँख बिछाए
तेरा रस्ता देख रही है।
मेरे आँसू देख के तू बिल्कुल मत घबरा
यह मत सोच
कि मैं तेरे जाने से दुखी हूँ
तू तो साँस है
बाहर जाने ही के लिए अंदर आई थी

साँसों की तकदीर यही है।

लेकिन बेटी,
जाते-जाते इतना करना
यह जो तेरी ख़ुशबू है
मेरी गोद में इसको रहने देना।

और मेरी जां
यह सब सोच के दिल न दुखाना
मेरा पप्पा कैसा होगा...
तेरा पप्पा जैसा भी हो...
अच्छा होगा।

यह भी न सोच वो तनहा होगा
वह आखिर तनहा क्यों होगा
घर होगा
घरवाले होंगे
तस्वीरें होंगी
नैयर होंगी
तेरी मसीहा यादें होंगी—
दो दिन की मरियम की यादें
चार बरस की मरियम की हँसती तस्वीरें।

अलमारी में रहनेवाली
जागती सोती गुड़िया होंगी
आठ बरस की मरियम के पैरों के घुँघरू
दुल्हन बनी मरियम के आँसू
तेरी हँसी का ख़ुशबूदार, मुलायम जादू...
तू पप्पा की फ़िक्र न कर
वह जी ही लेगा।

लेकिन
मैंने तुझको बड़ी मेहनत से हँसना सिखलाया है
उस मेहनत की इज़्ज़त रखना
हँसती रहना।

पर हँसते रहने का वायदा लेनेवाले राही साहब अपनी बेटी के बिछोह को खुद हँस कर नहीं झेल पा रहे थे। शादी के बाद परदेस से जब उसका पहला खत आया तो पप्पा फूट-फूट कर घंटों रोते रहे थे। रोते-रोते जो जवाब उन्होंने लिखा था उस खत को मरियम हमेशा अपने पर्स में रखे रहती है—

ढलता सूरज, घटता चाँद, बूढ़ा पेड़
जब भी मैं तुझको याद आऊँ
तू यह सोच के दिल मत छोटा करना कि
ढलता सूरज...घटता चाँद...बूढ़ा पेड़...
मेरे तेरे बीच, न जाने कितनी जबानों के
दरिया हैं।
कितनी तहजीबों के समंदर
धूप की झीलें
छाँव के जंगल।
तू इस दूरी से मत घबरा
कुरबत का मौसम तो वही है
देख तो दिल के अन्दर।
दूरी चाहे जितनी भी हो
मैं तो तुझसे दूर नहीं हूँ :

ढलता सूरज बन के तेरे घर में आखिर कौन
आता है?
घटते चाँद का भेस बदल कर
तेरी खिड़की पर मैं ही दस्तक देता हूँ
और यह बूढ़ा पेड़ भी तो मैं ही हूँ
जिसका साया
झुककर तेरे सर का बोसा ले लेता है।
जब भी मैं तुझको याद आऊँ
ढलते सूरज
घटते चाँद की जानिब यूँ ही देख लिया कर
और उस बूढ़े पेड़ की छाँव से आँसू पोंछ के
आगे बढ़ जाया कर। (27-7-90)

आगे तो बढ़ना ही है पर अपनी बड़ी-बड़ी आँखों से टपकते उन मोतियों को कहाँ बटोर कर रखे मरियम जो उसे भूलने ही नहीं देते कि अम्मा ने बताया

था कि उसके जनम के पहले राही माउंट मेरी के चर्च पर रोज मोमबत्ती भेज कर मन्नत माँगते थे कि उनके घर बेटी जनम ले। मदर मेरी की कृपा से उन्हें बेटी की सौगात मिली तो शुक्रिया के रूप में उन्होंने उसका नाम ही मरियम रख दिया। कैसे भुला दे वह कि अम्मा ने बताया हुआ है कि सारी-सारी रात पप्पा उसकी नींद सोते उसकी नींद जागते थे। गीले कपड़े बदलने से लेकर दूध की बोतल पिलाने तक सारे काम खुद जाग-जाग कर करते थे। अपने चौड़े से तकिए पर नन्ही मुन्नी को सुलाए हुए, तकिए के एक कोने पर अपना सिर टिकाए टुकुर-टुकुर उसे घंटों निहारते रहते थे। धीरे-धीरे तकिया छोटा पड़ने लगा तो बिस्तर पर बगल में सुलाने लगे। यह तो मरियम को भी याद है कि छुटपन से ही एक निश्चित क्रम था कि सरेशाम से देर रात तक उनके कमरे में बैठे रहनेवाले दोस्त जब चले जाते तो पप्पा मरियम के पलंग से उसे गोद में उठाकर अपने बिस्तर पर ले जाते थे। यों ले जाना—आखिर तब छूटा जब सोलह-सत्रह की होने पर मरियम इतनी वजनी हो गई कि उनसे गोद में उठती न थी। पर लोरियाँ सुनाकर सुलाने का क्रम कभी नहीं टूटा। कितनी ही लोरियाँ बनाई थीं पप्पा ने अपनी लाडो के लिए। कभी गाते—

छोटी-छोटी अँखियन में बड़े-बड़े सपने
कोई यहाँ गैर नहीं—सब तेरे अपने
सो जा।

तो कभी गुनगुनाते—

चंदा मामा लेकर आए थाली भर निंदिया
मोटी अम्मा लेकर आयीं गोदी भर निंदिया
सो जा।

मरियम को कल सी बात तो लगती है जब वह बहुत-बहुत छोटी-सी थी और पप्पा उसे चिढ़ाते थे—

पप्पा की जानी, अम्मा की रानी
आबू के दिल की कहानी मरियम रानी—
बिलकुल दीवानी...

'मरियम रानी' के बाद जैसे ही राही बोलने लगते 'बिलकुल दीवानी' कि पहले ही वह अपने नन्हे-नन्हे हाथों से पप्पा का मुँह बन्द कर देती थी।

तब तो पप्पा का मुँह बंद कर देती थी पर क्या करे मरियम अपने इस

दीवानेपन का कि उसके कानों में आज भी पप्पा की आवाज गूँजती रहती है—पप्पा की जानी...

मरियम के पप्पा तो आतिशी अगन-फूल के आसमान तले हवा में रंग-बिरंगी उजास फैला कर चले गए। अभी अमरीका से आई तो जाते-जाते पिता की निशानी के रूप में उस रजाई को लेती गई है जिसे उसके पप्पा ओढ़ते थे। पर 'बिल्कुल दीवानी' मरियमरानी को वह रजाई भला कैसे दे पाएगी वह गरमास जो पापा की छाती में दुबककर मिलती थी। मुझे मालूम है अब अक्सर वह अपने पापा की यह रजाई ओढ़ेगी और चुपचाप अपने पर्स में से निकाल कर वह कविता पढ़ेगी जो राही भाई ने उसके इक्कीसवें जन्मदिन पर लिखी थी—

मरियम बेटी,
जब तू आकर मेरी गोद में घुस जाती है
तब
ऐसा लगता है जैसे जाड़े की एक
धुँधली सुबह
रजाई सर से फेंक के, घर में आ बैठी है।
मेरे दिल का हर गोशा गरमा जाता है—
मेरी बूढ़ी आँखों से
आँसू के कतरे बह कर गालों तक आते हैं
जैसे छत से
परछाईं की गुड़िया लेकर धूप
आँगन में उतर आई है।
तू ही मेरी धूप है—मेरी परछाईं भी।

मरियम बेटी,
जब तू मेरी गोद में घुस जाती है
मेरी गोद में कितने हाथ से उग आते हैं
कोई हाथ तेरे माथे से
तेरे बालों की लट—सरकाने लगता है
कोई हाथ तेरे हाथों को
जीना समझाने लगता है
कोई हाथ तेरी आँखों से

मेरे बूढ़े अक्स को सरकाने लगता है।

मरियम बेटी,
तेरे बाप की बूढ़ी गोद तो तेरी ही थी
तेरी ही है, लेकिन
अब तू बूढ़ी गोद के इन हाथों से बाहर आ जा।
क्योंकि
तू आज ये बात समझ ले
अब इस बूढ़ी गोद का
कोई ठीक नहीं है। (16-9-88)

उस जन्म दिन पर 'अब इस बूढ़ी गोद का कोई ठीक नहीं है' कह कर क्या फकत साढ़े तीन बरस की मोहलत दी थी पप्पा ने अपनी मरियम बेटी को। अब तो अपने मन की किताब में इन खतों, कविताओं, लोरियों और कनबतियों के फूल दबा कर चुपचाप जोना होगा मरियम को—बड़ी-बड़ी सीप-सी आँखों के मोती उस बूढ़े पेड़ की छाँव से पोंछ कर आगे बढ़ जाना होगा और मेहनत से पप्पा द्वारा सिखाई गई हँसी को भी बरकरार रखना होगा—राही भाई के अनगिनत पाठकों की भी यही दुआएँ हैं उनकी मेरियम बेटी को।

मार्च 1992

वह डरी, फिर लड़ी, फिर जीती
अतिमा श्रीवास्तव

चटरपटर-चटरपटर बहुत बोलती है वह ! और उससे भी ज़्यादा बोलती हैं उसकी आँखें! बड़ी-बड़ी कटावदार और तेज चमकीली आँखें! आँखें ही क्यों, सच पूछिए तो उसका अंग-प्रत्यंग बोलता है। ऐसा कहा जाता है कि अगर किसी के शब्दों की आवाज से ज्यादा उसके हाव-भाव बोल रहे हों तो समझ लीजिए कि वह व्यक्ति प्यार में पड़ा हुआ है। मैं नहीं जानती कि वह किसी के प्यार में पड़ी है या नहीं, पर इतना जरूर समझ में आ गया था कि वह खुद अपने प्रति प्यार में जरूर पड़ी हुई है। वह खुद को प्यार करती है—ज़िंदगी को प्यार करती है—आज़ादी को प्यार करती है! वह, यानी तिम्मी! तिम्मी यानी अतिमा...अतिमा श्रीवास्तव।

आइए, हिंदी साहित्य में रुचि रखनेवाले पाठकों से जरा इसका करीबी रिश्ता कायम करा दें। बाली और बुंदे जैसी सशक्त कहानी के लेखक ओंकारनाथ श्रीवास्तव और तीसरे सप्तक में शामिल बहुचर्चित कवयित्री कीर्ति चौधरी की बेटी है अतिमा। प्रसिद्ध कवि, कहानीकार अजित कुमार और कवयित्री स्नेहमयी चौधरी इसके मामा-मामी हैं। और भूले नहीं होंगे आप सुरीली कवयित्री सुमित्रा कुमारी सिन्हा को—वे हैं नानी इस चंचला की। साहित्यिक प्रतिभा पर तो बपौती होगी ही इसकी। घुट्टी में पी लिया होगा इसने साहित्य का संस्कार। तभी न पिछले बरस जब लंदन की एक प्रतिष्ठित संस्था ने कहानी प्रतियोगिता घोषित की तो लगभग आठ हजार प्रविष्टियाँ आयीं और एक हजार पाउंड यानी करीब सत्ताईस-अट्ठाईस हजार रुपये का प्रथम पुरस्कार मिला इस सत्ताईस वर्षीया चटरपटर तिम्मी—अतिमा श्रीवास्तव को।

अंग्रेजों की तो मातृभाषा ही अंग्रेजी है—उन्हीं के देश में उनकी मातृभाषा में लिख कर एक हिंदुस्तानी लड़की हजारों लेखकों के बीच सर्वश्रेष्ठ घोषित की गयी। अपने आप में बहुत बड़ी उपलब्धि थी यह। पर उससे भी बड़ी बात है कि तिम्मी ने इस छोटी-सी उम्र में ही खुद अपने से पहचान कर ली है, इतनी पहचान कि खुद को प्यार करने लगी है वह।

यहाँ हिंदुस्तान में थी तो माँ-बाप की इकलौती लाड़ली बिटिया बात-बात पर पाँव पटकती, चिनकती, चहकती बढ़ रही थी। सफेद ब्लाउज और ग्रे ट्यूनिक पहनकर कसकर दो चुटियाँ बाँधे स्कूल बस में बैठकर कॉर्मल कान्वेंट में पढ़ने जाती थी। लौट कर आती तो ड्रेस पर तमाम स्याही के धब्बे होते, चुटियों की रिबन ड्रेस की जेबों में ठुँसी होती और बाल बेतरतीबी से मुँह और कंधों पर पड़े होते। शायद दूसरी कक्षा में रही होगी तब, उसी छोटी-सी नादान उम्र में चली गयी थी वह लंदन। सात वर्ष की थी, उसके पिता ओंकारनाथ श्रीवास्तव को बी.बी.सी. लंदन ने अपने हिंदी सेल के लिए बुलाया था। बंबई की अलसायी सुबहों और कहकहेदार शामों में खूब रचे हुए थे ओंकारनाथ। कीर्तिजी भी यहाँ के सतरंगे जीवन को अपनी कविताओं में ढालते हुए खुद संतुष्ट और प्रसन्न थीं, लेकिन बड़ी और मनचाही नौकरी का आकर्षण पति को खींच रहा था। परिवार के बेहतर भविष्य की खातिर इन तीनों ने बोरिया-बिस्तर समेट लिया।

ओंकार आठ-दस दिन पहले चले गये थे। पीछे से कीर्ति तिम्मी को लेकर गयीं। उसे अच्छी तरह याद है कि अपने दोस्तों, अपने शहर, अपने स्कूल के छूटने का गम वगैरह तो कुछ नहीं था, लेकिन सारे रास्ते एक गम बहुत गहरे सताता रहा था कि हाय, अब कभी सूरज दिखायी नहीं देगा। क्योंकि हवाई अड्डे पर विदा करते वक्त नानी ने कहा था—''देख लो, सूरज को अच्छी तरह से देख लो ये वहाँ देखने को नहीं मिलेगा।'' लंदन आनेवाला था। अम्मा ने उसे खूब सारे गहने पहना दिये थे। कानों में बुंदे, गले में हार, हाथों में चूड़ी और कंगन, पैरों में पाजेब। मंकी कैप भी पहनायी थी और खरगोश के मुँहवाले दस्ताने भी उसे पहनने को मिले थे। पहन तो लिया सब, लेकिन मन बुझा-बुझा था कि क्या फायदा? यह सब चीजें बिना सूरज की रोशनी के ठीक से किसी को दिखायी भी नहीं देंगी। लंदन आ गया। सच्ची, यहाँ तो एकदम अँधेरा होता है चारों ओर! बिजली की बत्तियाँ जल रहीं हैं। एकदम सच्ची निकली नानी की बात! यहाँ सूरज तो है ही नहीं। डरी-सहमी-सी तिम्मी माँ की उँगली कसकर थामे हवाई जहाज से नीचे उतरी।

बाहर आने पर जैसे ही उसके पिता मिले तो वह गले लगकर रो पड़ी—''बाबा, हम सूरज के बिना कैसे रहेंगे यहाँ? हमारे लिए एक सूरज जरूर ला देना।''

बाबा ने समझा होगा सूरज शायद किसी दोस्त का नाम होगा। सिर सहलाते हुए बोले—"रोओ मत बेटे, सूरज को भी बुला लेंगे, जरूर बुला लेंगे।" फिर वह पत्नी के साथ बातों में लग गये।

तिम्मी को याद है वह पहला दिन—लंदन का बहुत कोहरीला दिन था—बेहद सर्द और मटमैला दिन! फिर दूसरा दिन भी वैसा ही धूलधूसरित अंधा और मटमैला! तीसरे दिन दोपहर में उसने जो आसमान की ओर देखा तो पाया—अरे! सूरज तो है। उसने दौड़ कर अपने माता-पिता को दिखाया—देखो सूरज आ गया। इस सूरज ने लंदन के कोहरीले दिन के अँधेरे को ही नहीं चीरा था। नन्ही तिम्मी के मन में अपार विश्वास का उजाला भी कर दिया था। उसे एक विश्वास हमेशा-हमेशा के लिए दिला दिया था कि उसके बाबा उसके लिए कुछ भी कर सकते हैं— सूरज भी ला सकते हैं। अपने बाबा के प्रति उसकी श्रद्धा और विश्वास गहरे जम गये थे।

अतिमा को बचपन के दिनों की जो दूसरी गहरी याद है वह यह कि वह भी वहाँ लैच एंड की बेबी बन गयी थी। मध्यवर्गीय लंदन में ज्यादातर यह होता है कि माता-पिता बाहर चले जाते हैं। घर के दरवाजे में बाहर से बड़ा-सा ताला लगा दिया जाता है और बच्चा भीतर अकेला बंद रहता है। टैडी बियर, पूसी कैट, पप्पी डॉगी, ट्रेन जैसे ढेरों खिलौने और टी.वी. ! सुबह टी.वी., दोपहर टी.वी., शाम टी.वी., हर समय टी.वी. देखो। भूख लगे तो फ्रिज खोलकर जो जी में आये खाओ-पिओ, कुछ भी करो पर घर से बाहर नहीं जा सकते। यहाँ तक कि खिड़की के बाहर झाँकना भी मना होता था। घरेलू जिंदगी की वैसी स्थिति में जब स्कूल के गिने-चुने चंद घंटों में भी कोई हँसी-खुशी या मैत्री भाव न हो तो ज़िंदगी की बदरंगियत की कल्पना सहज ही की जा सकती है। उस दिन तो तिम्मी बहुत ही रोयी थी जब उसके साथ पढ़नेवाली एक लड़की ने उसे बेंच के बिलकुल परले सिरे पर खदेड़ते हुए कहा था—"ए पैकी, यू स्मैल", यानी ए पाकिस्तानी छोकरी, तुझमें से बास आती है। और तिम्मी घर आते ही फफक-फफककर घंटों रोती रही थी। उसकी माँ ने कहा, "तुम्हें उनसे कह देना चाहिए था कि मैं पाकिस्तान की नहीं हिंदुस्तानी हूँ।" पर तिम्मी को मालूम था कि उन साथियों की निगाह में पाकिस्तानी और हिंदुस्तानी का कोई फ़र्क नहीं है। उन्हें तो काली चमड़ीवालों से ही नफ़रत होती है। वह अपने माता-पिता से रो-रोकर यही कहती रही कि मैं काली क्यों हूँ? मैं भी गोरी होना चाहती हूँ। मैं भी अंग्रेज बनना चाहती हूँ।

तिम्मी के पिता ओंकारनाथ श्रीवास्तव ने जब देखा कि हृदय पर लगी गहरी चोट की वेदना का पहला उबाल उतर गया है तब उन्होंने उसे प्यार से पास बिठा कर दुनिया का नक्शा दिखाया और बताया कि यह रहा इंग्लैंड, जहाँ हम रह रहे हैं और नक्शे में यह रहा भारतवर्ष, जहाँ के हम रहनेवाले हैं। देखो यह दोनों देश एक-दूसरे से कितने दूर हैं। जाहिर है, दोनों में ढेरों भि नताएँ हैं। इनमें से एक भिन्नता है कि हमारी चमड़ी के रंग अलग-अलग हैं। हमारी बोली, हमारी परंपराएँ अलग-अलग हैं। ओंकार चाहते तो उस दिन तिम्मी को घिसा-पिटा विश्व-बंधुत्व का किताबी पाठ भी पढ़ा सकते थे या कह सकते थे कि उन बच्चों के साथ मत बोला-खेला करो जो यह बातें समझते नहीं हैं। पर उन्होंने ऐसा नहीं किया।

उन्होंने किया यह कि तिम्मी को बच्चों के मुहावरे में बच्चों को जो कुछ सुपाच्य हो सके उस ढंग से भारत देश की महान् परम्परा और संस्कृति के बारे में समझाया और कहा कि तुम उस लड़की को बता देना कि तुम इतने महान् देश की रहनेवाली हो।

उस दिन जब खुद तिम्मी ने समझ लिया कि वह इतने गौरवशाली देश का एक अंश है, तब उसके चरित्र में विचित्र परिवर्तन आया। एक तो यह कि उसने निश्चय कर लिया कि उसे किसी से डर कर निर्जन कोना अपने लिए नहीं चुनना है। दूसरा यह उन्हें दिखा देना है कि चमड़ी के रंग का मुकाबला नहीं, बल्कि बुद्धि की तीव्रता का मुकाबला करके देखो। और तिम्मी ने इतनी मेहनत से पढ़ना शुरू किया कि वह क्लास में सबसे ज्यादा नंबर लाने लगी। यहाँ तक कि एक बार तो बड़ी मजेदार घटना घटी।

तिम्मी के घर पर फोन आया कि तिम्मी की टीचर उसके अभिभावकों से मिलना चाहती है।

श्रीवास्तव दंपती को लगा कि जरूर कोई मारपीट कर बैठी होगी बिटिया। पर जब स्कूल पहुँचे तो टीचर ने उसकी उत्तरपुस्तिका उन्हें दिखायी और कहा कि हमें शक है कि आपकी लड़की परीक्षा में नकल करती होगी, क्योंकि इतनी छोटी उम्र का बच्चा इतनी सही अंग्रेजी भाषा लिख ही नहीं सकता, इतने अच्छे जवाब दे ही नहीं सकता। उसकी इस नकल पट्टी में कहीं आपका भी योगदान तो नहीं है। यही जानने को हमने आपको पूछताछ के लिए बुलाया है। उस अंग्रेज महिला की मोटी बुद्धि में बमुश्किल यह घुसाया जा सका कि तिम्मी वास्तव में कुशाग्रबुद्धि लड़की है और उसकी अंग्रेज़ी सचमुच बहुत बढ़िया है।

बहरहाल, अब आलम यह था कि पढ़ाई के मामले को लेकर एक बार जो सहपाठियों की आँखें नीची हुईं कि तिम्मी महोदया तो चढ़ बैठीं। अब क्लास से बाहर वह लात-घूँसों से भी बात करने लगी, फिर तो उन्होंने पाया कि अब मैदान मार लिया गया है। उन्होंने घर में भी यह जिद छोड़ दी कि अम्मा तुम भी ट्राउजर-शर्ट पहना करो और बाबा तुम लोग भी हिंदी के बजाय अंग्रेजी में बात किया करो। पहले वह अपने जन्मदिन पर दोस्तों को बुलाने में हिचकती थी क्योंकि उसकी माँ फ़ेयरी केक, वेफ़र और सैंडविच तथा कोकाकोला की जगह समोसा-कचौरी, आलू की टिकिया और शर्बत वगैरह देती थी। यह देते हुए उसे अपने दोस्तों के बीच में अजीब-अजीब महसूस होता था। पर अब उसने अपने दोस्तों के बीच धड़ल्ले से कहा—"तुम्हारे यहाँ की बर्थडे पार्टी में तो हर जगह, हर घर में, हर साल वही एक घिसापिटा मैन्यू हर बार होता है। हमारे यहाँ आओ, हर साल अलग-अलग तरह की एक से एक मजेदार चीज़ें खाने को मिलेंगी।" और सचमुच उसके घर से निमंत्रण मिलने का इंतज़ार उसके दोस्तों को बेहद ललक से होने लगा था। तिम्मी ने खूब अच्छी तरह समझ लिया था कि अपनी आइडेंटिटी यानी अपनी अलग पहचान बनाये रखनी है। उनके समाज में शान से रहना है तो उनकी नकल करके खुद को खो देने से काम नहीं चलेगा। वह खूब अच्छी तरह से समझ गयी थी कि वह भारतीय है पर साथ ही वह लंडनर भी है। और उसका अपना लंदन वह नहीं है जो उसके ऊपर आरोपित हो सके। उसका लंदन वही है जिसे उसने खुद खोजा है—प्यार किया है।

फिर किशोरी होते-होते तो तिम्मी खासी स्वच्छंद भी बन गयी। देर रात तक घूमना-फिरना, नयी-नयी जगहें देखना, नये-नये दोस्त बनाना, नयी-नयी परिस्थितियों का अपने ढंग से जायजा लेना, जिंदगी को निकट से महसूस करना सीखने लगी वह। ऐसे ही दौर में वह पंक लोगों के संपर्क में आयी। उन दिनों लंदन में कई तरह के लोग अलग दिखायी देते थे। कुछ को 'स्किन हैड' कहते थे, कुछ हिप्पी होते थे, कुछ पंक कहलाते थे। छियत्तर-सतहत्तर के जमाने में ऐंटी नारसी लीग का भी खासा बोलबाला था। नेशनल फ्रंटवालों का नारा बुलंद था कि काले लोगों को कुचल डालो। तभी गोरे ऊपर उभर कर आ सकेंगे। मजे की बात यह थी कि वे स्पैनिश लोगों को भी कालों में ही शुमार करते थे।

बहरहाल, तिम्मी का ध्यान संगीत की वजह से दो ओर गया। उसे रॉक म्यूजिक भी अच्छा लगता था और पॉप म्यूजिक भी। लेकिन उसने पाया कि रॉक संगीत में इस बात का जोर था कि काले और गोरे दोनों मिल कर आओ, जातिवाद के विरुद्ध लड़ें और नेशनल फ्रंट को कुचल डालें। जातिवाद का विरोध तो ठीक था, पर लड़ने-कुचलनेवाली बात तिम्मी के गले नहीं उतरती थी।

आखिर गांधी के देश की संतान थी वह! सो उसका ध्यान पॉप म्यूजिक को अपनाये हुए पंक लोगों की ओर अधिक रमा। पंक लोग भी जातिवाद के एकदम खिलाफ़ थे। वेस्ट इंडियन हों, ज्यू हों, अफ्रीकन हों, ग्रीक हों, स्पैनिश हों, पाकिस्तानी हों, हिंदुस्तानी हों—गरज यह कि कोई भी जाति, कोई भी संप्रदाय के लोग हों, एक बार वे पंक समूह के अंग बन गये कि जाति-पांति का चक्कर एकदम खत्म। अब वे सिर्फ पंक हैं। वहाँ उसे यह सोचने की जरूरत भी नहीं थी कि वेस्ट इंडियन लोगों के पास नृत्य अधिक बेहतर है और हमारी चमड़ी अधिक आकर्षक है या गोरी चमड़ीवालों को मारना है। नहीं, वहाँ तो ये सारी बातें फिज़ूल लगती थीं। सब समस्याओं के प्रति एक ठंडा निर्वेद भाव जागता था। तिम्मी ने पाया कि अब तक वह थोड़ा झुक कर चलती थी, पर पंक लोगों के बीच जब उसने काले कपड़े पहने, अपने बालों को एक खास ढंग से कटा कर सिर के ऊपर एक गुच्छा बाल नीले-हरे-जोगिया रंगों में रंगा, तो खुद-ब-खुद वह एक खास अदा से इठला और अकड़कर चलने लगी। उसकी ओर कोई घूर कर देखता था तो पहले वह टाल जाया करती थी, मगर अब अपनी लैदर जैकेट की जेब में हाथ डाल कर पूछती—"कहिए?" उसने पाया लो, अब तो बचाव की मुद्रा की जरूरत ही नहीं है। अपनी एक अलग पहचान बनाकर मनुष्य मात्र को बंधु मानकर चलनेवाले शांतिप्रिय पंक उसे बहुत अच्छे लगने लगे। वह उनके संगीत, उनकी जीवन पद्धति की कायल हो कर उन्हीं की तरह रहने लगी। पर बस, एक बात यह हुई कि वह यह नहीं भूली कि पढ़ने-लिखने में वह औरों से बेहतर है। और उसे अपनी पढ़ाई पूरी करनी है। उसने पढ़ाई जारी रखी।

घर पर माता-पिता को उसका पंक रूप बिलकुल पसंद नहीं आता था, पर वे उसके रास्ते में रोड़े भी नहीं अटकाते थे और न उसके लिए वे स्वयं अपनी जीवन पद्धति बदलने को तैयार थे। वे जब पहली बार तिम्मी को लंदन से भारत लेकर आये थे तब वह बारह बरस की हो चुकी थी। यहाँ आ कर उसे सबसे बड़ी मुसीबत पेश आयी कि भारत के शौचालय उसके माफिक नहीं थे। पर माता-पिता ने कहा—"तुम्हें अपनी आदत बदलनी होगी।" उसे अपने पिता का पैतृक शहर रायबरेली पसंद नहीं आया, पर उन्होंने कहा—जैसा भी है तुम्हें यहाँ कुछ दिन रहना ही होगा। तुम्हें अच्छा लगे या न लगे पर यह तुम्हारा है, इसे अपनाना ही होगा। कहने का मतलब यह कि विरोधाभासों में जीना तिम्मी की जीवन पद्धति बन ही चुकी थी। सो पंक जीवन पद्धति को अपनाकर भी वह उनसे कुछ अलग ही जीती रही।

पंक पढ़ने-लिखने में रुचि नहीं रखते थे पर उसने अपनी पढ़ाई जारी रखी। पंक पद्धति का संगीत, उनके फैशन, उनकी बिंदास अदा लेकर जीना तिम्मी को सुख दे रहा था।

उसने उनके बीच एक मजेदार चीज देखी जिसे 'स्क्वैटिंग' कहते हैं। यानी कि आपको पता लगा कि अमुक व्यक्ति के पास दो-तीन घर हैं—तो जब पाया कि एक-दो दिन के लिए घर बंद करके वे लोग कहीं गये हैं, तो पंक लोग बिना बाहर का ताला तोड़े किसी प्रकार घर में घुस आते और आराम से वहाँ रहने लगते। घर के मालिक वापस आते तो अपना जो सामान ले जाना चाहें ले जायें। कुछ बेचा या चुराया नहीं गया है। पर घर वह नहीं खाली करवा सकते, क्योंकि उनके पास रहने के लिए दूसरा घर है और इनके पास कोई अपना घर नहीं है।

बिलकुल ग्रास रूट पर दौलत के पुनर्वितरण का क्या मजेदार ढंग निकाला है इन पंक लोगों ने, पर खैर तिम्मी के लिए तो यह जीवन पद्धति एक रेलगाड़ी की तरह थी, जिस पर चढ़ कर उसने जीवन की एक खास दूरी तय की। यह तो एक पुल था जिस पर से गुजरकर वह जीवन के एक नये दौर में प्रवेश पा सकी। उसे जब लुंगी और लैदर जैकेट पहने, बाल रंगे, खिलखिलाकर हँसते देख कर लोग हैरान होते तो उसे बड़ा मजा आता और खुमार से भरकर वह खूब पढ़ती।

उसने अंग्रेज़ी और अमरीकन साहित्य लेकर बी.ए. ऑनर्स किया। उसका विभाग सारे संसार के सर्वश्रेष्ठ साहित्यिक विभागों में से एक था। वहाँ पढ़ने में उसे गौरव भी महसूस हुआ और साहित्य की परख और पकड़ भी मिली। इस पढ़ाई के दौरान उसे कोल चैस्टर में तीन साल घर से दूर भी रहना पड़ा था। लेकिन उसने पाया कि इस दूरी ने उसे स्वावलंबी बनाकर बेहतर इंसान भी बना दिया है। सो उसने निश्चय किया कि अब उसकी वह उम्र आ गयी है कि माता-पिता पर बोझ न बनकर खुद जीविका अर्जन करना चाहिए। पत्रकारिता में गयी पर वहाँ डैड लाइन की तबालत से परेशान हो गयी।

पत्रकारिता करना यानी निज की स्वतंत्रता में थोड़ा-सा ब्रेक लगना उसे उस समय मंजूर नहीं हुआ। सो वह एक रेस्तरां में वेट्रैस बन गयी। थोड़े ही समय में उसे चालीस तरह की कॉकटेल बनानी आ गयीं। वह फुदकते हुए पाँच कप प्लेट एक-दूसरे के ऊपर लिये इस मेज से उस मेज तक जा सकती थी। थोड़े ही अरसे में वह वहाँ की सबसे होशियार, सबसे काबिल वेट्रैस बन गयी। तीस पौंड हफ्ते की तो उसकी तनख्वाह थी और खास शालीन व्यवहार के कारण उसे खूब टिप भी मिल जाते थे। सो ज़िंदगी मजे में गुज़रने लगी थी। एक दिन

तो उसने एक दंपती से एक ही शाम में चालीस पौंड की टिप पायी तो बेहद खुश हुई। और मारे खुशी के तीन बोतल वाइन पी गयी। फिर जब उसे लगने लगा कि यह नौकरी तो उसे शायद आलसी बना देगी, क्योंकि बढ़िया खाना मुफ्त ही मिल जाता था, टिप इतने मिल जाते थे कि सिगरेट पिओ, कॉफी पिओ, संगीत सुनो और मस्त पड़े रहो—कुछ और करने की जरूरत ही नहीं है, तो उसने इस नौकरी को छोड़ देने का निश्चय किया। वहाँ के मैनेजर ने कहा कि तुम इतनी अच्छी वेट्रैस साबित हुई हो कि यहाँ बनी रहोगी तो जल्दी ही मैनेजर के पद तक पहुँच जाओगी, पर उसने रेस्तरां छोड़ने का फैसला कर ही लिया था।

•

रेस्तरां छोड़ तो दिया लेकिन अब किया क्या जाये! यों तिम्मी का मन तो यही करता था कि कुछ काम-धाम न किया जाये। कॉफी, चाय पीयें, सिगरेट फूँकें और खूब-खूब बातें करते रहें चटरपटर, पर फिर घबरायी कि इस तरह करने से यदि बातें करने से भी जी उचट गया तो क्या होगा! यह सोच कर तय किया कि कुछ तो करना ही होगा सो अखबारों में खोजी नजर दौड़ायी और पाया कि नेशनल फिल्म स्कूल की ओर से कुछ छोटे-छोटे कोर्स कराये जाते हैं। पहुँच गयी नयी ज़मीन तोड़ने। वहाँ दो-दो हफ्ते के कोर्स होते थे कैमरा, निर्देशन और संपादन के। तिम्मी को कैमरा कोर्स मिल गया। उसने सोचा था दो हफ्ते कैमरा का क ख सीखते ही चले जायेंगे, पर ऐसा नहीं था। दो हफ्ते बाद उसने पाया कि यहाँ तो कमाल का प्रशिक्षण दिया जाता है। उसने तो बहुत कुछ सीख-समझ लिया और उसके अध्यापक ने भी यह समझ लिया कि इस लड़की की आँख खासी तेज़ और बुद्धि काफ़ी पैनी है सो वह बोले कि तुम्हें तीन साल का पूरा कोर्स कर लेना चाहिए। पर तिम्मी उम्र की उस दहलीज पर आ चुकी थी जहाँ पढ़ने-लिखने से जी घबराने लगता है। अब लंबे तीन सालों तक भला कौन विद्यार्थी बना पढ़ता रहेगा। सो उसने पढ़ाई तो नहीं की, लेकिन एक फ़िल्म कंपनी को पी.ए. की जरूरत थी। वे लोग नौकरीपेशा लोगों पर फ़िल्म बना रहे थे। पहुँच गयी वहाँ और पीएगीरी तो नौकरी के नाम पर करती रहीं लेकिन खास ध्यान देती रहीं फ़िल्म मेकिंग पर।

इसी बीच फ़ारुक धोंदी से कई छोटी-छोटी कंपनियों ने आग्रह किया कि चैनल चार से अल्पसंख्यकों के लिए प्रसारित होनेवाले कार्यक्रमों को पेश करने के लिए किसी काली चमड़ेवाले व्यक्ति को ट्रेनिंग दो। और उसके लिए अतिमा श्रीवास्तव पी.ए. को चुन लिया गया। तनख्वाह तो चैनल चार की ओर से मिल

जाती थी लेकिन तिम्मी ने पाया कि काम उससे छुटभैयोंवाला लिया जाता था। यह उठा दो, वह रख दो, इसे बुलाओ, उसे भगा दो जैसे काम करना तिम्मी को कतई सुहा नहीं रहे थे। पर उसने यह समझ लिया था कि यदि फ़िल्म इंडस्ट्री में अपनी जगह बनानी है तो किसी एक खास विधा में पूरी तरह निष्णात होना बहुत ज़रूरी है।

मोटे रास्ते तीन थे कैमरा, निर्देशन और संपादन। तिम्मी को लगा उसकी कद-काठी जरा नाजुक है, कंधे पर कैमरे का बोझ लादे-लादे वह थकने लगेगी और निर्देशन के लिए सत्तर चीजों पर मुनहसर करना होता है। पर संपादन ऐसी चीज है कि मेहनत दूसरों की होती है—अपनी तो केवल अक्ल और आँख का उपयोग करो और चला दो कैंची, इसके अलावा संपादक का पद उसे खासा गौरवशाली और शक्तिसंपन्न भी लगा। मगर मुश्किल यह थी कि इस काम को लड़कियाँ नहीं करती हैं, क्योंकि रात-बिरात स्टूडियो में रुकना पड़ता है। संपादन के लिए डार्करूम में घंटों अकेले बैठा रहना पड़ता है। लड़कियाँ जरा हिचकती हैं। लेकिन तिम्मी को तो मजा वह सब करने में आता है जिस पर कहीं से कोई बंदिश लगी हो या चैलेंज नज़र आता हो। सो निश्चय कर लिया कि अब तो संपादन कला सीखनी ही है। खूब मेहनत की। एक तो लड़की जात, ऊपर से तेज़ बुद्धि की और उसके अलावा युवा उम्र! तीनों ही बातें सफलता पाने के लिए काफ़ी थीं। नतीजतन अतिमा श्रीवास्तव देखते-ही-देखते एक सफल संपादक बन गयीं। अमूमन ऐसा होता है कि संपादक और निर्देशक में छत्तीस का रिश्ता चलता रहता है। संपादक निर्देशकों को हमेशा नीचा-सा दिखाते रहते हैं। और चहकते हुए तिम्मी ने बताया कि संपादक लोग ज्यादातर बड़े बोर किस्म के लोग होते हैं जो जोंबी की तरह काम करते रहते हैं। पर मैं तो निर्देशकों से दोस्ती गाँठ लेती हूँ। और खूब मजे ले-लेकर काम करती हूँ। कहती है मेरा तो पोर्टेबल स्किल (चलता फिरता हुनर) है। अपना दिमाग! अपनी आँख! और उनकी कैंची! जहाँ बैठूँगी काम जुटा लूँगी। इसलिए तिम्मी किसी पक्की नौकरी के अनुबंध में फँसना नहीं चाहती। दी मीडिया शो नामक कंपनी के लिए काम करती है, पर मालिक अपनी मर्जी की है। जब जी में आये काम करो। न जी में आये घूमो-फिरो, गाओ-बजाओ, नाचो-पढ़ो या यों ही पड़े रहो। उसी अलमस्ती में एक दिन यों ही किसी अखबार में देखा कि लघुकथा प्रतियोगिता के लिए मौलिक कहानियाँ माँगी गयी हैं।

सन् 1988 के अंतिम दिन थे। खूब मौज मस्ती का आलम था। कई दिनों से अतिमा के मन में एक कथानक घूम रहा था। सो जरा गंभीरतापूर्वक लिखने बैठ गयी। और अखबार से काटी हुई उस कतरन में पता देख कर कहानी पोस्ट

कर दी। फिर कई महीनों बाद उस दिन तो तिम्मी को विश्वास ही नहीं हुआ कि प्रथम पुरस्कार पानेवाली कहानी वही कहानी है, जिसे उसने यों ही लिख मारा था। बाद में जब आयोजकों और निर्णायकों से मिलने के लिए पुरस्कार विजेताओं को बुलाया गया तब तक अतिमा को यह नहीं मालूम था कि यह प्रतियोगिता तो बहुत नामी और महत्त्वपूर्ण प्रतियोगिता होती है तथा पुरस्कार राशि भी मामूली नहीं पूरे एक हजार पौंड होती है। यानी एक झपाटे में छोकरी पच्चीस-तीस हजार रुपयों की मालकिन बन बैठी।

एक निर्णायक तो उसकी कहानी से इतने प्रभावित थे कि बोले—तुम्हें सब छोड़-छाड़ कर केवल कहानियाँ लिखते रहना चाहिए। पुरस्कार राशि से एक कंप्यूटर खरीद लो और धड़ाधड़ कहानियाँ लिखो। पहली कहानी मुझे दो। फिर एक दिन उनका फोन आया कि तुम्हारी कहानी एजेंट को भेज दी है और उनसे यह भी कह दिया है कि तुम उपन्यास भी लिख रही हो। अतिमा ने कहा कि मुझे लगा कोई मुझ पर इतना विश्वास कर रहा है तो शायद मैं सचमुच यह सब कर सकती हूँ। और तब मैंने सचमुच उपन्यास लिखने का मन बना लिया। लंदन में नये लेखक एजेंटों की तलाश में बरसों भटकते हैं। एजेंटों के पीछे भागते-भटकते मिन्नतें करते रहते हैं। पर तिम्मी तो उस दिन एकदम हकबका गयीं, जब उनके पास ए.एम. हीथ का फोन आया कि हम आपका प्रतिनिधित्व करना चाहते हैं। तिम्मी ने सुन रखा था ए.एम. हीथ का नाम। वह तो बहुत हीं प्रतिष्ठित एजेंट हैं। अमरीकन लेखक सौलबैलो, अँग्रेजी लेखिका अनीटा ब्रुकना और विन्सटन ग्राहम जैसे नामी-गिरामी लेखकों का वे ही प्रतिनिधित्व करते हैं। उन्होंने जब कहा कि आपकी कहानी हमने 'ब्लूम्सबरी' नामक प्रकाशक को भेज दी है तो तिम्मी को याद आने लगी बचपन की वह अंग्रेजी अध्यापिका जिसे विश्वास ही नहीं होता था कि तिम्मी इतनी अच्छी शुद्ध अंग्रेज़ी लिख सकती है।

अयाचित मिली इस अकल्पित सफलता ने अतिमा को एकाएक गंभीर बना दिया। उसने निश्चय कर लिया कि उसे ब्लैक या वूमन राइटर जैसे दायरों में न रह कर सीधे-सीधे मुख्यधारा से जुड़ना है। उसे एक दिन सचमुच कुछ बड़ा हासिल करना है। खुद अपनी तरह से ज़िंदगी जी कर काली-गोरी सभ्यता की टकराहटों के बीच छिल-पिस कर उसने बहुत कुछ जो देखा-समझा है, उसे शब्द देने हैं, सृजन की पहली सीढ़ी ही स्वर्ण की थी। आगे के पड़ाव अभी भविष्य के गर्भ में हैं। फ़िलहाल उसने एक उपन्यास पूरा कर लिया है। नाम है—'ट्रांसमिशन'।

एक हीरों जड़े जगमग भविष्य की ओर पुख्ता कदमों से बढ़ती हुई अतिमा

श्रीवास्तव अपने वर्तमान से पूर्ण संतुष्ट है। अपने जीवन को, अपने परिवेश को जी जान से प्यार करती है। उसे यह कहने में कतई संकोच नहीं कि वह लंदनवासी है। कहती है—"यस, आइ एम ए लंडनर" पर साथ ही यह भी कहती हैं कि मेरा लंदन वह नहीं है जिसे आप नक्शे पर देखते हैं—वह तो लंदन का भूगोल है, मेरा लंदन सिर्फ भूगोल नहीं है। वह मेरे भीतर उसी तरह रचा-बसा हुआ है जिस तरह फूल में खुशबू—हवा में सर्दी या गर्मी! मैंने पूछा "और भारत?" तो तिम्मी की वे बड़ी-बड़ी अंखियाँ हलकी नम हो आयीं और वह बोली—"भारत तो मेरा धर्म है। धारयते इति धर्मः!"

जहाँ बैठे हम बातें कर रहे थे मेरे उस कमरे की खिड़की के बाहर अशोक वृक्ष की डाल हवा में झोंके ले रही थी। उसे अपलक देखती-सी तिम्मी बोली—"भारत मेरा धर्म! वह तो मुझे धारे हुए है, पकड़े हुए है। एक हैमौक की तरह! दो पेड़ों के तनों के बीच डोरियाँ बाँध कर हैमौक के बीच घुस कर आप कैसे निश्चिंत झकोरे लेते रहते हैं। जमीन से थोड़े ऊँचे उठे और खुले आसमान के नीचे अपने हैमौक में ! बिलकुल बेलौस अनकंडीशनल मोहब्बत देनेवाला भारत तो मेरे रोम-रोम में बसा हुआ है। मैं भारत से बाहर जा सकती हूँ पर भारत मुझसे बाहर थोड़े ही जा सकता है। वह तो मेरे लेखन की, मेरे वजूद की पहली शर्त है...आखिरी उपलब्धि है !"

यह बोलते हुए उसकी आवाज में से रेशम की सरसराहट लिये जो सुर निकल रहे थे, उसकी आँखों की आर्द्रता में जो सपने तैर रहे थे और होंठों पर जो दूधिया मुस्कान जाते-जाते लौट-लौट पड़ रही थी, उसे देखकर मैं आश्वस्त थी कि आनेवाला कल अपनी इस परदेसन हिंदुस्तानी बिटिया पर ज़रूर नाज़ करेगा!

मार्च 1990

माँ के जलाये हाथों की आस—ज़हीर अब्बास

जब-जब क्रिकेट का मौसम देश पर हावी रहता है, प्रायः हर मित्र-परिवार में यही सुनने में आता है कि क्या किया जाये, बच्चे पढ़ाई-लिखाई छोड़ कर कमेंट्री से कान लगाये बैठे रहते हैं। माता-पिता की यह चिन्ता कोई बड़ी नाजायज़ बात भी नहीं। लेकिन जब उस दिन रेडियो कमेंट्री सुनते समय श्री जसदेव सिंह को कहते सुना कि ज़हीर अब्बास के माता-पिता भी दर्शकों के बीच बैठे हुए हैं, तो मित्र-परिवारों के शिकायती स्वरों के बीच ये दो चेहरे अलग चमकने लगे, जो पाकिस्तान से महज़ अपने बेटे को खेलता देखने आये हैं। उसी समय सोच लिया कि इनसे जरूर मिलूँगी। और बस, कोशिश की और मुलाकात का समय बीस तारीख की शाम को सात बजे का तय हो गया। आप जानते ही हैं कि बीस दिसम्बर की शाम का आलम यह था कि पान, मिठाईवालों की दुकानों पर लगे रेडियो-सुनते या टेलीविज़न देखते लोगों ने रेडियो-टेलीविज़न सेटों को ही मालाएँ पहनायीं, गलियों में निकल कर लड़के नाचने लगे, बच्चों ने पटाखे छुड़ाये। हर चेहरा खुश, हर क्रिकेट-प्रेमी मस्त, प्रसन्न। हम जीत गये थे—ज़ाहिर है पाकिस्तान हार गया था। और हारी हुई टीम के एक खिलाड़ी के माता-पिता से मिलने का समय उसी शाम को तय था। लगा, यह साइत तो गलत निकली, पर खैर, यही सोच कर गयी कि आज के खेल का ज़िक्र ही नहीं छेड़ूँगी।

ज़हीर के माता-पिता, श्री खालिद अंसारी के घर ठहरे थे। अंसारी साहब के घर 'समर विला' पहुँची। यथा नाम तथा गुण—बंबई में मुद्दत बाद हवा का गूँजता सुर सुना। उस बिल्डिंग में एक खास कोण से घूम कर हवा कुछ शोर-सा करती हुई तेज-तेज चलती है। कानों के ऊपर आये बालों को बिखराती

हवा का स्पर्श बड़ा अच्छा लगा। और उससे भी ज्यादा अच्छा लगा खालिद अंसारी का घर—उनका बड़ी नफ़ासत और करीने से सजाया हुआ ड्राइंग-रूम। वहाँ प्रवेश करते ही अन्दाज़ लगाया जा सकता है कि इस घर का मालिक खेल की दुनिया को ललित कलाओं के स्तर पर जीता होगा।

ज़हीर अब्बास के माता-पिता से परिचय हुआ। केसरी रंग की सलवार और चुन्नी के साथ बूटोंदार छींट का कुर्ता पहने ऊँची-लम्बी तन्दुरुस्त काठी की मलिका ज़हीर की अम्मां और प्याजी रंग के सफारी सूट में चुस्त-दुरुस्त अब्बा। पाकिस्तान को भला विदेश कैसे कह लें, वहाँ के लोगों को विदेशी कैसे मान लें, जबकि देखने में वे बिलकुल अपने चाचा, मामा, मौसी, ताई जैसे लगते हों। दोनों गुनगुनी-सी अपनायत से मिले। इधर-उधर की दो-चार टुकड़े बातों के बाद ज़ाहिर था, बातों का सिलसिला ज़हीर अब्बास की ओर मुड़ जाता।

बातचीत के दौरान ज़हीर के पिता ज्यादा मुखर थे। बोले, "हम तो बी. एस-सी. ऐग्रीकल्चर करते ही गवर्नमेंट ऑफ इंडिया के मुलाज़िम हो गये थे। तब बीकानेर में पोस्टिंग हुई थी। क्लास टू गज़टेड अफ़सर बन गये थे। फिर पाकिस्तान चले गये। वहाँ तरक्की करते-करते क्लास वन भी मिल गया और यही तमन्ना थी कि हमारा बेटा भी गज़टेड अफ़सर बने या फिर डॉक्टर बने। पर जनाब आलम यह था कि हमारे शहजादे का दिल पढ़ने में लगता ही नहीं था। हर समय खेल का दीवाना। हम जिस मुहल्ले में रहते थे, वहीं के रहनेवाले थे अब्दुल गनी और गुलाम अब्बास जैसे मशहूर खिलाड़ी। ज़हीर के ड्रिल मास्टर कहा करते थे कि ज़हीर भी उन्हीं की तरह मुहल्ले का नाम रौशन करेगा। होनहार बिरवा है। पर, हमें तो यह चिन्ता खाये जा रही थी कि साहबजादे मैट्रिक भी कर पायेंगे या नहीं। जैसे-तैसे मैट्रिक पास हुए, तो मेडिकल ग्रुप दिलाया। लेकिन वैसी कठिन पढ़ाई भला खिलंदड़े ज़हीर को कैसे रास आती। जुबानों में वह पढ़ने में अच्छा था, सो आर्ट साइड में चला गया। पढ़ाई जैसे-तैसे ढकेली जा रही थी। लेकिन गेंद और बल्ला दिन भर तो साथ रहता ही था, शायद रात भर सपने में भी साथ ही रहता होगा।"

सुन कर माँ बोलीं, "कैसे न रहता भई, वह नौ महीने का था, तभी उसके दादा ने उसके हाथ में गेंद-बल्ला लाकर पकड़ा दिया था। खुद गेंद फेंकते थे और ज़हीर नन्हे-नन्हे हाथों से बल्ला घुमाकर छोटे-छोटे दाँत चमकाकर हँसा करता था। दादा-पोता घण्टों खेलते रहते थे।" दादा-पोते के उस खेल को जैसे अभी भी आँखों से देखकर सिहा रहे हों, ऐसे डूबे से स्वर में अब्बा बोले, "असल में अपने स्कूल-कॉलिज के ज़माने में मैं खुद बहुत खेलता था। हमेशा बेस्ट ऐथलीट रहा था। सो दादा चाहते थे कि बेटा तो रोटी-रोजी के चक्कर में पड़ गया है—पोता

ही एथलीट बन जाये।'' (पूछना भूल गयी मैं कि दादा ने अपनी आँखों से अपना सपना सच होते देखा या नहीं।)

ज़हीर के पिता श्री सैयद गुलाम शब्बीर ज्यादातर टूर पर रहते थे, सो दिल में बेइंतिहा मुहब्बत होते हुए भी बच्चों पर उसे जाहिर नहीं करते थे--यही सोच कर कि गैर-मौजूदगी में बेचारे खामख्वाह मायूस रहेंगे। सो बच्चे हमेशा बाप से डरते ही रहते थे। लेकिन जब ज़हीर कराची में अपने स्कूल और क्लब की तरफ से खेलते हुए आये दिन सेंचुरी बनाने लगा, तो उन्होंने उसे समझाया कि ''ठीक है, कोई बात नहीं, पढ़ाई में मन नहीं लगता तो न सही। लेकिन आखिर तुम्हें रोटी तो कमानी है, रोज़ी तो चलानी ही होगी। इसलिए अब तुम अपना ध्यान इस बात पर दो कि तुम्हें एक दिन टेस्ट प्लेयर बनना है।'' और फिर हर इतवार को अपनी फ़िएट में बिठा कर खुद ज़हीर को क्लब ले जाते और प्रैक्टिस करते हुए देखते। हमेशा अपने में सिमटे बाप से इतना ध्यान और बढ़ावा मिलने के बाद ज़हीर के खेल में रोज निखार आता गया।

कुछ-कुछ मलाल के साथ माँ बोलीं, ''वैसे तो बेचारे का सारा बचपना खेल के पीछे मेरी झिड़की और मार खाते ही गुजरा है। डरता इतना था कि– ज़ ही ऽ र–इतना भर पुकारो कि काँप जाता था। अब लगता है, इतनी सख्ती भी ठीक नहीं थी। एक बार की बात बताऊँ आपको, कभी नहीं भूलती है मुझे। हुआ यों कि जी, ये ज़हीर है न, ये बचपन में कन्चे बहुत खेलता था। सात-आठ बरस का रहा होगा, इसे कन्चों की लत पड़ गयी थी। लड़कों ने अपने खास लफ्ज बना लिये थे। आन के बोलें और यह पट घर से बाहर ! लाख समझाया, पर सुनता ही नहीं था। डर लगे कि मरे इन कन्चों के चलते गली के गन्दे बच्चों के बीच खेलेगा, चोरी सीखेगा। जुआ खेलेगा। बस कन्चों के नाम से ही मुझे नफ़रत हो गयी थी। आखिर जब इसने नहीं सुना, तो एक दिन मुझे जो गुस्सा आया कि खुद पर काबू नहीं रहा। यह बाहर से खेल कर आया था। उस समय मैं रसोई में बैठी रोटियाँ पका रही थी। मैंने हाथ में लिया हुआ चिमटा अंगारों पर रख दिया, जब वह खूब तप गया, तो आवाज दी–ज़ ही ऽ र–आदत थी उसकी कि एक आवाज देते ही हाज़िर हो जाता था। आ गया। मैंने कहा–हाथ खोलो। बच्चा समझा, माँ यह देखना चाहती होगी कि हाथ में कन्चे तो नहीं हैं। सो झट से मेरे आगे दोनों छोटी-छोटी हथेलियाँ खोल दीं और मैंने तत्ता जलता हुआ चिमटा उसके हाथों पर रख कर कहा–मुट्ठी बन्द कर। उसकी आँखों से आँसू बहने लगे, पर हुकुमउदूली तो उसने सीखी ही नहीं थी। मुट्ठियाँ उसने बन्द कर लीं। फिर जो मैंने देखा, तो तड़प उठी। उसके दोनों हाथ बुरी तरह भुरस कर जल गये थे। तुरन्त डॉक्टर के पास ले कर दौड़ी। डॉक्टर ने मुझे बहुत

डाँटा, बहुत बुरा-भला कहा। लेकिन जी, बस इस करमोवाले ने—वह दिन है और आज का दिन है—फिर कन्चे-गोलियों को हाथ नहीं लगाया। वैसे किसी-किसी को कहते सुना है कि वह यह कहता है कि मेरी माँ ने मेरे हाथों को जला कर जो दुआ फूँकी थी, उसी का जलवा है कि आज यही जले हाथ रन-पे-रन बनाते चलते हैं। इन्हीं जले हाथों पर मेरी आस कायम है। अरे आप उसे खेलते देखो, सेंचुरी यों ही आराम से बना लेता है।''

सुनकर फख्र में भरकर बाप बोले, ''सेंचुरी ही नहीं साहब, उसका तो डबल सेंचुरी का रेकॉर्ड है। सारी दुनिया में उसी का रेकॉर्ड सबसे ऊपर है। एक इनिंग में डबल सेंचुरी, तो दूसरी इनिंग में फिर दन से सेंचुरी। चार बार यह कमाल कर चुका है वह। वैसे इत्तफाक की बात है कि आपकी बंबई में इस बार वह दोनों ही इनिंग में नाकामयाब रहा।'' मैंने पूछा, ''बहुत मायूस है क्या ?'' तो बोले, ''नहीं, वह अपनी जीत पर कभी बल्लियों उछलता नहीं है और हार पर कभी जी तोड़ कर मायूस भी नहीं होता। कहता है, इस बार नाकामयाब रहा, तो इंशाअल्लाह, अगली बार कसर पूरी कर लूँगा, बस अपने ऐवरेज की फ़िक्र रखता है। कहता है, वह नहीं बिगड़ना चाहिए। किस्मतवाला बच्चा है—कमी पूरी कर लेता है। फिर हमारी दुआएँ तो साथ हैं ही। आपको बताऊँ मिसेज़ भारती, कि कभी-कभी ज़िन्दगी में बड़ी अजीब बातें भी हो जाया करती हैं। अब देखिए, ज़हीर लाइम लाइट में तो 1969 में आया था न, लेकिन कभी-कभी वक्त से बहुत पहले ही बिना सोचे-समझे ही माँ-बाप के मुँह से निकली कोई बात अज़मत और इज्जत का बायस बन जाती है। मैं 1954 में अपनी नौकरी के सिलसिले में एक सरकारी काम से इंग्लैण्ड गया हुआ था। वहाँ से आने लगा, तो लैंड लेडी बोलीं, 'आप फिर कब आयेंगे ?' मेरे मुँह से निकल गया, 'मिसेज़ लिविट, मैं आऊँ या न आऊँ, मगर मेरा बेटा एक दिन, पाकिस्तान का प्लेयर बन कर यहाँ ज़रूर आयेगा।' और माशाअल्लाह अब देखिए बाप की बोली बात कैसी लगी कि आज ज़हीर का समर हैड-क्वार्टर इंग्लैण्ड में ही है 15 अप्रैल से ले कर 15 सितम्बर तक पूरे पाँच महीने इंग्लैण्ड में ही रहता है। बाकी सात महीने दुनिया भर की सैर करता रहता है।''

इस बात पर उदास-सी माँ बोलीं, ''अब तो महीनों गुजर जाते हैं। हम उसकी सूरत तक देखने को तरस जाते हैं। कभी एक हफ्ता भी साथ नहीं रह पाते।'' पर फख्र से भरे पिता ने पुरुष की सारी गरिमा स्वर में भरकर कहा, ''भई क्या हर्ज है, बाइज्जत रिज़क कमाता है। जायदाद बना रहा है, अपने हार्ड-अर्न्ड मनी (मेहनत की कमाई) को सम्भाल रहा है। खाऊ-उड़ाऊ नहीं है। अब देखिए, अपना खुद का मकान उसने ब्रिस्टल में बना लिया है। वहाँ के लोग तो मिसेज़

भारती, इसे सिर-आँखों पर रखते हैं। पूजते हैं इसे। एक गाँव का नाम ही ज़हीर-विला रख दिया गया है। कराची में सबसे पॉश लोकलिटी—डिफेंस सोसायटी में बंगला बनवा रहा है। वहाँ का कोई बंगला बारह, पंद्रह लाख से कम का नहीं है। साहब, हमने जिन्दगी में जो कुछ नहीं पाया, पाने का ख्वाब भी नहीं देखा, वह हमारा बेटा आज खुद भोग रहा है, हमें भी दे रहा है। आज वह इंडो-पाक प्लेयर्स के बीच सबसे ज्यादा कमानेवाला लड़का है। पाँच महीने जो इंग्लैण्ड में रहता है, उसके सात हजार पौंड तो उसे कैश मिलते हैं, ऊपर से गाड़ी-ड्राइवर और भी दुनिया भर का तामझाम—गेट मनी और इनाम-शिनाम अलग। जितने ज्यादा चौके लगाओगे, उतना ही ज्यादा इनाम मिलेगा। अरे साहब, दो-तीन कंपनियों के बल्लों पर ऑटोग्राफ दिये उसने—उसी का बहुतेरा पैसा मिला। खूब तरक्की की है ज़हीर ने। अब देखिए, हर बरस नयी गाड़ी खरीदता है। अभी कह रहा था, अब्बाजी, ये वाली सत्तर हजार में निकल जायेगी—फलानी लेनी है, वह एक लाख की मिलती है।''

गाड़ी की बात चली, तो माँ बोलीं, ''हाँ सच्ची शौक बोलो, तो बस उसे एक ही शौक है—गाड़ियाँ खरीदने का। हर साल नयी गाड़ी चाहिए। गाड़ियों का बड़ा शौकीन है। पर इसी शौक के पीछे उस बेचारे ने भरी जवानी में भी बाप का भरपूर थप्पड़ मुँह पे खाया था। बाप ने नयी गाड़ी ली थी फ़िएट, कि एक दिन शाम को चुपचाप ले निकला और एक्सीडेंट कर लाया। घर में किसी को बताया नहीं, बस चुपचाप मुँह तक चद्दर तान कर सो गया। सुबह दफ्तर जाने लगे, तो इन्होंने जो गाड़ी देखी, तो समझ गये क्यों साहबजादे सरेशाम से चुपचाप मुँह ढक कर सो गये थे। बुलाया और एक करारा हाथ जमा दिया।'' उस थप्पड़ की चटाक जैसे खुद अपने गाल पर महसूस करती-सी बोलीं, ''सच जी, बच्चा हमारा बड़ा फ़रमाबरदार है। झूठ तो कभी बोलता ही नहीं। किसी का दिल भी कभी नहीं दुखाता। एक बार परदेस में खेलते समय फ़ील्ड पर इसे चोट लग गयी। ये गिर पड़ा था, चश्मा तक टूट गया था। इसने जब सुना कि यह बात रेडियो कमेंटरी पर आ गयी है, तो घबराया और भागा-भागा कमेंटेटर के पास गया कि मेहरबानी करके कह दीजिए कि ज़हीर को बिलकुल चोट नहीं आयी। वह बिलकुल ठीक है। मेरी माँ बेचारी का वहाँ दम ही निकल रहा होगा।''

मैंने जब पूछा कि लगता है, वह आपका ज्यादा लाड़ला है। तो मियाँ-बीवी दोनों ने एक-दूसरे की ओर देखा कि लाड़ पर अपना दावा कौन पेश करे। तो हथियार डालते से बाप बोले कि भई मिसेज़ भारती, असल में हम तो हमेशा टूरिंग जॉब पर रहे, तो असली परवरिश तो माँ ने ही की है। इनसे बच्चे डरते भी हैं और मुहब्बत भी इन्हीं को करते हैं।

माँ ने अपनी जिन्दगी का सबसे खूबसूरत लम्हा वह बताया, जब ज़हीर लंदन से कमा कर लौटा था। बोलीं, ''एकदम से आठ दिन के भीतर-भीतर दुनिया भर के अखबारों में उसका नाम और फोटो छपे। पाकिस्तान में तो गली-गली में उसी का शोर था। उसने अपने मुल्क का नाम रौशन किया था। आपको पता है, वह तो यही चाहता है कि उसकी माँ हर समय बनी-ठनी, सजी-सँवरी बैठी रहे। वहाँ से उसने किसी के हाथों मेरे लिए बड़े बढ़िया कपड़े भेजे थे और खत में लिखा था कि माँ जब एयरपोर्ट पर मुझे लेने आये तो यही कपड़े पहन कर आये। सो जी, वही कपड़े पहन कर गयी थी मैं। माशाअल्लाह, बड़ी शान थी। इतने फूल कि पूछिए मत, रंग-बिरंगी पंखुरियाँ पैरों के नीचे बिछी थीं, फूलों से इतना लदा था कि मुँह तक नहीं दिख रहा था। हवाई जहाज से उतरते ही वह मेरे कदमों में गिर गया। बोला, अम्मी, आपकी दुआ कुबूल हुई है। फिर बाप के कदमों में गिरा।''

गर्वित पिता बोले, ''हाँ साहब, हमारे बच्चे में एक खास बात है कि जैसे-जैसे वह शोहरत की बलन्दी पर पहुँचता जाता है, वैसे-वैसे और भी झुकता जाता है। शुरू से ही हमने उसे अल्लाह से डरनेवाला और नमाज़-रोज़े का पाबन्द बनाया है। लंदन के भी तमाम अखबारों में उसके नमाज़ अदा करते हुए फोटो छपे हैं। कुछ भी हो जाये, वह अपनी नमाज़ कभी नहीं छोड़ता। अमूमन होता यही है कि शोहरतयाफ़्ता हो कर लड़कों का दिमाग बिगड़ जाता है, लेकिन ज़हीर को जो अच्छी आदत हमने दी हैं, वह उन्हीं पर चल रहा है। हमारा तो यही उसूल है कि सबसे पहले हमें एक अच्छा इंसान बनना चाहिए। बाकी सब-कुछ बाद में आता है। यही हमने उसे सिखाया है।''

''सब उसी अल्लाहताला की देन है, नहीं तो देखिए साहब, पढ़ने में तो डल था ही। खेल में इतना बझ गया था कि चारों ओर बातें होने लगी थीं कि बाप तो खैर गजटेड अफसर हो गया है, मगर बेटा तो एकदम बिगड़ गया है। भला किरकिट खेल कर पेट को दो निवाले मिलते हैं कहीं ! चुनांचे कोई अपनी लड़की देने को राजी नहीं होता था। पूरे खानदान में पूछ कर देख लिया, कोई हमारे बेटे को लड़की न दे। खैर साहब हम भी क्या कहते। हकीकत थी कि साहबजादे किसी लायक तो थे नहीं। फिर साहब, देखते-देखते वक्त ने पलटा खाया। ज़हीर बादशाह लंदन गये और जाते ही एक सौ ग्यारह रन बनाये। हनीफ़ तक यह नहीं कर पाये थे। इंगलिश लोग तो पारखी होते हैं। लड़के की कद्र पहचान ली और इसे हाथोंहाथ लिया। कुछ महीनों बाद इसने हमें खत लिखा कि क्रिकेट प्लेयर्स पर यहाँ की लड़कियाँ जान छिड़कती हैं। मैं कहीं फँस जाऊँ, इसके पहले ही आप जल्द-से-जल्द मेरी शादी कर दीजिए, वरना फिर मुझे इल्ज़ाम

मत दीजिएगा। बस साहब, हमने लड़की खोजनी शुरू कर दी। यह तय कर लिया था कि अब फिर खानदानवालों से माँगने नहीं जायेंगे—खानदान से बाहर की ही लायेंगे और हैदराबाद सिंध से हमने लड़की चुनी। जुगराफिया की एम. ए. है। पहली अक्तूबर 1972 को हमने धूमधाम से उसकी शादी कर दी। अब सब हाथ मल-मल कर पछताते हैं कि हाय तब अपनी बेटी दे दी होती।" बलैया-सी लेती माँ बोलीं, "माशाअल्लाह बहू भी हमें बड़ी नेक मिली है। हमारी बड़ी इज्जत करती है। ज़हीर का बड़ा खयाल रखती है। अल्लाह के फज़ल से उसकी बेटी भी बड़ी प्यारी है। छह बरस की है। रुदाबा नाम है। आपको मालूम है न, मशहूर पहलवान रुस्तम की माँ का नाम था रुदाबा। रुदाबा अपने बाप की बड़ी लाडली है। ज़हीर तो उस पर जान ही छिड़कता है। जब भी मैच खेलने जाता है, उसी का मुँह देख कर जाता है। उसे प्यार करके रुखसत लेगा और कहेगा, मेरे लिए दुआ माँगना। वह भी पट्‌ठी जब ठीक से बोलना भी नहीं जानती थी, तब से ही जाते समय यह जरूर कहती थी, दैदी, 'छैंचुली बना के आना।' यह जुमला आज दिन तक कभी कहना नहीं भूलती। लाड़ली ऐसी है बाप की कि जरा में आँसू फेंक देती है। और बस, बाप का जी दुखने लगता है।" इस बात पर रुदाबा बिटिया के बाप के बाप अपने बुजुर्गाना अन्दाज में बोले, "मैं ज़हीर से हमेशा कहता हूँ कि भाई मुहब्बत दिल में रखने की चीज़ होती है। जाहिरा तौर पर औलाद को इतना प्यार मत दो कि उसे तकलीफ़ हो।"

मैंने जब पूछा कि ज़हीर सबसे पहले कब और कौन-सा इनाम जीत कर लाया था, तो बोले, "भली कही आपने इनामों की। अरे साहब अल्लाह के दिये हमारे छह बेटे हैं और सभी खेलते हैं। घर में कपों और मैडलों का तो ढेर लगा हुआ है। अब किसको याद है कि कौन-सा इनाम कब कौन लाया था। छोटे-बड़े मिला कर चार-पाँच सौ तो कप पड़े ही होंगे। लेकिन हाँ, जहीर को 1968 में जो इनाम मिला था, उसकी बात कभी नहीं भूल सकते। हुआ यह कि कराची जिमखाना में सिंगल विकेट चैंपियनशिप मैच हो रहा था। पाकिस्तान के एक-से-एक बेहतरीन नामी-गिरामी खिलाड़ी खेल रहे थे। उनके बीच में जब अपना ज़हीर भी खेलने पहुँचा, तो कमेंटेटर ने कहा, 'अब कोई स्कूली लड़का खेलने आया है। माफ कीजिएगा, अभी नाम दरियाफ्त करके बतायेंगे, कोई मीडियॉकर-सा लड़का है।' लेकिन साहब उसे बेचारे को अपने अल्फाज़ पर कैसी शर्म आयी होगी, जब एक-से-एक धाकड़ खिलाड़ी देखते रह गये और चैंपियनशिप इसी गुमनाम, मीडियॉकर-से स्कूली लड़के ने जीत ली। उस दिन इसे बहुत बड़ी शील्ड मिली थी और नकद एक हजार रुपये इनाम में मिले थे। अब तो वह कीमत नहीं रही, लेकिन उस जमाने में एक हजार की बड़ी कीमत थी। हमारी

जो माली हालत थी, उसमें एक हजार रुपया काफी मायने रखता था। उस जमाने में टेलीविजन नया-नया चला था। केवल बहुत बड़े लोग ही खरीद पाते थे। ज़हीर का मन हुआ कि इस इनाम से ऐसा कुछ करें कि सारे घर को खुशी मिले, तो बोला, इसका टेलीविजन लायेंगे। सब मिलकर देखा करेंगे। सो साहब, उस हजार में चार सौ हमने मिलाये और टेलीविजन लाया गया। अब तो कई तरह के सेट हैं घर में। लेकिन वह वाला टेलीविजन हमने अभी तक बड़े एहतियात से सम्भाल कर रखा हुआ है।''

ज़हीर अपने माँ-बाप का सबसे बड़ा बच्चा है। उसके बाद पाँच छोटे भाई और एक बहन है। पिता का नाम है सैयद गुलाम शब्बीर। मैंने पूछा कि फिर ज़हीर का नाम 'अब्बास' कैसे हुआ, तो बोले, ''शब्बीर हमारी जात थोड़े ही है। हम तो किरमानी हैं। जैसे आपके विकेटकीपर सैयद किरमानी हैं न, वैसे ही हम भी शिया हैं। किरमानी हमारा सरनेम है। पर बस हमने अपना नाम शब्बीर रख लिया। उसी शब्बीर का आखिरी लफ्ज 'रे' हमने अपने बेटों के नाम में लगा दिया। सबसे बड़ा ज़हीर, फिर तौकीर, तनवीर, ततहीर, तफसीर और सबसे छोटा है सगीर। 'सगीर' अरबी लफ्ज है। इसके मायने ही होते हैं 'छोटा'। यह छोटा भी कम खोटा नहीं है, खूब रन बनाता है। अभी जो आपके यहाँ से अंडर-नाइंटीनवाली टीम खेल कर गयी थी, उसने लौट कर वहाँ कई मैच खेले, उनमें से एक में सगीर ने जब चालीस-बयालीस बढ़िया रन निकाले, तो लोग पूछने लगे, यह कौन लड़का है भई। और जब पता चला ज़हीर अब्बास का छोटा भाई है, तो बोले, इसे तो इतने रन बनाने ही थे भाई। अब तो सभी बेटे खेलते हैं और हम किसी को रोकते-टोकते नहीं। बेचारे ज़हीर पर जरूर बड़ी सख्ती की थी हमने।''

मेरी बात अभी भी अधूरी रह गयी थी कि 'अब्बास' नाम कैसे पड़ा ? तो बोले, ''यों ही हमने अपने बेटों के नाम के आगे 'अब्बास' लगाना शुरू कर दिया। कर्बला जानती हैं न आप ?'' मेरे हाँ कहने पर बोले, ''तो फिर हुसैन का नाम भी जानती होंगी। बस उन्हीं हुसैन के भाई का नाम था अब्बास। वही हमने बच्चों को दे दिया। अब तो जब से ज़हीर ने इतनी शोहरत हासिल कर ली है, तो वह ऐसा किस्मतवाला बच्चा निकला कि सभी खानदानवाले यही सरनेम 'अब्बास' बड़ी शान से लगाने लगे हैं। एक जमाना था, कोई हमें अपनी बेटी नहीं देता था। खैर साहब, सब उस खुदा की देन है, देनेवाला वही मालिक है। ज़हीर लफ्ज के मायने ही 'फतह' होते हैं।'' सुन कर माँ ने बात अपने हाथ में लेते हुए कहा, ''उसके नाना आर्मी में मेजर थे। जब ज़हीर पैदा हुआ, तो देखते ही बोले थे, यह तो सितारा हिन्द है। बस जी, खुदा इसे लम्बी उम्र दे।

इसकी सेहत अच्छी रखे। बच्चे की इज्ज़त की वजह से हमें भी इज्ज़त खूब मिल रही है। अल्लाहताला सब किसी का भला करें। किसी-न-किसी की तुफ़ैल से हमारा भी भला होता रहेगा।''

हम भारत में रहनेवाले क्रिकेट-प्रेमी भी ईश्वर से प्रार्थना करते हैं कि ज़हीर अब्बास के माता-पिता की दुआ कुबूल हो और ईश्वर ज़हीर को लम्बी उम्र और अच्छी सेहत दे।

दिसंबर 1979

युवा पीढ़ी का चहेता— रवि शास्त्री

आपने छुई-मुई का पौधा देखा है न ? बारीक टहनियाँ, नन्ही नाजुक पत्तियाँ, हवा के झोंकों के साथ नज़ाकत से इठलाता हुआ—शोख और शर्मीला दोनों एक साथ। उस पौधे की पत्तियों को हल्का-सा टहोका मारिये—लगेगा अरे, यह तो मुरझा गया। लेकिन जरा देर बाद ही वह फिर हवा के संग लहराने लगेगा। कुछ-कुछ ऐसा ही लगता था मुझे रवि शास्त्री ! प्रत्यक्ष तो नहीं मिली थी, लेकिन या तो स्टेडियम में बैठ कर क्रिकेट के मैदान पर दूर से देखा था या फिर दूरदर्शन सेट के पर्दे पर ! लम्बा, दुबला, नाजुक, नटखट-सा लेकिन बहुत मासूम। उसकी आँखें, उसके देखने का ढंग ऐसा लगता था कि एक बेहद सहमा-सहमा-सा बच्चा है—किसी ने जरा-सा छेड़ा कि रो पड़ेगा। मन के भीतर की माँ हमेशा जाग पड़ती थी उसे देख कर। कुछ थोड़ी-सी ज्यादा ही इसलिए भी कि उसकी शक्ल मेरे अपने बेटे से काफी मिलती-जुलती है। वही कमान-सी भौंहों के बीच में आगे को उभरा हुआ माथा, तेज़ ज़हीन आँखें, लम्बी नाक, तीखा तराशा चेहरा और उस पर खूब-खूब फबती हुई कजरारी मूँछें !

नन्ही-सी उम्र में ही रवि शास्त्री यकायक क्रिकेट प्रेमियों के मन पर छा गया। टेस्ट क्रिकेट के दरवाज़े पर उसके हाथ दस्तक ज़रूर दे चुके थे, लेकिन इतनी जल्दी प्रवेश मिल जायेगा, इसकी उम्मीद न तो खेल प्रेमियों को थी और न खुद उसे ही। पर, अपने पहले ही टेस्ट मैच में अद्भुत प्रदर्शन करके उसने अपने अचानक प्रवेश पर पक्की मुहर लगा दी और उसकी इस जेट सेट एंट्री के बाद तो देखते-देखते आलम यह हो गया कि एक-से-एक अनुभवी और धाकड़ खिलाड़ी उतनी निजी और व्यापक चर्चा के विषय नहीं रह गये, जितने कि रवि शास्त्री।

स्कूल-कॉलेज की लड़कियाँ अमिताभ और कुमार गौरव या संजय दत्त के ब्लो-अप खरीद कर लाने की बजाय बाजार में रवि शास्त्री के फोटो खोजने लगीं। खेल पत्रिकाओं से उसके चित्र कट-कट कर लड़कियों की डयरियों के बीच छिपाये जाने लगे। किशोर उम्र के लड़के और युवक उसके एक-एक मैच पर उत्सुक नजर रख कर उसके खेल पर टिप्पणी करने लगे। और उसकी उपलब्धियों को हसरत भरी चाहत से सराहने लगे, तो मुझे लगा कि खुद अपने चहेते, इस बड़ी संभावनाओं भरे युवक से आपका भी परिचय कराया जाये।

माहीम की नवजीवन कॉलोनी ! अपने आप में एक अलग खिलौनानुमा शहर। एक जैसे रंग और आकार की कई-कई इमारतें और इमारतों की कतारों के बीच में इधर-उधर फैलती गलियाँ ! देख कर मैंने ठीक ही अन्दाज लगाया कि हाँ, कुछ ही बरस पहले इन्हीं गलियों में गेंद और बल्ले की संगत जमती होगी और इन इमारतों की खिड़कियों के काँच जब तब टूटते होंगे और रवि शास्त्री की टोली के बच्चे जरूर अपने-अपने घरों में पिटते और डाँट खाते होंगे।

पर, उसके घर का दरवाजा जिस महिला ने खोला, उसे देख कर एकदम से यह लगा कि नहीं, अगर यह उसकी माँ है, तो इन्होंने उसे कभी खेलने से रोका और पीटा नहीं होगा। भरे शरीर की लम्बी, सुन्दर और सौम्य महिला शास्त्री की माँ ही थीं। उसके पिता भी लम्बे-चौड़े कद के भद्र और सुदर्शन व्यक्तित्व के पुरुष हैं। अपने होनहार बेटे की उपलब्धियों से गौरवान्वित, लेकिन अनावश्यक उद्रेक से बिलकुल परे।

इधर-उधर की बातें तो करते रहे, पर अपने विषय में अधिक कुछ बताने से कतराते रहे, क्योंकि उनमें एक खास तरह का स्वाभिमान-सा लगा कि बेटे की शोहरत के सहभागी होकर वे सस्ती लोकप्रियता प्राप्त नहीं करना चाहते। बमुश्किल तमाम यही ज्ञात हो सका कि शास्त्री के नाम में लगा यह 'शास्त्री' शब्द जातिबोधक नहीं है, वरन डॉ. शास्त्री के पिता स्वर्गीय श्री एम. वी. शास्त्री आयुर्वेद भूषण थे और इन्हें काशी हिन्दू विश्वविद्यालय से 'शास्त्री' की पदवी प्राप्त हुई थी। वे अपने नाम के आगे 'शास्त्री' लगाते थे। बस, यही परम्परा उनके बेटों ने अपना ली। अब बेटों के बेटों का नाम भी शास्त्री ही चलने लगा। (हिन्दी भाषाभाषी यह जान कर प्रसन्न हुए होंगे कि उनके रवि शास्त्री के नाम का 'शास्त्री' शब्द काशी से संबंधित है) आयुर्वेद भूषण एम. वी. शास्त्री मंगलौर में कदरी नामक स्थान के रहनेवाले थे। वे संस्कृत के उद्‌भट विद्वान् थे। उस ज़माने में ऑल इंडिया आयुर्वेदिक कांफ्रेंस के वे दो बार प्रेसीडेंट चुने गये थे। आयुर्वेद में इतने डूबे रहते थे कि अपने मरीज़ों से रात-दिन, कभी एक साथ तीन-चार घण्टों की भी फुर्सत नहीं मिलती थी। फिर भी संस्कृत के अध्ययन

से कभी चूकते नहीं थे। ज़रा-सी फुर्सत मिली कि कोई-न-कोई ग्रंथ हाथ में उठा लिया। उन्होंने अपने घर में दीवारों पर, दरवाज़ों की ऊपरी चौखटों पर सब जगह संस्कृत के सुभाषित और श्लोक बड़े-बड़े रंगीन अक्षरों में लिखवा दिये थे, ताकि जो भी मिलने आये, अच्छी बात पढ़े और गुने। उनके पास आयुर्वेद शास्त्र और संस्कृत के एक-से-एक महान् और दुर्लभ ग्रंथों का बहुत बड़ा संग्रह था। उनकी चौदह संतानों में से दो का स्वर्गवास हो चुका है। ईश्वर की कृपा से बाकी बारहों अपने-अपने स्थान पर खूब उन्नति कर रही हैं। रवि के पिता डॉ. शास्त्री अपने पिता की ग्यारहवीं संतान हैं। उनके बेटे ने तो शास्त्री परिवार की यशः पताका दिगदिगंत में ,खूब ऊँची फहरा ही दी है, उनके भाई की बेटी मृदुला शास्त्री ने भी परिवार का नाम रोशन किया है। एशियाड में भाग लेनेवाली मृदुला तैराकी में नेशनल चैंपियन रही हैं। डॉ. शास्त्री का खानदानी जाति नाम 'राव' है। उनकी बहन (रवि की बुआ) डॉ. ललिता राव महाराष्ट्र की स्वास्थ्य मंत्री हैं। वे एक जानी-मानी समाजसेविका हैं। पेशे से वे भी डॉक्टर हैं, लेकिन संगीत में उनकी गहरी रुचि और पैठ है। स्वयं अच्छी बाँसुरी वादक हैं। महाराष्ट्र में संगीत के प्रचार-प्रसार के लिए भी बहुत काम करती रहती हैं।

रवि की 92 वर्षीया दादी मंगलौर में शास्त्रीजी के पैतृक निवास में रहती हैं। रवि के न्यूजीलैंड जाने पर बहुत खुश हुई थीं। अब उन्हें दिखाई और सुनाई कम देता है। पोते-पोतियों को अकसर पहचान भी नहीं पातीं, लेकिन रवि के मंगलौर जाने पर जब उनके कान में बताया जाता है कि तुम्हारा न्यूजीलैंडवाला आया है, तो उनकी चुँधियाई आँखों में जैसे रौशनी भर जाती है और दुबले शिथिल हाथ फैला कर अरे, रवियाऽऽऽ कहकर वह खास ममता से भर कर उसे कलेजे से लगाकर असीसती हैं। रवि को जब भी छुट्टी मिलती है, तो उसे मंगलौर में अपने ताऊजी के घर जाना बहुत अच्छा लगता है। वहाँ के भाई-बहनों से उसे बहुत प्यार है।

कई बरस पहले पूरा परिवार छुट्टियाँ बिताने कदरी गया हुआ था। एक नारियल का पेड़ दिखाकर रवि को उसके ताऊजी ने बताया कि बचपन में तुम्हारे पापा इस पेड़ पर चढ़ कर खेला करते थे, तो महज छः बरस का रवि—इसके पहले कभी नारियल के पेड़ पर चढ़ा भी नहीं था, लेकिन सुनते ही उसी नारियल के पेड़ पर चढ़ने लगा। सब मना करें, कि वह फटाफट काफ़ी ऊपर पहुँच गया। उसे बस किसी बात की धुन चढ़नी चाहिए—पता नहीं कैसे कर लेता था। एक बार तो जब बहुत ही छोटा था—शायद तीन बरस का रहा होगा, कि गाँव में एक कुएँ के पास खेल रहा था। वहाँ किसी ने ढेर सारे रीठे सुखाने को रखे थे। रवि जनाब ने एक-एक करके सारे रीठे कुएँ में फेंक दिये थे। नन्हा-सा हाथ

घुमा कर कुएँ की दिशा में रीठा उछाल कर फेंकते—जब वह गायब हो जाता, तो प्रसन्न मन से दूसरा रीठा उसी दिशा में फेंक दिया जाता। क्या पता था कि यह भविष्य के आरमर और चाइनामैन फेंके जा रहे हैं। चौके और छक्के लगाये जा रहे हैं। चंचल तो इतना था कि चार बरस की उम्र में ही एक दिन घर के सामने खड़ी कार चुपचाप स्टार्ट कर दी थी। आज जब वह जूँऽऽ करके एकदम तेज गाड़ी चलाता है, तो उसकी माँ को वह दिन जब-तब याद आ जाता है।

रवि की माँ यद्यपि कन्नड़ भाषी हैं, लेकिन नॉर्दर्न रेलवे में काम करने के कारण उनके पिता के जब-तब तबादले होते रहे थे, इसलिए वह अधिकतर उत्तर के क्षेत्र में ही रहीं। जब कॉलेज में पढ़ने लगीं, तो उन्हें पटना वीमेन्स कॉलेज के छात्रावास में भेज दिया गया। वहाँ वह यद्यपि स्वयं खेलती तो नहीं थीं, लेकिन खेलों में रुचि बहुत लेती थीं। कभी भी टेस्ट मैच देखने की सुविधा मिली, तो छोड़ती नहीं थीं। हर उपलब्ध पत्रिकाओं में से टेस्ट क्रिकेट खिलाड़ियों के विभिन्न आँकड़े अपने पास लिखकर रखती थीं, अखबारों की खेल-कतरनें एक फाइल में जमा करती थीं। काफी लजाते हुए एक मीठी-सी मुस्कान के साथ उन्होंने बताया कि वीनू माँकड़ उनका बेहद पसंदीदा खिलाड़ी था। उसकी उपलब्धियों के सारे आँकड़े उन्हें जुबानी याद थे। शास्त्रीजी से विवाह के बाद जब उन्होंने जाना कि वे स्वयं भी क्रिकेट तथा टेनिस के अच्छे खिलाड़ी हैं तथा खेल-जगत् में बड़ी रुचि रखते हैं, तो वह बहुत खुश हुई थीं। श्रीमती शास्त्री इतिहास की एम. ए. हैं तथा बंबई के एक डिग्री कॉलेज में प्रोफ़ेसर हैं। घर में किताबों और पत्रिकाओं की कमी नहीं, लेकिन उन्होंने जब यह गौर किया कि रवि को पत्रिकाओं में से खेल के पृष्ठों में खास रुचि है, तो रवि के लिए वह ढेरों खेल पत्रिकाएँ तथा खेलों से सम्बन्धित पुस्तकें खरीद कर लाया करती थीं। इस तरह बचपन से ही रवि उपन्यास, कहानी या कॉमिक की बजाय खेल पुस्तकों में डूबा रहता था।

तीन वर्ष की उम्र में के. जी. कक्षा में पढ़ने के लिए रवि डॉन बास्को स्कूल में गया। उसके भावी क्रिकेट जीवन की नींव इसी स्कूल में पड़ी। वह नन्ही उम्र तो कन्चा-लट्टू खेलने की थी, रवि ने भी ये खेल खूब खेले, लेकिन गेंद और बल्ले के प्रति खास आकर्षण उसका उसी उम्र से दिखाई देने लगा था। दिन भर कॉलोनी के बच्चों को इकट्ठा करके क्रिकेट जमता था। नवजीवन कॉलोनी की गलियों में पिच तो बड़ी शानदार बन जाती थी, रन-अप भी खूब बढ़िया मिल जाता था, लेकिन पड़ोसियों के घरों की खिड़कियों के जब काँच टूटते, तो रोज-रोज की शिकायतों से तंग आकर डॉ. शास्त्री ने यही बेहतर समझा कि

इसे किसी क्लब में ले जाया जाये। सो, जब रवि सात साल का था, तभी से डॉ. शास्त्री उसे लायंस क्लब बांद्रा में ले जाने लगे। रवि को वहाँ पहुँचाना और लेकर आना डॉ. साहब की दिनचर्या का निश्चित नियम बन गया था। वहाँ के कोच श्री दलवी को भी यह बच्चा बड़ा पसन्द था। वैसे रवि की प्रतिभा की असली परख डॉन बॉस्को स्कूल के कोच श्री बी. डी. देसाई ने की। रवि बचपन से ही लम्बे कद का था, सो उसके पिता ने उसे टेनिस खेलने के लिए भी प्रेरित किया। एक दिन श्री देसाई ने टेनिस कोर्ट पर गौर किया कि रवि अपने बायें और दाहिने दोनों हाथों का बड़ी खूबसूरती से उपयोग करता है, तो उन्होंने उसे बुला कर बात की और क्रिकेट की ओर अधिक ध्यान देने की सलाह दी तथा रवि की ट्रेनिंग पर विशेष ध्यान देने लगे। थोड़े ही समय में रवि डॉन बॉस्को स्कूल की क्रिकेट टीम का कप्तान चुन लिया गया। स्कूल में तो क्रिकेट चलता ही था; घर की गलियोंवाला क्रिकेट भी धूमधड़ाके के साथ कायम था। उस क्रिकेट के बारे में तो रवि से डेढ़ बरस छोटी बहन दीपिका का कहना है कि खेल के वक्त रवि एक नम्बर का चीटर हुआ करता था। साफ आउट हो जाने पर भी मानता ही नहीं था और बैटिंग करता ही रहता था। उसकी जबरदस्ती चल भी जाती थी, इसीलिए सारे लड़के उसी की टीम में रहने की कोशिश करते थे। जानते थे कि एक तो दूसरी टीम को खेलने का समय ही नहीं मिलेगा—समय मिला भी तो रवि धड़ाधड़ सबको आउट कर देगा।

दीपिका आजकल मेडिकल कॉलेज में पढ़ रही है। बचपन में रवि उसकी लम्बी चोटियाँ खींच-खींच कर खासा तंग किया करता था, लेकिन दीपिका को जो सबसे ज्यादा याद है, वह बात है कि एक दिन झगड़ते समय नन्हे रवि महाशय ने छोटी दीपिका को जमीन पर पटक दिया। फिर उसका सिर दीवार से टकरा दिया। दीपिका जोर-जोर से रोने लगी, तो जनाब खिलखिलाकर हँसने लगे। पिता ने हँसने और रोने के स्वर एक साथ सुने, तो वहाँ जाकर सारा हाल देखा और नन्ही-मुन्नी बिटिया को गोद में लेकर रवि को जबरदस्त डाँट पिलायी और कहा कि खबरदार, लड़की पर कभी हाथ मत उठाना। दीपिका प्रसन्न है कि उस दिन के बाद से भाई ने झगड़ा कितना भी किया पर, मारपीट नहीं की। और अब तो बहुत खुश है—भाई के लिए आँखों में ममता भर कर बताती है कि बचपन में ज़रूर वही मुझ पर रुआब गाँठ लेता था, लेकिन अब तो मैं उस पर हावी रहती हूँ। कितनी परेशान रहती थी दीपिका इस बात से कि वह अपने हिस्से की बढ़िया चीज़ें तो खा ही लेता था, दीपिका का हिस्सा भी चट कर जाता था। उसकी चाकलेट तो कभी छोड़ता ही नहीं था। वही रवि अब उसके लिए विदेशों से तरह-तरह की चीज़ें लाकर देता रहता है। दीपिका का कहना है कि वह इस

बात में भाई को हमेशा मात दे देती है कि इसके पहले कि वह पूछे कि तेरे लिए क्या लाऊँ, वह उसके हाथ में अपनी फरमाइशों की लिस्ट पकड़ा देती है।

1977 में रवि जब ग्यारहवीं कक्षा में डॉन बॉस्को स्कूल में पढ़ता था, तब उसके स्कूल ने पहली बार प्रतिष्ठित और बड़ी महत्त्वपूर्ण गाइल्स शील्ड जीती थी। डॉन बॉस्को को यह विजय रवि शास्त्री के नेतृत्व में मिली थी। उसी जीत के बाद रवि का नाम हर जुबान पर आ गया था। 'टाइम्स ऑफ इंडिया' में उसका बड़ा-सा चित्र छपा था और इस लम्बू कप्तान के खूब चर्चे होने लगे थे।

ग्यारहवीं के बाद स्कूल की पढ़ाई खत्म हो गयी, तो चूँकि पोद्दार कॉलेज के वी. एस. पाटील का क्रिकेट के कोच के रूप में बहुत नाम था, इसलिए रवि का नाम पोद्दार कॉलेज में ही लिखाया गया। कुछ ही दिनों बाद डॉ. शास्त्री ने पाटील से स्वयं जा कर पूछा कि रवि का क्रिकेट कितने पानी में है, तो उन्होंने विश्वासपूर्वक कहा था कि इस लड़के में काबिलियत है कि एक दिन टेस्ट मैचों में खेल सकेगा इसे प्रेरणा और सुविधाएँ देते रहिए। स्वयं क्रिकेट के शौकीन डॉ. शास्त्री के स्वप्नों में रंग भरने की शुरुआत उसी दिन हो गयी थी। प्रेरणा और सुविधाएँ तो वे रवि को बचपन से ही देते आ रहे थे।

पोद्दार कॉलेज की टीम का नेतृत्व भी रवि शास्त्री ही करने लगा और उसी के नेतृत्व में पोद्दार कॉलेज ने अंतर विद्यालय शील्ड भी जीत ली। उस मैच में अकेले रवि शास्त्री ने प्रतिद्वन्द्वियों के नौ विकेट लिये थे। इस जबरदस्त गेंदबाजी के बाद ही 1980 में रणजी ट्राफी मैचों में खेलने के लिए उसका चुनाव हो गया। तब रवि कुल साढ़े सत्रह वर्ष का था, जब उसने पहला रणजी मैच जमशेदपुर में खेला था और पहले ही मैच में उसने तीन विकेट प्राप्त किये थे। वह गेंदबाज की हैसियत से ही शामिल हुआ था।

उसके खेल जीवन की आधारशिला तो रखी जा चुकी थी, लेकिन अब क्रिकेट उसका इतना अधिक समय लेने लगा था कि माता-पिता को पढ़ाई की भी चिन्ता होने लगी थी। उनका कहना था कि खेल अपनी जगह ठीक है, लेकिन डिग्री हासिल करके जीविकोपार्जन के योग्य शिक्षा प्राप्त करना भी बहुत ही जरूरी है। उस ओर भी पूरा-पूरा ध्यान देना चाहिए। उन लोगों की इच्छा थी कि रवि क्रिकेट तो खेले, लेकिन साथ-ही-साथ चार्टर्ड एकाउंटेंट बनने की दिशा में भी प्रयास करता चले। केवल खेल से ही जीवन कैसे चलेगा। लेकिन रवि हमेशा पूरे विश्वास से कहा करता था कि माँ एक दिन मैं इसी खेल से अपनी योग्यता और कीमत तुम्हारे सामने प्रमाणित करके दिखाऊँगा। उसे अपने मन में पूरा विश्वास था कि वह भारत की ओर से टेस्ट खिलाड़ी जरूर बनेगा और क्रिकेट ही उसका पेशा बन जायेगा।

गुंडप्पा विश्वनाथ रवि शास्त्री का हीरो था। उसके खेल के सारे आँकड़े रवि को याद थे। उसका खेल वह पूरे मनोयोग से एकाग्रचित्त होकर देखा करता था। विश्वनाथ का अच्छा फोटो जहाँ भी मिलता, रवि काट कर रख लेता था। विश्वनाथ ही एकमात्र ऐसा खिलाड़ी है, जिसके पास जा कर रवि शास्त्री ने अपनी ऑटोग्राफ बुक में हस्ताक्षर लिये थे। रवि की यादों में वह दिन सुनहले अक्षरों में लिखा है, जब टेस्ट मैच में खेलते हुए पहली बार उसने अपने हीरो के साथ पार्टनरशिप की थी।

1981 में भारत की टीम सुनील गावस्कर के नेतृत्व में न्यूज़ीलैंड में खेलने गयी थी। वहाँ शिवलाल यादव और दिलीप दोशी दोनों घायल हो गये थे और टीम पर खासा संकट छा गया था। तब रवि शास्त्री को तुरन्त न्यूज़ीलैंड बुलवाया गया। रवि को यहाँ कुछ पता ही नहीं था। वह तो कानपुर में घरेलू क्रिकेट के अन्तर्गत खेल रहा था। बंबई में पी. टी. आई. की ओर से रवि के घर फ़ोन पर खबर दी गयी। फ़ोन दीपिका ने उठाया और खुशी से उछल पड़ी। भागी-भागी पिता के दवाखाने पर गयी। माँ कॉलेज गयी हुई थीं। उनके पास सन्देश भेजा। लेकिन घण्टों कोशिश की, रवि से सम्पर्क नहीं हो सका। कानपुर में रवि को तो फ़ील्ड पर ही किसी पुलिसमैन से खबर मिली थी। रवि को विश्वास ही नहीं हुआ था। अन्त में जब बोर्ड की तरफ़ से उसे सूचना मिली और तुरन्त दिल्ली बुलवाया, तब उसने स्थिति को गम्भीरता से लिया। तीन दिन के भीतर जल्दी-जल्दी दौड़धूप की गयी और पासपोर्ट बना, वीसा बना एवं औपचारिकताएँ पूरी की गयीं और बिना किसी मानसिक तैयारी के रवि एकदम से न्यूज़ीलैंड के लिये चल पड़ा। वहाँ जाते ही बिना किसी विश्राम के उसे तुरन्त फ़ील्ड पर जाना था। बड़ी अजब परीक्षा की घड़ी थी उसके लिए। माता-पिता अलग परेशान कि इतनी जल्दबाजी में कहीं अगर उसका पहला ही मैच खराब गया, तो बच्चे के भविष्य पर बड़ा प्रतिकूल असर पड़ेगा। मुदित लेकिन चिन्तित माँ ने शृंगेरी मन्दिर के भगवान की मूर्ति का एक सोने का लॉकेट काले धागे में पिरोकर रवि के गले में पहना दिया कि अब यही तेरी रक्षा करेंगे। उस लॉकेट का धागा तो यद्यपि टूट गया है, लेकिन आज तक जितने भी टेस्ट रवि ने खेले हैं, हमेशा उस लॉकेट को जेब में रखा है। निश्चित ही शुभ था वह लॉकेट—अपने पहले ही टेस्ट मैच में रवि शास्त्री ने अद्भुत सफलता अर्जित की। पहली इनिंग में उसने 54 रन देकर तीन विकेट लिये और दूसरी में तो उसने चार गेंदों पर धड़ाधड़ तीन विकेट लेकर रेकॉर्ड कायम किया। आज तक किसी भी गेंदबाज को अपने डैब्यू में यह सफलता नहीं मिली। बस उस क्षण से आज तक रवि शास्त्री ने पीछे मुड़कर नहीं देखा। सफलता की मंज़िलों पर बढ़ता ही जा रहा है। एक गेंदबाज़ की हैसियत से उसने टेस्ट क्रिकेट में प्रवेश किया था और आज

सबका चहेता आलराउंडर बन चुका है। गेंद और बल्ले दोनों से कमाल दिखा रहा है। क्रिकेट के खेल से ही स्वयं को प्रमाणित करके दिखा चुका है। अब क्रिकेट ही उसका सर्वस्व है।

इतनी छोटी-सी उम्र में उसने नाम और पैसा दोनों ही खूब अर्जित कर लिया है, लेकिन अभी तक अपने घरवालों से भी कहता रहता है कि खेल की दुनिया का ठिकाना नहीं है, आज सबने सिर आँखों पर बिठा रखा है। कल ईश्वर न करे असफलताओं का मुँह देखना पड़ जाये, तो सब दूध की मक्खी की तरह निकाल कर फेंक भी सकते हैं। यह बात उसने शायद इतनी ज्यादा बार और इस तरह ठोंक-बजाकर कही हुई है, कि घर के तीनों प्राणी—माता-पिता और बहन अपनी चर्चा किये जाने से घबराते से लगते हैं। बार-बार यही दोहराते हैं कि देखिए हमें कोई निजी प्रचार नहीं चाहिए। रवि को लोग जानें बस, यही काफ़ी है। हमारे नाम और चर्चा की क्या जरूरत ! पर, रवि स्वयं जानता है कि उसे अभी बहुत दूर जाना है और इस यात्रा की उसने पूरी तैयारी कर रखी है। अपने खेल के प्रति वह पूरी निष्ठा से प्रतिबद्ध और ईमानदार है। निजी बातचीत में 'हू केयर्स' और 'सो व्हाट' की अदा रखनेवाला रवि फ़ील्ड पर बेहद शांत और सतर्क तथा गम्भीर रहता है।

27 मई 1962 को बंबई में जन्मे रवि की जन्मपत्री बताने पर पंडित ने तभी घोषणा कर दी थी कि यह बालक बहुत ही भाग्यवान है। जीवन के बीस-इक्कीस बरस पूरे करते-करते ही सारी दुनिया में मशहूर हो जायेगा। बात उसकी सौ फीसदी सही निकली। आज रवि शास्त्री का नाम सारी दुनिया के खेलप्रेमी बड़े प्यार से लेते हैं। जिस सुनील गावस्कर को रवि असीम श्रद्धा देता है, उसी सुनील ने रवि को भारतीय टीम के भावी कप्तान के योग्य घोषित किया है।

वसंत पंचमी की पूर्वसंध्या है। हवा में एक हल्की—बहुत हल्की खुनक है, लेकिन मेरे घर का वातावरण खासा गुनगुना हो आया है। करीब-करीब तीस जोड़ी आँखें प्रतीक्षारत हैं अपने मनचाहे खिलाड़ी की अगवानी के लिए (तय यह हुआ कि हमारे घर आ कर रवि शास्त्री अपने हमउम्र खेलप्रेमियों से धर्मयुग के लिए खुल कर बातचीत करेगा)। लड़कियों के बीच चेमेंगोइयाँ चल रही हैं—'हाय कितना क्यूट लगता है वह', 'बाप रे कितना लम्बा है', 'देखने का ढंग कितना नशीला है', 'और उसकी मुसकान पर गौर किया है कभी तूने ?' 'हाँ रे बड़ी कैंची होती है'। और इसी तरह की तमाम अर्थहीन बातें हवा में उछल रही हैं। किसी ने भी उसे प्रत्यक्ष देखा नहीं है, सिर्फ दूरदर्शन के पर्दे पर देख कर वह उसकी एक-एक भंगिमा पर गौर कर चुकी हैं। लड़के अलग बातों में व्यस्त हैं। उनके बीच खास चर्चा का विषय है कि अगला कप्तान किसे होना

चाहिए।

अचानक घण्टी बजती है और नीले रंग की टाइट जींस, सफेद कॉलरवाली हल्की नीली धारियों की कमीज़ पहने 1 मीटर 90 सेंटीमीटर लम्बे रवि शास्त्री ने प्रवेश किया कि सभी की जुबान तालू से चिपक गयी और केवल आँखें अधिक सक्रिय हो उठीं। मैं साफ देख सकती थी, लड़कियों की नज़र में सपनीली हसरत और लड़कों की नज़र में थोड़ी ईर्ष्या और थोड़ी जाँच-परख ! भला कितनों को नसीब होती है इतनी कम उम्र में इतनी ऊँची शोहरत !

रवि अपने वज़न के प्रति बड़ा सतर्क रहता है। उसे मिठाइयाँ पसन्द हैं, लेकिन वज़न बढ़ने के डर से खाता नहीं है। नपा-तुला खायेगा, बेवक्त कुछ नहीं खायेगा, लेकिन दही उसकी कमजोरी हे। विदेशों में भी जाता है, तो सबसे पहले दही और चावल के लिए ही पूछता है। यह बात मुझे उसकी माँ से ज्ञात हो चुकी थी। सो, जब मैंने उसे जीरे पोदीनेवाले छाछ का गिलास भर कर दिया, तो पहले तो संकोच भरी ना करता रहा। लेकिन जब एक बार गिलास मुँह से लगाया, तो बूँद-बूँद कर खाली करके ही छोड़ा।

नील परिधान धारे रवि बैठा जिस गद्दी पर था, वहाँ रखा गाव तकिया भी नीली रेशम का ही था। वसंती मौसम—नीलाभ रवि—और रंग-बिरंगे परिधानों में सजे-बने उसके प्रशंसक व प्रशंसिकाएँ !—अब उसके सामने फील्ड पड़ी थी। बड़ा रोचक होने जा रहा था आज का मैच ! बैट्समैन अकेला बेचारा रवि शास्त्री—और बॉलर इतने सारे।

थोड़ी ही देर बाद प्रश्नों की गेंद फेंकी जा रही थीं और जवाबों के रन बनने लगे थे। ज्यादातर तो बल्लेबाज पूरे विश्वास से ही खेल रहा था, लेकिन कभी-कभी आत्मरक्षा पर भी उतर आता था। आलम भी विचित्र था। असल मैच में तो सामने से आती गेंद किस तरह की है, यह दिखाई दे जाता है, लेकिन इस अजीबोगरीब मैच में तो कब, किस कोने से, किस प्रकार की गेंद आ जायेगी, इसका कोई ठिकाना नहीं था। पर रवि शास्त्री कोई कच्चा खिलाड़ी तो है नहीं, बड़ी खूबसूरती से सवाल जवाब का यह सिलसिला लगभग डेढ़ घण्टे तक चलता रहा। और वहाँ पाँच बरस के प्रशंसक से लेकर पचपन बरस तक के सभी प्रशंसक उसके सान्निध्य का सुख लेते रहे। प्रख्यात मराठी कथाकार श्री शांताराम भी वहाँ मौजूद थे। उनकी बात का उत्तर जिस विश्वासभरी विनम्रता से रवि देता था, वह तो देखनेवाली बात थी ही, लेकिन सबसे सुखद तब होता था, जब वह किसी नन्हे-मुन्ने बच्चे के प्रश्न का उत्तर उसी की-सी अदा से और उसी के से स्वर के उतार-चढ़ाव से देता था। तब उसकी आँखों की चमक और होठों की मुस्कान सचमुच देखने लायक होती थीं।

मार्च 1984

क्रिकेट के आकाश में उगा बाल सूर्य सचिन

दिसम्बर का महीना है। दिन जल्दी मुँदने लगे हैं और हलकी-हलकी ठण्ड की गिरफ्त में आयी हुई है बंबई आजकल। ठेठ बंबइया लोगों के लिए तो यह मफलर लपेटने, डबल स्वेटर पहनने और अलाव तापने का मौसम आ गया है। कैलासपति, कदंब, सप्तपर्णा, मौलश्री, गुलमोहर, बादाम, आँवला, ब्रैडफ्रूट, अशोक, नारियल, सुपारी जैसे विशाल वृक्षों से लेकर कचनार, हरसिंगार, गंधराज, बेला, चमेली, चंपा, बोगनवेलिया, जसवंती जैसे अनेक छोटे-बड़े पेड़-पौधों से घिरी बांद्रा ईस्ट की 'साहित्य सहवास' नाम की इस कॉलोनी में कुछ ही दिनों पहले तक तो यह हाल था कि जरा-सा दिन धुंधुआना शुरू हुआ नहीं कि घरों की बाल्कनी में से माताएँ अपने-अपने बच्चों को पुकारने लगतीं—'बॉबी, घर चलो; शाम हो गयी है'; 'गैरी, ऊपर आओ, होमवर्क पूरा करना है'; 'राजू, जल्दी आओ, खाना तैयार है'; 'अभिजीत, वरती ये' (ऊपर आओ)। तमाम ऐसी आवाजें चारों ओर से दगने लगती थीं। थोड़ी देर तो सुनी-अनसुनी करते, पर आखिर बड़े बेमन से अपने खेल के साजो-सामान बटोरते हुए, कल फिर मिलने का वायदा कर बच्चे अपने-अपने घरों को लौट जाते और हमारी इस फूलबसी कॉलोनी का यह छोटा-सा प्ले ग्राउंड सूना-पसरा पड़ा रह जाता।

लेकिन कुछ दिनों से सचिन तेंदुलकर नाम की एक जादू-छड़ी फिर गयी है इस मैदान पर, कि खासी गहरी काली शाम तक यहाँ गहमागहमी रहने लगी है। कॉलोनी के नन्हे-मुन्नों और किशोर लड़कों के चौके-छक्के लगते रहते हैं। गुगली और फुलटॉस फेंके जाने का सिलसिला जारी रहता है और सारे बच्चे पूरी मुस्तैदी से फीील्डिंग पर डटे रहते हैं। माताएँ भूल गयी हैं कि बच्चे को होमवर्क

करना है कि बच्चे को सर्दी लग जायेगी कि बच्चे को निश्चित समय के बाद खेल में समय बरबाद न करके घर लौट आना चाहिए। उन्हें तो बॉल और बैट का ठाठ सजाते इन बच्चों को देखना अच्छा लग रहा है। शायद हमारा लाड़ला भी एक दिन पड़ोस के उस छोकरे सचिन की तरह सारी दुनिया में नाम रोशन करे। आखिर वह इसी ग्राउंड पर, इन्हीं बच्चों के साथ तो खेलता था। इसी मिट्टी में तो लोट-पोट कर बड़ा हुआ है वह। इन्हीं पेड़ों की छाँह में तो वह भी अपना पसीना सुखाया करता था।

हाँ, सच बात है, आज सारी दुनिया का ध्यान जिस छोटे से छोकरे सचिन तेंदुलकर पर लगा हुआ है, हैरत से भर कर लोग जिसके चर्चे कर रहे हैं वह सचिन तेंदुलकर अभी कुछ ही समय पहले तक तो यहीं, इन्हीं बच्चों के बीच खेला करता था। स्वयं मैं भी 'साहित्य सहवास' में रहती हूँ। मुझे अपनी स्मृति पर कतई जोर नहीं देना पड़ता, कल की-सी बात लगती है, जब मैं अपनी बाल्कनी से, अपने बेटे को अन्य बच्चों के साथ खेलता देखा करती थी। शाम के समय कॉलोनी के बड़े लड़के प्लेग्राउंड को छेक लेते और नेट लगाकर वॉलीबॉल खेलते और बेचारे छुटके बच्चे बिल्डिंगों और ग्राउंड के बीच की भीतरी सड़कों पर अपना खेल जमाते। इनमें भी जो अधिक छोटे थे, वे बागीचे में इधर-उधर बिखरे खेलते रहते थे। कोई ट्राइसिकिल चला रहा है, कोई स्कूटर दौड़ा रहा है तो कोई लट्टू चला रहा है, कहीं मार्बल गोटियाँ खेली जा रही हैं, तो कोई यों ही उछल-कूद रहा है। इन्हीं नन्हे-मुन्नों के बीच एक छोटा-सा बच्चा अलग ही दिखता था, क्योंकि उसके सुनहरे, भूरे, घुँघराले बाल खूब बड़े-बड़े थे। कन्धों तक बिखरे उन बालों को वह रह-रह कर मुँह पर से पीछे हटाता-फेंकता हुआ, भागा-भागा आता और किसी बच्चे को टँगड़ी मार कर गिरा देता और सर्र से दूर भाग जाता, कभी किसी को पीछे से घूँसा मार जाता या धक्का देकर गिरा जाता। साथियों को नोचता-खसोटता तो अकसर ही रहता था। आँखें उसकी मिचमिची, लेकिन बेहद रौशन होती थीं। शैतानी तो उन आँखों में बिजली की तरह कौंधती रहती थी और गाल उसके उभरे हुए थे और बहुत गुलाबी दिखते थे। यह बेसाख्ता शरारती बच्चा इधर-उधर फुदकता-भागता हुआ बड़ा प्यारा लगता था।

यह मैं आपको तब की बातें बता रही हूँ जब आज आपका यह चहेता खिलाड़ी सचिन तेंदुलकर दो-ढाई बरस का था। फिर चार-पाँच बरस का होते-होते तो वह सारा दिन घर से नीचे ही नजर आता यानी कि स्कूल का समय छोड़ कर बाकी सारा समय वह नीचे इसी ग्राउंड की धूल-मिट्टी में फुदकता-खेलता

रहता था।

सात-आठ बरस का हुआ तो उसे टेनिस की धुन सवार हुई। अपने घने घुँघराले बालों को कसने के लिए वह बड़े शौक से हेड बैंड खरीद कर लाया, रिस्ट बैंड भी उसने लिये थे। उन्हें लगा कर जब वह टेनिस खेलता था तो एकदम जॉन मैकनरो नज़र आता। साईं बाबा कहकर पुकारा जाता था वह। नौ-दस बरस का होते-होते तो वह टेनिस वगैरह छोड़-छाड़ कर सिर्फ क्रिकेट में ही लगा रहता। स्कूल की छुट्टीवाले दिन वह सुबह एक बार जो नीचे उतरा, तो सीधा रात को ही घर में पैर रखता था। मैं अकसर देखती, उसकी नौकरानी उससे मिन्नतें करती—"सची, घर चला।" "सच्चू, अत्ता वेड़ झाली। घरी चल न !" पर सचिन उसकी एक न सुनता और दोस्तों के साथ क्रिकेट खेलता रहता। नौकरानी लक्ष्मी ने सचिन को गोद में खिलाया था। वह उसे बहुत प्यार करती थी और उसके खाने-पीने का तो बहुत ध्यान रखती थी। सचिन जब किसी तरह न सुनता, तो बेचारी चार मंजिल चढ़ कर ऊपर जाती और घर से गिलास भर कर दूध नीचे ले आती और वहीं बिल्डिंग के पीछे ले जाकर उसे पिला देती और कहती—"अच्छा ठीक है, थोड़ी देर खेल ले।"

दूध के गिलास की बात पर याद आयी एक बात। पिछले दिनों कराची में सचिन ने अपने जीवन का पहला टेस्ट मैच खेला था और पाकिस्तानी दर्शक एक बैनर दिखा रहे थे, जिस पर लिखा था, 'सचिन, गो बैक एंड ड्रिंक मिल्क',—यानी सचिन वापस जाओ और दुद्धू पियो। सच बात है, सचिन तेंदुलकर चेहरे से इतना भोला-भाला और मासूम लगता है, मानो उसके दूध के दाँत अभी टूटे भी नहीं होंगे। पर बैनर बनानेवाले उन दर्शकों को क्या मालूम था कि पेशावर के वन डे मैच में वह उनके मशहूर और मारूफ़ स्पिनर अब्दुल कादिर की गेंदों पर छक्के पर छक्का और फिर छक्का उड़ायेगा और एक ओवर में 27 रन बटोर लेगा ! और उनका विश्वप्रसिद्ध हरफनमौला खिलाड़ी इमरान खान सियालकोट में चौथे टेस्ट की दूसरी पारी में जब तेंदुलकर का विकेट लेगा तो हीरे-जवाहरातों के मोल बिकती-सी इमरान की मुसकान अपनी पूरी बहार पर चमकने लगेगी! फ़ील्ड पर एकदम रिज़र्व रहनेवाला इमरान पूरी बत्तीसी दिखाता हुआ खुश हो रहा था—ज़ाहिर है, तेंदुलकर का विकेट इमरान को अपनी बहुत बड़ी उपलब्धि लगा था। वैसे हम एक बात और बतायें। बैनर बनानेवाले को एक और बात मालूम नहीं थी कि सचमुच अभी आठ-दस बरस पहले तक तो सचिन बोतल से ही दूध पीता था। उसकी माँ ने हँसते हुए बताया था कि घर के दरवाजे पर हलकी-सी भी आहट हुई, तो वह झट हाथ की बोतल को पीठ पीछे छुपा लेता या कुर्सी की गद्दी के नीचे रख देता। उसकी उम्र बोतल से पीने की नहीं

रही, फिर भी वह दूध पीता इसी तरह से था।

सचिन के पिता बंबई के कीर्ति कॉलेज में मराठी के विभागाध्यक्ष हैं और अच्छे समालोचक भी माने जाते हैं। उन्होंने एक अच्छा शब्द दिया—'स्पर्श संवेदन'। उनका कहना है कि निश्चित ही सचिन में स्पर्श की संवेदना बड़ी तीव्र रही होगी। काफी वर्षों तक यानी उम्र के आठ-नौ बरस तक वह अपना अंगूठा चूसा करता था। छोटा-सा था, तब एक और विशेष बात करता था—रुई का बड़ा-सा फाहा लेकर हौले-हौले अपने माथे पर, आँखों पर, गालों पर फिराता रहता। उसे यह संवेदन बड़ा अच्छा लगता था और अकसर वह ऐसा करते-करते ही सो जाया करता। लेकिन साथ-ही-साथ छोटे से सचिन में नन्ही उम्र से ही एक अजब तरह की बहादुरी और दिलेरी भी घर करती चल रही थी। अकसर कॉलोनी के गेट के पास से गुजरते किसी अच्छे से कद-काठीवाले लड़के को दिखा कर अपने दोस्तों से वह पूछता—"उस लड़के को मैं हरा सकूँगा ?" लड़का यदि सचमुच बड़ा और ताकतवर नजर आता तो साथी कहते, "नहीं रे, यह तो बड़ा मजबूत दिखायी दे रहा है।" सचिन बड़ी लापरवाह बेधक मुस्कान के साथ कहता, "नहीं रे, मैं उसे हरा सकता हूँ।" अजब आदत थी यह उसकी। वह जिसे अपने से ज्यादा ताकतवाला समझता, हमेशा उसे अपनी कल्पना में परास्त करता हुआ, साथियों से वैसे सवाल किया करता था। तब भला उसे कहाँ मालूम था कि उसका 'टेस्ट डैब्यू' विश्व की सबसे शक्तिशाली टीमों में से एक—पाकिस्तान टीम के समक्ष होगा। कल्पना कीजिए, नन्हा सचिन कॉलोनी के गेट के सामने से जाते इमरान खान या वसीम अकरम को दिखाकर साथियों से पूछता—"यह मुझे हरा सकता है क्या ?" साथी कहते—"हाँ, हरा सकता है", तो वह विश्वास भरे दर्प के साथ कहता—"धत्, मैं ही उसे हरा दूँगा !"

एक और मजे की बात बतायें आपको। सियालकोट के चौथे टेस्ट में खेल रहा था सचिन। वकार यूनुस की एक सनसनाती गेंद आयी और आपने टीवी पर देखा होगा कि सचिन ने सिर नीचे लटकाकर अपना मुँह हाथों में ले लिया। अंपायर दौड़े, साथी पास आये और आनन-फानन भारतीय डॉक्टर और सलिल अंकोला और रमन लांबा भी वहाँ आ पहुँचे। सचिन की नाक पर जबरदस्त चोट आयी होगी, क्योंकि वह बहुत दर्द महसूस करता दिखायी दे रहा था। कुछ ही मिनटों में हमने देखा कि डॉक्टर ने नाक के बीचोंबीच दवा लगा कर बैंडएड लगा दी थी। कभी किसी से न बतियानेवाले, बोलनेवाले इमरान खान ने खुद अपने हाथों से उसे पानी पिलाया और पूछा—ठीक तो हो न ! साथ के खिलाड़ियों

में से किसी ने उसके घुँघराले बालों को हाथ से गुदगुदाया। किसी ने प्यार से उसके कन्धे थपथपाये और यह लीजिए, सोलह वर्षीय सचिन रमेश तेंदुलकर विश्व कप विजेता टीम का सामना करने के लिए सीना तान कर डट गये। आपने सोचा होगा, शायद वह जल्दी ही पैविलियन लौट जायेगा। लेकिन जनाब ने फिर दो बाउंसर छोड़े और चौथी बॉल पर चौका उड़ा कर वकार यूनुस के साथ-ही-साथ हम सब दर्शकों को भी बता दिया कि ऐसी चोटों की उसे परवाह नहीं। उस पारी में पट्ठे ने 57 रन बनाये थे। आपने भी सचिन को खूब सराहा होगा, लेकिन आपको यह नहीं मालूम कि सचिन महाशय इस दृश्य की रिहर्सल काफी पहले कर चुके थे।

हुआ यों था कि जब सचिन महज़ दस बरस का था, तब शारदाश्रम स्कूल के कोच रमाकांत आचरेकर के पास सीखने जाया करता था। एक दिन आचरेकर साहब को आने में देर हो गयी। नन्हे सचिन को विकेटकीपिंग का बड़ा शौक था—इस शौक की वजह थे वे दस्ताने जो विकेटकीपर हाथों में पहनता है। उसे वे दस्ताने बड़े आकर्षक लगते थे। दस्तानों पर उसकी नजर पड़ी तो साथियों से कहा—"आज मैं कीपिंग करूँ ?" दोस्तों ने सोचा, कोई मैच थोड़े ही है, प्रैक्टिस ही तो करनी है, चलो, क्या हर्ज है कर लेने दो ! सचिन ने बड़ी खुशी-खुशी दस्ताने पहने और विकेट के पीछे जा खड़ा हुआ। दो-तीन गेंदें तो लपक लीं, लेकिन अचानक एक गेंद सनसनाती हुई आयी और धाड़ से नन्हे-मुन्ने की नाक को दबोच बैठी। सारे साथी घबरा गये, क्योंकि बहुत खून बहने लगा था। गुरु जी डाँटेंगे कि छोटे बच्चे को क्यों दी कीपिंग करने ? और अगर दी भी तो गेंद सम्भाल कर फेंकनी थी। सचिन को भी डाँट पड़ेगी कि बिना पूछे कीपर के दस्तानों को हाथ क्यों लगाया ? सो, यही ठीक समझा गया कि यहाँ से फूट लिया जाये। एक लड़के ने उसी हालत में सचिन को साइकिल के डंडे पर बिठाया और तेजी से घर की ओर भागा। शिवाजी पार्क से साहित्य सहवास तक का सफर तय करने में पंद्रह-बीस मिनट तो जरूर लगे होंगे। सारे रास्ते खून बहता रहा। घर पहुँचे तो कमीज खून से तर ! माँ देखकर घबरा गयीं, तुरन्त हल्दी वगैरह लगायी और डॉक्टर के पास ले कर भागीं। पता चला, नाक की हड्डी ही टूट गयी है। विश्वास करेंगे आप कि पाकिस्तान में उस दिन की चोट ठीक उसी जगह, उसी पुराने निशान के ऊपर लगी थी ? मैंने कहा न, सचिन कैमरे के सामने आने के पहले इस शॉट की रिहर्सल अच्छी तरह कर चुका था !

ये बातें तो तब की हैं जब उसने क्रिकेट खेलना शुरू कर दिया था। आइए,

कुछ बातें और भी पहले की बतायें। गोरे रंग का छोटा-सा था। मुंडन अभी उसका हुआ नहीं था और बाल बिलकुल सुनहरे-भूरे, घुँघराले और घने थे। कन्धों तक लहराते रहते थे। बेहद चंचल और शरारती सचिन का चेहरा बहुत सुन्दर था और चेहरे से सुन्दर थी उसकी मुस्कान और बड़ी आकर्षक थी उसकी आँखों की चमक। सो, सभी छोटे-बड़े लोग उसे बहुत प्यार करते थे। सामने पड़ने पर हर कोई उससे बोलता-छेड़ता जरूर था। एक दिन श्री भनगे जो कोल्हापुर यूनिवर्सिटी के वाइस चांसलर थे (सचिन की ही बिल्डिंग में रहते थे) उधर से गुजर रहे थे। उन्होंने देखा, सचिन नन्हे-नन्हे गमबूट पहने, इतरा-इतराकर चल रहा है। थोड़ी-थोड़ी देर बाद झुककर छोटे-छोटे हाथों से जूते की धूल भी पोंछ लेता है, सो वे बोले, ''अरे वा सच्ची काय छान बूट तुजे।'' सचिन ने गर्दन तिरछी करके, आँखें तरेरकर उनसे कहा, ''तुम्ही इतके मोठें आहात, तरी तुम्हाला समझत नाही के हे बूट नाहीत—गमबूट आहेत !'' यानी कि आप इतने बड़े आदमी हैं, आपको इतना भी नहीं मालूम कि ये बूट नहीं, गमबूट हैं। इतना बोल कर सचिन जनाब उसी मस्त चाल से आगे बढ़ गये, पीछे ठगे से खड़े रह गये भनगे—वाइस चांसलर! फिर तो कई दिनों तक वे मित्रों के बीच में इस नन्ही-सी जान की आत्मविश्वास भरी अदा की चर्चा करते रहे और हँसते-हँसाते रहे।

उन्हीं दिनों की बात है। सचिन न्यू इंग्लिश स्कूल में फर्स्ट स्टैंडर्ड में पढ़ता था। एक दिन स्कूल से लौटने के बाद वह एक ही साँस में भाग कर अपने घर की चार मंजिलें चढ़ गया। माँ ने समझा, जरूर कोई साथी बदला लेने के लिए पीछे-पीछे आ रहा होगा। क्योंकि उन दिनों अकसर सचिन एक काम करता कि सारे दिन पानी न पीकर, अपनी वाटर बॉटल में पानी बचा लेता और स्कूल से लौटते समय साथियों को उस पानी से खूब भिगोया करता। मगर यह बात नहीं थी उस दिन—उस दिन उसने कन्धे से स्कूल बैग उतारा और जल्दी-जल्दी उसमें से लंच बॉक्स निकाला। और यह लीजिए, बॉक्स खोला तो उसमें से एक मेंढक कूद कर बाहर उछला। चमकती आँखों में खुशी की बिजलियाँ भरे, किलकारी मारते सचिन ने भाग कर उसे मुट्ठी में पकड़ लिया और माँ से बोला—''मेरी बिल्ली कहाँ है ?'' दो दिन पहले ही जनाब कहीं से बिल्ली का छोटा-सा बच्चा उठा लाये थे। बोले, उसके साथ खेलने को इसे लाया हूँ। बिचारी अकेली-अकेली बोर होती होगी। मैं स्कूल जाता हूँ, तब ये दोनों मिल कर खेला करेंगे। उस दिन सारे दिन घण्टों सचिन खाना-पीना, खेलना-कूदना भूल कर इसी धुन में लगा रहा कि किसी तरह बिल्ली और मेंढक साथ-साथ खेलने लगें। एक हाथ में बिल्ली को पकड़े हुए, दूसरे में किसी तरह से मेंढक दबोच लाये, पर ज्यों ही जमीन पर दोनों को आमने-सामने रखे कि बिल्ली तो सोफा के नीचे

दुबक जाये और मेंढक महाशय अलग कहीं फुदक जायें। सचिन बेहद हैरान कि आखिर दोनों अभी दोस्ती क्यों नहीं कर लेते ? साथ-साथ खेलते क्यों नहीं?

उन दिनों सचिन नीचे से खेल कर शाम को अन्धेरा होने पर जब आता, तब खाली हाथ कभी नहीं आता था। उसकी शर्ट और निकर की जेबों तक में फूल-पत्ती ठुँसे रहते। कभी कोई पौधा ही उखाड़ लाता और नहीं कुछ तो सूखी टहनियाँ या मुट्ठी भर घास ही ले आता। जरा बड़ा हुआ तो अजब-अजब शक्ल के कंकड़-पत्थर लाने लगा। एक बार तो मिट्टी के टूटे घड़े का एक ठीकरा ही उठा लाया। रात को पेंसिल और कलर लेकर उस पर कुछ बना रहा था। सुबह पिता देख कर हैरान कि बच्चे ने अपनी कल्पना शक्ति से उस टूटे ठीकरे पर गणपति का बड़ा सुन्दर चित्र उकेरा है। रमेशजी का इरादा अब उस कलाकृति को मखमल का फ्रेम देकर शीशे में जड़ाने का है। उन्हें क्या मालूम था कि पूत पालने में पाँव दिखा रहा है ! वैसे कीड़े-मकोड़े, घास-फूल, कंकड़-पत्थर लाने की आदत उसकी अभी तक गयी नहीं है। पाकिस्तान जाने के कुछ दिनों पहले ही वह नीचे गटर के पास रेंगते घोंघे उठा लाया था।

सचिन को कुत्ते भी बड़े अच्छे लगते थे। हमारी कॉलोनी में चार-पाँच कुत्ते हमेशा ही बने रहते हैं। एक बार नीचे गैरेज में एक कुतिया अपने चार-पाँच बच्चों को लिये पड़ी थी। छोटा सचिन वहाँ गया। उसकी यह हिम्मत तो नहीं पड़ी कि पिल्लों को उठा ले, पर वह उन सबके पास वहीं उकड़ूँ बैठ गया और मुँह से भौं-भौं की आवाजें निकालने लगा। कहते हैं, कुतिया ने पहले तो ध्यान नहीं दिया, लेकिन जब सचिन की आवाज तेजतर हुई तो अचानक कुतिया उठ कर सचिन की ओर झपटी। सचिन महाशय भौं-भौं भूल कर सरपट भागे वहाँ से। अब आलम यह कि सचिन आगे-आगे और भौं-भौं करती कुतिया पीछे-पीछे। माँ ने चौथी मंजिल से देखा तो भागी-भागी नीचे आयीं। खैर, तब तक किसी ने पत्थर मार कर कुतिया को भगा दिया था। लेकिन अभी उस दिन पेशावर के वन डे मैच की समाप्ति पर प्रशंसकों की भीड़ से बचने के लिए सचिन और श्रीकांत ड्रेसिंग रूम की सुरक्षा की ओर बहुत तेजी से भाग कर आ रहे थे, तब मुझे ख्याल आ रहा था शायद इसी स्पीड सें नन्हा सचिन उस दिन सरपट भागा होगा।

उसके जानवर-प्रेम के कारण श्री तेंदुलकर बच्चों को रानीबाग का 'जू' दिखाने ले गये थे। बाकी बच्चे तो रेलिंग के पार से खड़े हो कर देख रहे थे, लेकिन सचिन मास्टर तो एकदम बाड़े के सीखचों में नाक घुसा कर जानवरों

को करीब से देख रहे थे। इतने करीब से कि वहाँ का रखवाला दौड़ा आया और बच्चे को दूर हटाने के लिए कहा। मना करने पर सचिन बहुत रोया। बड़ा रंग में भंग हुआ उस दिन। कुछ ही दिन बाद बेहद सुबह-सुबह कॉलेज जाते समय श्री तेंदुलकर ने देखा कि जहाँ सरकस के तम्बू गड़े हैं, वहाँ पीछे की ओर एक आदमी शेर के बहुत छोटे-छोटे बच्चों को टहला रहा है, साथ-साथ कुछ ट्रेनिंग भी देता चल रहा है। उन्हें सचिन का फूट-फूट कर रोना याद आ गया। उन्होंने उस व्यक्ति से पूछा क्या मैं अपने बच्चे को ये बाघ दिखाने के लिए यहाँ ला सकता हूँ ? उसने हामी भर दी। शाम को स्कूल से लौटने पर सचिन को जब पता चला कि कल बाघ देखने जायेंगे, उसे छू भी सकेंगे तो उसकी खुशी का ठिकाना न रहा। उसे ठीक से नींद भी नहीं आ रही थी। पहली बार उसे पता चला कि रात बहुत ज्यादा लम्बी होती है। पता नहीं उस रात वह सोया भी था या नहीं, क्योंकि अभी पूरी तरह दिन फूटा नहीं था कि वह अपने सबसे बढ़िया कपड़े पहन कर तैयार हो गया और पिता को जगाया—''बाबा, उठो न, बाघ देखने जाना है।''

सुबह-सुबह पिता-पुत्र दोनों जा रहे थे कि कॉलोनी के गेट पर प्रातःभ्रमण के लिए जाते हुए प्रसिद्ध लेखक रा. भि. जोशी मिले, बोले—अरे सचिन, इतनी सुबह-सुबह कहाँ चला ! तो बोला—अभी बात करने का टाइम नहीं है। अभी हम बाघ देखने जा रहे हैं। उस दिन बाघ के बच्चों को देख और छू कर सचिन जितना खुश हुआ था, उतना खुश उसे कभी किसी ने पहले नहीं देखा था। उन्हीं दिनों धर्मेन्द्र की एक पिक्चर आयी थी—माँ। उसका एक गाना था *मैं जंगल के बादशाह से यारी करूँ, गेंडातले घोड़े पे सवारी करूँ।* आगे एक लाइन आती थी—*शेर संग खेलेगा वह शेर बनेगा।* उसे बदल कर सचिन गाया करता था—*शेर संग खेलूँगा मैं शेर बनूँगा।* सचमुच, बहुत छोटे-से अरसे में ही वह शेर बन चुका है और पहला खेल शेर के साथ ही खेला, मेरा मतलब इमरान खान से है। इमरान 'पाकिस्तान का शेर' कहा जाता है न !

पाकिस्तान के शेर इमरान खान का टेस्ट जीवन में प्रवेश 1973 में हुआ था और आपको पता है, हमारा यह शेर बच्चा उसी 1973 में 24 अप्रैल को पैदा हुआ था। अपने जीवन के महज सोलह वसंत देखे हुए 'स्वीट सिक्सटीन' में ही उसने कैसा शानदार प्रदर्शन किया ! उसका ब्योरा बताने के पहले आइए, आपको बतायें इस हीरो का नाम सचिन कैसे रखा गया। रमेश और श्रीमती रजनी तेंदुलकर की चार संतानों में सबसे छोटा है सचिन। यह तय किया गया कि इसका नाम माता-पिता की अपेक्षा उसके भाई-बहन रखेंगे। सबसे बड़ा भाई नितिन फ्लाइट पर्सर है—कवि-हृदय ! *पाउसार* (वर्षा ऋतु) नामक उसकी काव्य

पुस्तक मराठी में छप चुकी है। बहन का नाम है सविता (ससुराल का नाम संपदा पालेकर) और तीसरे नम्बर पर है भाई अजित। तीनों को ही सचिन देव बर्मन का संगीत बेहद प्रिय था। उन्हीं दिनों बर्मन दा की *आराधना* पिक्चर का संगीत पूरे देश में हिट हो चुका था। सो, सब बच्चों ने इस बच्चे का नाम तय किया—'सचिन'। पर इस नाम में एक ही कमी थी। वह यह कि नितिन का 'न' और सविता का 'स' अक्षर तो इसमें था, पर अजित के नाम का कोई अक्षर इस नाम में नहीं था। अजित ने कहा—कोई बात नहीं, नाम बर्मन दा के नाम पर ही रखेंगे (यह जुदा बात है कि सचिन को बर्मन दा के गीतों की अपेक्षा पॉप संगीत अधिक प्रिय है), पर तब क्या पता था कि सचिन के नाम के अक्षरों में अजित का 'अक्षर' तो उसी प्रकार समाया हुआ है जिस प्रकार उसकी यश और कीर्ति की गाथा में अजित की ही लगन और मार्गदर्शन समाया हुआ है।

जी हाँ, यह निर्विवाद सत्य है कि सचिन को इन ऊँचाइयों पर पहुँचानेवाला एक ही व्यक्ति है—उसका बड़ा भाई अजित तेंदुलकर। अजित अपने तमाम किशोरोचित शौकों को तिलांजलि देकर प्राण-पण से क्रिकेट के पीछे पड़ गया था। लेकिन उसे कोई गाइड करनेवाला नहीं था, परिणामतः उसे पता ही नहीं चला कि किन प्रतियोगिताओं में से गुजर कर टेस्ट क्रिकेट-द्वार पर दस्तक दी जाती है और जब पता चला तब तक उसकी उम्र निकल चुकी थी। बहुत धारदार, बहुत बढ़िया खेलता है अजित। लेकिन मुट्ठी में बन्द रेत की तरह उम्र उसकी उँगलियों में से सरक चुकी है। दस साल बड़ा है वह सचिन से। उसने सचिन के लिए सारी सूचनाएँ इकट्ठी कीं। सही समय पर सही जगह उसे भेजा। अजित की ही सतर्कता का परिणाम है कि भारत में केवल सचिन ही ऐसा खिलाड़ी है, जिसने एक ही सत्र में पंद्रह, सत्रह और उन्नीस वर्ष से कम के लड़कों की प्रतियोगिताओं में हिस्सा लेकर अपनी श्रेष्ठता प्रमाणित की। अजित ही सचिन का नाम शारदाश्रम स्कूल में लिखाकर आया था, ताकि वहाँ के कोच रमाकांत आचरेकर यदि सचिन का नैसर्गिक खेल देख लेंगे तो जरूर प्रभावित होंगे। वही हुआ भी। आचरेकर सच्चे जौहरी हैं। उनकी पारखी निगाह ने इस हीरे को पहचान कर ऐसा तराशा कि परिणाम आज सारी दुनिया के सामने है। अजित अपनी आँखों की बन्द पलकों में जिस ख्वाब को सुला चुका था, उसे उसने सचिन की नसों के खून में भर दिया। वही सचिन को सब तरह की चिन्ताओं से मुक्त रख कर सिर्फ खेल पर ध्यान देने को कहता है। यहाँ तक कि टूर पर क्या-क्या ले जाना है, इसकी लिस्ट बनाने से लेकर पैकिंग तक, सब अजित ही करता है। सचिन के बैग में वह साईंबाबा और गणपति के चित्र भी रखना नहीं भूलता और सचिन की एक खास पसंदीदा बैट भी जरूर रख देता

है। भले ही सचिन उस बैट से न खेले, लेकिन सामान में वह बैट रहता है, तो सचिन को बड़ा भरोसा बना रहता है।

अजित और सचिन का एक घनिष्ठ मित्र अविनाश गोवारीकर दोनों पाकिस्तान गये थे सचिन का खेल देखने। सियालकोट मैच में जब 38 रन पर हमारी टीम के चार धाकड़ खिलाड़ी आउट हो गये, तब नम्बर पाँच पर खेलने के लिए सचिन आया। अविनाश तो मारे घबराहट के काँपने लगा था। बड़ी देर तक वह फील्ड की ओर देखने का भी साहस नहीं जुटा पा रहा था। लेकिन जब भारत की ढहती पारी को अपने छोटे, किन्तु सबल कन्धों पर सचिन ने सम्भाला था तो अविनाश के मन में मोर नाचने लगे थे। अविनाश उस समय बहुत खुश होता, जब सैकड़ों बार उससे पूछा जाता कि क्या सचिन सचमुच केवल सोलह साल का है। रोज सैकड़ों प्रशंसकों को सचिन ऑटोग्राफ देता। एक दिन तो सचिन जब बाउंड्री लाइन के पास फील्डिंग कर रहा था, एक दर्शक कँटीले तारों की फेंस कूद कर उसके पास ऑटोग्राफ लेने आ गया और उसके हस्ताक्षरवाले कागज को परचम की तरह लहराता हुआ, स्टेडियम में बीसियों गज तक दौड़ता चला गया। वह तो शायद पूरे स्टेडियम का चक्कर लगाने का इरादा रख रहा था, लेकिन पीछे मुड़ कर जब उसने देखा कि दो पुलिसवाले उसकी ओर डंडा ताने दौड़े आ रहे हैं, तो उसने खैरियत इसी में समझी कि जैसे आया था, वैसे ही फेंस कूद कर बाहर भाग जाये।

सचिन के गुदकारे मुँह पर अभी मसें भी नहीं फूटी हैं। उसकी आवाज में भी अभी बचपन अंगड़ाइयाँ ले रहा है। संकोची और शरमीला तो वह है ही, सो उसने तो नहीं बताया, लेकिन उसके दोस्तों ने बताया कि पेशावरवाले नुमाइशी वन डे मैच के दौरान जब श्रीकांत और सचिन क्रीज पर थे, सचिन ने मुश्ताक की गेंद पर एक जबरदस्त छक्का उड़ाया था, लेकिन अब्दुल कादिर के अगले ओवर की आखिरी गेंद पर एक रन निकाल कर जब वह बॉलरवाले छोर पर आया, तो कादिर उससे बोला, "हमें नहीं मार पाओगे तुम !" सचिन पूरी विनम्रता से बोला, "हाँ, सच बात है। आपको भला मैं क्या मारूँगा।" उसके बाद कादिर के अगले ही ओवर में सचिन ने वह करिश्मा किया, जो अगर यह मैच नुमाइशी न होकर टेस्ट होता, तो एक रेकॉर्ड बन जाता। कादिर की कही बात पर शायद सचिन के मन में भीतर बैठा वह बच्चा जाग गया होगा, जो साथियों से पूछा करता था—"क्या मैं इसे मार सकता हूँ !" तब तो वह कल्पना में ही अपने से ज्यादा ताकतवर को हराया करता था, आज उसने उन कल्पनाओं को हकीकत बना कर दिखा दिया। छक्का, छक्का, छक्का, चौका, चौका और एक। लीजिए कादिर साहब, 27 रनों का तोहफा सप्रेम भेंट। अब शायद अब्दुल कादिर भविष्य

में किसी को वैसी चुनौती न दें। पर प्रशंसनीय है अब्दुल कादिर की खेल-भावना कि शृंखला समाप्त होने पर उन्होंने खुले मन से कहा कि मांजरेकर ने शतक जरूर बनाये हैं, भविष्य में भी बनायेंगे, लेकिन तेंडुलकर के 40-50 रन हमेशा याद रहेंगे। उनका तो यहाँ तक कहना है कि सचिन तेंदुलकर वेस्टइंडीज के रोहन कन्हाई की टक्कर का बल्लेबाज़ है। सचिन के कप्तान श्रीकांत को भी हैरत है कि जरा-सा यह टेंडूल्या (जी हाँ, सारी टीम उसे इसी नाम से पुकारती है। अजहर और मोरे उसे प्यार से 'टिंगू' भी कहते हैं) इतनी ताकत और इतनी सही टाइमिंग कहाँ से लाया है !

टाइमिंग के बारे में स्वयं सचिन का कहना है कि बल्लेबाज अगर सब कुछ भूल-भाल कर केवल क्रिकेट के लिए सचेत और सजग रहे, तो टाइमिंग स्वतः सटीक बैठती है। सचिन ने स्वीकार किया कि कराची में टेस्ट-जीवन की शुरुआत करते समय वह बहुत नर्वस हो रहा था। बेहद घबराया हुआ था, लेकिन क्रीज़ पर पहुँचते ही उसकी घबराहट दूर हो गयी, क्योंकि उसे तब बोलर के सिवाय और कुछ दिखाई ही नहीं दे रहा था। मैंने कहा—यानी कि मछली की आँख बन गया था वकार यूनुस तुम्हारे लिए, तो बहुत शर्मीले सचिन के होंठों पर भरपूर मुस्कान खेल उठी। सचिन ने अपने हाथ की हथेली को बल्ला-सा बना कर कहा, "देखिए, बल्ले के इस कोने पर जब गेंद आती है, तब दूसरी तरह की आवाज निकलती है। इस कोने पर पड़ने पर दूसरी तरह की और यहाँ बीच में जब बॉल आती है, तब शॉट मारने में कोई ताकत भी नहीं लगानी पड़ती और गेंद बल्ले की टकराहट से जो आवाज पैदा होती है, उसमें एक जादुई संगीत होता है, बहुत नशीला आनन्द होता है उस संगीत का ! मैं तो बस इसी आवाज का आनन्द लेता हूँ। मेरे कान हर समय इसे ही सुनने को लालायित रहते हैं। उस ललक की तरह विभिन्न शॉट तो स्वयं ही लग जाते हैं।" मैंने पूछा, "तुम्हें छोटा गावस्कर कहा जाता है। तुम्हारी तमन्ना भी गावस्कर की तरह अनगिनत रिकॉर्ड कायम करने क़ी होगी।" तो बोला, "नहीं, मैं किसी रिकॉर्ड को ध्यान में रखकर नहीं खेलता। मैं तो बस, हर दिन बढ़िया-से-बढ़िया खेलता जाना चाहता हूँ। रिकॉर्ड तो खुद-ब-खुद बन जाते हैं। उन्हें कोई बनाता थोड़े ही है।" गावस्कर और विवियन रिचर्ड्स उसके प्रिय और आदर्श बल्लेबाज हैं। 1987 में सचिन को जब सर्वश्रेष्ठ जूनियर प्लेयर का अवार्ड नहीं मिल पाया था, तो स्वयं गावस्कर ने उसे खत लिखा था कि ऐसी बातों से मायूस नहीं होना चाहिए। पुरस्कारों की लालसा छोड़ कर अपने नैसर्गिक खेल को ही और-और माँजते-सुधारते चलना

चाहिए। उन्होंने लिखा कि स्वयं उन्हें भी यह वाला इनाम नहीं मिला था। सचिन को अपने जीवन के सबसे आनन्ददायी क्षण वही लगे हैं, जब उन्हें गावस्कर का यह पत्र मिला था और दूसरा जब खेल पत्रकार मृणाल साहा ने टेस्ट के लिए उसके चुनाव की सूचना उसे दी थी।

हैडली और मार्शल की गेंदबाजी सचिन को बेहद आकर्षित करती है। फ़ास्ट बोलिंग का सामना करना उसे बहुत अच्छा लगता है। बाउंसरों से वह कतई घबराता नहीं है। उसका कहना है कि गेंद पर अगर आपकी निगाह जमी हुई है तो आपको कुछ करना नहीं होता। शरीर का रिफ्लेक्स एक्शन आपको खुद-ब-खुद बचा लेता है। तो मैंने उसे चिढ़ाते हुए कहा, ''सियालकोट में नाक पर जो बैठी थी ?'' उसने भी तपाक से जवाब दिया, ''गलती भी तो होती है!''

नाक की इस चोट से उसे खासा दर्द हुआ था। वह पट्टी भी उसे बड़ी उलझन दे रही थी, तो थोड़ी देर में उसने पट्टी उचाड़ कर फेंक दी थी और उसी तरह खेलता रहा था। मगर एक बॉल पर जब दौड़ कर उसने चार रन निकाले थे तब चोट के कारण उसका सिर जोर से दुखने लगा था। पर चोटिल नाक और दुखता सिर भी सचिन की राह में रोड़े नहीं अटका सके और उस शाम वह नाबाद रूप से लौटा था—दूसरे दिन फिर खेलने के लिए। वह बिना किसी प्रेशर के एकदम ठण्डे दिमाग से खेलता है क्योंकि उसे तो गेंद को बल्ले पर सही जगह पर ले कर शॉट लगाने से जो संगीत उत्पन्न होता है, उस संगीत को सुनने की धुन लगी रहती है। उस संगीत का आनन्द शायद उस दिन पेशावर में दूना-चौगुना हो गया होगा जब मुश्ताक की गेंद पर उसने जो छक्का मारा था, उस छक्के से पाकिस्तानी ड्रेसिंग रूम की खिड़की का काँच छन्न से टूट कर गिरा था ! तब काँच की किरचों का झनझनाता ऑर्केस्ट्रा भी तो बज उठा होगा !

खैर, यह इंतिहा नहीं, यह तो इब्तिदा है। आगे-आगे देखिए होता है क्या!

जनवरी 1990

सचिन अब बड़ा हो गया है

सन् 1990 के एकदम शुरुआती हलके सर्दीले दिन थे जब धर्मयुग के लिए क्रिकेट के आकाश में उगते बालसूर्य सचिन तेंदुलकर से बातें की थीं। तबसे अब तक ऋतुचक्र तीन बार तो पूरा का पूरा घूम चुका है, चौथी बार की परिक्रमा भी आधी पूरी हो गयी है—यानी कि साढ़े तीन वर्ष बाद अब जब फिर से आपके लिए सचिन से बातें कीं तो बाहर बड़ी सुहानी रिमझिम बारिश हो रही थी। हमारी खूबसूरत फुलबगिया-सी कालोनी के नन्हे पादपों से लेकर विशाल वृक्ष तक बड़े प्रेम से झूम-झूम कर नहा रहे थे। और कमरे के भीतर खुद मैं अपने पुत्रवत सचिन के साथ बैठी उसके विश्वव्यापी यश की फुहारों में भीग-भीगकर आनंदित हो रही थी।

धर्मयुग ने यह महसूस किया कि सचिन तेंदुलकर अब बड़ा हो गया है। बालसूर्य सचिन के बजाय उसे अब उदंत मार्तंड या प्रचंड मार्तंड जैसा कोई भारी-भरकम संबोधन दिया जाना चाहिए। इन साढ़े तीन वर्षों के घटनाक्रम को देखें तो धर्मयुग की बात सही लगती है—बड़ा हो गया है सचिन—इतना बड़ा कि उसे गिनीज़ बुक ऑफ वर्ल्ड रिकार्ड्स में स्थान बनानेवाली भुवनेश्वरी कुमारी के साथ अलंकृत किया गया है। यानी कि देश की सर्वश्रेष्ठ महिला खिलाड़ी का खिताब भुवनेश्वरी कुमारी को मिला है और पुरुषों के बीच सचिन तेंदुलकर देश के सर्वश्रेष्ठ खिलाड़ी घोषित किये गये हैं। सन् 1992 के ये खिताब किसी साधारण क्लब द्वारा नहीं वरन देश के बड़े नामी-गिरामी मुंबई खेल पत्रकार संघ ने दिये हैं। बहुत शानदार टेनिस खिलाड़ी लिएंडर पेइस से भी सचिन को दो अंक अधिक मिले और वे सन् 1992 के सर्वश्रेष्ठ खिलाड़ी घोषित किये गये हैं। लेकिन क्या करूँ कि मुझे तो आज भी सचिन वैसा ही मासूम, वैसा ही भोला, वैसा ही सलोना लग रहा था जैसा तब था। फर्क शायद इतना-सा ही पड़ा है

कि तब उसकी मसें महज भीगीं थीं आज वह बाकायदा शेव करता है। पहले से ज्यादा गठीला और हृष्ट-पुष्ट जरूर हो गया है। पर अभी भी तथाकथित 'मैनली लुक' ने उस पर अपना बोझ नहीं डाला है। उसकी मासूम ताजगी ज्यों की त्यों बरकरार है।

सचिन से खूब सारी बातें कर लेने के बाद मैंने यह महसूस किया कि अब केवल क्रिकेट ही उसका जीवन है। क्रिकेट ही उसकी नासिका से श्वास बनकर आता जाता है, क्रिकेट ही उसके हृदय को धड़कन और मस्तिष्क को चैतन्य देता है। वह क्रिकेट ओढ़ता और बिछाता है। क्रिकेट ही खाता-पीता है। क्रिकेट ही में सोता-जागता है। उसके चारों ओर, उसके घर में, उसके देश में या चतुर्दिक संसार में क्या हो रहा है इसके बारे में सोचने की उसे न फुर्सत है न इच्छा। वह अपना सारा ध्यान सिर्फ़ क्रिकेट में केन्द्रित किये हुए है। बातें भी उसे सिर्फ़ क्रिकेट की ही करना पसंद हैं। बाकी कुछ भी बातें कीजिए तो या तो हल्का-सा मुस्करा देगा या छोटे-छोटे वाक्यांशों में सांकेतिक जवाब दे देगा। इसलिए मैंने यही उचित समझा कि आज आपके लिए खुद उसी से उसकी क्रिकेट यात्रा का ब्यौरा लिया जाये।

बड़े उत्साह से उसने बताया, "अपने जीवन का पहला टेस्ट मैच खेलने मैं पाकिस्तान गया था, वहाँ तक का हाल तो आप धर्मयुग में लिख ही चुकी हैं। उसके बाद से ही शुरू करता हूँ। पाकिस्तान के बाद हमारी टीम गयी थी न्यूज़ीलैंड। पाकिस्तान गया था तब मन-ही-मन थोड़ा नर्वस था लेकिन वहाँ जाकर खेलने के बाद जो आत्मविश्वास मुझे मिला उसने समझ लीजिए मेरे क्रिकेट जीवन की पुख्ता बुनियाद रख दी थी। इमरान खान, वकार यूनुस, वसीम अकरम, अब्दुल कादिर जैसी दिग्गज हस्तियों का सामना करते हुए अपनी कलाइयों, कंधों और पाँवों को आज़मा लिया था। अपने बल्ले का जायज़ा ले लिया था। इसलिए मेरे सोच में एक नया ही विश्वास भर गया था। उस विश्वास ने तमन्ना जगा दी थी कि अब सचमुच कुछ करके दिखाना है। हौसले तो खूब बुलंद थे, मगर आज सोचता हूँ तो हँसी आती है कि वहाँ (न्यूज़ीलैंड) पहले ही टेस्ट मैच में अपनी पारी की पहली ही गेंद पर मैं कॉट बिहाइंड हो गया। डैनी मोरिसन की गेंद पर विकेटकीपर इयन स्मिथ ने मुझे लपक लिया था। आज बता रहा हूँ आपको कि उस दिन ड्रेसिंग रूम पहुँचकर मैं एकदम रो पड़ा था। अरे पहली ही गेंद पर आउट होने के लिए मैं इतनी दूर न्यूज़ीलैंड तक आया था क्या ? यह क्या किया मैंने ! पर जब थोड़ा रो लिया और मन कुछ हलका हुआ तो दिमाग ने

सोचना शुरू किया कि यह जो कुछ घटित हो गया है उसे भूलना होगा। मैच की दूसरी पारी हमारे लिए बहुत महत्त्वपूर्ण थी क्योंकि हमें मैच बचाना था। मैंने निश्चय किया कि मैं दूसरी पारी में ज़रूर कुछ-न-कुछ कर गुज़रूँगा।

''मेरी बारी आयी। पूरे आत्मविश्वास के साथ मैं क्रीज़ की ओर बढ़ चला। और लीजिए देखता क्या हूँ कि मुझे सबसे पहले सामना करना है सर रिचर्ड हैडली का। याद होगा आपको कि मैंने पिछली बार ही आपको बताया था कि हैडली और मार्शल ये दो गेंदबाज़ मेरे मन में बेहद आदर का स्थान रखते हैं। हैडली की फेंकी गेंद को अपने बल्ले पर लेना मेरा चिरसंचित स्वप्न था। आज वह साकार होने जा रहा था। विश्व के उत्कृष्टतम गेंदबाज का सामना करना मामूली बात नहीं। उसके ऊपर गजब यह कि हैडली ने पहली ही गेंद बाउंसर फेंकी। मैंने गेंद की तेज़ी और दिशा भाँप ली और अपना पूरा शरीर पतली बेंत की तरह लचकाकर बायीं ओर टेढ़ा झुकाया और अपना सिर साइड में झुकाकर स्वयं को बचा लिया। और लीजिए दूसरा बाउंसर उन्होंने और भी तेज़ फेंका और पहलेवाले से बिलकुल विपरीत दिशा में। ऐसी हालत में आपके 'रिफ्लेक्सेज' का बेहद चौकन्ना होना बहुत जरूरी है। मैं जरा-सा भी सकपका गया होता तो हैडली के सामने आने पर हर बार गलत ही खेला होता। पर मुझे खुशी है कि मैंने पूरी चौकसी के साथ एक के बाद एक दोनों तेज़ बाउंसरों का सफलतापूर्वक सामना किया और मेरा आत्मविश्वास सातवें आसमान पर पहुँच गया। मैं काफी देर तक क्रीज पर रहा, खेला भी अच्छा। लेकिन चौबीस रन बना लेने के बाद ही 'कॉट बिहाइंड' हो गया। इस बार ब्रैसबेल की गेंद पर स्मिथ ने मुझे दबोचा था। इतनी अच्छी बैटिंग कर रहा था मैं फिर भी आउट हो गया, यह बात मुझे बहुत बुरी लग रही थी। मगर खुद को धिक्कारते हुए मैंने यह भी महसूस किया कि इस तरह हर समय अफ़सोस नहीं करना चाहिए। देखने की बात यह है कि गेंद कैसी थी और आप आउट किस तरह हुए। मैंने महसूस किया कि मुझे आउट करनेवाली वह गेंद सचमुच बहुत अच्छी थी। बहुत ऊँचे दर्जे की थी। इसलिए उसे सम्मान देते हुए मैंने अपना गम भुला दिया।

''न्यूज़ीलैंड के साथ दूसरा टेस्ट मैच जब मैं खेल रहा था तब मेरे ध्यान में यह बात थी कि अगर मैं शतक बना लूँगा तो दुनिया का सबसे कम उम्र के 'सेंचुरी मेकर' का रेकार्ड कायम कर दूँगा क्योंकि जिसका विश्व रिकार्ड था उससे मेरी उम्र उस समय छह महीने कम थी। पर दुर्भाग्य कि मैं ८८ रन बनाकर आउट हो गया। मुझे बहुत बुरा लगा। बाद में काफी शतक बनाये, आगे भी बनेंगे, पर तब बनाया होता तो बात ही कुछ और बन जाती। यह शतक मिस करने का मलाल मुझे हमेशा बना रहेगा।''

''हमारी टीम न्यूज़ीलैंड के बाद गयी इंग्लैंड। उस शृंखला का पहला ही टेस्ट मैच मुझे ज़िंदगी भर याद रहेगा। मैच लॉर्ड्स के मैदान पर हो रहा था और मैंने लगभग चालीस गज़ दौड़कर एक ही हाथ से बहुत हाई कैच पकड़ा था। उस कैच को वर्ष के सर्वश्रेष्ठ कैच का पुरस्कार भी मिला था। उस कैच की याद मुझे आज भी रोमांच से भर देती है।'' मैंने पूछा ''आजकल स्टार टी.वी. पर प्राइम स्पोर्ट्स का कार्यक्रम शुरू होने के पहले जो छोटे-छोटे टुकड़े दिखाये जाते हैं उनमें कैच की क्लिप भी है। वह यही कैच तो नहीं ?'' तो उसने कहा, ''हाँ, यह वही कैच है।'' सचिन ने बताया, ''लॉर्ड्स के बाद दूसरा मैच हम ओल्ड ट्रैफर्ड में खेले। पहली पारी में मैंने 68 रन बनाये। दूसरी पारी में जब मैं खेलने गया तो स्थिति यह थी कि 6 विकेट पर केवल 130 रन बने थे और किसी भी हालत में हमें मैच बचाना था। मैंने मन-ही-मन सोचा कि सचिन आज तुझे पेशेंस का गेम खेलना होगा। आज तेरा अपनावाला नेचुरल गेम नहीं चलेगा। ज्यादा से ज्यादा टाइम आज क्रीज पर रहना है। मैं जानता था कि स्ट्रोक तो मेरे पास हैं ही। जब चाहूँगा लगा लूँगा, पर फिलहाल जरूरत है एक छोर सँभाले रहने की। और सचमुच उस मैच को मैंने और मनोज प्रभाकर ने मिलकर बचा लिया था। मुझे एक बड़ी उपलब्धि यह मिली कि मेरा चिरप्रतीक्षित स्वप्न पूरा हुआ। मैंने शतक जमाया। 119 नाबाद रन बनाये थे मैंने। टेस्ट जीवन के प्रथम शतक के साथ ही इस मैच में मुझे एक बार फिर 'मैन आफ द मैच' का अवार्ड भी मिला। नेचुरली यह मैच मुझे हमेशा याद रहेगा।

''फिर 1991-92 में हम सब आस्ट्रेलिया गये। भले ही यह टूर मेरे लिए बहुत अच्छा था, पर हमारी टीम के लिए यह बहुत खराब साबित हुआ। किसी की भी बैटिंग क्लिक नहीं हो रही थी। लगता था, सभी का 'बैड पैच' चल रहा है। यहाँ पहले टेस्ट में तो मैं भी बहुत जल्दी आउट हो गया था, पर दूसरे मैच में मैं काफी अच्छा खेल रहा था कि लांग आन पर एलन बोर्डर ने मेरा कैच पकड़ लिया। मुझे बहुत बुरा लगा। अपने ऊपर बड़ा गुस्सा आया कि मेरी अच्छी बैटिंग का क्या फायदा हुआ कि मैं अपनी टीम को कुछ दे ही नहीं पाया। भले ही दो घंटे तक मैंने बहुत अच्छी बैटिंग की, पर टीम को क्या मिला ? उस शाम मैंने पक्का निश्चय किया कि अब मैं और भी ध्यान देकर खेलूँगा। अपने को मैंने चारों ओर से खूब समेटा, बटोरा और तीसरे टेस्ट में नाबाद 148 रन बनाये। मेरी वह पारी बहुत अच्छी रही। उसके बाद तो मैंने मन-ही-मन निश्चय किया कि अब छोटे-छोटे स्कोर से संतुष्ट होने का सवाल ही नहीं, हमें तो अब सैकड़े ही बनाने होंगे। सत्तर-अस्सी की औसत से रन बन रहे थे पर इतने से काम नहीं चलनेवाला। मेरे मन में यह तमन्ना घर करती जा रही थी कि हमें अपनी

टीम का बहुत स्पेशल, बहुत खास खिलाड़ी बनना है। जबकि हालत यह थी कि उस समय आस्ट्रेलियाई खिलाड़ी अपनी पूरी बहार पर थे। उस मैच में पहले तो वेंगसरकर सस्ते में आउट हो गये, फिर अज़हर भी थोड़ी देर बाद चलते बने और इन दोनों के आउट होते ही गेंदबाज़ एकदम ताजादम हो उठे और हावी होकर पूरा जलवा दिखाने लगे। मैंने आधे घंटे तक तो सँभलकर-सँभलकर तेज़ गेंदों का सामना किया और फिर ज़रा जमने के बाद मैं उन पर चढ़ बैठा और 148 नाबाद रन बनाये। यह पारी मुझे अपनी सबसे संतोषदायी पारियों में से एक लगती है।

"मगर उसके बाद अगले टेस्ट मैच में मैं दोनों ही पारियों में जल्दी-जल्दी आउट हो गया तो मैंने खुद को खूब कोसा और लताड़ा कि निश्चित ही मैंने स्वयं को तीसमारखाँ समझ लिया है और गेम को ज्यादा ही ईज़ी ढंग से ले लिया है। इतना बेफिक्र बेलौस होने की जरूरत नहीं है। मुझे सोचना चाहिए कि हर गेम अलग होता है। मैच का हर दिन अलग तरीके का होता है। यह बात मुझे कभी भूलनी नहीं चाहिए। मुझे हमेशा ध्यान में रखना है कि विशाल स्कोर करने के बाद रिलेक्स नहीं होना है। बल्कि अगले मैच में उससे भी बड़ा स्कोर करने की मानसिक तैयारी रखनी है। इस बात को अच्छी तरह से गाँठ बाँध लेने के बाद मैं पर्थ के मैदान पर उतरा था कि दुनिया का सबसे तेज विकेट पर्थ में ही है। इस विकेट पर हमारी टीमों ने कभी दो ढाई सौ से ज्यादा रन नहीं बनाये। मुझे खुशी है कि इसी नामी-गिरामी तेज विकेट पर मैंने 114 रन बनाये।

"और फिर उस दिन तो विकेट जरा ज्यादा ही फ़ास्ट था। गेंदों को बहुत ही हाई बाउंस मिल रहा था। पहला अर्द्धशतक मैंने शायद 55 गेंदों में बनाया था। फिर बाकी के रन 40-50 गेंदों में पूरे कर लिये थे। उस दिन भी जब मैं आउट हुआ तो वह गेंद सचमुच बहुत अच्छी गेंद थी। बस इस बार भी वही बात सोच कर संतोष किया कि सचमुच वह बहुत अच्छी गेंद थी, जिसने मुझे आउट किया।

"इसी दौरान आस्ट्रेलिया में ट्राइंगुलर मैच हुए। वेस्टइंडीज़ और हमारे बीच मेलबर्न में निर्णायक खेल खेला जाना था। हमें 50 ओवर में 180 रन बनाने थे।" मैं बोली, "सचिन यह तो कोई बहुत बड़ा लक्ष्य नहीं था।" तो सचिन ने कहा, "ऐसी बात नहीं है। असल में मेलबर्न का मैदान दुनिया का सबसे बड़ा मैदान है। उसकी बाउंड्री बहुत दूर होती है। उस दिन का विकेट भी गेंदबाजों का साथ दे रहा था। हमें सेकेंड हाफ में खेलना था। शाम का झुटपुटा करीब था, वातावरण बहुत भारी और बोझिल थाँ। विकेट खूब स्विंग हो रही थी और गेंदों को अजीब तरह का निप मिल रहा था। विकेट के ऊपर नमी भी बढ़ती

जा रही थी। यानी कि परिस्थितियाँ सभी हमारे खिलाफ थीं। श्रीकांत ने फटाफट 35 रन बनाये, अब मैं और अज़हर खेल रहे थे। अज़हर आउट हुए, प्रवीण आमरे आया। उसने 28 रन बनाये और चलता बना। अब मेरे साथ कपिलदेव आ चुके थे। हम दोनों खूब सँभलकर खेलते रहे। याद है न आपको कि उस दिन का विनिंग स्ट्रोक मैंने ही मारा था। उस दिन मैंने 68 नाबाद रन बनाये थे। फिजूल की शेखी बघारने की मेरी आदत नहीं है लेकिन यह बात सच है कि उस दिन अगर मैं आउट हो गया होता तो हम सौ फीसदी हार गये होते। मुझे संतोष है कि मैं विकेट भी सँभाले हुए था और रन भी ले रहा था। यह मैच जीतने के बाद ही हम फाइनल के लिएं क्वालिफाई हुए, इसीलिए हमारी पूरी टीम खूब खुश थी।

''फिर शुरू हुआ विश्व कप। इसमें किस्मत साथ दे गयी होती तो मैं 'मैन आफ द सीरीज' भी हो सकता था। ब्रायन लारा, मार्क ग्रेट बैच, मार्टिन क्रो और मैं—हम चार के बीच मुकाबला था। बाजी मार ले गया मार्टिन क्रो। उसे मुझसे एक 'मैन आफ द मैच' अवार्ड ज्यादा मिला था। वैसे क्रो इस पुरस्कार को वाकई डिज़र्व करता था। क्या खूबसूरत चमाचम निसान मैक्सिया गाड़ी उसे मिली थी। इसी विश्व कप के दौरान हम सिडनी में पाकिस्तान के विरुद्ध खेले थे। उस मैच को हम जीते और वह मैच मेरे अब तक के जीवन का सबसे यादगार मैच बन गया है। पहली गेंद से ही हम दोनों टीमें एक-दूसरे पर हावी थीं।

''इसी विश्व कप के दौरान न्यूज़ीलैंड में हम जिम्बाब्वे के खिलाफ खेले। वर्षा के कारण मैच सिर्फ 25 ओवर का रह गया था। कपिलदेव और श्रीकांत ने शुरुआत की। दोनों ही जल्दी आउट हो गये। फिर अज़हर भी चले गये। मुझे नंबर चार पर खेलना था। मैंने और संजय ने उस दिन डेढ़ सौ रन की भागीदारी की। शायद दो सौ के करीब कुल स्कोर था। मैंने 85 या 86 रन बनाये थे। मुझे एक विकेट भी मिला था। रन रेट के आधार पर वह मैच हम जीत गये थे वरना वह मैच भी बेहद नजदीकी टक्कर का मैच था। दोनों टीमों में से कोई भी जीत सकती थी। भाग्य था कि हम जीते और 'मैन आफ द मैच' का अवार्ड भी मुझे मिला। जाहिर है, मैं खूब खुश था।

''उसके बाद इसी विश्व कप के लिए हम लोग न्यूज़ीलैंड में खेले। आज तक जितना भी क्रिकेट मैंने खेला है उसमें सबसे खराब मौसम का सामना इस मैच में ही किया। माइनस चार डिग्री का मौसम था—ऐसी कड़ाके की ठंड कि दाँत बजें, हड्डियाँ काँपें, और ऊपर से बारिश। किसी को कुछ समझ में नहीं आ रहा था कि कैसे, क्या करना है—बस खेले जा रहे थे हम। हमने 220 रन बनाये। उन दो सौ बीस रनों में शायद सबसे ज्यादा समय तक मैंने ही बल्लेबाजी

की थी और 89 रन बनाये थे। एक बार फिर मैं अपनी चाहत में चूक गया था। मेरे मन को शतकों की बहुत जरूरत थी। मैं बहुत उदास हुआ कि कुल ग्यारह रनों ने मेरा सपना तोड़ डाला। मेरा सपना तो टूटा ही, टीम को भी निराशा ही हाथ लगी। उस दिन एंड्रयू जोन्स बहुत अच्छा खेला। ग्रेट बैच ने भी 60 रन बनाये थे। अभी तीन-चार ओवर बाकी थे कि वे लोग हमसे जीत गये।

''सफलता-असफलता की मिली-जुली यादें लिये हुए मैं अभी अपने घर वापस आया ही था कि तीन-चार दिन बाद ही यार्कशायर काउंटी के मुख्य अधिकारी ने साउथ अफ्रीका से मेरे घर पर फोन किया। काउंटी क्रिकेट खेलने का स्वप्न तो बरसों से मैंने मन में सँजोया हुआ था, वह बिना किसी कोशिश के यों अनायास पूरा होगा इसकी मैंने कभी कल्पना भी नहीं की थी। मैंने तुरंत ही 'हाँ' कर दी। बाद में पता चला कि उन लोगों ने तो मेरे लिए अपनी तमाम परंपराओं और नियमों को ताक पर रख दिया था। पिछले एक सौ बीस वर्षों से उनके खेल इतिहास में यार्कशायर से बाहर का कोई व्यक्ति कभी प्रवेश ही नहीं पा सका था। भले कोई अंग्रेज ही हो लेकिन अगर पैदाइश यार्कशायर की नहीं है तो काउंटी में उसके लिए कोई जगह नहीं होती थी। मैं तो गैर मुल्क का व्यक्ति था पर उन्होंने जिस मोहब्बत और इज़्ज़त से मुझे रखा वह मेरे जीवन का मधुर अध्याय है।''

मैंने थोड़ा-सा छेड़ा और कहा कि सुना है वहाँ भी टीन एजर लड़कियाँ तुम्हारी दीवानी हो गयी थीं। क्या इसलिए अध्याय मधुर बन बया है, तो बिना झिझके और लजाये सचिन बोला, ''नहीं, नहीं ऐसा तो कुछ नहीं था। हाँ, वहाँ के बड़े-बूढ़े जरूर मुझे पसंद करने लगे थे। मेरा खेल देखने के लिए दादा-दादी, नाना-नानियों की संख्या अचानक खूब बढ़ गयी थी। वैसे लड़कियाँ देखें या बूढ़े मेरे क्रिकेट की सेहत पर इन बातों का कोई असर नहीं होता। यह जरूर है कि यार्कशायर में मैंने अपने जीवन के कुछ बहुत अनोखे अनुभव किये हैं। आपको पता है कि मैं वहाँ करीब साढ़े चार महीने रहा और उतने समय में मैंने साढ़े दस हजार मील से भी ज्यादा सफर किया—सेवन डेज़ अ वीक यात्रा की थी मैंने वहाँ। रोज़, रोज़-रोज़ बस सुबह मैच खेलो और रात को यात्रा करो। क्लब ने मुझे होंडा स्पोर्ट्स कार दे रखी थी। मैप रीडिंग करता हुआ मैं खुद ही ड्राइव करके एक जगह से दूसरी जगह पहुँचा करता था। एक बात बताऊँ हँसियेगा मत—पहली पाँच-छह बार तो मैं हर बार खो जाता था। गलत रास्ता पकड़ लेता था और घबराता रहता था कि समय पर न पहुँचा तो अगले दिन खेलने कैसे जाऊँगा।

पर खैर, जैसे-तैसे भटकते-भटकते पहुँच ही जाता था। एक अच्छी बात है कि हमारे यहाँ की तरह वहाँ फ़ालतू की घेराघारी नहीं होती। पहचानने पर छोटा-मोटा मजमा नहीं जमा होता।''

मैंने पूछा, ''पर तुम उनके साथ किया करार तीन-चार हफ्ते पहले ही तोड़कर क्यों चले आये ?'' तो बोला, ''नहीं, नहीं, कोई करार नहीं तोड़ा था। उन लोगों की मेरे प्रति कोई रंजिश भी नहीं है वहाँ। उन्हें परिस्थिति बता दी गई थी। हमारी टीम को साउथ अफ्रीका जाना था। उसके पहले घरेलू फर्स्ट क्लास मैचेज़ होने थे, जिनके आधार पर टीम का चुनाव होना था, इसलिए मेरा भारत आना बहुत ज़रूरी था। उन्होंने स्थिति की नजाकत समझी और तीन हफ्ते पहले ही मुझे वापस होने की अनुमति दे दी। आपको मालूम है जिस दिन मैंने वहाँ आखिरी मैच खेला उस दिन क्या हुआ ?'' मैंने जब अपनी अनभिज्ञता जतायी तो उसने एक पल को अपनी आँखें मूँदीं, होंठों पर हलकी मुस्कान आयी और चेहरे पर एक विशेष चमक लहरा गयी।

मैंने देखा उस चमक में घमंड नहीं था। एक अजब कृतज्ञ भाव की ममता-सी थी। वह बोला, ''उस दिन उन्होंने मैच शुरू होने से पहले घोषणा कर दी थी कि सचिन का आज यहाँ इस सत्र का आखिरी खेल होगा। वह आज अपने देश वापस जा रहा है। तो आपको पता है उस दिन जब मैं बैटिंग करने जा रहा था तो क्रीज़ तक पहुँचने में जितना समय लगता है उतने समय तक पूरे वक्त चारों ओर से सिर्फ तालियों की आवाज़ें आ रही थीं। उसके बाद मेरे हर स्ट्रोक पर फिर उसी तरह पूरा स्टेडियम तालियों से झनझना उठता था। ऐसा लग रहा था सभी लोग अपना पूरा का पूरा ध्यान बटोर कर सिर्फ मेरे बल्ले को, मेरे हाथों और पाँवों की हरकत को ही देख रहे थे। वे उस दिन के खेल का एक पल भी बिना जिये छोड़ना नहीं चाहते थे। खेल जब खत्म हुआ तो पूरी की पूरी भीड़ ने हर छोटे-बड़े व्यक्ति ने मुझे स्टैंडिंग ओवेशन दिया और पता है आपको मैं बेहद टच्ड हुआ जब उन साथी खिलाड़ियों ने मैदान से ड्रैसिंग रूम तक आने के लिए मुझसे कहा कि आज तुम टीम को लीड करते हुए आगे-आगे चलो। आप तो जानती ही हैं तब मैं बहुत शाई किस्म का था। मुझे बेहद संकोच हो रहा था, बहुत ही अनईजी फील कर रहा था मैं।''

मैंने उसकी बात लपकी और पूछा कि तुमने कहा कि तब मैं बहुत शाई किस्म का था यानी कि अब तुम संकोची नहीं रहे। यह मैच्योरिटी जो तुममें आयी उसकी क्या वजहें रहीं...तो उसने जवाब में बड़ी अच्छी बात कही। बोला, ''वजह और कुछ नहीं केवल भाग्य ! और अपारचुनिटी ! किसी को भी इतने अच्छे मौके मिलते अपना कैरियर शुरू करने को तो कोई भी अपनी शाईनेस

दूर करके मेच्योर बन जाता।'' मैंने कहा एक और अच्छी बात हुई है कि मुझे लग रहा है कि इतनी जबर्दस्त विश्वव्यापी ख्याति पाने के बावजूद तुम अपने कदमों पर मज़बूती से खड़े हो। यह तमाम प्रशंसा, नाम, यश पैसा कुछ भी तुम्हारे सिर पर चढ़ कर बोलने नहीं लगा, तो विनम्रतापूर्वक मुझे धन्यवाद देते हुए बोला—

''इस सबका श्रेय मेरे परिवार को जाता है। मेरे परिवार ने हर कदम पर मुझसे डाउन टु अर्थ टिके रहने को कहा है। कहीं कुछ भी धमाकेदार हो जाये, कितना भी बड़ा तीर मार लूँ मैं, पर वे लोग कभी भी सीमा से बाहर जा कर एक्साइट नहीं हुए। मेरे पिता, मेरे दोनों भाई हमेशा यह बताते रहे कि तात्कालिक उपलब्धि को मत देखो—यह देखो कि तुम इस गेम में कितना अधिक-से-अधिक टिके रह सकते हो, टिके रहते हुए अपना प्राप्त किया हुआ स्तर भी बरकरार रखना होगा। मैं भी जानता हूँ कि ऊँचाइयों पर चढ़ने में जितना समय लगता है उसकी तुलना में नीचे गिरने में बिलकुल भी वक्त नहीं लगता। वह प्रक्रिया फटाक से हो जाती है। सो मुझे देखना है कि मेरा फ़ॉल न आने पावे। मैं अपने स्तर को मैन्टेन किये रहूँ। ऐसी स्थिति में शोहरत सिर पर सवार नहीं होती। मेरा ध्यान सिर्फ इसी ओर रहता है कि अपने क्रिकेट जगत् को मैं क्या और कितना दे सकता हूँ।''

मैंने पूछा, ''विश्व कप के बाद तुम काउंटी खेलने गये। उसके बाद टेस्ट मैच कहाँ हुआ ?'' तो बोला, ''उसके बाद अक्तूबर '92 में हम लोग अफ्रीका गये वहाँ चार टेस्ट मैच खेले। दूसरा मैच जोहानेसबर्ग में हुआ था, उसमें मैंने 111 रन बनाये थे। उसके बाद नवंबर में इंग्लैंड की टीम भारत आयी थी। अब तक मैंने जितने भी टेस्ट मैच खेले सब विदेशी धरती पर खेले थे। अपने देश में टेस्ट खेलने का यह पहला अवसर था। मैं बहुत खुश था। इस शृंखला में मद्रास टेस्ट में मेरा अब तक का व्यक्तिगत रूप से श्रेष्ठतम शतक बना। मैंने वहाँ 165 रन बनाये। अपने भारत में मेरा यह पहला शतक था।''

मैंने पूछा, ''उसके बाद तो अब श्रीलंका जाना है न। इस टूर पर जाते हुए तो तुम विशेष खुशी महसूस कर रहे होगे। उप-कप्तान के रूप में तुम्हारे चुनाव की सूचना तुम्हें किसने की ?'' तो बोला, ''उस दिन मैं अपने एक दोस्त के घर गया हुआ था। तीन-चार साथी इकट्ठा थे। संगीत का आनंद ले रहे थे, दुनिया-जहान की गप्पें, हँसी-मजाक चल रहा था कि घर से फ़ोन आया। मेरे फ़ादर ने बताया कि तुम उप-कप्तान के रूप में चुने गये हो, तो मेरा तो मूड पलक झपकते ही बदल गया। मानो किसी ने जासूसी उपन्यास पढ़ते-पढ़ते

अचानक गणित की किताब खोल ली हो। मेरा मनोरंजन एकदम फ्रीज़ हो गया और अचानक दूसरी ही दुनिया में पहुँच गया। सच बताऊँ, कुछ-कुछ उम्मीद तो मन-ही-मन मुझे थी भी, पर जब निश्चित पता चला तो जो थ्रिल मिला उसे शब्दों में बयान नहीं कर सकूँगा। खुश हूँ, बहुत खुश हूँ। हर खिलाड़ी इस तरह की सीढ़ियाँ पसंद करेगा।''

मैंने झिझकते हुए एक आशंका उसके सामने व्यक्त की कि खुशी तो मुझे भी बेइंतिहा हुई पर मन में एक आशंका भी उभरी कि इस जिम्मेदारी का बोझ पड़ने के बाद तुम्हारा स्वाभाविक खेल प्रभावित न हो जाये। तुम अभी कुछ और समय तक सिर्फ टीम के एक सदस्य की हैसियत से ही बेफिक्र खेलते रहते तो शायद ज्यादा ठीक होता, तो बोला, ''नहीं, ऐसा क्यों सोचती हैं आप ? उप-कप्तान या कप्तान बनने से खेल भला क्यों खराब हो जायेगा। आप ग्राहम गूच के लिए क्या कहेंगी ? उसने तो कभी सोचा भी नहीं था कि उस मोड़ पर उसे कप्तानी करनी होगी। और देखिए कप्तान बनने के बाद उसका खेल और भी ज्यादा चमकदार बन गया है। गूच के पास मेंटल टफ़नेस थी। वह मेंटल टफ़नेस मेरे पास भी है। यह उप-कप्तानी मेरे खेल पर कोई बुरा असर नहीं डाल सकती। मैं जानता हूँ कि जिस समय मैं क्रीज़ पर हूँ उस समय केवल बल्लेबाज हूँ, उप-कप्तान फ़ील्ड पर रहूँगा—क्रीज़ पर नहीं।''

मैंने पूछा, ''उप-कप्तान की हैसियत से तुम्हारी कौन-कौन-सी जिम्मेदारियाँ होंगी, इसका तुम्हें अंदाज है ?'' तो उसने सिर हिलाकर विश्वास भरा स्वीकारात्मक संकेत दिया। मैंने कुछ और कुरेदा कि ईर्ष्या का ऐलिमेंट भी काम कर सकता है। साथ के लड़के तो ईर्ष्यालु होंगे ही, सीनियर लोग भी तुमसे ईर्ष्या कर सकते हैं कि यह कल का लड़का आज हमसे ऊपर उठ गया है। तो बोला, ''नहीं ऐसा होता तो नहीं है। आखिर सभी लोग इंडिया इलेवन के ज़िम्मेदार लोग हैं। वे खेल की इन बारीकियों को खूब समझते हैं। पर फिर भी यदि कभी ऐसा कोई मौका आ ही गया तो मैं जानता हूँ कि सामनेवाले के अनुसार मैं रिएक्ट नहीं करूँगा। कोई अपना 'कूल' अगर खो भी बैठा तो मैं वैसा कतई नहीं करूँगा। मैं अपना व्यवहार संतुलित रखूँगा। मुझे कमांडिंग तो होना ही नहीं है। उप-कप्तान या कप्तान को कमांडिंग और डिमांडिंग न होकर यह होना पड़ता है कि आपको मालूम होना चाहिए कि अपने साथी खिलाड़ी का श्रेष्ठतम रूप आप कैसे उपयोग में ला सकते हैं। हर टीम मेंबर का मनोविज्ञान भी समझना होता है, किसी को उसके खुद के विवेक के आसरे छोड़ना होता है किसी को उकसाना पड़ता है। किसी को चाभी देनी होती है। किसी का हौसला बढ़ाना होता है। हर खिलाड़ी की अलग-अलग मेंटेलिटी होती है। कप्तान या उप-कप्तान को उसी के हिसाब

से डील करना होता है। आपको एक मजे की बात बताऊँ। फ़ास्ट बालर्स को तो अक्सर हम लोगों को जानबूझकर छेड़ना होता है। उनके साथ गलत-सलत बोलना पड़ता है। उन्हें गुस्सा दिलाना होता है। एक बार तो श्रीनाथ को मैंने फ़ील्ड पर बहुत खिझाया था। मैंने कहा, कैसी गेंद फेंक रहा है तू। अरे यह गली नहीं है टेस्ट मैच है। सामनेवाले मूर्ख हैं। मैं होता तो बिना हैलमेट के तुझे खेलता और चौके-छक्के जड़ता। गेंद में न कोई दम है न कोई तेज़ी। थोड़ी देर तो वह सुनता रहा पर फिर उसने ऐसी तूफ़ानी गेंदें फेंकीं कि मैच की दिशा ही बदल गयी...''

सचिन से मैंने पूछा कि उप-कप्तान को जिस तरह की स्ट्रेटजी बनानी होती है, वैसा कुछ करने का पहले भी कभी मौका मिला था या पहली बार श्रीलंका में ही खुद को आजमाओगे। तो बोला, ''देखिए हमारे अज़हरुद्दीन बहुत ही बढ़िया और ऊँचे दरजे के इंसान हैं। उनके साथ हम अपनी सलाहें लेते-देते रहते हैं। कभी कुछ सूझता है तो हम उन्हें बताते हैं। ठीक लगता है तो झट से स्वीकार कर लेते हैं। नहीं ठीक लगता तो भी आपको यह महसूस नहीं होने देते कि क्या वाहियात बातें कर रहे हैं। वैसे तो देखिए यह उपकप्तानी ऐसा घर है जिसमें मैंने अभी पाँव नहीं रखा है। प्रवेश करूँगा तभी पता चलेगा कौन-सी खिड़की किधर खुलती है, कौन-सा दरवाजा कहाँ ले जाता है। मैं तो अपनी तरफ से स्थिर गति से सधे कदमों से तेज़ रफ्तार से चलूँगा। बाकी तो बहुत कुछ भाग्य के हाथों में भी होता है।''

मैंने पूछा यह तो एकदम निकट भविष्य की बात है। तुम्हारा अंतिम लक्ष्य क्या है ? तो छूटते ही बोला, ''मेरी एक ही महत्वाकांक्षा है कि मुझे दुनिया का नंबर वन खिलाड़ी बनना है। और अपने जीवन का श्रेष्ठतम योगदान क्रिकेट को देते हुए अधिक-से-अधिक समय तक इंडिया इलेवन में बने रहना है।''

यह पूछने पर कि तुम्हारी निगाह में संसार का नंबर वन खिलाड़ी कौन है तो बोला, ''गावस्कर और विवियन रिचर्ड्स।'' मैंने कहा यानी कि तुम इन लोगों के समकक्ष खड़े होना चाहते हो ? तो उसने जो जवाब दिया उससे लगा कि धर्मयुग को ठीक ही लगा है कि सचिन अब बड़ा हो गया है। क्योंकि भले ही उसके मन में यही सपना पल रहा हो, पर ज़ाहिर तौर पर वह बोला, ''अरे नहीं नहीं, मैं तो उनके आसपास भी कभी पहुँच पाया तो खुद को भाग्यशाली मानूँगा। उनकी छोटी उँगली बराबर बनने के लिए भी बहुत पसीना बहाना होगा। मैंने आपसे कहा था कि मैं दुनिया का नंबर वन बनना चाहता हूँ। पर मैं यह भी

जानता हूँ कि पहली कक्षा में पढ़ते हुए मैं एकदम पाँचवीं क्लास में प्रमोट होना पसंद नहीं करूँगा। मैं आहिस्ता-आहिस्ता पहली से दूसरी, दूसरी से तीसरी और इसी तरह कदम-दर-कदम आगे बढ़ते चलना पसंद करूँगा। मैच बाय मैच, आहिस्ते-आहिस्ते अपनी मंजिल की ओर बढ़ूँगा।''

और मुझे लगा अब भी बच्चों जैसा मासूम दीखनेवाला सचिन सचमुच बड़ा हो गया है। बालसूर्य अब काफी ऊँचा चढ़ आया है और अपनी उजास से दूर-दराज़ के कोने-कतरों को भी रोशन करता हुआ देश के नाम को जगमग प्रकाश दे रहा है और अभी बहुत-बहुत लंबे अरसे तक यह दोपहर यों ही उजास देती रहेगी। आमीन!

जुलाई 1993

अजित तेंदुलकर
सच्चू को सचिन बनानेवाला भाई

हम मध्यमवर्गीय लोगों में से बहुतों की एक खास आदत होती है कि अपनी छोटी-से-छोटी उपलब्धियों को खूब बढ़ा-चढ़ाकर बखान करते रहते हैं और खुदा न खास्ता अगर हमारे घर का बच्चा कुछ खास ही होनहार हुआ तो बस राम और कृष्ण के बाद तीसरा अवतार वही नज़र आने लगता है। पर कुछ लोग ऐसे भी होते हैं कि दुनिया भले ही उनका नाम लेकर हश-हश करती हो तो भी गर्दन अकड़ाते नहीं, सिर तानते नहीं और कदम साध कर नपे-तुले रखते हैं। ऐसे ही लोगों में से हैं रमेश तेंदुलकर परिवार के लोग। पूरा का पूरा परिवार एकदम सहज-सरल और नितांत संकोचशील। इस सरल संकोच का चक्रव्यूह तोड़कर अपने पाठकों तक कुछ पहुँचाना सचमुच टेढ़ी खीर साबित हुआ है। यह जानकारी सर्वविदित है कि क्रिकेट जगत् का सबसे चहेता खिलाड़ी सचिन तेंदुलकर अपने भाई की ही देन है। सच्चू को सचिन बनाने में अजित का दिल और दिमाग लगा था। लेकिन लाख कोशिशों के बाद भी अजित तेंदुलकर लाइम लाइट में आना ही नहीं चाहता। वह अपने छोटे भाई की यशगाथा को अपने लिए किसी भी उपयोग में लाना पसंद नहीं करता। उसके सोचने का ढंग ही बिल्कुल अलग है। मैंने उससे कहा कि सचिन भाग्यशाली है कि उसे तुम्हारे जैसा भाई मिला जिसने उसके नैसर्गिक टेलैंट को पहचाना और आगे बढ़ने की दिशा दी। तो बोला, ''नहीं नहीं, इस बात को यों कहना चाहिए कि मैं भाग्यशाली था कि उसका भाई होने के नाते मेरी नज़र उसके टेलैंट पर पहली बार पड़ी। अन्यथा उसका टेलैंट तो ऐसा था कि मेरी न पड़ती तो किसी और की नज़र पड़ती—उसे तो देखा जाना ही था। मैं लकी था मैंने देखा और समझा।''

अजित जब छोटा था तब परिवार शिवाजी पार्क के पास रहता था। घर में पढ़ने-लिखने का वातावरण था। क्रिकेट की कोई परम्परा नहीं थी। बड़ा भाई नितिन देखने का शौक जरूर रखता था पर खेलता नहीं था। अजित यों ही गली के बच्चों की देखा-देखी क्रिकेट खेलने लगा। स्कूल की नैट प्रेक्टिस वहीं शिवाजी पार्क में होती थी। अजित ने वहाँ देखा कि वहीं शिवाजी पार्क में दूसरी ओर कुछ किशोर लड़के रोज क्रिकेट खेलने का अभ्यास करते हैं। इन लड़कों में से एक संदीप पाटिल भी थे। संदीप का बैट जिस गेंद पर पड़ता तो उसमें से एक खास किस्म की आवाज आती थी जो नन्हे अजित को बहुत अच्छी लगती थी। अजित के मन में भी हिलोरें उठतीं कि काश मैं भी कभी सीज़न बॉल से खेलूँ। मेरे बल्ले में से भी इसी तरह की आवाज निकले। अजित को अपने बाल मन के एक और आकर्षण की बात याद है। उसने क्रिकेट खिलाड़ियों की किट देखी थी। बाप रे बाप कितनी-कितनी चीज़ें। क्रिकेट की गेंद, बल्ला, विकेट के डंडे, गिल्लियाँ, हाथों के दस्ताने, फ़ोर आर्म गार्ड, चैस्ट पैड, थाई पैड, हैलमेट, खास किस्म के जूते...और भी जाने क्या-क्या कितना-कितना आकर्षक सामान। फुटबाल या हाकी का क्या ? उसमें तो बस नाम मात्र के सामान चाहिए। क्रिकेट की इतनी सारी चीजों से भरे बैगवाला व्यक्ति बच्चों के स्वप्नजीवी मन में किसी सुपरमैन से कम नहीं होता था। सो बस अजित के बालमन में क्रिकेट प्रेम के बीज वहाँ शिवाजी पार्क में ही पड़ गये थे। फिर यहाँ साहित्य सहवास आने पर हरे-भरे वातावरण के बीच खेलने को खासी खुली जगह मिली। और अजित का खेल परवान चढ़ता गया। स्कूल, कॉलेज और क्लब सभी जगह अजित की गिनती बहुत अच्छा क्रिकेट खेलनेवालों में होने लगी।

लेकिन अपने खेल को और और निखारने की धुन में अजित को यह ख्याल ही नहीं रहा कि इस खेल को यदि प्रोफ़ेशनल बनाना चाहते हों तो कुछ औपचारिकताएँ पूरी करनी होती हैं। कुछ सीढ़ियाँ चढ़नी होती हैं। और जब पता लगा तब तक उम्र मुट्ठी में बँधी रेत की तरह उँगलियों में से फिसल चुकी थी। पर शायद ईश्वर को कुछ और मंजूर था। उन्होंने ऐसा किया कि अपनी ज़िंदगी के एकमात्र पैशन क्रिकेट से अजित ताज़िंदगी जुड़ा रहे। अजित का छोटा भाई सचिन क्रिकेट खेलने में अपने नन्हे गुदकारे हाथ-पैर का जिस तरह इस्तेमाल करता था वह बड़ा अच्छा लगता था। अजित ने गौर किया कि महज़ दो बरस के सच्चू की सैंस ऑफ टाइमिंग बड़ी जबर्दस्त है। वह गेंद की दिशा भाँपकर अपने लिए जगह बनाता है और खटाक से स्ट्रोक मारता है। अजित सचिन के लिए बहुत भावुक होकर कहता है, "जैसे कवि कविता लिखता है पर यह नहीं जानता कि कविता के वे शब्द उस रूप में ढलकर उसके मन और मस्तिष्क में

कैसे प्रगट हुए उसी तरह मुझे भी नहीं मालूम कि सचिन की कौन-सी खूबियाँ कब मैंने भाँप लीं। हाँ यह जरूर जानता हूँ कि मुझे यह समझ में आ गया था कि इस बच्चे को अगर सही गाइडेंस मिले तो मैं अपने सारे स्वप्न इसके माध्यम से पूरे कर लूँगा।''

अजित ने एक बड़ी मजेदार बात बतायी कि पिछली बार धर्मयुग में नन्ही उम्र के सचिन की एक फोटो छपी थी जिसमें वह महज़ चड्डी पहने बड़ी अदा से बैटिंग पोज़ में खड़े हैं। उसमें जनाब ने बल्ले को जिस तरह पकड़ा हुआ है वह ग्रिप कॉपी बुक टैकनीक की दृष्टि से बिल्कुल गलत ग्रिप है। मगर श्रीमान सचिन तेंदुलकर साहब आज तक उसी गलत ग्रिप से ही एकदम सटीक सही क्रिकेट खेलते हैं। स्वयं आचरेकर साहब ने भी उसकी ग्रिप ठीक करनी चाही थी। पर सचिन की उसी ग्रिप के प्रति प्रतिबद्धता देखकर उन्होंने भी स्वीकार कर लिया था कि यही उसकी नेचुरल स्टाइल है। इसे बदलने पर ज़ोर डालना बेकार है।

अजित ने समझ लिया था कि सचिन में क्रिकेट के प्रति सम्पूर्ण समर्पण का भाव है। मेहनत करने से वह जी नहीं चुराता है और हर समय कुछ नया सीखने के लिए उत्सुक रहता है। और पूर्णतः मोटीवेटेड रहता है। ऐसे व्यक्ति को उँगली पकड़कर चलाने की ज़रूरत नहीं पड़ती—उसे तो केवल रास्ता दिखाना भर होता है। बाकी मंज़िल तो वह पैरों में छाले लेकर भी प्राप्त कर ही लेता है। यही सचिन ने किया। अजित कहता है, ''यह जरूर है कि स्कूल की छुट्टियों की दोपहरियों में जब सब बच्चे अपने घरों में चैन की नींद सोते होंगे या कमरों में पंखे चलाकर इनडोर गेम्स खेलते होंगे, हम दोनों भाई घंटों सिर्फ़ क्रिकेट में ही खोये रहते थे। मैं उसके लिए पिचिंग करता था और वह धारोंधार अपना पसीना बहाया करता था। बड़े जोशीले और प्यारे थे वे दिन।''

मैंने अजित से कहा कि आज पूरे भारत में क्रिकेट का खेल इस कदर लोकप्रिय हो गया है कि शायद ही कोई बच्चा होगा जिसने जीवन में कभी न कभी क्रिकेट न खेला हो। आजकल तो प्लास्टिक के गेंद बल्ले इतने कम दामों में मिलने लगे हैं कि एकदम गरीब बच्चे भी फटे-चीथड़े कपड़ों में लिपटे क्रिकेट का आनन्द लेते धूल भरी गलियों में दिखायी दे जायेंगे। कितना अच्छा हो कि तुम यह करो कि जिस तरह सचिन को तुमने दिशा निर्देश दिये वैसा ही अन्य बच्चों के लिए भी करो। तो उसने कहा, ''जरूर, समय आने पर ऐसा करने में मैं हिचकूँगा नहीं। पर फ़िलहाल तो मैं सचिन के लिए खुद को फ़्री रखना चाहता हूँ। उसे जब भी कभी मेरी जरूरत हो तो ऐसा न हो कि मैं उसे मिल न सकूँ।'' बड़े स्निग्ध गौरव से उसने बताया ''आज तक सचिन हर छोटी-बड़ी बात में मुझसे

सलाह लेता है। कुछ दिन पहले ही मद्रास गया था तब वहाँ उसे एक बी. एम. डब्ल्यू. स्पोर्ट्स कार पसंद आ गयी। साथियों से सलाह ली, एक कार रेस ड्राइवर से भी सलाह ली, पर जब तक फ़ोन करके मुझसे नहीं पूछ लिया उसने कार नहीं खरीदी। मेरे हाँ कहने पर ही वह बड़े शौक से उसे घर लेकर आया है। कभी कम कभी ज्यादा, कभी बहुत ज्यादा, जितना जो भी कुछ पैसा उसे मिलता है सब ज्यों का त्यों मेरे हाथ में लाकर रख देता है। यह दूसरी बात है कि मैं उसे उन पैसों का हिसाब बता देता हूँ। पर उसने अपने मुँह से कभी नहीं पूछा कि उन रुपयों का क्या हुआ। पासपोर्ट, वीसा, टिकिट, यात्रा के लिए जरूरी सामान से लेकर उसके इनकम टैक्स के कागजात तक की सँभाल मुझे ही करनी होती है। उसे कहाँ किसके साथ कब जाना है, विज्ञापनों के लिए क्या ज़रूरी करार करने हैं वगैरह किसी भी बात में मैं उसे उलझाना नहीं चाहता। उसके इस तरह के सारे सिरदर्द मैं अपने ऊपर लेकर उसे सिर्फ़ क्रिकेट के लिए एकदम फ़्री छोड़ देना चाहता हूँ।''

बाल पाठकों के लिए अजित ने कुछ मोटे-मोटे दिशा निर्देश दिये हैं, ''वे जब स्कूल में पढ़ रहे होते हैं तब उन्हें गाइल्स शील्ड के लिए खेलना होता है। इसे खेलकर अंडर फिफ्टीन यानी पंद्रह वर्ष से कम के बच्चों की टीम का चुनाव होता है। फिर सत्रह वर्ष से कमवालों के लिए हैरिस शील्ड होती है। उसके बाद इंटर जोन्स मैचेज़ होते हैं। हम बम्बई के लोग पश्चिम जोन में आते हैं। पश्चिम जोन में पाँच टीमें होती हैं—बम्बई, महाराष्ट्र, गुजरात, बड़ौदा और सौराष्ट्र। इन सबके आपस में मैच होते हैं। उसमें से गुज़रने के बाद पश्चिम जोन की टीम बनती है। इसी तरह पूर्व, उत्तर और दक्षिण की टीमों में से वहाँ के लोग गुज़रते हैं। अपने-अपने क्षेत्रों की जो अंडर फ़िफ़्टीन टीमें होती हैं वे विजय मर्चेंट ट्रॉफ़ी के लिए खेलते हैं। अंडर सैवेनटीन वाली विजय हजारे ट्रॉफ़ी कहलाती है। इसी तरह अंडर नाइनटीन को सी. के. नायडू ट्रॉफ़ी कहते हैं। इसके बाद इंटर यूनीवर्सिटी टीमें बनती हैं। फिर स्टेट के आधार पर रणजी ट्रॉफी के मैच खेले जाते हैं। और फिर जोनल स्तर पर दिलीप ट्रॉफ़ी के मैच होते हैं। इसके बाद आती है ईरानी ट्रॉफ़ी, जिसमें रणजी ट्रॉफ़ी के चैम्पियन शेष भारत की टीम के साथ खेलते हैं। और इतनी सीढ़ियाँ चढ़कर, इतनी चलनियों में से छनकर जो सर्वश्रेष्ठ होते हैं, उनके बीच में से इंडिया इलेवन की टीम बनती है। आज क्रिकेट सितारों को जितनी शोहरत और धन मिलता है उससे लोग अक्सर ईर्ष्या तो करते हैं पर नहीं जानते कि इन सितारों को कितनी तेज़ आँच में तपकर निकलना पड़ता है।''

सचिन जब बारह वर्ष का था तो उसने गाइल्स शील्ड के लिए खेला। भाई

के लिए बहुत मीठे स्नेह के साथ अजित बोला, उस समय सचिन ने मुझसे पूछा था कि अगर मैं अंडर फिफटीन में बहुत अच्छा खेल दिखाऊँ तो ? मैंने कहा तो तुम्हें अंडर सैवेनटीन में खिलायेंगे। वह बोला अगर उसमें भी कमाल का खेलूँ तो ? मैंने कहा तो तुम्हें अंडर नाइनटीन में ले लेंगे। तो वह बोला, अच्छा मान लो उसमें भी मैं आश्चर्यजनक रूप से बढ़िया खेलूँ तो ? मैंने भी तभी कहा तो भई तुम्हें रणजी ट्रॉफी के लिए ले लेंगे वे लोग। और आप विश्वास मानिये कि मैं तो उसे यों ही जवाब देता जा रहा था। तब मुझे कतई अंदाज नहीं था कि यह अचरज भरा करतब वह सचमुच कर दिखायेगा। जब वह चौदह वर्ष का था तब एक ही वर्ष में वह सारी सीढ़ियाँ एक साथ चढ़ गया था। वह हर समय मोटीवेटेड रहता है। चयनकर्ताओं को उसका एक के बाद एक खेल देखकर समझ में आ गया था कि गावस्कर के रिटायर होने का गम भुलाने के लिए भारतीय क्रिकेट को एक चमकदार सितारा मिलनेवाला है। चयनकर्ता केवल रनों का ढेर ही नहीं देखते वह यह भी देखते हैं कि आपका मिजाज़ कैसा है, आत्मविश्वास कितना है। परिस्थिति के अनुरूप आप स्वयं को कितना ढाल पाते हैं। और सच्चू के पास यह सब कुछ भरपूर है। अजित उसके साथ घंटों बातें करता था। उसने धीरे-धीरे सचिन के सारे तर्क-कुतर्क सुन-सुनकर उसके मन के छोटे-बड़े सब जाले साफ़ कर दिये थे और रोशनी का दरवाज़ा दिखा दिया था।

अजित कहता है कि टेस्ट क्रिकेट खेलना सातवें आसमान पर पहुँचना है। यों तो किसी भी कला के शीर्ष पर पहुँचना सातवें आसमान पर पहुँचना ही होता है पर अन्य कलाओं में और क्रिकेट कला में एक खास अंतर है। यहाँ उम्र की बंदिश तोड़ डालती है। देवानंद, दिलीप कुमार आज भी उतनी ही शान से अपने काम में लगे हैं। जैसे हमारे बाबा नाना के जमाने में थे। लता मंगेशकर आज भी उतनी ही शान से गा रही हैं और गावस्कर महज पैंतीस वर्ष की उम्र में रिटायर हो चुके हैं। गावस्कर तो अद्वितीय हैं। अन्य शीर्ष खिलाड़ी तो इतना भी नहीं कर पाते—औसतन तीन-चार साल शान से खेले और धीरे-धीरे चमक खोते गये। इस लाइन में बने रहने के लिए बेहद चौकस चौबंद और चौकन्ना रहना पड़ता है। हर समय सजग रहना होता है कि कोई भी कीमती पल हाथ से फिसल न जाये। यहाँ की माप तौल भी विचित्र होती है। अब देखिए शतक बनाने का बड़ा महत्त्व है। आपने वह बना लिया पर आपके साथ ही किसी ने दोहरा शतक बना लिया तो हो गया आपका शतक ज़ीरो बराबर।

इमरान से एक बार किसी ने कहा था कि तुम अमुक जगह खेलने क्यों नहीं गये तो उन्होंने कहा इतनी बड़ी-बड़ी जगहों पर खेलने के बाद उस छोटी-

सी जगह पर खेलने का मोटीवेशन ही नहीं मिलता। अजित चाहता है कि इस तरह के मोटीवेशन की बात सचिन न सोचे। चाहे टेस्ट मैच खेल रहा हो या किसी क्लब के लिये, उसे अपने खेल का स्तर कायम रखना चाहिए। अजित खुश है कि सचिन भले ही यहाँ साहित्य सहवास के नवगठित छोटे से क्लब में टेबिल टेनिस या कैरम खेल रहा होता है तो वह भी पूरी गंभीरता से खेलता है। बैनीफिट मैचेज़ में अक्सर सभी हल्की-फुल्की मस्ती में भरकर खेलते हैं। पर सचिन वहाँ भी अपने ही स्टाइल से खेलता है। अजित को अपने भाई के इस गुण पर बड़ा नाज़ है। उसकी दिली ख्वाहिश है कि सचिन हमेशा ऐसा ही बना रहे क्योंकि उसे अभी कम-से-कम पंद्रह साल उच्च से उच्च कोटि का क्रिकेट खेलना है।

अजित कहता है कि पिछले चार सालों में वह करीब पच्चीस टेस्ट मैच खेल चुका है। साल के तीन सौ दिन तो घर से बाहर ही रहता है। पर हम सभी को उसने पहले से भी ज्यादा व्यस्त कर दिया है। खास तौर से मुझे तो वक्त ही नहीं मिलता सचिन के सिवाय कुछ और सोचने का। उसके हर आनेवाले मैच का मुझे इंतज़ार रहता था रेडियो, टेलीविजन, प्रेस, जिस भी माध्यम से, उसका एक-एक मूवमेंट मैं फालो करता रहता था। वह भी एक के बाद एक ऐसे कारनामे करता गया कि हम देखने और सुनने में ही लगे रहे। अब मैंने सोचा है कि सचिन के लिए खुद को पूरी तरह फ्री रखते हुए साथ-साथ अपने क्रिकेट की ओर भी ध्यान दूँगा।

अजित नरीमन पाइंट पर एयर इंडिया के कमर्शियल विभाग में बुकिंग आफिस में काम करता है। एयर इंडिया कम्पनी क्रिकेट टीमों में ए और बी दोनों स्तरों पर खेलती है। एयर इंडिया की ए टीम में संजय माजरेकर, अतुल वासन, हिरवानी और प्रवीण आमरे जैसे सितारे खेलते हैं। अजित का इरादा इस वर्ष बी टीम में खेलने का है। खेल का जो एक सृजनात्मक संतोष होता है वह तो अजित सचिन के माध्यम से पाता ही रहा है। पर अब एक बार फिर क्रिकेट उसके मन में अंगड़ाहट ले रहा है। यों यह भी सच है कि उसकी महत्वाकांक्षाएँ अब केवल सचिन के इर्द-गिर्द सिमट गयी हैं। फिलहाल उसकी यही तमन्ना है कि सचिन पूरी लगन और निष्ठा से जिस सिंसियरिटी के साथ अपने खेल में लगा है उसमें कमी न आने पावे तथा खेल के अलावा भी जीवन में वह जो कुछ भी करे इसी सिंसियरिटी के साथ करे।

मई 1994

आमने-सामने बच्चों के सवाल राजेश खन्ना के जवाब

उस दिन राही भाई (डॉ. राही मासूम रज़ा) के घर धर्मेंद्र भी आये हुए थे। राही की चार बरस की नन्ही गुदकारी बिटिया मरियम गा रही थी—'चल चल चल मेले हाती, ओ मेले छाती', सुन कर ये बोले, 'अपने घर में भी यही कोरस होता रहता है, यहाँ भी यही।' तो धर्मेंद्र बोले, 'अरे भइया, अपने घर में भी यही चलता है, बच्चों से बहुत कहा, भाई 'नया ज़माना' के गाने गाओ, पर नहीं 'हाथी मेरे साथी' के सामने उनके लिए बाकी सब बेकार है।'

इन्हीं घरों में नहीं आज घर-घर में क्या बच्चे, क्या बड़े, क्या बूढ़े, क्या जवान, सबका एक ही चहेता है—राजेश! राजेश खन्ना। हीरो वरशिप हर ज़माने में चली है, पर बड़ों के साथ बच्चों ने भी किसी को इतना चाहा हो, ऐसा आज तक नहीं देखा गया। इसलिए इस बार बच्चों के प्यारे चाचा नेहरू की याद में मनाये जानेवाले बाल दिवस पर बच्चों की भेंट राजेश खन्ना से कराने की योजना बनी।

तो बात राजेश तक पहुँचाने के लिए जो आड़ी-टेढ़ी सीढ़ियाँ हमें चढ़नी पड़ी हैं कि हम तो झुँझला ही उठे थे, पर जानते थे कि बात राजेश तक पहुँच ही नहीं रही है। पहुँचते ही हमें विश्वास था कि राजेश स्वयं बाल परिवार से रूबरू बात जरूर करना चाहेंगे। हुआ भी वही, ज्यों ही बात राजेश तक पहुँची, कि दूसरे ही दिन का बुलावा मिल गया। अब मुश्किल यह आयी कि बच्चों का, सभी उम्र का एक प्रतिनिधि दल चाहिए, जो तुरंत महबूब स्टूडियो चल कर असंख्य बाल परिवार की ओर से राजेश से बातचीत कर सके। हमने सोचा, बड़ी कठिनाई होगी, एकदम एक दिन के नोटिस पर कौन तैयार होगा भला! पर बस यही भूल हो गयी हमसे। किसी परिवार में संदेशा भेजें कि अपने बच्चे को हमारे

साथ भेज दीजिए, तो पूरा का पूरा परिवार ही साथ चलने को उमड़ पड़े। अड़ोसी-पड़ोसी मिन्नतें करने लगें। हमने सोचा, ज्यादती हो गयी। राजेश के प्रशंसकों की आयु की कोई सीमा रेखा नहीं है, कोई बौद्धिक स्तर का फ़र्क नहीं है। हर उम्र, हर बुद्धि, हर तबके के लोग उसे तहे दिल से चाहते हैं। उसकी लोकप्रियता की मिसाल दूसरी नहीं। पर तय था कि इंटरव्यू केवल बच्चे ही लेंगे। बड़ों को जैसे-तैसे समझाया और करीब बीस बच्चों का एक दल तैयार किया।

जाना हमें डेढ़ बजे था, पर ग्यारह बजे से ही उत्सुक बच्चों का दल हमारे घर पर उमड़ आया। 'आंटीजी हम यह पूछें ? 'आंटीजी हम वह पूछें...' इतने-इतने सवाल, इतनी-इतनी उत्सुकताएँ कि मैं स्वयं चमत्कृत। या तो ज़माने की बौद्धिक जिज्ञासा की रफ्तार ही बला की तेज़ हो गयी है या यह राजेश का चमत्कार है कि उसके बाल प्रशंसकों की ज़हनी ताकत उससे संबंधित ज्ञान के लिए इस कदर पैनी और जोरदार है। मैंने आश्वस्त हो कर कहा, ''अच्छा, अपन कुछ भी डिस्कस न करें, वहाँ चलना और जिसके जो मन में आये, पूछना।''

लेकिन सब नन्हे-मुन्नों के मुँह पर हवाइयाँ उड़ने लगीं, जब महबूब स्टूडियो के काले मोटे मुच्छड़ चौकीदार ने गाड़ी के सामने अपना मोटा डंडा घुमाकर कहा, ''गाड़ी आगे ले जाना मना है।'' हमने कहा, ''ठीक है, गाड़ी बाहर पार्क कर देते हैं।'' तो बोला, ''मगर तुमकूँ क्या माँगता है।'' हमने कहा, ''माँगता वाँगता कुछ नहीं है, राजेश खन्ना से मिलना है।'' उसने गोली जैसा दन्न से जवाब दागा, ''भीतर जाने का आर्डर नहीं है।'' हमने कहा, ''आर्डर नहीं है? भई राजेश खन्ना ने खुद फ़ोन पर यह टाइम दिया है।'' तो वह फरमाते हैं, ''राजेश इधर नहीं है,'' हमने कहा, ''तो किधर है?'' तो वह बेरुखी से बोला, ''अपुन कूं नई मालूम तुम किदर से भी जा कर पता लगाओ।'' उसके बोलने का ढंग इतना बेशऊर और बेवकूफ़ी भरा था कि बड़ी जोर से ताव आया। जी हुआ, कि अपनी सेल्फ रेस्पेक्ट को यह गवारा नहीं, हम बच्चों को वापस ले जाते हैं।

पर इतने में ही एक गाड़ी स्टूडियो में से बाहर निकलती दिखी। हमने देखा, उसमें तो राजेश ही हैं। लपककर रोका, तो बोले, ''अरे भीतर आप ही का इंतजार हो रहा था।'' मैंने कहा, ''यह आदमी जाने ही नहीं दे रहा है।'' तो तुरंत दोनों हाथ जोड़कर बोले, ''माफ़ कीजिएगा,'' और उससे बोले, ''अरे भाई, इन्हें जाने दो'' और फिर दुबारा हाथ जोड़कर कई बार माफ़ी माँगी। राजेश बहुत विनम्र हैं, यह सुना तो था, पर इतने होंगे, यह नहीं जानती थी। बोले, ''आप लोग चलिए, मैं बस पंद्रह मिनट में आता हूँ।''

हम लोग अंदर दाखिल हुए। फोटोग्राफर बालकृष्ण बोले, ''आप पाँच मिनट पहले आ गयी होतीं, तो काम हो गया होता। राजेश इंतजार कर रहे थे, मगर

अब तो उन्हें यश चोपड़ा पकड़ ले गये हैं।'' हमने कहा, ''राजेश ने बोला है—अभी पंद्रह मिनट में आता हूँ।'' पता चला, इनके पंद्रह का पचास हो जाना मामूली बात है। खैर, जगह रौनक अफ़रोज थी। हम सब एक छोटे-से बगीचे में बैठ गये। राजेश का भोलापन तो जैसे एक महक बनकर बच्चों के तन-मन में बस गया था। उस महक में लिपटे-लिपटे वे उसी की बातें कर रहे थे। इतने में एक लंबी-सी कार आयी। सब फुर्र से भागे-भागे गये। देखा, मुमताज़ सफ़ेद लुंगी-कुर्ते में गाड़ी से उतरी और बिना इधर-उधर देखे तीर-सी सीधी स्टूडियो के अंदर दाखिल हो गयी। सब के मन पर तो यहाँ राजेश की विनम्रता और भोलेपन का जादू बसा था। बोले, ''मुमताज़ कैसी तेजी से खट-खट करती सीढ़ियाँ चढ़ गयी और जूँ ऽ ऽ ऽ भीतर चली गयी। उफ़ शी इज़ डैम प्राउडी।'' तो एक बच्ची बीना, जिसके मन में मुमताज़ की बिंदिया चमकती थी, चूड़ी खनकती थी, बोली, ''अरे भाई, खुदा जब हुस्न देता है, तो गरूर आ ही आता है'' तो केका बोली, ''हुँह, राजेश खन्ना क्या सुंदर नहीं है, पर देखा नहीं वह कितना मॉडेस्ट है।''

बस देखते-देखते बच्चों के दो गुट बन गये। एक यह साबित करने पर तुला था कि मुमताज़ घमंडी है, तो दूसरा उसकी उक्त चाल को उचित साबित करने पर आमादा था कि इतने में एक लंबी-सी गाड़ी फिर आयी। सब फिर भागे। इस बार नवीन निश्चल था—बच्चे बड़े खुश। थोड़ी ही देर में एक और लंबी-सी गाड़ी आयी। बच्चे फिर दौड़े, पर इस बार दूर से देखते हुए किंशुक बोले, ''अरे, अरे छोड़ो, उसमें तो कोई टकला मैन है। कोई प्रोड्यूसर होगा।'' वाकई उसमें से प्रख्यात प्रोड्यूसर देवेंद्र गोयल उतरे। हमें बड़ा मजा आया। कमाल है, बच्चों के आब्ज़र्वेशन और कमाल हैं उनके निष्कर्ष, कि टकलामैन है। यानी कि सिर पर घने सुंदर बाल नहीं हैं। इसलिए हीरो तो हो नहीं सकता, मगर गाड़ी लंबी है, इसलिए प्रोड्यूसर तो होगा ही।

छोटे बच्चे थक चले थे। कुछ दोपहर को सोने के आदी होंगे, सो निंदियारे हो चले थे, मगर वापस जाने को तैयार नहीं थे। खैर, उन सबकी बेकरारी को करार आया। राजेश आ गये। बड़े बच्चों ने छोटी गुड़िया को सिखा रखा था कि जैसे ही राजेश आयें तो पूछना, ''अंकिल आपकी घड़ी बंद हो गयी थी?'' सो उसने अपनी मीठी तोतली भाषा में सवाल हाजिर कर दिया और शरमाकर दोहरी होती रही। राजेश बोले, ''नहीं बेटे, कुछ काम में फँस गये थे हम।'' (वैसे पता यह चला था कि रात दूसरी शिफ़्ट में बहुत रात गये तक काम करते रहे थे। सो यश से बात करते-करते सो गये थे) राजेश ने गुड़िया के सवाल का जवाब बहुत प्यार से दिया था, पर उन्हें देखते ही बच्चों के सारे सोचे-समझे

सवाल जाने कहाँ गुम हो गये। सबों को यों गुप-चुप देख कर आखिर हमको बोलना पड़ा, ''भइया, तुम्हारे पास तक पहुँचने के लिए तो बड़ा बीहड़ रास्ता तय करना पड़ता है।'' फिर वही हाथजोड़ी मुद्रा और बोलने का बेहद मीठा विनम्र स्वर, क्या बतायें भाभीजी ऐसी-ऐसी मुश्किलें... अभी वाक्य पूरा भी नहीं हुआ था कि हमने कहा, ''हाँ-हाँ, हमारा गूँगा सैनिक अधिक बोलने जो लगा है।'' (पाठकों को शायद मालूम हो कि करीब आठ-नौ बरस पहले 'अंधा युग' के मंच पर राजेश ने गूँगे सैनिक की भूमिका बेहद खूबसूरती से निभायी थी) तो राजेश हँस कर बोले, ''इस पर तो आपको—खासतौर से आपको तो बहुत खुशी होनी चाहिए।'' हमने कहा, ''अरे खुशी ही नहीं, हमें तो तुम पर बहुत नाज़ है।''

बातें चल निकलीं, तो सफ़ेद बेलबॉटम और काले सफ़ेद चेक का टॉप पहने एक बहुत ही सुंदर और भोली सूरतवाली किशोरी गोरी बोली, ''राजेशजी, स्टेज पर नाटक में काम करते समय तो ऐक्टिंग का वास्तविक मजा आता है, फिल्मों में तो शूटिंग की हज़ारों तरह की पेचीदगियाँ भरी रहती हैं।'' राजेश बोले, ''हाँ बिल्कुल सच है। नाटक में काम करने का नशा ही दूसरा होता है। खुद भी कभी-कभी चाहता हूँ कि नाटक में काम करूँ, पर क्या बताऊँ, समय ही नहीं मिलता—बिल्कुल समय नहीं मिलता।'' फिर मेरी ओर देखकर बोले, ''पता है, जब कभी बहुत थक जाता हूँ, तो व्हिस्की का गिलास एक हाथ में ले लेता हूँ और दूसरे में 'अंधा युग'। हम चार-छह दोस्त उस ज़माने के अब तक साथ हैं। हम मिल कर 'अंधा युग' पढ़ते हैं। खासतौर से गांधारी के श्रापवाली चीज़ तो जरूर पढ़ते हैं, ऐसे मौकों पर मेरी माँ भी हमारे पास आ कर बैठ जाती हैं।'' कहते-कहते राजेश का ध्यान बड़े-बड़े काँच जड़ी जैकेट और लहरियादार राजस्थानी घाघरा पहने ऊपर से खूब बड़ा-सा चौड़ा-चौड़ा माडर्न डिजाइन का चश्मा लगाये आभा की ओर गया। तो वह आगे बढ़कर बोली, ''राजेश, आपको कभी राइवेलरी का डर नहीं लगता?'' तो बड़े आत्म-विश्वास से वह बोले, ''नहीं, बिल्कुल नहीं। हैल्दी कंपीटीशन हो, तो काम करने में दूना मजा आता है।''

बातें 'हाथी मेरे साथी' से पगलाये नन्हे-मुन्ने राजेश-प्रशंसकों के लिए शायद जरा ज्यादा भारी हो रही थीं। उन्हें शायद कुछ अटपटा भी लग रहा हो। तभी न किंशुक ने सबकी बातें काट कर आवाज दी, ''अंकिल जी!'' राजेश ने बड़े प्यार से पूछा, ''कहो बेटे!'' तो टिपिर-टिपिर चमकती आँखों में शैतानी भरकर किंशुक बोले, ''अंकिल, आपको कभी टीचर की केन पड़ी थी?'' नन्हे दोस्त की तरह विश्वास में लेते हुए-से राजेश ने अपनी टिपिकल अदा से आँखें झपका

नीचे झुककर धीरे-से पूछा, जैसे कनफुसकी कर रहे हों—"तुम्हें पड़ी हैं ?" तो किंशुक खुड़हे दाँतों से हँसकर बोले, "पड़ी है।" तो राजेश सीधे खड़े होकर बोले, "हमें भी पड़ी थी।" इस जवाब से उत्साहित हो उसने तुरंत पूछा, "आप बचपन में शैतानी ज्यादा करते थे कि पढ़ाई ?" ताकि घर में ज्यादा शैतानी करने पर कह सकें कि राजेश भी तो बचपन में शैतानी करते थे पर राजेश का जवाब उन्हें निराश कर गया। राजेश बोले, "हम शैतानी भी खूब करते थे, पर पढ़ाई भी खूब करते थे। पढ़ने में हमारा बहुत मन लगता था।"

पढ़ने-लिखने की बात होने लगी, तो भविष्य की सोचते हुए अपनी उम्र के हिसाब से जरा ज्यादा सजी रेशमी गरारा कुर्ता पहने आँखों की पलकों पर नीला रंग लगाये चंचल-सी बच्ची वीना बोली, "हमें बड़े होकर राजेश खन्ना बनना चाहिए या जवाहरलाल नेहरू?" सवाल की नादानी पर हँसते हुए राजेश बोले, "निश्चित रूप से जवाहरलाल नेहरू। पर भई वह बनना आसान थोड़े ही है। हमें मौका मिले, तो हम भी वही बनना चाहेंगे।"

बातों को फिर धरती की ओर मोड़ती हुई कानपुर से आयी सुनीला बोली, "राजेशजी, तमाम लड़कियाँ आपके नाम की माला जपती हैं। एक लड़की ने तो आपकी फोटो से शादी की हुई है। आप जहाँ से गुज़र जाते हैं, लड़कियाँ वहाँ से आपके पैरों की धूल उठा कर माँग में भरती हैं। यह सब आपको कैसा लगता है?" सुनकर मंद-मंद मुस्कराते राजेश बोले, "देखें कब तक चलता है! भई यह सब तो टेंपोरेरी चीज़ें होती हैं।" कि सुनीला की ही छोटी बहन रीता ने एक सवाल पूछा, जिससे लगा कि राजेश की प्रशंसिकाएँ अपनी उम्र से भी बड़े सवाल कर सकती हैं। वह बोली, "आप अलग-अलग फ़िल्मों में अलग-अलग हीरोइनों के साथ काम करते हैं, पर प्रणय दृश्य हर एक के साथ उसी कमाल की खूबी के साथ निभाते हैं, तो कहीं ऐसा तो नहीं है कि कोई है, जिसे आप प्यार करते हैं और बस उसी की सूरत सामनेवाली हीरोइन में इमेजिन करते हुए आप उतने सहज प्रणय दृश्य देते हों।"

सुन कर राजेश खूब हँसे और उसे समझाते-से-बोले, "नहीं भई, यह सब कुछ नहीं। देखो ऐक्टिंग करते समय न तो हम राजेश खन्ना होते हैं न उस पर्टीकुलर हीरोइन से प्यार कर रहे होते हैं। हम तो कहानी के चरित्रों को निभा रहे होते हैं।"

तो वह बोली, "मगर 'आराधना' में आप ही ने पति का रोल भी निभाया है और बेटे का रोल भी। उसी अभिनेत्री के आप बेटे हैं, उसी के पति। दोनों ही रूप आपने इतने सहज कैसे निभा लिये?" तो बहुत विनम्रता से राजेश बोले, "अब इसके लिए मैं क्या कहूँ, सिवाय इसके कि शायद इसी को टेलेंट कहते

हैं। कुछ हमारा अपना टेलेंट होता है, कुछ डायरेक्टर की खूबी और बात बन जाती है।''

राजेश इतने प्यार और सहज भाव से बातें कर रहे थे कि बच्चों को यह लग ही नहीं रहा था कि इन्होंने आकाश से भी ऊँची ऊँचाइयों को छुआ हुआ हैं, उन्हें लग रहा था, राजेश जैसे उन्हीं में से कोई हैं। राजेश बहुत अपने-अपने-से लगते हैं। शायद उनकी यही खासियत सबको उनकी तरफ एकदम खींच लेती है। उसी अपनापन से आभा बोली, ''राजेश, ये गुडी-गुडी रोल करते-करते आप ऊब नहीं गये? आपको कभी विलेन का रोल करने का मन नहीं होता?'' राजेश बोले, ''किया है न हमने 'सच्चा झूठा' में, 'इत्तफाक' में विलेन ही तो हैं हम।'' तो बच्चे बोले, ''नहीं वैसा नहीं, रियल विलेनवाला।'' तो हँसने लगे, बोले, ''शायद पब्लिक पसंद नहीं करेगी।''

एक बच्चे ने पूछा, ''राजेशजी, वास्तविक राजेश खन्ना और हीरो राजेश खन्ना में कभी कानफ्लिक्ट होता है कि नहीं?'' तो जैसे राजेश को यह सवाल बड़ा अच्छा लगा। बोले, ''नहीं-नहीं बिलकुल नहीं। जैसे ही डायरेक्टर ने बोला—'पैक अप' कि हम बस अपने खुद के हो जाते हैं। फिर कोई 'कानफ्लिक्ट' नहीं रहता।'' तो केका बोली, ''अंकिल, कुछ खास पोज एकदम आपके निराले होते हैं, वह आप जान कर बनाते हैं या खुद ही बन जाते हैं।'' तो बोले, ''कभी-कभी जान कर भी बनाते हैं, कभी-कभी खुद ही हो जाता है।''

राजेश के व्यक्तित्व से बहुत ही प्रभावित है रीता। उसे तो लगता है कि राजेश के मन में कोई विकार होगा ही नहीं और उसका वही पवित्र-पवित्र मन उसके चेहरे पर साकार उतर आता है। उसने पूछा, ''आपकी सफलता का राज़ क्या है ?'' तो ऊपर आकाश की ओर उँगली उठा कर बोले, ''वह जाने। पर यह जरूर है कि नयी फ़िल्म स्वीकार करते समय सबसे ज्यादा ध्यान मैं कहानी की तरफ़ देता हूँ। यह बात भी मेरे ध्यान में रहती है कि मेरी फ़िल्में केवल सस्ता मनोरंजन न दें। वे ऐसी हों कि माता-पिता भी अपने बच्चों के साथ उन्हें देखना पसंद करें।'' बच्चों की बात आयी, तो तेज़ चटक रंगों के कपड़े पहने नौ बरस का एक बच्चा लल्ली पूछ बैठा, ''अंकिल, आप जब शेर और हाथियों के साथ काम कर रहे थे, तो आपको डर नहीं लगा।'' तो बड़े मजे से बोले, ''नहीं लगा। बस नहीं लगा।'' तो वह बोला, ''अच्छा जानवरों की बात छोड़िए, पर जब कैमरामैन आपकी आँखों पर इतनी तेज रोशनी डालता है, तो आपको गुस्सा नहीं आता?'' तो प्यार से लल्ली के बाल सहलाकर हँसते हुए जाने लगे कि लड़कियों ने रास्ता रोककर कहा, ''अच्छा बस एक बात और बताते जाइए, ज़िंदगी

में आपने सबसे पहली बार किसके लिए अपने मन में सॉफ्टनैस महसूस की थी? कौन है वह, कहाँ है अब?'' तो राजेश मुँह पर हाथ रख कर जिस तरह मुस्कराये कि वह जवाब न तो शब्दों में दिया गया था, न शब्दों में लिखा ही जा सकता है, वह तो केवल देखने की बात थी।

अक्तूबर 1971

गुड्डे-गुड्डियों के बीच गुड्डी

जया भादुड़ी

सात बरस से लेकर सत्तरह बरस की उम्र तक के कई बच्चों से जब बातचीत के दौरान पूछा कि 'तुम्हारी सबसे प्रिय अभिनेत्री कौन है?' तो अपनी ढिशूम ढिशूम उम्र के बावजूद जब उन्होंने सरल सादी जया का नाम लिया, तो बड़ा सुखद आश्चर्य हुआ। परिष्कृत रुचि और समझदार उम्रवाले दर्शकों को तो जया भादुड़ी ने प्रभावित किया ही है, किन्तु कच्ची उम्र के ये बच्चे भी उनके प्रशंसक हैं, जानकर बड़ा अच्छा लगा और सोचा कि इस बार कुछ बच्चों की जया भादुड़ी से बातचीत करवायी जाय और उसकी झलक आपको दी जाय।

जया इन दिनों शूटिंग में व्यस्त थीं, इसलिए उन्होंने शाम को सात बजे सबको बुलाया। बच्चों में गजब का उत्साह था। मैंने उन्हें आपस में बात करते सुना। एक कह रहा था, "कल मैं ऐसा रगड़-रगड़ कर नहाऊँगा, ऐसा नहाऊँगा कि बस पूछो मत।" दूसरा बोला, "अरे तू तो गोरा है, रगड़कर न नहाये तो भी चल जायेगा मैं तो कितना भी रगड़ूँगा, रहूँगा ऐसा ही" तो पहलेवाले दोस्त ने सलाह दी, "तू खूब कड़क इस्त्रीवाले कपड़े पहनना। खूब जमेगा।" बस एक दिन पहले से ही बच्चों ने जूतों पर पॉलिश करनी शुरू कर दी, कपड़े इस्त्री के लिए लांड्री में दिये गये, पूरे बनाव-सिंगार की योजनाएँ बन गयीं। उनकी अब तक की नन्ही-नन्ही ज़िंदगियों का एक सबसे स्मरणीय क्षण आनेवाला था, जब वह अपनी चहेती अभिनेत्री से मिलेंगे, उसे देखेंगे, उससे बात करेंगे—भला-सा मौका मिला, तो छू कर भी देख सकेंगे।

हमने सोचा 7 बजे पहुँचना है, बच्चे सजने-सँवरने में देर न कर दें, इसलिए उन्हें छह बजे का समय यह सोच कर दिया कि लेट भी होंगे, तो साढ़े छह तक

सब इकट्ठे हो जायेंगे। पर लीजिए, ये सब तो पाँच बजे से ही मौजूद हैं और जल्दी चलने की ज़िद किये हैं।

खैर साहब, सबके सब एक गाड़ी में लद-फंद कर चल दिये। रास्ते में किंशुक (उम्र 10 वर्ष) बोले, ''हाय, मैं अपना कंघा तो लाना भूल ही गया'' तो हँसी की एक लहर के बीच रीता (उम्र 17 वर्ष) बोली, ''कोई बात नहीं मजनूँ मियाँ, हमारे पास कंघा है, दे देंगे तुम्हें।'' रास्ता उत्साह में उफनते हुए बीता। गाड़ी जब जया-अमिताभ के घर के सामने रुकी, तो बारी-बारी से रीता के कंघे से सबने अपने बाल ठीक किये, कपड़ों की क्रीज सँवारी और धड़कता दिल लिये घर में पहुँचे।

अमिताभ का यह छोटा-सा बंगला है। इसका ड्राइंग-रूम पहले तमाम चीज़ो से भरा हुआ था। एक ओर छत्र लगा बेंत का पलंग पड़ा था, दूसरी तरफ दो बड़े-बड़े गोल बेंत के झूले लटका करते थे—उधर एक ओर को सिंहासननुमा दो ऊँची कुर्सियाँ रखी रहती थीं। वहीं एक खूबसूरत-सी खाल का बड़े रोयेंवाला पाँवपोश होता था। प्रवेश द्वार के पास एक रेलिंग-सी है, जिस पर कच्ची कढ़ाई वाली चादरें लटकती रहती थीं। अब जा कर देखा—सारा ताम-झाम समेट लिया गया है और बहुत ही सादी कलात्मकता के साथ ड्राइंग रूम सजा हुआ है। एक ओर छोटी-सी सैटी, बीच में काँच की बहुत खूबसूरत नीची मेज, चार-छः गोल कुशन की-सी शक्ल के बेंत के मोढ़े, कोने में एक टेबल लैंप बस! दीवार पर पहले रामकुमार का एक प्रिंट रँगा रहता था, उसकी जगह मधुबनी शैली की एक खूबसूरत पेंटिंग टँगी थी। यानी कि जया के सुगृहिणी रूप की झलक साफ दिखाई दी।

बालों का एक ढीला जूड़ा बनाये, सादी सफ़ेद सिल्क की शर्ट और एक बहुत सादी खूबसूरत प्रिंटवाली मैक्सी स्कर्ट पहने जब जया आयीं तो बच्चे उनके ताज़े गुलाब जैसे कोमल रूप को एकटक देखते ही रह गये और जो कुछ पूछना, बात करना था, सब भूल गये।

केका जया से पहले ही कई बार मिल चुकी है, इसलिए बाकी बच्चों को गुम देख कर उसी ने पहल की और पूछा, ''आंटी, आप गुड्डी पिक्चर के बाद ही लाइम लाइट में आ गयी थीं, उसमें आपने किशोर उम्र की लड़की का रोल किया था। अब भी वैसे रोल करने का मन करता है ?''

जया बोली, ''मन होने से क्या होता है। भई देखो, अब हम भी तो बड़े हो गये हैं न! वैसे रोल अब फ़िज़िकली सूट भी तो नहीं करेंगे।'' तो किंशुक बोला, ''आंटी, अपनी बेबी को भी आप ऐक्ट्रेस बनायेंगी?'' जया आँखें चमका कर बोलीं, ''अरे बाप रे! वह तो उसकी जो मर्जी होगी वही हम उसे बनायेंगे।''

बात का तार पकड़ते हुए हिमांशु मेहता बोला, "पर आपके घर में फ़िल्मी वातावरण में वह पलेगी तो..." बात बीच ही में काट कर जया बोलीं, "नहीं, नहीं, नहीं, हमारे घर में फ़िल्मी वातावरण बिल्कुल नहीं है। यों वह फ़िल्मों में भी जाना चाहेगी तो हम उसे रोकेंगे नहीं। हम तो बस उसका स्वाभाविक नॉर्मल ढंग से विकास करेंगे। हम बी.ए.एम.ए. फलानी-ढिमाकी डिग्री में विश्वास नहीं करते। बच्चे की जिधर रुचि हो, वही पढ़ाई करवानी चाहिए। बहुत सारे माँ-बाप जो खुद नहीं कर पाते, वह बच्चे से कराना चाहते हैं। हम अपने कोई सपने अपनी बच्ची पर नहीं थोपेंगे बस, उसका एकदम नॉर्मल बच्चों जैसा विकास करेंगे।"

बात बच्चे की हो रही थी, तो इन बच्चों में सबसे ज्यादा पढ़ने-लिखनेवाली 16-17 वर्षीय रेखा बोली, "दीदी, आपने 'कामायनी' तो पढ़ी ही होगी। उसमें दिया है न कि जब श्रद्धा अपने होनेवाले बच्चे के ख्यालों में व्यस्त हो जाती है, तो मनु इसे सह नहीं पाते और ईर्ष्यावश श्रद्धा को अकेली छोड़ कर चले जाते हैं। श्रद्धा को तो बच्चा आनेवाला था, आपकी तो बेबी आ गयी है। अमिताभ जी कभी उससे 'जेलस' नहीं होते ?" इस पर जया मुकुलित होती हुई बोलीं, "वाह, भई वाह! जेलसी तो हमें फ़ील करनी चाहिए। अब हमारे पास तो अमिताभ जी के लिए टाइम-ही-टाइम। वही बहुत ज्यादा व्यस्त हो गये हैं। शूटिंगों से जो टाइम बचता है, उसमें से भी बेबी का हिस्सा बँट गया है। तो भई, यहाँ श्रद्धा और मनुवाली बात नहीं चल सकती।"

यहाँ तक आते-आते बच्चे खासे सहज हो चले थे। फिर तो प्रश्नों का यह सिलसिला पूरे दो घंटे तक चलता रहा। ज़ाहिर है, आप उन रोचक सवाल-जवाबों को जरूर सुनना चाहेंगे। तो यह लीजिए, मैं बीच में से हट जाती हूँ और सिर्फ़ सवाल-जवाब क्रम से प्रस्तुत कर देती हूँ। बाकी सवालों के दौरान बच्चों के और जया के हाव-भाव कैसे रहे होंगे, यह आप स्वयं अंदाज़ लगा लें।

किंशुक : आंटी, आपने बचपन से ही फ़िल्म ऐक्ट्रेस बनने की बात सोच ली थी या बड़े हो कर?

जया : देखो भइया, बचपन का तो ये हाल होता है कि जो कुछ भी पसंद आ जाता है, बस अपन सोचते हैं—यही हम भी बनेंगे। सो बचपन में तो हमने हजारों बार हजारों तरीके की बातें सोची थीं, ये बनेंगे वो बनेंगे। पर जब हम तेरह साल के थे न, तब सत्यजित राय ने अपनी 'महानगर' फ़िल्म में हमें लिया था। बस, उसके बाद ही हमने आर्टिस्ट बनने की बात सोच ली थी।

प्रदीप : (उम्र करीब 14-15 वर्ष) आप जब पहली बार कैमरे के सामने

आयी थीं, तब नर्वस हुई थीं ?

जया : नहीं, नर्वस तो नहीं हुए, इंस्टीट्यूट ने बड़ा आत्मविश्वास दे दिया था।

केका : अच्छा, आप फिल्मों में केवल शौकिया आयीं या कोई मिसाल कायम करने के लिए आयीं?

जया : मिसाल-विसाल की बात तो नहीं सोची थी। हाँ, अपने शौक से ही आये। (बातें जरा भारी होने लगी थीं। छोटे बच्चों का मन उखड़ रहा था। ऐसे में ही एक छोटा बच्चा बोला)

विवेक : (उम्र 10 साल) आंटी, अपनी बेबी का नाम तुमने रखा है कि अमिताभ... ?

जया : बेबी का नाम हम लोग कैसे रखते ? घर में इतने बड़े राइटर हैं। उन्होंने ही रखा है, बेबी के पप्पा के पप्पा ने।

रीता : बच्चनजी इतने बड़े राइटर हैं—हमने सुना है उन्होंने आपको अपनी एक किताब 'डेडीकेट' की है। आपको कैसा लगा था ?

जया : देखो भई, यह कैसा लगावाली बात तो फ़ीलिंग की बात होती है। फ़ील किया जा सकता है, बताया नहीं जा सकता।

स्मिता : (उम्र 16-17 वर्ष) आपने अपनी इंस्टीट्यूट की पिक्चर 'सुमन' में अपने शरीर के प्रति कॉन्शस होने पर जो चेहरे पर भाव दिये हैं, बहुत ही अच्छे हैं। वे आपने खुद दिये थे या डाइरेक्टर ने बताये थे ?

जया : हुँऽऽ बात तो बढ़िया पूछी तुमने। देखो, ऐसा होता है कि किसी भी फिल्म के बनने में आर्टिस्ट और डाइरेक्टर दोनों का ही अपना-अपना 'कंट्रीब्यूशन' होता है। डाइरेक्टर चेहरे के भाव करके तो दिखाता नहीं है। हाँ, आर्टिस्ट को जो कुछ वह बताता है, उससे यह ज़रूर पता चलता है कि वह कैसे भावों का प्रदर्शन चाह रहा है। बस, उसके इसी चाहने को आर्टिस्ट जितना समझ और कर पाता है, चीज़ उतनी ही बढ़िया बन जाती है। जब डाइरेक्टर यह जानता है कि यह आर्टिस्ट कितना कुछ कर सकता है और आर्टिस्ट ये जानता है कि डाइरेक्टर क्या चाह रहा है, तब बस फिर बात बन जाती है। (बात फिर छोटे बच्चों के सिर पर से गुज़रने लगी थी तो...)

गुड़िया : (उम्र 6-7 वर्ष) : आंटी, आप बचपन में लड़कों के साथ खेलती थीं या लड़कियों के साथ ?

जया : तुम किसके साथ खेलती हो ? हम तो भई लड़कों के साथ खेलते थे। गोली-कंचे और गिल्ली-डंडा। हमारे नौकरों के लड़के थे, उन्हीं के साथ हम खेलते थे। बड़े होकर जब स्कूल गये तो वहाँ भी साथ में लड़के थे।

किंशुक : आपको पतंग उड़ाना आता है ?

जया : पतंग उड़ाना तो नहीं आता है भाई?

किंशुक : अच्छा, एक दिन मैं आऊँगा आपको पतंग उड़ाना सिखाऊँगा।

जया : हाँ, हाँ ज़रूर। किसी भी दिन शाम को आओ, हम तुमसे पतंग उड़ाना ज़रूर सीखेंगे।

रेखा : दीदी, आपका बचपन लड़कों के साथ खेलते गुज़रा, पर लड़कियाँ जो बचपन में कच्ची इमली व अमियाँ खाती हैं, वह आप तब खाती थीं?

जया : अरे वाह ! तब ! हमको तो अभी भी पसंद हैं।

विवेक : आप बचपन में शैतान थीं या सीधी?

जया : बहुत शैतान ! इतनी मार पड़ी है हमको कि पूछो मत।

हिमांशु : आप अपनी सादगी के लिए प्रसिद्ध हैं, वह आपमें सचमुच है या केवल फ़िल्मी इमेज बनायी है आपने ?

जया : सादगी! ओह, इट इज देयर इन मी।

रीता : जया जी, आपको मॉड मैनर्स पसंद हैं कि नहीं ? मेरा मतलब स्मोकिंग, ड्रिंकिंग, डिस्कोथिक आदि...

जया : देखो, मैं इन चीज़ों के खिलाफ़ नहीं हूँ। बस अपने लिए नहीं पसंद हैं।

नवनीत : (उम्र 13-14 वर्ष) क्या अमिताभ मना करते हैं ?

जया : नहीं-नहीं, उनकी ये आदत नहीं है कि 'यह मत करो, वह मत करो' कहके टोकते रहें। मुझे खुद को ही ये चीज़ें 'चीप थ्रिल' लगती हैं। असल में हमें लगता है कि ये सोकाल्ड मॉड लोग अपनी ज़िंदगी की असलियत से भागना चाहते हैं। सच का सामना नहीं कर पाते, 'कावर्ड' हैं।

प्रदीप : शादी से पहले आपका किसी से लव था ?

जया : हाँ, हाँ था। बहुतों से था। लेकिन जिस मायने में तुम कह रहे हो वह नहीं था। जब हम छोटे होते हैं न तो हम किसी से लव-फव नहीं करते। हम किसी के 'फौंड ऑफ' होते हैं—बस ऐसे ही हम भी थे। ठीक है न!

रीता : पर किसी पर आपका क्रश था?

जया : किसी और पर क्रश होता तो हम लंबूजी से शादी कभी न करते।

रेखा : दीदी, 'वीमेंस लिब' के बारे में आपका क्या ख्याल है?

जया : ओह, सब बकवास ! हमारे देश में औरत एकदम स्वतंत्र है। यहाँ मूवमेंट का मतलब ही नहीं। जिस औरत में कुछ करने की काबिलियत होती है, वह कर गुज़रती है। आंदोलन की क्या जरूरत?

हिमांशु : जयाजी ! हमारी एक गुजराती पत्रिका में अमिताभ को 'बर्निंग वॉल्केनो' कहा गया है। आपका क्या ख्याल है ?

जया : बर्निंग वॉल्केनो ! क्या मतलब ? बाबा हमें तो ऐसा कुछ नहीं लगता।

हिमांशु : पर देखिए उनकी इतनी फोटो यहाँ-वहाँ छपती रहती हैं, किसी में भी वह 'फ़्री' या हँसते हुए नहीं दिखते, हर समय 'सोबर' ही दिखाई देते हैं—कुछ सोचते-से उबलते-से...।

जया : नहीं, नहीं, यह बात नहीं है। असल में वह अपने फ़ादर की तरह हैं। हर किसी से दोस्ती नहीं कर सकते। खुल नहीं पाते, जैसे माँजी कर सकती हैं। मगर अगर खुल जायें तो फिर जो हंगामा करते हैं पूछो मत। जो जरा भावुक होते हैं न उन्हें वक्त लगता है।

रेखा : अच्छा, वह 'बर्निंग वॉल्केनो' न सही, लेकिन आपने 'कोरा कागज़' में जिस तरह विजय आनंद का कुर्ता फाड़ डाला है, क्या वैसा कभी वक्त पड़ने पर रीयल लाइफ में भी कर सकती हैं?

जया : रीयल लाइफ़ में ? हाय रे ! वह तो इतने लंबू हैं कि उनके कुर्ते तक तो हमारा हाथ ही नहीं पहुँचेगा।

(और फिर खी-खी करके जो बच्चे दोहरे हो-हो कर हँसे हैं कि काफी देर तक हँसते ही रहे—उसी हँसी में शामिल होते हुए जया ही बोलीं)

जया : मैं हूँ न, मैं गुस्सा भी बहुत जल्दी होती हूँ। फिर शांत भी उतनी ही जल्दी हो जाती हूँ। बहुत गुस्से में 'वायलेंट' भी हो सकती हूँ, मैं ही क्या, शायद हर औरत हो सकती है।

(बातों का रुख औरताना होते देख प्रदीप ने बात अपनी ओर मोड़ी)

प्रदीप : आपको अगर अपने मन का कुछ भी करने के लिए एकदम फ़्री

समय दिया जाय तो आप क्या करेंगी ?

जया : मैं बच्चों के लिए फ़िल्म बनाऊँगी, परियों की कहानी पर! तरह-तरह की लोकथाओं पर, टेल्स पर और बताऊँ ? मैं बच्चों की टीचर बनना पसंद करूंगी।

नवनीत : आप अगर ऐक्ट्रेस न बनतीं तो क्या बनतीं?

जया : पता नहीं क्या बनते।

केका : आपको नृत्य का शौक है ?

जया : हाँ, बहुत। हमने छह साल तक लगातार भरत नाट्यम सीखा भी था। अब तो प्रैक्टिस छूट गयी है।

केका : और कत्थक ?

जया : हूँऽऽ कत्थक ? कत्थक से तो सिर में चक्कर आते हैं।

किंशुक : आपने इतनी सारी पिक्चरों में काम किया है, आपको अपना बेस्ट रोल कौन-सा लगा ?

जया : मुझे ? बेस्ट रोल ? (मुँह में उँगली डालकर नाखून कुतरते हुए) गुड्डी, अभिमान (जया सोचते-सोचते धीरे-धीरे गिना रही थीं। पीछे से कोई बच्चा बोला—'कोशिश') हाँ ऽऽ कोशिश वॉज नाइस। (फिर आगे सोचती ही रहीं। बच्चों में भला इतना सबर कहाँ ? टुप से दूसरा सवाल छेड़ बैठे)

गुड़िया : आंटी, आपको बचपन में कभी केन पड़ी थी ?

जया : केन ! अरे बाप रे, बहुत पड़ी थीं। पता है, हमारी टीचर गलती करने पर कहती थीं—'कम हीयर ऐंड किस द रूलर' और बस रूलर फटाफट चालू हो जाता था!

विवेक : आंटी, तुमको जिद्दी रोल करना पसंद है ?

जया : हाँ भई, हम हैं ही जिद्दी।

हिमांशु : जया जी, अगर आपको एक दिन के लिए स्लम एरिया में रहने को कहा जाय तो आप रह सकेंगी?

जया : देखो, स्लम अगर साफ हैं तो हमें कोई आपत्ति नहीं होगी; पर जहाँ गंदगी हो वहाँ मैं खाना तो खा ही नहीं सकती। पता है, गंदे भिखारी देखने के बाद भी बहुत देर तक मुझसे कुछ खाया नहीं जाता। एक बार जब हम छोटे थे तो हमने एक बकरा देखा था। दूसरे दिन पता चला, वह बकरा काट दिया गया है। बस उसी दिन से बहुत बरसों तक मैं मीट खा ही नहीं पायी। बस, उस बकरे का ख्याल आ जाता था।

रेखा : तब तो आप जानवर और भिखारियों की सहायतार्थ जो सोसाइटियाँ होती हैं, उनमें खूब 'डोनेशन' देती होंगी?

जया : अरे कहाँ कर पाते हैं। बाहर से देखने में जैसी ठाठदार हमारी ज़िंदगी लगती है न, वैसी होती नहीं है। हमारे पास इतना पैसा कहाँ कि दान देते फिरें।

किंशुक : आंटी, अमिताभ अंकल जब किसी फ़िल्म में किसी दूसरी लड़की को 'लव' करते हैं तो आपको बुरा नहीं लगता ?

जया : ओए ओए! और जब हम फ़िल्म में किसी दूसरे को लव करते हैं तो उन्हें भी बुरा लग सकता है। असल में जब तुम बड़े होगे तब तुम्हें पता चलेगा कि ये बातें कतई मैटर नहीं करतीं। यह तो जब हम छोटे होते हैं तभी सब ऐसा लगता है कि हाऽऽ कट्टी।

रीता : आप लंदन गयी थीं, तो वहाँ मॉड कपड़े पहनती थीं या साड़ियाँ?

जया : साड़ियाँ लेकर गये थे हम तो। लंबू जी यही चाहते थे।

प्रदीप : वहाँ भी लोग आपको पहचान जाते थे ?

जया : हाँ, पहचान तो जाते थे। वहाँ हिंदी फिल्में खूब जाती हैं।

रेखा : 'वंस ए किंग आलवेज़ ए किंग' यह 'मोटो' आपको ठीक लगता है ?

जया : ओह ! वह जो किचिन है, उसके दरवाजे पर किसी नौकर ने लगा रखा है वह स्टिकर। हमने नहीं लगाया है।

केका : आप शादी के पहले अंकल से प्यार करती थीं तब ज्यादा खुश थीं या अब—शादी के बाद ?

जया : खुश हम तब भी थे, अब भी हैं। खुशियों के रूप बदलते रहते हैं। 'बेसिक' बात तो वही रहती है न!

रीता : आपको विदेशी संगीत अच्छा लगता है ?

जया : मैं तो भइया विदेशी संगीत समझती ही नहीं। पर मेरे घर में चौबीसों घंटों वही चलता रहता है।

हिमांशु : आपने अमिताभजी में क्या पसंद किया जो शादी की?

जया : क्या पसंद किया ? बहुत कुछ पसंद किया। केवल शक्ल देखकर तो शादी की नहीं जाती है।

रेखा : शक्ल भी तो बुरी नहीं है।

जया : अहा ! यह बात मैं उन्हें बता दूँगी।
(और फिर हँसी लहरें मारने लगी)

किंशुक : आंटी, अगर शूटिंग करते-करते भूख लगने लगे तो आप क्या

करती हैं ?

जया : जो भी सामने आ जाय हम खा लेते हैं।

हिमांशु : आपने एक बार टी.वी. पर बताया था कि दिल्ली में किसी खास दुकान पर आप पानीपूरी खाने ज़रूर जाती हैं।

जया : हाँ, पानीपूरी तो हमें बहुत पसंद हैं।

हिमांशु : अच्छा जया जी, 'गर खुदा तुमसे कहे कुछ माँग ऐ बंदे मेरे' तो आप क्या माँगेंगी ?

जया : आं ऽ ऽ क्या माँगेंगे ? (आँख मूँद कर सोचते हुए) हम माँगेंगे—भगवान सारे विश्व को शांति दो, खुशियाँ दो...हैप्पीनेस ऐंड पीस! हम जब मंदिर-मस्जिद या गिरजा कहीं भी जाते हैं, बस यही माँगते हैं।

(बच्चों की शक्लों से लग रहा था कि यह जवाब उन्हें थोड़ा नकली लगा, सबने एक-दूसरे की ओर हैरानी से देखा तो जया बोलीं)

जया : सुनो, तुम्हें एक कहानी सुनाते हैं। दो मियाँ-बीवी थे। दोनों से एक फरिश्ते ने कहा कि 'तुम्हें जो कुछ माँगना हो माँगो' तो उन्हें समझ ही में नहीं आया कि क्या माँगें तो फरिश्ता बोला, 'अच्छा, मैं दो दिन बाद ठीक इसी समय आऊँगा। जो बोलोगे दे दूँगा।' दो दिन तक दोनों चख-चख, चख-चख लड़ते रहे। एक कहता 'ये माँगें।' दूसरा कहता 'यह नहीं वह!'—बस कुछ तय ही नहीं हुआ। लड़ते-लड़ते उन्हें भूख लग आयी तो मियाँ बोला, 'अरे भगवान् तुम एक सेब ही दे दो।' टाइम हो चुका था फरिश्ता वहाँ आ गया था। उसने जो सुना कि सेब माँग रहा है तो उसे बड़ा गुस्सा आया। उसने एक सेब उनकी ओर फेंका, जो मियाँजी की नाक के आगे जाकर चिपक गया। अब बस उनकी नाक पर सेब की फुल्ली लग गयी। दोनों लगे रोने-गिड़गिड़ाने, तो फरिश्ता बोला, 'अच्छा एक आखिरी वरदान दे सकता हूँ। माँगो, क्या माँगते हो?' तो दोनों ने आजिजी से एक स्वर में यही माँगा कि 'प्रभो, इस सेब को नाक से हटा दो'—तो भइया हमसे भी खुदा कुछ माँगने को कहेंगे तो हमारा भी ऐसा ही हाल होगा।

(यह जवाब बच्चों को पसंद आया और बातों का सिलसिला आगे बढ़ा)

नवनीत : आप को लंदन में सबसे अच्छी जगह कौन-सी लगी ?

जया : वहाँ एक खास जगह है, जहाँ लोग खड़े होकर भाषण देते हैं।

दस-पाँच लोगों की भीड़ इकट्ठा होती है और आप कुछ भी बोल सकते हैं। 'क्वीन' तक को गाली दे सकते हैं। कोई कुछ नहीं कहेगा। वहाँ बहुत मजा आया।

रेखा : अमिताभजी कविता लिखते हैं ?

जया : डैड तो कहते हैं कि उन्होंने कई बहुत अच्छी कविताएँ लिखी थीं। भई, हमें तो कभी सुनायी-दिखायी नहीं।

प्रदीप : आपको अगर 'बॉबी' में काम करने को कहा जाता तो आप करतीं?

जया : हाँ, राज साहब कहते तो हम ज़रूर करते।

केका : आपने बहुत से हीरो के साथ काम किया है। और कोई ऐसा है जिसके साथ काम करने की आपकी तमन्ना है?

जया : है। दिलीप साहब के साथ काम करने की हमारी बहुत इच्छा है।

स्मिता : आप अब फ़िल्मों में काम करेंगी ?

जया : हाँ, अभी तो कर ही रहे हैं; पर धीरे-धीरे कम कर देंगे। अगर कोई बहुत अच्छा रोल हुआ तभी करेंगे। नहीं तो अपनी गिरिस्ती सँभालेंगे।

विवेक : तुमको तुम्हारा नाम कैसा लगता है ?

जया : बिलकुल अच्छा नहीं लगता। हमारी दोनों बहनों का नाम नीता और रीता है। एक बहुत बड़े आर्टिस्ट थे– छवि बिस्वास। वह इन दोनों के नाम के साथ मुझे पाता कहते थे। बंगाली में पाता पत्ते को कहते हैं। नीता, रीता और पाता।

रेखा : दीदी, लड़कियाँ ज्यादा बुद्धिमान होती हैं या लड़के ?

जया : ओ ! डेफीनेटली लड़कियाँ ज्यादा इंटेलीजेंट होती हैं।

(बिना एक सेकेंड की भी देर लगाये फट से हिमांशु बोला)

हिमांशु : जयाजी, आप ज्यादा बुद्धिमान हैं या अमिताभजी ?

जया : (हँसते हुए) अरे वह तो मुझसे बड़े हैं। (फुसफुस कर) फिर होऊँगी भी तो कैसे बताऊँ, वह मेरे ह...ज़...बैं...ड जो हैं। (फिर खी-खी खिलखिल हँसी वातावरण में तैरने लगी)।

केका : यहाँ धर्मेंद्र आपके घर के पास ही रहते हैं। आप जाती हैं उनके यहाँ ?

जया : ऊ ऽ ऽ वहाँ। ना बाबा रे, वहाँ जायेंगे तो हमें हार्ट अटैक हो जायेगा।

बच्चे : क्यों?

जया : क्योंकि धर्मेंद्र हमें बहुत पसंद हैं।
(और फिर तो जो हँसी गूँजी है कि काफी देर थमी नहीं)

गुड़िया : (गुड़िया की नज़र उनकी खूबसूरत मैक्सी पर लगी थी।) आंटी, आपने यह मैक्सी कहाँ से ली ?

जया : ए ऽ ऽ यह इंपोर्टेड है! शिवसेनावालों को मत बता देना।

प्रदीप : आपको यदि इंदिरा गाँधी बना दिया जाय तो?

जया : ना बाबा रे, उतनी बड़ी जिम्मेदारी वही सँभाल सकती हैं और कोई नहीं सँभाल सकता।

रेखा : अरे, आप भी तो अपनी फ़ैमिली की प्रधानमंत्री हैं!

जया : जब तक बड़े लोग हैं, हम कैसे प्रधानमंत्री हो सकते हैं?

रीता : न सही प्रधानमंत्री, नाममात्र की प्रेसीडेंट सही।

जया : नहीं भई, वह जगह भी भरी हुई है। आवर फैमिली इज़ कंप्लीट!

जया ने आजकल अपने बालों का जो स्टाइल अपनाया हुआ है, उसमें अजब सादगी के साथ बड़ा मॉड और ताजा-सा भाव चेहरे पर आ जाता है। कुछ कटी हुई लटें कान के पीछे से घूमी हुई झाँकती रहती हैं—आगे से देखनेवाला अंदाज नहीं लगा सकेगा कि बाल घने लंबे हैं या तराशे हुए। सो जो बात किसी भी बड़ी उम्र के व्यक्ति को पूछने की हिम्मत न होगी वह बच्चे पूछ बैठे। रीता बोली।

"जयाजी परिचय में तो आपके बाल बहुत लंबे थे।" तो जया बोली, "हाँ, परिचय में ही क्यों, बाल तो हमारे हैं ही लंबे!"

और अब देखिए गजब कि बच्चों को जैसे भरोसा ही नहीं हुआ तो सभी एक साथ मचल पड़े, "खोल कर दिखाइए न !" जया भी अब तक इन गुड्डे-गुड़ियों में रल-मिल गयी थीं। उन्होंने उनकी फरमाइश पूरी की और ये लीजिए काले कजरारे बालों की जो घटा उमड़कर उनकी पीठ पर बिखरी है कि सारे बच्चे सी-सी कर उठे! सच, बेहद खूबसूरत केशराशि है जया की !

बच्चों की सी-सी के जवाब में वह बोलीं, "हाँ अब तो प्रायः सभी प्रोड्यूसर अपनी फिल्मों में भी एक-न-एक बार हमारे बाल ज़रूर खुलवाना चाहते हैं।" बच्चों की ओर से प्रस्ताव आया कि आप अब आगे से बाल खोलने के लिए एक्स्ट्रा रॉयल्टी लेना शुरू कर दीजिए। जयाजी को सुझाव पसंद आया था—देखें, अब किस पिक्चर से उन्हें यह अतिरिक्त आय होगी और बच्चे जाकर अपने हिस्से की टॉफ़ियाँ माँगेंगे।

और अब तक दो घंटे बीत चुके थे। हमने सोचा, बच्चों के दिमाग़ तो बड़ी उपजाऊ

मिट्टी के बने होते हैं। एक के बाद एक सवाल की फ़सल तैयार होती ही जायेगी। सो सबको जैस-तैसे समेटा और वापस हो लिये। रास्ते भर बच्चों ने जया की बातों को जितना विभोर मन से दोहराया, वह सब बहुत ही रोचक था। हर बच्चे के लिए जया जुग-जुग से पहचानी-सी हो गयी थी। बहुत अपनी बहुत प्यारी!

रेखा तो चलते-चलते बोली, ''हाय आंटी जी, इतनी खुशी क्यों दे दी हमें कि घबरा गये हैं हम !''

इन सब गुड्डे-गुड़ियों के बीच गुड्डी जया भादुड़ी की चर्चा अब महीनों चलेगी। उनके सपने सोते-जागते इन्हें आते रहेंगे—सँभालिए खुद को, कहीं आप भी तो इन गुड्डे-गुड़ियों के बीच नहीं जा बैठे!

नवंबर 1994

अब मैंने शांत रहकर बात की तह में जाना सीख लिया है—नितीश भारद्वाज

माखन चुराने, गोपियों का दिल चुराने और राधा पर खुद सौ-सौ जान से निछावर हो जानेवाले यशोदानंदन की साँवली-सलोनी छवि तो सदियों से हर हिंदुस्तानी के दिल का खासा हिस्सा छेक कर बैठी ही थी, कि दूरदर्शन की बदौलत महाभारत के कृष्ण को भी साधारण दर्शक तक ने काफी बारीकी से पहचान और जान लिया है। लेकिन गड़बड़ केवल एक हो गयी है कि अब कृष्ण-कन्हैया का जिक्र करने पर ज़ेहन में सूरत नितीश भारद्वाज की तैर जाती है। तो नितीश से मैंने पहला सवाल यही पूछा कि जन मन में एकदम घर कर लिया है तुमने ज़ाहिर है, ज़बरदस्त खूबसूरती से जिया है तुमने कृष्ण के किरदार को। पर गीता और महाभारत का कृष्ण सदियों से जनता के मानस में बसे कृष्ण के रूप से एकदम अलग है। जिस रूप का वर्णन करने के लिए स्वयं कृष्ण ने गीता में कहा है—

ज्ञानं तेदहं सविज्ञानमिदं वक्ष्यान्यशेषतः
यज्ज्ञात्वा नेह भूयोऽन्यज्जातव्यम व शिष्यते।

मैं अपने स्वरूप के इस रहस्य सहित तत्त्वज्ञान को संपूर्णता से कहूँगा कि जिसको संसार में जान कर फिर और कुछ भी जानने को शेष नहीं रहता।

तुमने इस स्वरूप को अच्छी तरह गुना होगा; समझा, जाना होगा, तभी तुम उसे साकार कर सके। इसके लिये तुमने खुद कुछ प्रयास किये थे या निर्देशक से 'गाइडेंस' मिली थी ?

नितीश बिना हतप्रभ हुए बोला, सच कह रही हैं आप। माखनचोर और रास रचैया कन्हैया से एकदम अलग स्वरूप है महाभारत के कृष्ण का। उसे समझने के लिए मैंने सचमुच बहुत मेहनत की थी। आज से दो साल पहले सिर्फ़ पच्चीस बरस का ही तो था मैं। कृष्ण के रूप में चुनाव हो जाने पर एकबारगी तो मैं थोड़ा घबरा-सा गया था कि मुझमें वह परिपक्वता अभी नहीं है जो योगीराज कृष्ण को साकार कर सके। पर एक बार जब ठान लिया कि उन्हें समझना होगा तो फिर पूरे मनोयोग से मैं जुट गया। हमारी मराठी में कृष्ण के चरित्र के ऊपर बहुत साहित्य मिलता है। मैंने एक-एक करके तमाम पुस्तकें पढ़ डालीं। मसलन शंकर केशव पेंडसे की श्रीकृष्ण चरित्र और महाभारत की व्यक्ति रेखाएँ—पहले ये दो पुस्तकें पढ़ीं। फिर महाभारत की तमाम टीकाएँ पढ़ीं। सबसे ध्यान से इरावती कर्वे की युगांत पढ़ी। मेरी माँ विल्सन कॉलेज में मराठी की विभागाध्यक्ष हैं। वे जब अपनी कक्षा में ज्ञानेश्वरी पढ़ाती हैं तो कॉलेज से बाहर के छात्र भी उनकी कक्षा में चुपचाप आकर बैठ जाते हैं और उनकी व्याख्या सुनते हैं। उनसे मैंने भी ज्ञानेश्वरी पढ़ी। गो.नि. दांडेकर की सार्थ ज्ञानेश्वरी और भावार्थ ज्ञानेश्वरी भी पढ़ी। मैं जितना-जितना पढ़ता गया उतना कृष्ण के चरित्र से मुझे प्यार होता गया—मैंने पाया कि सचमुच इसका ज्ञान हो जाने के बाद और कुछ भी जानने को शेष नहीं रहता होगा।

नितीश ने बताया कि रवि चोपड़ा से उसे यह ज्ञात हो चुका था कि उसकी आँखों और उसकी मुस्कान इन दो खूबियों के कारण उसे हज़ारों में से चुना गया है। तो कृष्ण का चरित्र पढ़ते समय वह यह तो सोचा ही करता था कि कृष्ण ऐसे बोलेंगे, ऐसे देखेंगे, ऐसे चलेंगे, ऐसे बैठेंगे, ऐसे खड़े होंगे पर सबसे ज्यादा ध्यान से सोचता था इस बात को कि कृष्ण मुस्करायेंगे कैसे। दूरदर्शन पर महाभारत से पहले रामायण आ चुकी थी और अरुण गोविल की मुस्कान लोगों का मन मोह चुकी थी—मैंने दृढ़ निश्चय कर लिया था कि इस मुस्कान नाम की चीज का ही मैं सबसे सतर्क उपयोग करूँगा। इसका उपयोग केवल देवता का स्वरूप दिखाने के लिए नहीं करूँगा वरन मुस्कान का इस्तेमाल मैं मन की पर्त दर पर्त खोलने के लिए करूँगा। शब्द जिन अर्थों को खोल नहीं सकेंगे, उनके अर्थ मेरी मुस्कान खोलेगी। मैंने मन में अच्छी तरह से अभ्यास किया था। कैसा असर पैदा हुआ यह तो परदे पर आपके सामने आ ही चुका है।

बात नितीश अपने अभिनय के 'पाज़िटिव' और 'निगेटिव' पक्ष की कर रहा था और मेरे ध्यान में अटके उलझे थे उसके दो शब्द 'हमारी मराठी'। अंग्रेज़ी माध्यम से पढ़े बंबइया बच्चों के मुँह से कभी अपनी मातृभाषा को इतने गर्व

और ठसके के साथ 'हमारी' शब्द के साथ बोलते हुए नहीं सुना था। नितीश का बोलना अच्छा लगा। रहस्य आप में गहरा नहीं था—पता लगा नितीश की प्रारंभिक शिक्षा मराठी माध्यम से ही हुई थी। घर गोरेगाँव में था, माँ चौपाटी पर विल्सन कॉलेज में प्राध्यापिका थीं। सो तीन वर्ष की नन्ही उम्र से ही नितीश को वे अपने साथ ट्रेन में लातीं, उसे ग्रांट रोड के एक स्कूल में पढ़ने को छोड़तीं। फिर छुट्टी होने पर उनके कॉलेज का चपरासी नितीश को स्कूल से उठाकर विल्सन कॉलेज में ले आता और जब तक माँ वहाँ का काम खत्म करतीं, नन्हे नितीश महोदय स्टाफ़ रूम में कागज, पेंसिल और रबड़ की दुनिया में रमे रहते। भाँति-भाँति की सचित्र पुस्तकें भी माँ ने वहाँ उसके लिए रख छोड़ी थीं। नितीश की माँ श्रीमती साधना उपाध्ये मराठी की जानी-मानी समीक्षक हैं। उनके जीवन में जो भी शुभ और श्रेष्ठ घटित होता है उसका श्रेय वे अपने गुरु वा.ल. कुलकर्णी को देती हैं। भाषा विज्ञान हो या व्याकरण या फिर काव्यशास्त्र हो किंवा उपन्यास, कहानी या कविता, हर विषय को वे बहुत रस लेकर पढ़ाते थे।

श्रीमती उपाध्ये ने उनका यही गुण उनसे विरासत में पाया। वे भी अपने विद्यार्थियों को उसी पद्धति से उतनी ही लगन से पढ़ातीं हैं और नन्हे नितीश की एक आदत वे बताती हैं कि भले ही पढ़ रहा हो, या खा रहा हो, या खेल रहा हो, कुछ भी करता हो उसके कान और आँख आजू-बाजू होनेवाली बातों की ओर भी लगे रहते हैं। गजब की ग्रहणशीलता है उसमें बचपन से ही। इसी ग्रहणशीलता के चलते किसी शब्द में अनुस्वार कब और क्यों लगाया जाता है व्याकरण के इस जटिल सिद्धांत को नितीश ने महज दस वर्ष की उम्र में ही अपने अध्यापक की गलती बताते हुए कक्षा में स्पष्ट कर दिया था।

नितीश प्रारंभ से ही पढ़ने में बहुत तेज़ था। हर विषय में सर्वोच्च अंक लाना जैसे उसकी आदत ही बन गयी थी, इसलिए भी अध्यापकों का वह हमेशा लाड़ला बना रहा। तभी न जिस दिन प्रार्थना सभा में प्रिंसिपल ने यह घोषणा की कि महाभारत सीरियल में कृष्ण का अभिनय करने के लिए हमारे एक पूर्व छात्र नितीश भारद्वाज को चुना गया है तो उस दिन डी.जी.टी. हाई स्कूल के छात्र और अध्यापक लगभग पाँच मिनट तक लगातार तालियाँ बजाकर अपनी खुशी जाहिर करते रहे थे।

स्कूल की पढ़ाई समाप्त करने के बाद नितीश नासिक के भोंसले मिलिट्री स्कूल में पढ़ने के लिए चला गया था। उसके एक दोस्त का भाई वहाँ पढ़ता था। दोस्त से उसे ज्ञात हुआ कि वहाँ पढ़ाई के अलावा निशानेबाजी, तैराकी

और घुड़सवारी भी सिखायी जाती है। नितीश का कहना है कि घोड़े तो उसका पैशन हैं। घुड़सवारी के लालच में ही वह नासिक गया था। उस स्कूल में गुज़ारे दिन नितीश की यादों का बड़ा सुनहरा अध्याय हैं। वहाँ मिली ट्रेनिंग उसके फ़िल्मी कैरियर में भी बड़े काम आ रही है। फिर शायद घोड़ों के लिए पैशन के तहत ही नितीश ने जानवरों की डॉक्टरी की शिक्षा ली। डिग्री लेने के बाद रेसकोर्स पर डॉक्टर की नौकरी भी की। पर जब पाया कि इस पेशे में धन उतना नहीं है जितने की तमन्ना नितीश के मन में थी।

ज्यादा पैसे की तमन्नावाली बात के पीछे की एक छोटी-सी घटना सुनायें आपको—नितीश छोटा ही था शायद बारह-तेरह वर्ष का रहा होगा, तब एक दिन रात को सोते-सोते उसकी नींद उचट गयी। बिस्तर में पड़े-पड़े उसने सुना पिताजी माँ से पूछ रहे थे कि पास बुक में कुछ पैसे हैं या नहीं और माँ कह रही थीं तुम ज्यादा चिंता में घुला मत करो। अभी एक सौ बीस रुपये हैं। काम चल जायेगा। उस दिन की और भी बातें सुन कर नितीश ने जाना कि उसके माता-पिता किस तरह संघर्ष करते हुए अपना-अपना कैरियर बना रहे हैं। साथ ही कितने लाड़-प्यार से बच्चों की परवरिश भी कर रहे हैं—दूसरे दोस्त बाहर होटलों में जाकर मौज करते। इन बच्चों ने भी जिद की, पर इन्हें होटल ले जाया नहीं जा सकता था। पैसे इतने कहाँ होते थे—इसीलिए माँ घर में ही तरह-तरह की मिठाई, नमकीन बनाकर बच्चों को कभी जुहू, कभी रानी बाग, कभी पोर्ट लेक आदि जगहों पर घुमाने ले जाती थीं। उनकी पूरी कोशिश रहती थी कि बच्चों को किसी चीज़ की कमी महसूस न हो उसके लिए उन्हें स्वयं चाहे जितना अतिरिक्त परिश्रम करना पड़े। उस दिन के बाद से नितीश ने कभी किसी प्रकार की नाजायज़ 'डिमांड' की ही नहीं। दीवाली पर ज़िद करके तमाम पटाखे फोड़ता था वह। पर अब ज़िद करने लगा कि यह फिजूलखर्ची न की जाये। उसे कतई पसंद नहीं है यह सब। तमाम छोटी-छोटी बाल सुलभ इच्छाओं को तब वह स्वयं ही दबा लिया करता था। पर तभी उसने निश्चय भी कर लिया था कि बड़ा होकर वह खूब धन कमायेगा ताकि उसके माता-पिता को कभी रात-रात जागकर पैसों की चिंता न करनी पड़े। तो अब उसने अपने टेलेंट और किस्मत की आजमाइश करने की ठानी। बंबई दूरदर्शन के परदे पर कुछ समय उद्घोषक का काम भी किया। कई विज्ञापन फ़िल्मों में भी आया। बचपन में माता-पिता को स्टेज पर अभिनय करते देखता था। घर पर रिहर्सल होती तो नन्हा नितीश ही सबकी 'प्राम्पटिंग' भी करता रहता था। रटने की उसे कभी ज़रूरत ही नहीं पड़ती।

सुधा करमकर के नाट्य शिविर में वह बचपन से ही अभिनय का ककहरा सीख चुका था। उसने समझ लिया था कि उसका असली क्षेत्र वही है।

फिल्मी कैरियर की शुरुआत में ही इतने महान् व्यक्ति का किरदार उसे निभाने को मिला यह उसका बहुत बड़ा सौभाग्य रहा। ईश्वर के सभी अवतारों में पूर्णावतार कृष्ण को ही माना जाता है। सोलह कलाओं से युक्त श्रीकृष्ण का सा बहुआयामी चरित्र इतिहास में अन्यत्र कहीं नहीं मिलता। जीवन का कोई रस, कोई भाव ऐसा नहीं होता जिसे कृष्ण ने न जिया हो। नितीश से मैंने पूछा कि इतने पूर्ण पुरुष का चरित्र तुमने परदे पर साकार किया। उस चरित्र को समझने के लिएं तुमने अध्ययन भी बहुत किया। जीवन में आगे सैकड़ों फिल्में करोगे पर उन फिल्मों में जीवन की किसी एक स्लाइस का, किसी एक पक्ष का ही चित्रण होता है उसके लिए किसी गहरे अध्ययन की जरूरत तो होती नहीं। तो तुम्हें यह जो कृष्ण चरित्र का अध्ययन करने का मौका मिला तो उससे तुम्हारी निजी जीवन पद्धति में भी कुछ फर्क पड़ा ? अपने आत्म साक्षात्कार की दिशा में कुछ मिला ? तो बोला—बहुत मर्म की बात कही है आपने। सचमुच कृष्ण को समझने के दौरान मैं खुद अपने आपको भी अधिक गहराई से समझने की कोशिशें करता रहा हूँ। मैंने कृष्ण को जानने के बाद से अपने चरित्र की कई फालतू नोकों को तराशा भी है। मसलन पहले मैं जरा-जरा-सी बात पर गुस्सा हो जाता था। बेहद जल्दी भड़क उठता था, पर अब मैंने शांत रहकर बात की तह में जाना सीख लिया है।

एक और बात बताओ। पूर्ण पुरुष भगवान श्रीकृष्ण का चरित्र कितना महान् है। यह कहने की बात नहीं। पर अकसर मेरे मन में कुछ सवाल उठा करते हैं कि कृष्ण ने ऐसा क्यों किया, वैसा क्यों नहीं किया आदि। मसलन देखो कृष्ण तो सर्वज्ञ थे। वे जानते थे कि धर्म और न्याय का पक्ष पांडवों का है। और कौरव अधर्म और अन्याय की बात कर रहे हैं। फिर भी उन्होंने पांडवों को तो स्वयं अपनी सेवाएँ दीं। लेकिन अपनी सेना दुर्योधन को दे दी—क्यों ? अधर्म का किसी भी रूप में उन्होंने साथ दिया ही क्यों ? उस सेना के प्रति भी तो अन्याय हुआ यह। मैंने पूछा—नितीश, अपने अध्ययन के दौरान तुम्हारे मन में ऐसे कोई सवाल उठे ? तो वह बोला—एक नहीं अनेक सवाल। अनेक शंकाएँ मेरे मन में जागती थीं। लेकिन सच कहता हूँ आपसे, मन में शंका लेकर जब मैं और गहराई से पढ़ता तो मुझे अपने हर प्रश्न का जवाब उनके चरित्र चित्रण में से मिल जाता था। जैसे यही सेना दे देने का सवाल है। देखिए सेना किसी व्यक्ति विशेष की तो होती नहीं है। सेना का धर्म तो कमांडर की आज्ञा का पालन करना होता है—तो दुर्योधन अपनी सेना का कमांडर था ये सेना जब उसे दे दी गयी तो अब उसकी हो गयी।

उस समय दो प्रकार की सेनाएँ होती थीं। एक पेड सेना और एक अनपेड

सेना। तो कृष्ण के पास जो पेड सेना थी उसका नाम था नारायणी सेना। वह नारायणी सेना दुर्योधन को दे दी गयी थी। ताकि निष्ठा का प्रश्न भी बीच में न आ जाये। रही ये बात कि दी ही क्यों तो दुर्योधन ने जब उनकी कुंती बुआ से अपने रिश्तों का हवाला दे कर कुछ माँगा तो बड़ों के प्रति आदर भाव के कारण कृष्ण उसकी बात टाल नहीं सकते थे। व्यक्ति का मनोविज्ञान वे खूब समझते थे। वे जानते थे कि दुर्योधन अकेले उनकी सेवाओं की अपेक्षा पूरी सेना की सेवाएँ ही लेना पसंद करेगा। सो उन्होंने वैसा प्रस्ताव रख दिया था।

नितीश तमाम और बातें भी बताता रहा और मैं सोचती रही कि कृष्ण तो वह चरित्र है जिनके लिए रसखान ने लिखा था—

ब्रह्मा मैं ढूंढ्यो पुरानन गानन वेद रिचा सुनि चौगुने चायन,
देख्यो सुन्यो कबहूं न कितूं वह कैसे सरूप औ कैसे सुभायन।
टेरत हेरत हारि पड्यो रसखानि बतायो न लोग लुगायन,
देखौ दुरो वह कुंजकुटीर मैं बैठो पलोटत राधिका पायन।

और यह भी कहा था कि सेस, महेस, गनेस, दिनेस, नारद, शुकदेव, और व्यास भी जिसकी थाह नहीं पा सकते, अहीर छोकरियाँ उन्हें छछिया भर छाछ के लिए नचाती रहती हैं।

तो मैं यही दुआ करती हूँ कि हमारे फ़िल्म जगत् के इस होनहार गंभीर अभिनेता का मन कहीं किसी राधा के पाँव पलोटने और छछिया भर छाछ के लिए नाचने तक ही सीमित होकर न रह जाये। क्योंकि इसके चारित्रिक गुणों और अभिनय पटुता में कला की अनंत ऊँचाइयों तक उड़ने की संभावनाएँ हैं। इसके द्वारा प्रस्तुत महाभारत के कृष्ण की भूमिका का अभिनय तो सहज ही भुलाया नहीं जा सकेगा—इस पुख्ता नींव पर खड़े होकर यह निश्चित ही नित नयी सफलताएँ प्राप्त करेगा।

जून 1990

छुटकी—जो अब बड़ी हो गयी है !

लवलीना मिश्रा

छुटकी। यानी लवलीना मिश्रा। है न कुछ अटपटा-सा, अनमेल-सा कंबीनेशन। एक ओर को फेंके हुए कटे बालों की बेतरतीब-सी दीखनेवाली तरतीबदार जमायी हुई लटें, ब्यूटी पार्लर में तराशी हुई कमानी भवें, आइशैडों से सँवरी पलकें, आइलाइनर जटित आँखें, रूज से उभारी हुई हाई चीकबोन्स, लिपग्लॉस से रसीले बनाये, लिपिस्टिक सजे ओंठ, लंबे, बड़े नाखूनों पर रुपहला सुनहला नेल पेंट, कानों में लटकते डिंगलिंग डैंगलिंग इयरिंग वगैरह वगैरह, गरज यह कि मॉड परिधान में पेंसिल हील पहने कोई किशोरी होती और बड़ी अदा और एक्सेंट से बताती कि मेरा नाम लवलीना है तो मुझे कतई अटपटा न लगता, लेकिन छोटे-छोटे हाथ-पैरोंवाली, छोटे-से मुँह पर बड़ी-बड़ी आँखोंवाली, छोटे-से कद की, छोटी-सी, प्यारी-सी, बिटिया जैसी लगनेवाली छुटकन्नो जब बोलीं कि उनका नाम लवलीना है, तो मैं सचमुच हकबका गयी और पूछा, ''कौन-सी भाषा का शब्द है यह तुम्हारा नाम ?'' बोली, ''संस्कृत का है,'' और झेंपते हुए कहा, ''अब जैसे बुद्ध को बुद्धा कहते हैं। राम को रामा, वैसे ही हमारे लवलीन नाम को लोग कहने लगे लवलीना। अब हम क्या करें, हमारे घरवालों ने जो नाम स्कूल में लिखा दिया, वही तो हम भी बतायेंगे न। हमें सभी लवलीना कहते हैं तो हम भी लवलीना बोलते हैं। असल में हमारा नाम तो है लवलीन। अब आप इस शब्द के मीनिंग मत पूछियेगा। क्योंकि इसके जो मायने हैं न वह हमारे पास हैं ही नहीं।'' फिर भी मैं अर्थ पूछने से बाज नहीं आयी, तो उन्होंने कहा, ''इसके मतलब होते हैं सुंदरता...'' और बोलीं, ''जो हमारे पास है ही नहीं।'' यह बात उन्होंने इस अंदाज में कही कि अगर नहीं है तो इसमें हमारा क्या कुसूर।

लेकिन जब मेरी ओर से आश्वासन पाया कि नहीं भई, तुम तो बड़ी प्यारी और सलोनी लगती हो, तो अपनी बड़ी-बड़ी आँखें डबर-डबर डुलाकर मेरी ओर ऐसे देखा जैसे धन्यवाद शब्द बोलने की चीज़ नहीं, बल्कि केवल आँखों से संप्रेषित करनेवाली बात होती है।

लवलीना कानपुर की रहनेवाली है लेकिन पैदा दिल्ली में हुई और वहीं रहती है। लेडी श्रीराम कॉलेज में बी.ए. प्रथम वर्ष की छात्रा है। इतिहास में ऑनर्स करेगी। लवलीना के पिता गोपाल स्वरूप मिश्रा सूचना और प्रसारण मंत्रालय में काम करते हैं। लेडी श्रीराम कॉलेज के पहले वह कान्वेंट ऑफ जीसस एण्ड मेरी में पढ़ती थी। नाटकों में भाग लेने का शौक स्कूल में ही पड़ गया था। लेकिन अंग्रेजी स्कूल में होते हुए भी लवलीना को मजा हिंदी नाटक करने में ही आता था। वह हिंदी इलॉक्यूशन (वक्तृता) तथा डिबेट (वाद विवाद) में भाग लेने का मौका कभी नहीं छोड़ती थी। अब अपने कॉलेज में भी हिंदी ड्रमैटिक सोसायटी की सदस्य है। कॉलेज के नुक्कड़ नाटकों में भी भाग लेती है। जब उससे पूछा कि क्या इन्हीं नाटकों में देखकर उसे दूरदर्शन के धारावाहिक नाटक 'हम लोग' के लिए चुना गया तो बोली–

''नहीं नहीं, हमें तो सुषमा सेठ लायी हैं। असल में जब हम छोटे थे और स्कूल में पढ़ते थे न तो उन दिनों वहाँ हमारी इलॉक्यूशन टीचर थीं सुषमा सेठ। सुषमा जी एन.एस.डी. में चिल्ड्रेंस थियेटर वर्क शाप भी कंडक्ट करती थीं। छह महीने का कोर्स होता था। उन्होंने हमसे कहा, तुम ज्वाइन कर लो तो, हमने कर लिया। वहाँ उनसे हमने बहुत सीखा था।''

मैंने कहा, ''अरे वाह! यानी तुम्हारी याद उनके जेहन में तब से अटकी पड़ी थी।'' तो इतनी प्यारी निरभिमानी मुद्रा में बोली कि उस पर बड़ा प्यार आया। कहने लगी–

''अरे नहीं, नहीं, हम कोई ऐसे तीसमारखाँ थोड़े ही थे। वह तो सुषमाजी की छोटी बेटी है न प्रिया। वह हमारी सहेली है। हम कभी-कभी उसके साथ उनके घर जाते रहते थे। तो बस उन्हें हमारा खयाल था। उन्होंने हमें बताया कि ऐसे-ऐसे एक नाटक हो रहा है। उसमें ऐसा-ऐसा एक रोल है–तो तुम खुद ही जाकर डाइरेक्टर पी. कुमार वासुदेव से मिल लो। हम गये मिलने तो सच्ची बतायें, हमें तो बड़ा डर लगा और भी पता नहीं कैसा-कैसा लगा। पर फिर जब चुन लिये गये तो खुशी भी बहुत हुई। वहाँ हम लोगों को सबको साइक्लोस्टाइल्ड कागज़ दिये गये। जिनमें हमारे कैरेक्टर क्या हैं, इसकी जानकारी अंग्रेज़ी में दी गयी थी। हमने अपने कैरेक्टर के बारे में लिखी बातें पढ़ीं। पर सच बतायें हमें तो कुछ समझ में ही नहीं आया। पर खैर, अब तो काम करना ही था तो

करने लगे। आपने देखा होगा कि शुरुआत के पहले दो-तीन भागों में हम पूरी तरह जम भी नहीं पाये थे, कुछ उखड़ा-उखड़ा काम था हमारा। पर धीरे-धीरे जैसे-जैसे काम आगे बढ़ा कि हमें अपना कैरेक्टर अच्छी तरह से समझ में आ गया। अब तो हम खुद ही अपना काम बड़े आराम से मजे में कर लेते हैं। हमारे डाइरेक्टर साहब भी किसी तरह की टेन्शन नहीं देते हैं। वहाँ खूब रिलेक्स्ड वातावरण होता है। वह हैं तो शायद पठान लेकिन हिंदी खूब अच्छी बोलते हैं।''

छुटकी किस्मत और उपलब्धियों में तो छुटकी नहीं है। लेकिन बाकी सब मामलों में छुटकी ही है। बच्चा थी, तभी से उसे जया भादुड़ी बहुत पसंद थीं। जया के लंबे बाल उसे बहुत आकर्षित करते थे। उसे क्या मालूम था कि वह अपनी पसंदीदा हीरोइन की ही तरह कद काठी में खुद भी छुटकी रह जायेगी। 'हम लोग' परिवार की तो वह छुटकी है ही, अपने खुद के परिवार में भी वह सबसे छुटकी ही है। लवलीना के पिता और ताऊजी का संयुक्त परिवार था। सोलह बरस तक दोनों परिवार एक ही घर में रहते थे। चूँकि घर छोटा पड़ता था इसलिए अभी कुछ ही समय पूर्व दोनों परिवार अलग-अलग घरों में रहने लगे हैं। यद्यपि छुटकी कहती है, ''पिताजी अभी तक हमारी कोई भी जिम्मेदारी लेते ही नहीं हैं। कुछ भी कहो, कुछ भी पूछो तो बस यही कह देंगे भई हैड आफिस (यानी ताऊजी) से पूछो।''

और छुटकी तो है ही अपने ताऊजी की सबसे फ़ेवरिट खूब सिर चढ़ी लाडोरानी। ताऊजी के दो बेटे और लवलीना की एक बड़ी बहन—इन चारों के बीच छुटकी है—छुटकी।

जब यह पूछा कि टी.वी. स्टार बनने के बाद तो सबने और भी सिर चढ़ा लिया होगा तो बिना पलक झपकाये बोली—

''अरे नहीं, नहीं, यह बहुत बढ़िया बात है कि किसी ने हमें सिर विर नहीं चढ़ाया है। बल्कि सच बतायें, हमारी बहन और पिताजी तो अकसर हमारा शो देखते भी नहीं हैं। बस माँ ही नियमपूर्वक सारी किस्तें देखते आ रही हैं। बड़े प्यार से बैठ कर देखेंगी, फिर कभी कहेंगी, आज तुम्हारी माँग बड़ी टेढ़ी निकली थी या कभी कहेंगी कि आज जो कुर्ता पहना था, वह तुमने ठीक नहीं सिलाया या फलां रंग की छींट तुम्हारे ऊपर अच्छी नहीं लगती—इसी तरह की बातें बड़े गौर से देखती रहती हैं। उनका मन करता है उनकी बेटी हर तरह से बहुत अच्छी दिखाई दे, कहीं कोई कमी न रह जाये। हमारे घरवालों ने हमें कभी किसी काम के लिए रोका-टोका नहीं। उल्टे पूरी सुविधायें दी हैं। खूब प्रोत्साहन देते हैं। कभी रिहर्सल या शूटिंग से देर में लौटो और देखो कि किसी ने अभी तक खाना नहीं खाया, सब तुम्हारा इंतज़ार कर रहे हैं। तो मन भीतर से एकदम

हिल जाता है न। दे फ़ील फ़ार यू—दे केयर फ़ार यू। सच मैं बहुत लकी हूँ। वैसे एक और बात है—ताऊजी हमेशा यह जरूर कहते हैं कि अपने सब शौक पूरे करो। मगर ध्यान रखो कि पढ़ाई चौपट नहीं होनी चाहिए। उनका पढ़ाई-लिखाई पर ज्यादा ज़ोर है।''

जब पूछा कि उनकी इस अपेक्षा पर खरी उतरी हो या नहीं। तो बड़ी शान से बताया कि अभी तक निरंतर फ़र्स्ट क्लास लाती रही हूँ। पिछले साल बारहवीं में तो पिचहत्तर प्रतिशत टोटल लेकर पास हुई थी। पर एक आँख हलके से दबाकर दबी जबान से यह भी बता दिया कि इस साल 'हम लोग' की वजह से पढ़ाई में काफ़ी नुकसान हुआ है। पता नहीं फ़र्स्ट क्लास मिल भी पायेगी या नहीं। कोशिश तो जारी है। आगे के इरादों के बारे में बोली—

''देखिए अभी तो हम छोटे हैं। कह नहीं सकते आगे क्या समझ में आयेगा। पर अभी तो हमारा मन है कि हम यूनिवर्सिटी में लेक्चरर बनेंगे या फिर लॉ करके वकालत करेंगे। हमारे ताऊजी तो आई. ए.एस. में बैठने के लिए कहते हैं। पर हमको तो आई.ए.एस. लोग ग्लोरिफाइड क्लर्क लगते हैं। हम नहीं करेंगे वह सब।''

मैंने कहा यह तो ठीक है। लेकिन तुमने यह तो बताया ही नहीं कि तुम्हारे भीतर जो यह नाटक करने की प्रतिभा है, इसका विकास कैसे करोगी। उस दिशा में क्या सोचा है ? तो बोली, ''क्या सोचेंगे भला हम। हमें तो थियेटर बहुत अच्छा लगता है। थियेटर में हमें हिंदी थियेटर से बड़ा प्यार है। हमारी बड़ी बहन है न वे इंग्लिश थियेटर करती हैं। हम तो उनसे हमेशा बहस करते हैं कि तुम्हारी इंगलिश तो भारत की दो प्रतिशत जनता ही जानती है। तुम्हारे इंगलिश थियेटर में न तो कोई सोशल कमिटमेंट है और न उसकी कोई यूटिलिटी ही है। खाली फ़ैशन में थियेटर करती हो। मैं तो हिंदी में ही थियेटर करना चाहती हूँ। देखिए न, कितनी अजीब बात है हमारे देश में हिंदी और अंग्रेजी की अब कल ही की बात है, सत्यदेव दुबेजी का हिंदी नाटक बलि देखकर सब लोग गिरीश कर्नाड जी के घर इकट्ठा थे। वे सभी या तो हिंदी थियेटर से जुड़े हुए लोग थे या हिंदी फ़िल्मों से। उन सभी को जो यश और मान मिला है वह हिंदी से ही मिला है न। लेकिन हम आपसे सच कह रहे हैं, वे सबके सब वहाँ अंग्रेज़ी में ही बातें कर रहे थे। बात हिंदी थियेटर की हो रही थी, मगर अंग्रेज़ी में। सच्ची, बीच-बीच में कभी कोई एक आधा वाक्य हिंदी का आता था। बाकी सारी बहस बात अंग्रेज़ी में हो रही थी। हमें तो बहुत खराब लगता है यह सब। आपको बतायें हम जब अपने स्कूल में हिंदी नाटकों में भाग लेते या हिंदी डिबेट वगैरह में जाते तो सब यही समझते थे कि बिचारी का हाथ तंग होगा (क्या मजेदार अभिव्यक्ति है दिल्लीवालों की) अंग्रेज़ी में। पर जब हमने अपनी पढ़ाई में, अंग्रेज़ी में फर्स्ट

आकर दिखा दिया तो सब चुप हो गये। अंग्रेजी से हमको कोई बैर नहीं है। उसका ज्ञान पूरा होना चाहिए। पर काम हमें हिंदी के लिए ही करना चाहिए और हिंदी में ही करना चाहिए।''

मैंने ध्यान दिलाया कि बात नाटकों के लिए हो रही थी तो बोली—

''अरे उसके बारे में आपको क्या बतायें। आपकी बंबई में तो थियेटर चारों तरफ़ फैला है न। हमारी दिल्ली में तो थियेटर की सारी एक्टिविटी एक जगह पर केन्द्रित है। और वह जगह अगर आपके घर से दूर है तो बस टापते रह जाइए बंबई की तरह वहाँ दिल्ली में हम रात-बिरात अकेले यहाँ-वहाँ आ जा भी नहीं सकते। हमारे घर से थियेटर एरिया बहुत दूर है। अब हमारे पास कोई बॉय फ्रेंड तो है नहीं जो हमें मोटरसाइकिल पर बिठाकर ले जाये। और न ही हमारे पिता के पास शोफ़र ड्रिवेन कार है कि थियेटर करने जा सकें। करना तो दूर की बात हम थियेटर देखने तक तो जा नहीं पाते। पर हमारी इच्छा बहुत है कि इस दिशा में खूब नया-नया सीख सकें। कुछ कमाल कर सकें। फ़िलहाल तो हमारा एक और शौक 'हम लोग' के कारण थोड़ी मार खा गया है। हम सात साल की उम्र से श्रीमती दीपाली नाग से संगीत सीखते हैं (लवलीना ने बड़े फख्र से बताया कि वामा की संपादक श्रीमती मृणालपांडे भी उसके साथ संगीत सीखती हैं) हमने प्रयाग संगीत समिति का चार साल का कोर्स पास कर लिया है। दो साल बाकी रह गये हैं, पर रियाज के लिए जितना समय मिलना चाहिए मिलता ही नहीं है। और यों ही बिना परफेक्शन के महज सर्टिफिकेट पाने के लिए तो हमें करना नहीं है। वह कोर्स हम पूरा करेंगे ज़रूर। भले अभी कुछ समय और रुकना पड़े।''

पढ़ाई, संगीत और नाटक के बाद लवलीना का सबसे बड़ा शौक है खाना पकाना। होंठों को थोड़ा सिकोड़कर, बड़ी-बड़ी आँखों को और बड़ा-सा खोल कर हँसते हुए छुटकी कहती है—

''सब कहते हैं यह शौक तुमने इसलिए पाला है ताकि शादी के फ्रंट पर कोई मुश्किल न आये। पर ऐसी कोई बात नहीं है। सच्ची हमें सचमुच खाना बनाने का बहुत शौक है।''

शौक फिल्में देखने का भी है। यह पूछने पर कि कैसी फ़िल्में अच्छी लगती हैं। निहायत ही मासूमियत से छुटकीजी बोलीं, ''अच्छी फ़िल्में अच्छी लगती हैं।'' मैं हँस पड़ी तो उन्हें समझ आया कि क्या कह गयी हैं, तो समझाने लगीं कि आर्ट फ़िल्में अच्छी लगती हैं। और आर्ट फ़िल्मों पर दो-चार किताबी वाक्य बोलने के बाद बोलीं कि बहुत ज्यादा आर्ट—आर्ट से भी बोर हो जाती हैं। और महीने में एक बार कमर्शियल फ़िल्म जरूर देखना चाहती हैं। साफ़ समझ में आ रहा था कि बेचारी छुटकी थोड़ी उलझन में पड़ गयी हैं। आखिर वे एक स्टार हैं।

उनका इंटरव्यू लिया जा रहा है। कैसे कह दें कि आर्ट फ़िल्म की कॉनॉस्यो (मर्मज्ञ) नहीं हैं। सो पहले तो आर्ट फ़िल्म की बात बोलीं पर कहीं न कहीं सच्चे मनवाली हैं तो बोल गयीं कि महीने में एक बार तो कमर्शियल फ़िल्म देखने का मन करता ही है। ज्यादा देर अपना फ़ालतू मुखौटा ओढ़ नहीं पायीं और बोलीं—

"अब देखिए आपसे छुपाना क्या ? काहे को बनो बिना बात के। काहे को स्यूडो बनते फिरो। देखिए सच्ची बात बतायें, हमने गोविन्द निहलानीजी की पार्टी देखी। उसमें तो बहुत सारा ऐसा था कि हमें कुछ समझ में ही नहीं आया।"

छुटकी को शबाना आज़मी और नसीरुद्दीन शाह बहुत अच्छे लगते हैं। पर सबसे अच्छे ओमपुरी लगते हैं। किस्मत की धनी छुटकी की बात देखिए कि उन्हें गोविन्द निहलानी की अगली फ़िल्म 'आघात' में काम करने का न्योता मिला है। उसमें उनका जो चरित्र है उसे दिखाया भी यह गया है कि नाटकों में काम करनेवाली वह लड़की ओमपुरी के प्रति बहुत आकृष्ट है।

छुटकी यानी लवलीना जितनी भी देर बैठी रही, निरंतर चटर-पटर बोलती ही रही। हमें, आपको, सबको भगवान ने बोलने, बात करने को जुबान दी है। लेकिन छुटकी पर भगवान ज्यादा ही मेहरबान हैं। बोलने, बात करने के लिए उसे और भी कुछ बख्शा है। छुटकी जुबान से खूब पटर-पटर बोलती है। और जुबान से ज्यादा अपनी बड़ी-बड़ी आँखों से डबर-डबर बोलती है और आँखों से भी ज्यादा अपने नाजुक छोटे-छोटे हाथों की पतली लंबी उँगलियों की मुद्राओं से बोलती है। जरा-सी देर में दुनिया-जहान की तमाम बातें करने के बाद छुटकी बोली—

"हाँ, यह सच है कि हम बोलते बहुत हैं। घर में भी सब यही कहते रहते हैं कि थोड़ी देर तो चुप बैठा कर। सहेलियाँ भी यही कहती हैं। पर आपको बतायें, अब हम बहुत कम बोलते हैं। (उनके कम बोलने का नमूना आप देख ही रहे हैं)। सच्ची, 'हम लोग' नाटक में भाग लेने के बाद हमने अपने आप में बहुत बड़ा फ़र्क महसूस किया है। देखिए, पहले हम बड़े नान ऐडजस्टिंग नेचर के थे। हमको जो करना होता था वही करते थे। सोचते थे बाकी सब जायें भाड़ में, हम तो अपने मन की बात करेंगे ही। पर अब ऐसा नहीं सोचते। अब हम बड़े हो गये हैं। सुधर गये हैं। अपने आप बीच में टपकने और दूसरों की कमियाँ खोजने की जगह अब हम सबकी अच्छाइयों की ओर ध्यान देते हैं। बड़े लोगों से ज्यादा से ज्यादा सीख लेने की ओर ध्यान देते हैं। 'हम लोग' नाटक के परिवार से जुड़ने के बाद पिछले बरस दो बरस के दौरान ही हम अब सहसा बड़े हो गये हैं।"

तो यही थीं आपकी छुटकी जो अब बड़ी हो गयी हैं।

मार्च 1985

मुलाकात हिटलर के आतंक से

गंगा और हिमालय के देश की संतानों को पहाड़ों के प्रति प्रेम तो शायद जनमते ही मिल जाता है। मुझे भी पहाड़ों का सौंदर्य अभिभूत कर लेता है। अमरीका में टैनेसी नामक राज्य में जब संसार प्रसिद्ध स्मोकी माउंटेंस पर्वत मालाएँ देखीं तो मैं ठगी-सी रह गयी। हलकी नीली आभा लिये छोटी-छोटी चोटियाँ—जहाँ तक दृष्टि जाये बस सुरमई धुआँ-धुआँ-सा नजर आये। बड़ा रहस्यमय नजारा है उन पहाड़ियों का—बहुत मोहक, बहुत रम्य!

इसी टैनेसी के किंग्सपोर्ट नामक नगर में मेरा बेटा रहता है। चारों ओर हरी-भरी वादियों और निर्मल मनोहारी झीलोंवाले इस नगर में कई घुमावदार रास्तों से गुजरकर एक छोटी-सी पहाड़ी पर बने अपने बेटे के बहुत ही खूबसूरत घर में बैठकर सामने लॉन में फुदकते खरगोशों और ढेरों ढेर रंग-बिरंगे फूलों से लदे खूबसूरत पेड़ों की शाखों पर फुदकती मोटी-मोटी गिलहरियों और तमाम तरह की प्यारी-प्यारी चिड़ियों की चहचहाहट के बीच बेटे और बहू से मिले लाड़-दुलार को भोगते हुए दिन सपनीली कल्पनाओं से भी ज्यादा सुखद बीत रहे थे। बेटे के साथ दूर-दूर तक घूमने जाना, बहुत रात गये घर लौटना और दिन में जब बेटा काम पर जाये तो हम सास-बहू या तो दुनिया-जहान की हज़ारों किस्म की बातें करते, टीवी देखते या कविताओं की पुस्तकें पढ़ते, एक-दूसरे को सुनाते—कभी हश-हश करते, तो कभी वाह-वाह, तो कभी बिन बात हँसते-किलकिलाते। जब दिन ऐसे सुख भरे होते हैं न तो फुर्र-फुर्र उड़ने लगते हैं और पलक झपकते बीत जाते हैं। ऐसे ही हलके-फुलके प्यार भरे दिनों के बीच अचानक एक दिन ऐसा आया कि अनायास ही अपने सारे सुख बेमानी और सारे दुख बौने लगने लगे, क्योंकि उस दिन मेरा साक्षात्कार एक ऐसी वयोवृद्ध महिला से हुआ जो सदी के ही नहीं, मानवजाति के नृशंसतम कुकृत्य की साक्षी ही नहीं शिकार भी

रही हैं।

नयी धुनी रुई के गाले जैसी हलकी-फुलकी नर्म और नाजुक झुर्रियोंवाले बेहद खूबसूरत चेहरे पर चमकती गीली पनियारी भूरी आँखें, तीखी नाक, बहुत पतले सुकोमल ओठ और अनोखी गोलाई लिये हुए नुकीली चिबुकवाली यह वृद्ध महिला एक खुली किताब की तरह मेरे सामने बैठ गयीं और बोलीं, "पूछो, क्या पूछना चाहती हो?" पूछना तो बहुत कुछ था पर इतनी सुंदर, इतनी प्यारी और पहली ही दृष्टि में इतनी अपनी-सी लग रही थीं वे कि मेरी हिम्मत ही नहीं हुई उनसे तुरंत ही उनकी दर्दभरी दास्तान सुनने की। मुझे लगे कि मुझे बताते-बताते उनकी पारदर्शी त्वचा कहीं नीली न पड़ जाये—सुनते-सुनते कहीं मैं खुद मुर्झा न जाऊँ।

ये थीं मीरा रिचके किमलमन! एक यहूदी महिला जो इतिहास के एक नितांत अमानवीय दौर की साक्षी रही हैं, जो उस समय के बीच से गुजरी हैं जिसकी कल्पना मात्र मन दहला देती है। इनसे मिलकर मेरा सारा वजूद क्यों काँप उठा—मुझे अपने सुख बेमानी और दुःख बौने क्यों लगने लगे यह जानने के लिए आइए आपको इतिहास के उस कालखंड की थोड़ी-सी जानकारी दे दूँ, जिसकी साक्षी मीरा रही हैं।

बीसवीं शताब्दी के शुरुआती दिनों में जर्मनी योरोप का सबसे ताकतवर देश बन चुका था। लेकिन 1918 में प्रथम विश्वयुद्ध समाप्त होते-होते जर्मनी टूट गया। उनका शासक कैसर हालैंड भाग गया और बर्लिन में कुछ राजनीतिक नेताओं ने मिल कर गणतंत्र घोषित कर दिया, 1919 में सारी विश्व ताकतों का सम्मेलन हुआ तथा वारसा संधि घोषित की गयी और सारे खूनखराबे के लिए जर्मनी को दोषी करार करते हुए उसे नागरिक नुकसान की भरपाई का आदेश दिया गया तथा उनसे योरोप का बहुत-सा क्षेत्र वापस छीन लिया गया। जर्मनी के नये स्थापित गणतंत्र को इसे स्वीकार करना ही पड़ा—दूसरा कोई चारा था भी नहीं, लेकिन इस संधि को लेकर जर्मनी की जनता में तमाम विवाद उठ खड़े हुए। चारों ओर असंतोष व्याप्त हो गया और कोई भी राजनीतिक पार्टी इतने वोट नहीं प्राप्त कर सकी कि अपने अकेले के बलबूते पर शासन-सूत्र सँभाल ले। युद्ध के बाद उपजी भयंकर महँगाई के कारण मध्यम वर्ग बहुत परेशान था। बेरोजगारी बढ़ चुकी थी, व्यापारी वर्ग धड़ल्ले से अपने निजी लाभ जुटाने में लगा था। ऐसे में एक नयी पार्टी का उदय हुआ—'नेशनल सोशलिस्ट जर्मन वर्कर' यानी कि 'नाजी पार्टी'। इन्होंने घोषित किया कि संधि को ठुकराकर हम ऐसी नयी सरकार बनायेंगे जो देश से गरीबी और भुखमरी दूर करेगी, सबको रोजगार दिलायेगी और देश में धन का समान वितरण करेगी। उन्होंने वायदा किया कि

हम जर्मनी को फिर से एक मजबूत और ताकतवर देश बना देंगे। 1921 में इस पार्टी ने घरों में सफेदी और पुताई करनेवाले एक पेंटर को अपना नेता घोषित किया। इस नेता का नाम था अडोल्फ हिटलर। हिटलर बहुत काइयाँ और चतुर किस्म का नेता था। भले ही किसी झूठ या षड्यंत्र का सहारा क्यों न लेना पड़े पर वह येन केन प्रकारेण अपनी मनचाही बात पूरी कर ही लेता था। उसके संरक्षण में तमाम तरह के बेरोजगार पर चतुर लोगों के अलावा कुछ शोहदे किस्म के लोग भी शामिल हो गये थे इसलिए शुरू-शुरू में लोगों ने इस पार्टी की ओर कोई ध्यान ही नहीं दिया। पर जब धीरे-धीरे ये लोग शासन में पाँव जमाने लगे और इन्होंने अपनी एक अलग मिलिट्री ताकत बना ली तो मजबूरन लोगों को इधर ध्यान देना पड़ा। कुछ लोग इन्हें और इनके तरीकों को गलत बताते थे। तो कुछ उन्हें सही भी ठहराने लगे। हिटलर में वाक्शक्ति गजब की थी। वह अपने भाषणों से जनता को मोहित कर लेता था। उसने लोगों के मन में यह धारणा जमानी शुरू कर दी कि केवल जर्मन लोग ही मास्टर रेस हैं, केवल वही आर्य हैं और शुद्ध रक्तवाले हैं इसलिए केवल जर्मनी को ही सारे संसार पर राज्य करने का अधिकर है। जर्मन लोगों को रहने के लिए अधिक से अधिक जमीन देने के लिए हिटलर ने अपने राज्य की सीमाएँ बढ़ाने का ऐलान किया और देखते-देखते 1931-32 के चुनाव में नाजी पार्टी ने सबसे बड़ी पार्टी के रूप में चुनाव जीत लिया।

बस इसके बाद तो हिटलर ने सबसे पहले यहूदियों को अपना निशाना बनाया। उसके अनुसार ये लोग विदेशी और निम्न श्रेणी की जाति के लोग हैं। ये समाजवाद, कम्युनिज्म, शांतिवाद और अंतर्राष्ट्रीय बंधुत्व के दुश्मन हैं। यहाँ तक कि ये ईसाइयत के भी दुश्मन हैं। हिटलर के अनुसार यहूदियों से जर्मनी को अपनी शुद्ध रक्तवाली जाति के लिए खतरा है। ये अगर जर्मनी में रहे तो हमेशा सारा धन चूसते रहेंगे और हमारी लड़कियों को खराब करते रहेंगे। हजार वर्षों से जर्मनी में रहती आयी इस जाति को पूरी तरह से खत्म करने का पक्का इरादा हिटलर ने बना लिया। 30 जनवरी, 1933 को हिटलर जर्मनी का चांसलर घोषित हुआ और अपनी तानाशाह ताकत को बढ़ाने के लिए हिटलर ने चार साल के लिए आपातकाल की घोषणा कर दी। रेडियो, फ़िल्म, अखबार, किताबें—सब पर शासन का अधिकार हो गया। देश की अन्य राजनीतिक पार्टियों को रद्द कर दिया गया। कोई भी हिटलर के बनाये नियमों के विरुद्ध आवाज उठाता तो बिना किसी सुनवाई के उसे मारा-पीटा जाता या खत्म कर दिया जाता। गैस्टेपो नाम की खुफिया पुलिस जहाँ और जैसे चाहती धर-पकड़ कर सकती थी। हिटलर के पाँव पूरी तरह जम गये। यहूदियों के खिलाफ योजनाबद्ध तरीके से अत्याचार

होने लगे।

उनकी ज़िंदगी दूभर हो उठी थी। वे जर्मनी छोड़ कर बाहर जाना चाहें तो जा सकते थे। लेकिन उन्हें अपना रुपया-पैसा, कील-काँटा सब यहीं छोड़ कर जाना होगा।

सितंबर, 1939 में हिटलर ने युद्ध छेड़ दिया। अट्ठारह दिन में टैंकों और गोताखोर बमबाजों के बल पर पोलैंड को जीत लिया। अप्रैल 1940 में डेनमार्क पर कब्जा हो गया और नार्वे पर हल्ला बोल दिया गया। फिर 10 मई को पश्चिम छोर पर हल्ला बोला गया। कुछ ही दिनों में तटस्थ हॉलैंड और बेलजियम को काबू में करके हिटलर फ्रांस में घुस गया। उसकी ताकतवर सेनाओं के सामने फ्रांस अधिक टिक नहीं सका और 22 जून को फ्रांस ने समर्पण कर दिया। ब्रिटेन सतर्क हो गया। वहाँ बड़े पैमाने पर युद्ध की तैयारियाँ होने लगीं। हिटलर अब तक योरोप के बहुत बड़े हिस्से का मालिक बन ही चुका था। 1941 में उसने ब्रिटेन पर बमबारी की कोशिश की पर सफल नहीं हो सका और स्तालिन के साथ जो परस्पर एक-दूसरे पर हमला न करने की संधि की थी, उस वायदे को तोड़कर हिटलर ने रूस पर हमला बोल दिया। इस दौरान सारे योरोप से लोगों को बंधुआ मजदूर बना कर जर्मनी लाया जा रहा था। वे लोग नाज़ी मालिकों के लिए हाड़तोड़ मेहनत कर रहे थे। ब्रिटिश रेडियो सुनना या नाज़ी सरकार के खिलाफ़ कुछ पढ़ना या बोलना सबसे बड़ा अपराध था। सजा केवल एक थी मौत! और इस सबके बीच में चल रहा था यहूदियों पर अत्याचार का बेमिसाल सिलसिला। उन्हें यातना शिविरों में रखा जा रहा था। सबसे ज्यादा यातना शिविर पोलैंड में खुल चुके थे। ट्रैबलेंका, बैलसैक, सिवीबोर, चेल्मो और खास तौर से ऑशविज में यहूदियों को जानवरों से भी बदतर हालत में खदेड़ दिया गया था। करीब साठ लाख यहूदी बच्चे, औरतें और आदमी मारे जा चुके थे। यहाँ तक कि तमाम पोलैंड निवासी, चेकोस्लोवाक, रूसी और स्लाव लोग भी नाज़ियों के दमन का शिकार आये दिन बनते रहते थे। पर यहूदियों पर तो बहुत सोच-समझ कर योजनाबद्ध तरीके से कहर ढाया जा रहा था। इसकी शुरुआत तो उनके सारे नागरिक अधिकार छीन कर हुई। फिर कभी इस, कभी उस मोहल्ले के लोगों को हुक्म मिलता कि चौबीस घंटों के भीतर उन्हें घर खाली कर देना है। यहाँ सैनिक अधिकारी रहेंगे। बेचारे जितना कुछ कीमती सामान ले पाते, लेकर अपना-अपना आशियाना छोड़कर सड़क पर आ जाते। फिर उन्हें कभी ट्रकों पर, कभी रेलगाड़ियों पर लाद कर ले जाया जाता और बीच में कहीं गाड़ी रोक

कर उनका सारा कीमती सामान छीन लिया जाता और बंदूकों की नोक के बल पर उन्हें किसी 'घेटो' यानी कि बड़ी चारदीवारी से घिरी चाल में ढकेल दिया जाता। गरीब हों या अमीर सबका बुरा हाल हो गया। झूठमूठ के आरोप लगा कर उन्हें गोलियों से भूना जाने लगा। हर व्यक्ति को पहचानपत्र दिये गये—अब वे नाम नहीं नंबर थे। जो स्वस्थ थे उन्हें मजदूरी के लिए ले जाया जाता, बूढ़ों और बीमारों को मार डाला जाता। औरतों से बच्चे छीन लिये जाते। बच्चों से भी तमाम तरह की मजदूरी करायी जाती। युद्ध सामग्री बनाने के कारखानों में छोटे-छोटे कल-पुर्जों को फ़िट करने में उनकी नन्ही उँगलियाँ बहुत काम आती थीं। यहाँ तक तो चलिए बरदाश्त कर लीजिए, पर उन अधम सैनिकों को जब मनोरंजन की सूझती तो उनका एक पसंदीदा खेल था दुधमुँहे बच्चों को माँ के आँचल से खींच कर पत्थर पर धोबियों की तरह पटक-पटक कर मार डालते या नन्ही टाँगों को पकड़कर हवा में तेज घुमाकर सामने की दीवार पर दे मारते और देखते कि किसने कितनी बार में बच्चे की जान ली। तमाम लोगों के पास कँपा डालनेवाली आपबीतियाँ हैं। कैसे कोई गंदे गटर में छिपा, कैसे किसी ने सैनिकों के शौचालयों में मलमूत्र से भरे गड्ढों में स्वयं को छिपाया। मानसिक यातना भी कैसी-कैसी कि सुन कर रोयें खड़े हो जायें। मसलन एक यहूदी को पकड़ कर कहा गया कि सैनेगॉग यानी कि अपने पूजाघर की दीवारों पर थूको। बंदूक की नोक के नीचे बेचारा जान बचाने को थूकता रहा, थूकता रहा, थूकता रहा लेकिन एक क्षण ऐसा आया जब उसने थूकना बंद कर दिया तो बंदूक का कुंदा सिर पर मार कर पूछा गया, थूकना बंद क्यों किया? उसने कहा, मेरा हलक सूख चुका है, जुबान अकड़ गयी है, मुँह में थूक है ही नहीं। तो उससे मुँह खोलने को कहा गया—फिर उसके मुँह में थूक कर कहा गया अब इसे थूको। सिलसिला तब तक चलता रहा जब तक उससे यह कुकृत्य करवानेवाला स्वयं थक न गया। ऐसी ही तमामोतमाम लोमहर्षक आपबीतियाँ हम विभिन्न पुस्तकों में पढ़ सकते हैं। पर इस बार की अमरीका यात्रा के दौरान मुझे एक जीती-जागती पुस्तक से साक्षात्कार का मौका मिला और यह थी वही वयोवृद्ध यहूदी महिला मीरा रिचके किमलमन जिसका शुरू में जिक्र कर चुकी हूँ। आइए अब आपको उनसे मिलवाऊँ।

बाल्टिक समुद्र के किनारे बसे डेनजिंग नाम के एक खूबसूरत गाँव में मीरा का जन्म हुआ था। घर के चारों ओर हरे-भरे जंगलनुमा पेड़ और यहाँ-वहाँ छितरी छोटी-छोटी झीलें और तालाब ! सुंदर प्रकृति, सुंदर घरेलू जीवन सब कुछ सुंदर! लेकिन 1935 के शुरुआती दिनों में ही मीरा के पिता ने भाँप लिया था कि राजनीति करवटें ले रही है। माहौल में घुटन घुलने लगी है। पड़ोसी कतराने लगे हैं। सैनेगॉग

जाते हुए श्रद्धालु लोगों को हिटलर के आदमी मारने लगे हैं, कोई बीच-बचाव भी नहीं करता।

1 सितंबर, 1939 को हिटलर की सेनाओं ने डेनजिंग में प्रवेश किया था। मीरा तब महज पंद्रह साल की खिलने को उद्यत कली-सी सुकुमार लड़की थी। बिना किसी पूर्व घोषणा के गाँव के अन्य लोगों के साथ मीरा को सपरिवार जानवर ढोने की गाड़ियों में ढकेलकर जबरन ठूँस दिया गया था। सबको बारसा ले जाया गया। वहाँ पहले से ही बड़ी तादाद में जबरन लाये गये अन्य यहूदी मौजूद थे। तो इस जत्थे को चार सौ मील दूर लोमाजा नाम के गाँव भेजा गया। यहाँ घर के नाम पर एक बड़ी-सी चारदीवारी थी और सिर पर टूटीफूटी छत और बीच-बीच में जानवरों के बाड़े जैसी जगहें। चारदीवारी से बाहर जाना मना था। कोई कोशिश करता तो बंदूक की गोली सीना चीर देती। गरीबी, भूख, बीमारी और आतंक के बीच जिंदगी घिसटने लगी। हर चार-छः दिन बाद सैनिक आते और इन भूखे-नंगे लोगों में से जो ताकतवर दिखते, उन्हें मजदूरी करने के लिए ले जाते। एक बार गये लोग कभी लौट कर आते नहीं। आते भी तो लहूलुहान पीठ, टूटे हाथ-पैर और झुकी-टूटी कमर लेकर आते। मार्शल लॉ लग चुका था। अखबार पढ़ते या रेडियो सुनते कोई दिख जाता तो एक ही सजा होती। धाँय-धाँय बंदूक की गोली और सब कुछ खत्म। इन लोगों को एक साथ इकट्ठे बैठने या खड़े होने या आपस में ज्यादा देर तक बातें करने की इजाज़त नहीं थी। बड़े लोग तो समय की भयावह नज़ाकत को समझ गये थे पर उन सबके मासूम छोटे बच्चे इतिहास के इस क्रूर मजाक को समझ सकें यह तो संभव नहीं था। वे बेचारे अपने माँ-बाप के सामने रोते-झींकते और जिद करते रहते थे। मीरा से उनकी दुर्दशा नहीं देखी गयी। उसने जान पर खेलकर एक काम करना शुरू किया। तहखानों में, गुसलखानों में, दुछत्तियों में जहाँ भी छिपने लायक जगह मिलती वह जितने भी संभव होते उतने बच्चों को चुपचाप लेकर पढ़ाने लगी। बिना कॉपी, किताब या कलम की यह पाठशाला गुपचुप चलने लगी। मीरा को इतिहास, भूगोल, विज्ञान, साहित्य जो भी जितना भी आता था, कहानी की तरह बोल-बोल कर बच्चों को सुनाती, साथ ही उन्हें प्रार्थना करना सिखाती और प्रभु के प्रति आस्था जगाती। मीरा ने समझ लिया था कि इन परिस्थितियों में होश सँभाले रखने का एकमात्र यही तरीका है। अन्यथा सब धीरे-धीरे पागल हो जायेंगे।

बाहर की दुनिया में क्या हो रहा है यह इन दड़बों में रहनेवाले जिंदा लाशों सरीखे लोगों को मालूम ही नहीं था। ये तो सिर्फ अपना जीवन ढो रहे थे। अचानक

अक्तूबर 1942 को इन लोगों को हुक्म मिला कि घर खाली करके लाइन बना कर परेड करते हुए आगे बढ़ना है। मीरा के पिता मोरिच रिचके और छोटे भाई बेनो को बंधुआ मजदूर बना लिया गया था। वे पहले ही जा चुके थे। मीरा अपनी माँ यूजीना और दादा-दादी, चाचा-चाची वगैरह के साथ फटी-फटी आँखों से चारों ओर देखते उन यहूदी लोगों के खामोश कदमों से कदम मिलाती अंधी राहों पर बढ़ती जा रही थी। अचानक सबको रुक जाने का हुक्म मिला। कुछ लोगों को छाँट-छाँट कर अलग किया जाने लगा। मीरा की ओर भी उँगली का इशारा हुआ। विदा का एक शब्द बोल सकने का प्रश्न ही नहीं था। अपनी माँ की कातर निगाहें और अवाक् खुला मुँह भर देख सकी वह। पर मन में उम्मीद थी कि शायद रात होते-होते सब लोग किसी शिविर में इकट्ठे मिलेंगे। पर उसे तो दो दिन लगे अपने जैसे बेबस लोगों के साथ लगातार चलते-चलते अगले पड़ाव तक पहुँचने में। वहाँ जा कर पाया कि हजारों लोगों के उस जत्थे में से अब वे केवल कुछ सौ लोग ही बचे हैं। बाकी सब कहाँ बिला गये—किसी को पता नहीं चला। मीरा के जेहन में उसकी माँ की कातर निगाहें और लाचार अवाक् खुला मुँह हर पल टकराता रहा। पर फिर कभी नहीं देख पायी वह अपनी जननी को।

चारों ओर सिर्फ़ उदासी और हताशा का अँधेरा था। हलकी-सी उजास सिर्फ़ एक बात में दिखती थी कि दादा-दादी, पिता-भाई साथ के और परिवार के अन्य लोगों को मिलाकर अट्ठारह लोग अभी जीवित थे और इकट्ठे जी रहे थे। लेकिन उस दिन तो गज़ब हो गया जब महज़ चौबीस घंटों के भीतर वे अट्ठारह से केवल चार रह गये। बाकी के चौदह लोगों को अलग कर दिया गया। किसी से सुना कि उन्हें ट्रेबलेंको के यातना शिविर में ले जाया गया है। वहाँ मजदूरी कर रहे होंगे ? भूख-प्यास झेल रहे होंगे ? बीमारी से टूट रहे होंगे ? अकल्पनीय तरीकों से दी जा रही शारीरिक और मानसिक यातनाएँ झेल रहे होंगे ? या पता नहीं जिंदा भी होंगे या नहीं...प्रश्न! प्रश्न ! प्रश्न! दुराशंकाएँ ही दुराशंकाएँ! पर चलो दयालु ईश्वर ने पिता, भाई और एक चाचा इन तीन का साथ तो अभी भी मीरा को बख्शा हुआ है।

कुछ दिनों बाद सबको हुक्म मिला कि अपने-अपने बिछुड़े रिश्तेदारों का जो सामान साथ लेना हो ले लें—दूसरी जगह जाना होगा। सब लोग इधर-उधर फैले लावारिस सामान को खखोलने लगे। मीरा सोचती रही—जब लोग ही नहीं हैं तो उनके सामान का क्या करेंगे ? नहीं चाहिए, हमें कोई सामान नहीं चाहिए। सब कुछ ले लो हमारा। बस हमारे प्रियजनों से मिला दो हमें! पर सोचने से क्या होता है। अब तो कर्म सिर्फ एक बचा है, जो कुछ हुक्म मिले

उसे चुपचाप, बिना किसी ननुनच के मान लो। सामानों को उलटते-पलटते मीरा के हाथ काँप गये, साँसें भीतर ही भीतर घुटने लगीं, दिल तूफानी गति से धड़कने लगा और पत्थर-सी हो चुकी आँखों में जाने कहाँ से पानी भर आया, ओठ काँपने लगे—अरे! ये तो मेरी माँ के जूते हैं...हाँ उसी के हैं! उसी के तो हैं... मैं अच्छी तरह पहचानती हूँ! मीरा ने जूते उठाये, कलेजे से लगाये। भीतर से हूक उठी—हाय ऐसी कैसी जगह ले गये हैं उसे जहाँ जाने के लिए जूता पहनने की भी इज़ाज़त नहीं थी। या फिर वहाँ पहुँचा दिया है उसे जहाँ जाने के लिए जूतों की जरूरत नहीं पड़ती। कहाँ हो माँ...कैसी हो...कैसी हो माँ...ओ माँ! और हूक तो होती ही है अंदर ही अंदर चीत्कार करके भीतर डूब जाने के लिए। वही हुआ—वहीं छोड़ दिये मीरा ने वे जूते! उसकी हिम्मत ही नहीं पड़ी उन्हें अपने पास रखने की।

हुक्म मिला—सारा सामान गठरियों में बाँध कर रेलगाड़ी में रखकर सब लोग ट्रकों में बैठ जाएँ। वह ट्रक जो जानवरों को इधर से उधर ढोने के काम में आते थे, उन ट्रकों में जानवर से भी बदतर बना दिये गये इन यहूदियों को ठूँस कर पोलैंड के एक यातना शिविर में भेज दिया गया। माजनेक नाम की जगह में था यह शिविर। चारों तरफ कँटीले तारों से घिरा था। पता चला कुछ समय पहले इसे रूसी युद्धबंदियों के लिए बनाया गया था। यहाँ आने पर इन लोगों से सब कुछ छीन लिया गया। यहाँ तक कि शरीर पर पहने कपड़े भी उतरवा दिये गये और सबको धारीदार गाढ़े रँग के कपड़े पहनने के लिए दे दिये गये। कैसी वर्दियाँ हैं ये? मजदूरों की ? कैदियों की ? या फाँसी पर लटकाये जाने वाले अपराधियों की ? कुछ पता नहीं था, पर पूछने का सवाल ही नहीं था। कहा न, नियति सिर्फ एक थी—हुक्म का मानना! उदूली का सवाल ही नहीं। चुपचाप पहन लिये वे कपड़े। दिन अभी मुँदा भी नहीं था कि सबको अपनी सीलनभरी अँधेरी कोठरियों में जाने का हुक्म मिला। न हवा, न रोशनी, न पर्याप्त जगह। एक-एक कोठरी में कई-कई लोग। दयालु हैं न प्रभु! नाकाफी हवा, अँधेरे और सीलन के बावजूद नींद की नेमत तो दे रखी है उसने। नींद तो आ ही गयी, पर नींद ने भी थोड़ी ही देर बाद हथियार डाल दिये, पता नहीं कहाँ से कौन घुस आया और इन निरीह लोगों के शरीर को यहाँ-वहाँ से कुतरने लगा। अँधेरा इतना कि दिखाई ही नहीं दे रहा था कौन है। कोने से कोई चिल्लाया साँप है, कोई बोला चमगादड़ है, कोई बोला चूहे हैं ये तो। मीरा ने बताया मेरा शरीर कई जगह से नोचा-कुतरा जा चुका था, पर मन में ऐसी वितृष्णा घर कर गयी थी कि जख्म को सहलाने या खून पोंछने की भी इच्छा नहीं हो रही थी। हो ले जो होना है। दूसरे दिन पता चला, हाँ वे चूहे ही थे। इन कोठरियों में

बंद रूसी युद्ध बंदी सैनिक जब मर जाते थे तो उनकी लाशों को पास ही उगे जंगल के गड्ढों में फेंक दिया जाता था। लाश को चील, कौवे नोच कर खाते थे और जो लोथड़े पड़े रह जाते थे उन्हें खा-खा कर वहाँ के चूहे बहुत तगड़े और विशाल आकार के हो गये थे। मांस खाने के आदी हो चुके इन चूहों को अब अच्छा आहार मिल रहा था। अजीब-अजीब तरह की यातनाएँ सह चुकी मीरा उन चूहों की याद करके अभी भी सिहर उठती हैं।

चूहे दावत उड़ा रहे थे और ये बेचारे किस्मत के मारे इंसान बासी डबलरोटी के सूखे टुकड़े और कॉफी कहे जानेवाले अजीब से कसैले पेय पदार्थ पर जिंदा थे। बरसों से यही हाल था कभी-कभार रात को आलू और पत्ता गोभी का पनीला सूप मिल जाता तो सबके मुँह पर खुशी खिल आती थी। मीरा बचपन से ही अपने घर प्रतिदिन एक सेब जरूर खाती थी। पर बरसों बीत गये खाने का सवाल ही नहीं, उसने सेब की शक्ल तक नहीं देखी थी। सैनिक जो कुछ खाकर फेंक देते उसे इकट्ठा करके तथा जो भी खाद्य-सामग्री खराब होनेवाली होती सब सड़ी-गली चीजें मिला कर उबाल दी जातीं और वही भोजन होता था इन कमनसीब यहूदियों का। अजीब आलम होता है भूख और प्यास का। खाने-पीने में हजार नखरे करनेवाली मीरा अब कुछ भी खा-पी लेती थी। अब यातनाभरे दिन बीते पचास बरस हो चुके हैं, फिर भी मीरा का जी मिचलाने लगता है जब याद आता है कि उन दिनों कुछ लोग मारे भूख के उन हृष्टपुष्ट चूहों को पकड़ कर भून कर खा जाते थे। क्या करते बेचारे! सरेआम कमजोर लोगों को गोली से भूना जाते देखते थे। स्वस्थ दिखने के लिए पेट तो भरना ही होता था।

इसी बीच टाइफाइड फैला और मीरा भी उसकी चपेट में आ गयी। स्वस्थ दिखती रहने के लिए वह अपना चश्मा तक फेंक चुकी थी, पर बुखार ने तो उसको एकदम कमजोर बना दिया। ज्यादा कमजोर दिखी कि मार दी जायेगी। क्या करे पेट भर खाना तो मिलता नहीं पथ्य और गिजा का क्या सोचना! पर इंसान की अक्ल आड़े वक्तों में क्या-क्या रास्ते सुझा देती है। मीरा के पिता ने अपने दाँतों पर मढ़ा सोना निकालकर बेचा और उस पैसे की रिश्वत दे-दे कर अपनी बेटी के लिए अच्छा खाना और दवाएँ मुहैया कर लीं। ममतालु पिता खुश हो गया, यह देख कर कि बेटी की कमजोरी दूर हो गयी और वह जिंदा रखी जाने लायक तंदुरुस्त दिखने लगी। आसन्न मृत्यु टल गयी।

मीरा को याद है जून, 1944 में यह खबर आयी कि रूसी और अमरीकी फौजें आगे बढ़ रही हैं। जर्मनी का पलड़ा हलका पड़ने लगा है और हिटलर के

लोग सबूत नष्ट करने के लिए यातना शिविरों को खाली कर रहे हैं। खूब मार-काट मची है। उसी चक्कर में एक दिन मीरा के चाचा को जबरन पकड़ ले जाया गया। अब सुना गया कि मारने-काटने से इतनी लाशों के ढेर लग गये हैं कि निजात पाने का कोई बड़ा बेरहम तरीका सोच लिया गया है। सब अटकलें लगाया करते थे कि कैसा होगा वह तरीका कि लाश भी नहीं बचती हागी। अचानक एक दिन तमाम लोगों के साथ मीरा को भी जानवर ढोनेवाली गाड़ी में बैठा कर ऑशविज ले जाया गया। गाड़ी की खिड़की में से उसने देखा गाँववाले जमीन की ओर इशारा करके बता रहे थे कि सबको जिंदा दफन कर दिया जायेगा। दहशत तो हुई। पर सच यह है कि अब उसने खुद को भाग्य भरोसे छोड़ दिया था। जो होना है वह तो होगा ही, सोच कर परेशान क्यों हुआ जाये ? बस मन कसकता था तो माँ के लिए, जिसे उसने फिर कभी देखा नहीं। पिता के लिए, भाई-बहनों के लिए क्योंकि उसके लिए अब केवल एक ही सुख था कि पिता और भाई जिन्दा हैं। ऑशविज पहुँचने पर गाड़ी से उतरने के बाद दसियों खूँखार कुत्तों की खौफनाक भौंक और झपट्टों से बचते-बचाते ये लोग चलते-चलते एक इमारत के पास आये। औरंतों की अलग कतार थी, मर्दों की अलग। मीरा की कातर निगाहें पिता और भाई को खोज रही थीं। उसने देखा पास की दूसरी इमारत के गेट के पास उसका सोलहवर्षीय भाई पिता से सट कर खड़ा था। कहाँ ले जाये जा रहे हैं वे लोग ? सबके मुँह पर इस कदर हवाइयाँ क्यों उड़ रही हैं ? मीरा ने तरह-तरह के इशारे किये कि किसी तरह तीनों की निगाहें आपस में मिल जाएँ, पर पिता और भाई उसे देख नहीं सके। उसने देखा या पता नहीं देखा या महज कल्पना थी कि उसके छोटे भइया के होट पर हलकी मसिरेखा फूट आयी है...मन में फुरफुरी-सी आयी मेरा भाई जवान हो रहा है! जी हुआ उसे हाथ से छू ले। पर उसे क्या मालूम था कि तब अपने कलेजे के टुकड़े, अपने लाड़ले भइया को आखिरी बार देख रही है। फिर कभी नहीं देखा उसे...

थोड़ी देर बाद इन सब औरतों और लड़कियों को एक बड़े कमरे में ले जाया गया और हुक्म मिला कि सब लोग अपने कपड़े उतार दें। शरीर पर एक चिंदी भी न रहे। जर्मन सिपाही आये और छोटी, बड़ी तेज, खट्टल जिसके पास जैसी भी कैंची थी उससे उन महिलाओं के शरीर के सारे बाल बड़ी बेरहमी से काट लिये गये। जो भी प्रतिरोध करती या पीड़ा प्रगट करती वह लात-घूँसा और गाली खाती। सिर पर ऊबड़खाबड़ ठूँठ और पैरों के बीच से रिसता रक्त। अब न तो किसी के पास शर्म, हया बची थी न पीड़ा वेदना! इस अजीबोगरीब मुंडन के बाद इन्हें हुक्म मिला कि स्नान कर लो। कड़कती सर्दी का मौसम, बर्फीला

ठंडा पानी, न साबुन, न तौलिया, हुक्म मिला है तो स्नान करना ही होगा। किया स्नान! फिर सबको टाट के कपड़े और लकड़ी के सैंडिल पहनने के लिए दिये गये। आपमें से जिन्होंने 'शिंडलर्स लिस्ट' नामक फिल्म देखी होगी उन्होंने यह स्नान-दृश्य भी देखा होगा। मीरा बताती हैं कि जिस बाथरूम नामक जगह में सबको खड़ा किया गया था उसकी छत से शावर लटक रहे थे। कोई नहीं जानता था कि उनमें से पानी निकलेगा या गैस ! गैस की आशंका से सभी घबरायी हुई थीं क्योंकि इधर-उधर से उड़ती आती खबरों में उन्होंने सुन रखा था कि नहाने के बहाने शावर में से गैस का रिसाव करके लोगों का दम घोंट दिया जाता था। फिर उन्हें पास के कमरे में बनी विशाल भट्ठी में झोंक कर जला दिया जाता था। उस भट्ठी से उड़ती राख का विशाल अंबार मीरा ने भी देखा था। कहा जाता है कि हिटलर जब अपने सलाहकारों के साथ नरसंहार के लिए मशविरा कर रहा था तो उसे कई तरीकें सुझाये गये--जल्दी से जल्दी लोगों को समाप्त कर देने के। लेकिन किसी में कुछ समस्या थी, किसी में कुछ तय पाया गया कि कोई भी समस्या आये मारना तो है ही। तब हिटलर ने पूछा इन सबमें से सबसे मानवीय तरीका कौन-सा है तो उसे बताया गया गैस चैंबर में दी जानेवाली मौत सबसे मानवीय रहेगी तो उसने कहा था, "हाँ, हमें अमानवीय नहीं होना चाहिए।" मीरा के मुँह से मैंने जब यह सुना तो मैं सिहर उठी। मैंने उनसे यही कहा कि मीरा, भाषा और साहित्य का थोड़ा-बहुत ज्ञान तो मुझे भी है पर 'मानवीय' शब्द के ये अर्थ मैंने कभी नहीं जाने थे। उफ! कैसा भयंकर था सब सुनना भी। जिन्होंने भोगा है उनकी पीड़ा की भला कल्पना भी कौन कर पायेगा। बहरहाल, आगे बताया मीरा ने कि उस तथाकथित स्नान के बाद उन्हें एक कतार में खड़ा करके उनके बाँये हाथ की बाँह पर कलाई से थोड़ी ऊपर की ओर एक नंबर गोद दिया गया--ए-15744। मीरा की बेहद नर्म और झुर्रीदार जिल्द पर उस दिन जब मैंने वह नंबर देखा तो मैं अपनी रुलाई रोक नहीं पायी। उनके उस हाथ को अपनी काँपती उँगलियों से सहला मैंने चूम लिया और आँखों से लगा कर रो पड़ी। बहुत देर तक मेरी उनसे कुछ भी बात करने की हिम्मत ही नहीं पड़ी।

1944 की जुलाई का महीना था। जर्मन युद्ध मशीनरी को युद्ध में झोंकने के लिए और अधिक सैनिकों की जरूरत पड़ने लगी तो जहाँ से जो भी स्वस्थ पुरुष मिलता, थोड़ी-सी ट्रेनिंग के बाद युद्ध में झोंक दिया जाता। इन यहूदी कैंपों से भी जवान और स्वस्थ लोग एक-एक कर विदा होते जा रहे थे। ऑशविज मनुष्यों की खरीद-फरोख्त की मंडी बनता जा रहा था। युद्ध सामग्री बनाने के व्यापारी यहीं से सस्ते दामों पर मजदूर खरीद ले जाते थे। जरखेज गुलाम बन

जाने का तथाकथित 'सौभाग्य' मीरा को भी मिला और वह एक कैद से दूसरी कैद में चली गयी। वह दो हफ्तों तक ऑशविज में रही थी और धुएँ के काले गाढ़े गुबार और उससे उठती चिरायंध उसके प्राण को मथ चुकी थी। गुलाम बनाकर खरीदी जाने पर उसे जान बचने की खुशी होनी चाहिए थी। लेकिन मीरा का मन वहीं पीछे छूटा जा रहा था। उफ क्या-क्या नहीं सहा है उसकी जाति ने—अब यह भी ! !...हाड़-मांस, रक्त, मज्जा....सब कुछ गैस के हवाले। पीछे रह जायेगा सिर्फ मनुष्य देह के अवशेषों का चूरा-चूरा अस्तित्व काले धुएँ के रूप में उड़ता, गिरता और शून्य में बिलाता हुआ...मीरा खरीद ली गयी थी अन्यथा...

अंत में जनवरी सन् 1945 में उस क्षेत्र में रूसी सेनाओं का दबाव बढ़ता गया। मारे डर के सबने अपने खरीदे यहूदी गुलामों को अपने कारखानों से बाहर धकेल दिया। बाहर शून्य से तीस डिग्री नीचे का तापमान था। चारों ओर तीन फ़ीट से भी ज्यादा बर्फ़ जमी हुई थी। सबको हुक्म मिला—उन्हीं चीथड़ों और लकड़ी के जूतों में मार्च करते हुए आगे बढ़ते जाओ। आसपास दिखाई दिये तो बंदूक मार दी जायेगी। कहाँ जाना है कुछ पता नहीं, बस आगे-आगे जर्मन सैनिक, पीछे-पीछे मजबूर मरते-खपते यहूदियों का झुंड। जो चल न पाये, थोड़ा पीछे छूट जाये या जो बीमार पड़ जाये उसे गोली मार दी जाती। सारे रास्ते में यहाँ-वहाँ लाशें बिखरी पड़ी थीं और यह भूखा-नंगा काफ़िला आगे बढ़ता जा रहा था। कभी-कभी इन्हीं को हुक्म मिलता कि रास्ते में सड़ती किसी लाश को उठा कर किनारे पर फेंक दें।

मीरा ने बताया कई-कई घंटों का यह चरम कष्टकारी सफ़र पार करके ये सब एक रेलवे स्टेशन तक आये। यहाँ कोयला ढोनेवाली एक मालगाड़ी के डिब्बों में इन्हें ठूँस दिया गया। डिब्बे ऊपर से खुले थे। चारों ओर से आती बर्फ़ीली हवाएँ बदन छील रही थीं। सारे डिब्बे में बर्फ जमी थी इतनी कि जरा-सा बैठो कि शरीर में बर्फ़ चिपक जाये। उसी बर्फ़ीले डिब्बे में ये निरीह अपने ही मलमूत्र और बर्फ़ से लथपथ पड़े थे। कई दिन का सफ़र तय करके आखिर बेलसन नामक स्थान पर पहुँचे। मीरा ने बताया कि प्रसिद्ध पुस्तक 'एनफ्रैंक' की डायरीवाली एनफ्रैंक भी उन्हीं दिनों वहाँ पहुँची थी। चारों ओर साँय-साँय मौत का सन्नाटा। इन लोगों को पहला काम मिला कि उन बर्फ़ीले डिब्बों में से लाशों को बाहर निकालकर उस ढेर पर ले जा कर डालना होगा जो अब तक लगभग एक पहाड़ जैसी शक्ल ले चुका था। कम-से-कम पचास हजार मुर्दों का जरूर रहा होगा वह पहाड़। किसी-किसी ने तो ऐसे ढेरों के नीचे दबे किसी अधमरे अर्धजीवित व्यक्ति को तड़पते भी देखा था। मीरा समझ नहीं पा रही थी कि

वे ज्यादा भाग्यशाली थे जो गैस चैंबर में राख बना दिये गये या ये जो यों सड़े-गले पड़े हैं...पर कुछ सोचने की शक्ति भी कहाँ बची थी अब। मीरा तथा उसकी सभी साथी सिर्फ हड्डियों का चलता-फिरता ढाँचा मात्र रह गये थे। प्रेत शायद ऐसे ही दिखते होंगे। अब इतने जड़ हो चुके थे ये सब कि एक-दूसरे को देख कर डरते भी नहीं थे। सिर्फ़ अचरज कर सकते थे कि इन हड्डियों पर चिपकी खाल के भीतर जान कहाँ बसती होगी भला?

अंततः इतिहास ने करवट बदली। विश्वयुद्ध समाप्त हुआ और 15 अप्रैल, 1945 को मीरा ने आज़ादी की साँस ली। युद्ध पीड़ित यहूदियों के लिए सहायता शिविर खोल दिये गये थे। वहाँ अंग्रेज़ संरक्षकों ने दूध और पानी में कुछ पौष्टिक पदार्थ घोल कर बेबीफूड जैसी कोई चीज़ सबको खाने को दी पर वर्षों से जर्जर होती गयी आँतें उसे पचा नहीं पा रही थीं। खाना न मिलने की पीड़ा से ज्यादा कष्टदायी थी यह बात कि खाना पचा ही नहीं पा रहे थे वे लोग। पर पेट भर के अच्छा खाना मिल सकने की संभावना मात्र बड़ी संतोषदायी थी। प्राणरक्षा के बाद स्वास्थ्य लाभ करती हड्डियों का कंकाल मात्र दिखनेवाली मीरा बिस्तर पर पड़े-पड़े हर समय माँ की याद करती रहती थी। माँ जिसे फिर देखा तक नहीं उसने। और भाई बेनो ! बेनो के ओठ पर हलकी-सी मूँछों की रेखा! उसे भी तो नहीं देखा फिर कभी और हर पल उसे लाड़ देनेवाले पिता मोरिच रिचके! कहाँ देखा उन्हें भी उसने फिर! पर बाद में पता चला कि दक्षिणी जर्मनी में अमरीकन सेनाओं ने जिन यहूदियों को मुक्त कराया था उनमें मोरिच भी थे। तीन महीने तक इस कैंप से उस कैंप में भकटने के बाद उन्हें एक कैंप में मीरा मिल गयी थी। कितना हृदय विदारक था पिता-पुत्री का मिलन! दोनों ने सोचा था कि उनकी आँखों के आँसू हमेशा-हमेशा के लिए सूख चुके हैं। रोने के लिए भी कलेजा चाहिए न...कलेजा तो अब तक पत्थर बन चुका था। पर उस दिन पत्थर पिघल गया और दोनों जीते-जागते नर कंकाल एक-दूसरे को चिपकाये सिर्फ़ रोते रहे थे।

मीरा धीरे-धीरे स्वस्थ हो गयी। स्वस्थ होने के बाद वहीं रेडक्रॉस के एक कैंप में अनुवादक का काम करने लगी। यहाँ उसकी भेंट दिसंबर, 1945 में मैक्स किमलमन से हुई। मीरा ने बताया कि मैक्स उनसे पंद्रह वर्ष बड़े थे। इस दुष्काल में मैक्स ने अपनी पत्नी और आठ वर्ष की बेटी खो दी थी। अब वे दुनिया में नितांत अकेले थे। मीरा भी तो एकदम अकेली रह गयी थी। मैक्स और मीरा दोनों ने एक जैसे दुःख झेले थे। वे दोनों एक-दूसरे को जितनी अच्छी तरह समझ सकते थे उसमें उम्र आड़े नहीं आती। इसलिए दोनों को लगा शादी कर लेना

बेहतर होगा। दोनों ने विवाह कर लिया।

1948 में मीरा को उसके पिता ने बताया कि उनके कुछ रिश्तेदार अमरीका के सिनसिनाटी नामक शहर में रहते हैं तो वे लोग वहीं चले गये, क्योंकि दोनों ही विवाह के बाद जर्मनी में नहीं रहना चाहते थे। इजराइल जाने की इच्छा थी पर वहाँ भी युद्ध छिड़ा हुआ था और युद्ध को झेल पाने के लिए दोनों ही मानसिक रूप से कतई तैयार नहीं थे। शादी होगी तो बच्चे होंगे, और बच्चों को वे योरोप में जन्म देना नहीं चाहते थे। उन्हें लगता था कि योरोप की धरती खून से लाल हो चुकी है। उन्होंने पक्का निश्चय कर लिया था कि वे अपने बच्चों को योरोप से बाहर किसी आज़ाद देश में जन्म देंगे और वे अमरीका आ गये।

मीरा की गृहस्थी चल निकली थी। पति टेक्सटाइल मिल में नौकरी करते थे। अभी पाँच वर्ष पहले 1990 में उनकी किडनी फ़ेल हो गयी थी। दोनों पाँव भी कटा देने पड़े पर वे बच नहीं सके। मीरा के भरे-पूरे परिवार में दो पुत्र हैं, एक पुत्री है, पाँच पोते-पोती हैं। एक बेटा वाशिंगटन में है, दूसरा न्यूयॉर्क में। सब इधर-उधर बिखरे हैं लेकिन साल में चार-पाँच बार सब आपस में मिल ज़रूर लेते हैं। मीरा खुद ख़ूब बूढ़ी हो चली हैं लेकिन संयमित दिनचर्या और शांत जीवन बिताने के कारण अच्छी चैतन्य दिखती हैं। बागवानी का खूब शौक है। पीसलिली के फूल उन्हें बहुत प्यारे हैं। अपने घर की बैठक में ही उन्होंने तमाम तरह के पौधे लगा रखे हैं। बाहर तो खूब अच्छी बगिया है ही। मैं जब मिलने गयी तो उनके फूलभरे आँगन में ढेर सारे ऊनी कपड़े फैले हुए थे। मालूम हुआ कि कुछ दिनों के बाद वे बड़े बेटे के पास वाशिंगटन जानेवाली हैं। वहाँ दो महीने रहेंगी तो पीछे से ऊनी कपड़ों को धूप कौन दिखायेगा इसलिए अभी से यथोचित इंतजाम कर रही हैं। खूब घूमती हैं। प्रतिदिन सुबह करीब 5 मील का चक्कर लगाती हैं। नंगे पैरों घास पर चलना उन्हें बहुत अच्छा लगता है। लिखने-पढ़ने की शुरू से शौकीन रही हैं। इस उम्र में भी इतिहास, भूगोल और अन्य विषयों की कक्षाएँ लेती हैं। पढ़ाने में उनका मन बहुत लगता है। उन्होंने अपनी आत्मकथा भी लिखी है पर कहती हैं स्वभाव से संकोची हूँ इसलिए अभी तक प्रकाशक खोज नहीं सकी हूँ। उन्हें बहुत अच्छा लगा यह जान कर कि मुझे भी पढ़ने का शौक है तो बच्चों की-सी चपलता से उठकर भीतरी कमरे में गयीं और इजराइल से लाया हुआ एक बहुत खूबसूरत बुकमार्क मुझे भेंट किया।

बालपन और यौवन संघर्ष में बीता अब जीवन की संध्यावेला में अकेले रह रही हैं। सहानुभूति प्रगट करने पर बोलीं, "देखो आप लोग छोटी-छोटी बातों

पर परेशान हो जाते हैं, चिंताओं से खुद को घेर लेते हैं। मैंने जैसा जीवन जिया है, उसके बाद मुझे चिंतामुक्त रहने की अहमियत समझ में आ गयी है। जिन बातों पर वश न हो उन्हें तथा छोटी-मोटी बेमतलब की बातों को हँस कर भुला देना चाहिए। ईश्वर ने हमें भुला देने की सामर्थ्य इसीलिए दी है। हमें उसका उचित उपयोग जरूर करना चाहिए।'' मैंने कहा, यह तो ठीक है पर आपको उसी ईश्वर पर गुस्सा नहीं आता कि उसने आपको और आप जैसे असंख्य लोगों को बिना किसी कसूर के अकारण ही इतनी यंत्रणा क्यों दी? तो कानों पर हाथ रख कर बोलीं—''नहीं-नहीं, यंत्रणा ईश्वर ने नहीं, यंत्रणा तो हिटलर ने दी थी, हिटलर के साथियों ने दी थी।'' सवाल उठा कि यानी तब आप जर्मन लोगों से नफरत करती होंगी। तो बोलीं, ''नहीं, नफरत मैं किसी से नहीं करती।'' इस पर मेरा बेटा किंशुक बोला, ''यह बात तो मेरी समझ से परे की बात है। मैं तो जिन स्थितियों और जिन लोगों से घृणा करता हूँ उनके प्रति मेरे मन में क्रोध का उबाल दिनों दिन बढ़ता ही जाता है। कायरों की तरह माफ कर देने को मैं कोई बड़ी बात नहीं समझता।'' तो बड़े थिराये स्वरों में बोलीं—''ना बेटा ना। नफ़रत और क्रोध इन दोनों का तो जितनी जल्दी हो सके त्याग कर देना चाहिए। घृणा और क्रोध हमारी सारी दृष्टि को निगेटिव बना देते हैं। इन दोनों को धारण किये रहोगे तो तुम्हारी थिंकिंग पॉजिटिव हो ही नहीं पायेगी। नफरत और क्रोध तो आदमी को हिटलर बना देते हैं।'' और बड़ी ममता से हँस कर बोलीं, ''मैं जानती हूँ तुम हिटलर कभी नहीं बनना चाहोगे।''

वातावरण में उनके व्यक्तित्व से उपजी ममता और उदात्तता की महक घुलने लगी थी। शायद विदा लेने का यही समय सबसे उपयुक्त रहेगा। हमने उनसे विदा ली। पर चलते-चलते एक बात और पूछ बैठी मैं कि इतना दुःख झेल लेने के बाद अब जब शांति से जी रही हैं तो उन दिनों की याद करके कैसा लगता है ? किंशुक की पीठ पर प्यार से हाथ फेर कर बोलीं, ''किंशुक की तरह गुस्सा तो नहीं आता लेकिन हाँ एक दहशत-सी जरूर मेरे खून में घुल गयी है कि हे भगवान कहीं मेरे बच्चों को कुछ न हो जाये। बस वे सही-सलामत रहें, उन्हें दुःख न झेलने पड़ें। यह डर ही लगा रहता है कि कहीं भी, कभी भी बिना पूर्व सूचना के कुछ भी घटित हो सकता है। सो बस बच्चों की सलामती के लिए ईश्वर से हमेशा प्रार्थना करती रहती हूँ। एक और बात हो गयी है मेरे साथ—जिस पर खुद हँस भी लेती हूँ। पर करने से बाज़ नहीं आती।'' हमने पूछा क्या ? तो खूब हँसीं, फिर बोलीं—''देखो मैंने भूख और प्यास को इस कदर झेला है

कि यद्यपि अकेली रहती हूँ फिर भी मेरा फ्रिज खाने-पीने की चीजों से हर समय अटा रहता है। पचास बरस बीत गये हैं पर खाने-पीने की चीजें जरा भी कम हुईं कि मुझे परेशानी और घबराहट होने लगती है। खाती चींटी भर हूँ पर रखती हाथी भर हूँ।'' खाने की बात चली तो हमें ख्याल आया कि अरे हमने इनसे घंटों बातें की हैं। अब तो इनके खाने का समय हो गया होगा। कुछ ही घंटों में एकदम अपनी सगी-सी लगने लगी थीं वे। उनसे अश्रुपूरित नेत्रों से विदा ली हमने। विदा तो ले ली लेकिन क्या कभी भुला पाऊँगी उनकी पनियारी भूरी आँखें, उनके पतले अधरों पर हर समय नाचती-सी दिव्य मुस्कान, उनका नन्ही-सी कद-काठीवाला मुजस्सिम ममता सरीखा व्यक्तित्व! और उफ! उनकी कोमल बाँह पर नीली स्याही से गुदा हुआ नंबर—ए-15744! उनके इतने खूबसूरत नाम के बदले में मिला था उन्हें यह निर्जीव नंबर, उन्हीं के द्वारा जो शांति के दुश्मन थे! मीरा ने बताया कि उनका नाम हिब्रू में 'मीरियम' है, जो कि मोजेज की बहन का नाम भी था। मीरा ने ही बताया था कि रूसी भाषा में 'मीरा' शब्द के अर्थ होते हैं शांति ! मीरा की आपबीती सुनने के बाद केवल यही कामना होती है काश! सारा संसार सदा के लिए शांतिपूर्ण सहअस्तित्व में ही आस्था रखे और इसी विचार पर कायम रहे। 'हमें हिटलर की नहीं, मीरा की जरूरत है। 'मीरा' यानी 'पीस'—यानी शांति!'

सितंबर 1995

इस लक्खू भाई पाठक को आप नहीं जानते!

लक्खूभाई पाठक! आज अखबारों की सुर्खियों का सबसे ज्यादा चर्चित नाम ! उनसे मिलने का जब संयोग बना—मुलाकात का समय मिला तो मन में हल्का-सा आतंक महसूस हुआ। विलायत के मशहूर उद्योगपति हैं। करोड़पतियों का भव्य बंगला होगा—चारों ओर पुलिस का कड़ा बंदोबस्त होगा। ड्राइंग रूम में बड़े गद्दीदार सोफों पर चार-छह वकील बैठे होंगे। कंप्यूटर रखा होगा, टाइपिस्ट और क्लर्क बैठे होंगे। सलाह-मशविरे चल रहे होंगे। दस्तावेज तैयार किए जा रहे होंगे। ऐसे में कैसे बातें शुरू करूँगी उनसे भला। कितना मौका मिल पाएगा मुझे ? पता नहीं मुलाकात हो भी सकेगी या नहीं ? सहमती-सी जब उनके दिए पते पर पहुँची तो पाया, अरे मध्यमवर्गीय इलाके में एक छोटी-सी चार मंजिला इमारत है यह तो। चारों ओर बरसाती पानी के जमाव और कीचड़ काई से बचते-बचाते पहली मंजिल पर पहुँची तो पाया सीक्योरिटी के नाम पर दो पुलिसवाले बैठे एक रजिस्टर में आपका नाम और काम दर्ज करा रहे हैं—बस!

घंटी बजने पर दरवाजा खुला तो देखा सामने ही सामान्य से पलंग पर गद्दे के ऊपर एक रंगीन दरी डाले दो तकियों के सहारे उठंगे से लेटे लक्खूभाई पास ही जमीन पर रखे कैसेट प्लेयर पर भजन सुन रहे थे—शायद नरसी मेहता का पद था। उनकी पत्नी अपने हाथ से चम्मच चम्मच चाय पिला रही थीं उन्हें, क्योंकि पक्षाघात के प्रभाव के कारण वह अपनी उँगलियों से कप पकड़ नहीं सकते हैं। जिस पलंग पर लेटे थे उसकी आधी तिहाई जगह तो अनेक भाषाओं के समाचार-पत्रों और पत्रिकाओं ने घेर रखी थी। कमरे में एक ओर स्टील की अलमारी रखी है, पास ही एक स्टूल पर घड़ी और फ़ोन रखा है। एक ओर तीन फ़ोल्डिंग कुर्सियाँ हैं—बस ! सारे माहौल में न कोई आतंक न तनाव। आश्वस्त हुआ मन कि मुझे कोई व्यर्थ की सावधानी बरतने की जरूरत नहीं है। वातावरण

ही ऐसा सहज सरल और घरेलू था कि उनके साथ तार जोड़ने में कुछ समय ही नहीं लगा। बजाय किसी राजनीतिक या अखबारी सवाल पूछने के अनायास पहला सवाल ही घरेलू किस्म का निकला, आपकी बेटी कहाँ है ? क्या काम पर गई है? ''वह यहाँ नहीं रहती।'' मैंने कहा—अच्छा। मैंने तो यही सुना था कि यहाँ मुबंई में आप अपनी बेटी के घर पर आए हैं। तो हँसकर बोले, ''वह ठीक है। मकान उसी के नाम पर है। पर हम पति-पत्नी अकेले रहते हैं यहाँ!'' मैंने कहा, अरे अकेले ? तब तो बड़ा कष्ट होता होगा। तो बोले, ''काहे का कष्ट ? अरे बच्चों कच्चों के झमेले से दूर पति-पत्नी को अकेले इकट्ठे रहने को मिल रहा है, उसमें सुख ही सुख है। कष्ट की गुंजाइश नहीं।'' और फिर तो बातों का जो सिलसिला शुरू हुआ तो उनकी अत्यंत रोमांचक जिंदगी के कई रोचक पृष्ठ खुली किताब की तरह मेरे सामने खुलने लगे। उनकी अद्‌भुत जीवन गाथा की जो जानकारी उस दिन मिली उसकी कुछ बानगी आपके सामने पेश है।

लक्खूभाई के पिता सौराष्ट्र में जूनागढ़ जिले के कैसोड़ गाँव में रहते थे। वे हलवाई थे। भजिया-गाठियाँ की दुकान थी उनकी। उनके हाथ के बने पेड़े तो इतने मशहूर हो गए थे कि लोग उन्हें पेड़ा पाठक कहकर बुलाते थे। 1851 में जन्मे थे लक्खूभाई के पिता। यह जमाना वह था जब आम हिंदुस्तानी ज्यादातर गरीब ही होते थे। पर पिताजी की गृहस्थी ठीक-ठाक ढंग से मजे में चल रही थी। लेकिन दुर्भाग्य से उनके दोनों बेटे किशोर होने के पहले ही मर गए। बची सिर्फ एक बेटी। बड़े लाड़ से उसका ब्याह किया। उसके पाँव भारी हुए और वह जचगी के लिए मायके आई। छोटा-सा गाँव डॉक्टरी सुविधा कोई थी नहीं। दुर्भाग्य ऐसा कि गाँव की दाई भी समय से पहुँच नहीं पाई और पाठकजी की बेटी ने मरी हुई बेटी को जन्म दिया, बिना किसी डॉक्टरी सहायता के कारण बेचारी के शरीर में जहर फैलने लगा। वह समझ गई कि उसका अंत समय नजदीक आ गया है, तो उसने अपनी माँ का हाथ पकड़कर चिरौरी की कि माँ मेरा अंत समय आ गया है पर प्राण शरीर को छोड़ ही नहीं रहे हैं। बड़ा कष्ट है। इस कष्ट से मैं तभी उबर सकती हूँ, जब माँ तू मुझे एक वचन दे। माँ बोली, बेटी तू क्या वचन माँगती है, मैं तेरी हर इच्छा पूरी करूँगी, तू बोल तो सही। तो बेटी ने कहा हाथ में जल लेकर वायदा करो कि तुम स्वयं मेरे पिता का दूसरा ब्याह करा दोगी। नहीं तो मेरा पिता बेचारा निरवंश मर जाएगा। यह वचन लेकर ही उसके प्राण पखेरू उड़े।

गोपालजी पाठक की पत्नी ने अपनी सौतन की तलाश शुरू की। लक्खूभाई पाठक कहते हैं, ''बेन हम तो ब्राह्मण लोग हैं। हमारे लोगों में विधवा विवाह

की रजा तो मिलती नहीं है और बड़ी उम्र की कुँवारी कन्या भी भला कहाँ मिलती। सो उनकी बेटी की उम्र की कन्या से विवाह हो गया हमारे अधेड़ पिता का।'' बात करते-करते अचानक लक्खूभाई बोलने लगे, ''करि गंग कहे सुनि साह अकबर...'' आप तो पढ़ी-लिखी हो बेन। ये तो पढ़ा ही होगा। तो ये जो गंग थे न बारोट थे। तीन तरह के लोग होते थे। चारण, भाट और बारोट। तीनों को सरस्वती पुत्र कहा जाता था और आशु कवि होते थे ये लोग। चंद बरदायी चारण था और गंग था बारोट। बारोट भी दो तरह के होते थे। एक तो वे जो आशु कवि होते थे, वह अपनी कविता से अपने मालिक का शौर्य जगाते थे, उसे प्रेरणा देते थे और दूसरे बारोट गोर कहलाते थे। वे लोग जागीरदारों और राजाओं के कुलगुरु होते थे। कुंडली बनाना, शादी-ब्याह, मुंडन वगैरा कराना, ये सब उनके काम होते थे। हमारे नाना यही गोर थे। चार-छह गाँवों के जागीरदार उनके यजमान थे सो घर धनधान्य से पूर्ण था। उनकी कन्या आई हमारे पिता की दूसरी बनकर। हमारी जन्मदात्री थीं वह। हम उनकी बुराई नहीं कर रहे पर सच्ची बात यह है कि वह बड़ी आत्माभिमानी और ठसकेवाली थीं। वह ऐसी क्यों थीं, यह बताने के लिए लक्खूभाई ने एक मजेदार जानकारी दी—बोले, सुनो एक होता है कहवा और एक होता है कुसुम्बा। मिट्टी की दो रोटियों के बीच में कौफी के बीज दबाकर आंच में भूनते हैं, फिर उन बीजों को पीसकर कहवा बनाते हैं, इसी तरह अगर अफीम के बीज भूने जाएँ तो उससे बनता है कुसुम्बा। उस समय के जागीरदारों में शिष्टाचार के तहत आगंतुक की अंजुलि में कुसुम्बा भर-भर कर पिलाया जाता था। सो वहीं से जबर्दस्त लत लग गई थी हमारे अफ़ीमची नाना को। बड़े भारी विद्वान और ज्योतिषी थे वह पर कुसुम्बा की लत ने उनका सारा तेज ही हर लिया था। सो बेटी को कहाँ से आदर्श संस्कार मिलते। उसे तो सबने सिखा-पढ़ाकर भेजा था कि वहाँ सौतन मिलेगी। शुरू से ही तू उसे दबा लेना। उसके दाबे में मत रहना। हमारी माँ तो यों बड़ी दयालु और नेक थी पर पोरसोली (आत्मश्लाघी) भी बड़ी थीं, नाम था उनका हरखबा। बस तो बेन समझ लीजिए कि दो पत्नियोंवाले पति की गिरिस्ती का क्या हाल हुआ होगा। बड़ी माँ भी क्रोधी स्वभाव की थीं सो घर में कोहराम ही होता रहता। आखिर बड़ी माँ चली गई अपने गाँव और घर का हो गया खस्ताहाल। घर की तमाम चीजें एक-एक कर बिकती चली गईं। यहाँ तक कि एक समय तो ऐसा आ गया था कि खाने के लिए एक अल्युमिनियम की थाली, एक गिलास और दो कटोरी मात्र बचे थे। पहले हम दो छोटे भाई उसमें एक साथ खाते फिर उसी में दोनों बहनें खातीं फिर दो बड़े भाई। बाद में उसी थाली में पिताजी खाते और अंत में माँ। गरीबी तो ऐसी हद की पर हमारी माताश्री का सपना कि एक

सुंदर-सा मजबूत-सा बड़ा-सा घर बनाएँगे, जिसमें बच्चों के बच्चों के साथ रहेंगे। घर ऐसा होगा कि हमारी सात पुश्तें उसमें रहेंगी। पिता को सबका पेट भरना था और माँ के सपने का भी ख्याल था। सो आखिर बड़ा बेटा भेज दिया अफ्रीका पैसा कमाने।

बात करते-करते लक्खूभाई चुप हो गए। साफ़ जाहिर था कि पुरानी यादों के मेले में भटक गए हैं। वह कहीं शून्य में ताकते रहे और अचानक फूट-फूट कर रो पड़े। रोते-रोते बोले, मैं छह बरस का ही था तब मेरी जन्मदात्री माँ गुजर गई और अभी ग्यारह का ही था कि बड़ी माँ भी चल बसीं। बड़ी माँ के हम सब पर बड़े अहसान हैं। अरे सोचो बेन, अगर वह न होती तो हम भी कहाँ होते भला। उन्हीं के त्याग से तो हमारा संसार में आना हुआ है न। और देखो तो हमारा दुर्भाग्य कि हमने अपनी किसी माँ की कोई सेवा नहीं की। तब तो निरा बचपन था खाली खेलने खाने के दिन थे। सेवा वगैरह की बातें सोचने की बुद्धि ही नहीं पनपी थी। पर अब हमें एक बात का बड़ा दुःख है कि हमारे बड़े भाई ने खूब धन कमाया। पिता के नाम से ट्रस्ट खोला। जन्मदात्री माता का स्मारक बनवाया पर उन त्यागमयी बड़ी माँ के लिए उन्होंने कुछ नहीं किया। उन्हें लेकर मेरा एक सपना है। ईश्वर ने चाहा तो जल्दी ही उसे पूरा करूँगा। उनकी बेटी बिना डॉक्टरी सहायता के मर गई थी न। अब मैं अपने जन्मस्थान के पास गांगेचा गाँव में मातुश्री मोंगी बा के नाम से आधुनिकतम सुविधाओं से लैस एक बहुत बड़ा अस्पताल बनवाऊँगा जहाँ गरीबों को मुफ्त चिकित्सा उपलब्ध होगी। उसी गाँव में भगवान महादेव का एक पौराणिक मंदिर है, वह बहुत जर्जर अवस्था में है, उसका भी मैं सुधार करवाऊँगा। मेरे बेटे ने मुझे वचन दिया है कि बापू तुम अपना यह सपना जरूर पूरा करोगे, मैं तुम्हारी भरपूर मदद करूँगा। फिर उन्होंने बड़े गर्व से बताया कि गए साल संडे टाइम्स ने यू.के. के पाँच सौ सबसे अमीर लोगों की लिस्ट छापी थी, उसमें उनके बेटे किरीट का नाम उनचासवाँ है। इन सबने मिलकर गोपालजी सुंदरजी चेरीटेबल ट्रस्ट की स्थापना की है, जो गरीबों की भरपूर मदद करता है। पिता स्वामीनारायण के भक्त थे सो कैसोड़ में उनका मंदिर बनवाया है। पास ही माँ के स्वप्न को पूरा करने के लिए एक बहुत बड़ा घर बनवाया है, जिसमें ट्रस्ट किंडर गार्डन स्कूल चलाता है, जहाँ करीब दो सौ बच्चे पढ़ते हैं। पढ़ाई के साथ-साथ बच्चों को भारतीय संस्कृति में ढालने का काम बड़ी सावधानी से किया जाता है। उन्हें पुरानी मान- मर्यादाएँ सिखाई जाती हैं।

लक्खूभाई और उनकी पत्नी शांताबेन ने अपनी घरगिरिस्ती भी खांटी हिंदुस्तानी परंपराओं के अनुरूप ढाली है। नवंबर 1946 में हुआ था इनका पहला

बेटा। नाम रखा भारत कुमार। वह अभी पाँच साल पहले सख्त बीमार हुआ। दिमाग में ट्यूमर हो गया था, बड़ी मुश्किल से जान बची। अब आयरलैंड और इंग्लैंड के बीच एक टापू है 'आइल ऑफ मैन' वहाँ रिटायर्ड ज़िंदगी बिता रहा है। बेटी चित्रलेखा मद्रास में ब्याही है। दूसरा बेटा राजेंद्र कुमार फ्लोरिडा में रहता है। घर की फ़र्म का डिस्ट्रीब्यूशन वही सँभालता है। छोटी बेटी अनिला ने पैकिंग का काम सँभाला है। बाहर के पैकिंग आर्डर भी लेती है वह। तीसरा बेटा किरीट कुमार लंदन में रहकर पिता के कारोबार को खूब कुशलता के साथ संभाल रहा है। चौथा बेटा योगेशकुमार फ्लोरिडा में आर्थिक सलाहकार है।

लक्खूभाई पाठक को योरोप में 'पिकिल किंग' के नाम से पुकारा जाता है। आज उनके नीचे बारह सौ लोग काम करते हैं। तीनों शिफ़्टों में काम चलता है। कारोबार खूब फल-फूल रहा है। भगवान की खूब कृपा है। लक्खूभाई ने बताया कि आब्ज़रवेशन, इन्नोवेशन, इम्प्रोवाइज़ेशन और क्रिएशन ! यानी कि पहले ध्यान से जाँचो-परखो, फिर कुछ नया सोचो, फिर उसका संशोधन करो तब जाकर सृजन होता है। कहने लगे यही प्रक्रिया मैं इस्तेमाल करता हूँ। मैंने कहा यानी कि आपकी चमत्कारिक सफलताओं का राज़ यही है। तो बोले, हाँ यह भी कहा जा सकता है। इसीलिए तो अभी चार-पाँच साल पहले मैक्सिको सरकार ने लक्खूभाई पाठक को निमंत्रण देकर बुलाया कि हमारे देश में फलों और सब्जियों की पैदावार बेशुमार होती है। आप हमें सलाह दें कि अपनी इस संपदा का भरपूर उपयोग हमें किस तरह करना चाहिए। लक्खूभाई वहाँ गए। जाँचा-परखा, नया सोचा, सोच कर संशोधन किया और क्रियेट कीं कई प्रकार की योजनाएँ मैक्सिकन सरकार के लिए। एक बड़ा जबर्दस्त फार्मूला भी उनके हाथ लग गया था और वह एक बहुत ही बढ़िया हैल्थ फूड बनानेवाले थे कि इस मुकदमे के सिलसिले में उन्हें यहाँ आ जाना पड़ा।

लक्खूभाई का सारा जीवन परदेस में गुजरा है पर हृदय उनका हमेशा अपने भारत देश में ही लगा रहा था। मैक्सिको गए तो काम के सिलसिले में थे पर वह देश उन्हें इतना भा गया है कि शेष जीवन उन्होंने वहीं बिताने का मन बना लिया है। कहते हैं अपने मन लायक हिंदुस्तानी घर बना लिया है उन्होंने वहाँ। उस घर में जाओ तो लगता ही नहीं कि किसी बेगाने देश में बैठे हो। चारों ओर घने वृक्षों के बीच छोटा-सा घर बनाया है उन्होंने। जिसमें आँगन है, दालान हैं, छज्जे हैं। गऊ की नांद है, ठाकुरजी का मंदिर है और सबसे मोहक है आँगन के बीचोंबीच बना तुलसी चौरा, खूब घनी फूली हैं तुलसी मैया। पिछवाड़े जो अमराई लगी है उसके फलों का स्वाद याद करते हुए लक्खूभाई गदगदा उठे थे। बोले, बेन शहद की मिठास भी मात है उन आमों की मिठास के सामने।

कहते हैं आम और नीबू तो सैकड़ों किस्म के होते हैं वहाँ। घर में भीतरी दालान के पास ही कुआँ खुदवाया है उन्होंने। कुएँ को वह गहरा और गहरा करते गए। आखिर में जब साफ सुंदर मीठे पानी का स्रोत फूटा तो उन्होंने उसे पक्का करके उसकी जगत बँधवाई और 'गंगा सिंधु सरस्वती च यमुना, गोदावरी नर्मदा कावेरी सरयू यही च तनया चरमरावती वेदिका क्षिप्रा वेदवती महासुर नदी क्षाता गया गंडकी पूर्णापूर्ण जले समुद्र सहित जलेस्मिन सन्निधिनकुरू कुरियात सदा मंगलम' यह पढ़कर उस कुएँ में दो बाल्टी गंगा जल डाल दिया। रोज उसी गंगा जल का आचमन करते हैं। मेरे यह पूछने पर कि भारत को इतना प्रेम करते हैं, तो मैक्सिको जाकर क्यों बस गए हैं, तो बोले, देखो मेरे मन में वह भारत समाया है, जहाँ मर्यादा पुरुषोत्तम राम ने जन्म लिया था। रामराज्य की मर्यादा थी। याने जहाँ योगीराज श्रीकृष्ण की गीता निष्काम कर्म था। जहाँ गंगा जल की पवित्रता थी, जहाँ गौतम बुद्ध और गाँधी की अहिंसा ने देश को सँवारा था। जहाँ के हर प्रांत, हर जाति, हर भाषाभाषी ने देश की आज़ादी के लिए हँसते-हँसते प्राण न्योछावर किए थे। उस भारत की याद मन में बसी है। आज जब भारत आता हूँ तो उन यादों का मेल नहीं होता यहाँ के जीवन से। यहाँ बसकर मन में बसे उस भारत को खोना नहीं चाहता मैं।

कहते हैं एकदम प्रदूषण रहित जलवायु है वहाँ की। बड़ा मनोरम है हमारा वह शांति स्थल। बताने लगे, वहाँ हमने एक द्वार ऐसी दिशा में बनवाया है कि सोकर उठते हैं तो अपने करतल के दर्शन कर ईश्वर को धन्यवाद देकर पृथ्वी माता से क्षमा माँगकर उसके ऊपर कदम रखकर जो उठते हैं तो उस द्वार को खोलते ही या तो उगनेवाले या उगते हुए या उग चुके सूर्य भगवान के दर्शन होते हैं। हम उन्हें नमस्कार करके प्रार्थना करते हैं कि प्रभु, हमारे जीवन में उजाला भर दो। हमारे देश का अंधकार मिटाओ। सारे संसार में हमारा देश ही ऐसा है, जहाँ ईश्वर ने चौबीस बार अवतार लिया था। अब उन्होंने भी उसकी सुध बिसरा दी है। वहाँ बड़ा अंधकार है प्रभु। वहाँ प्रकाश दो। फिर अपने पिछवाड़े लगे नारियल वृक्षों में से नारियल तोड़कर ताजा-ताजा पानी पीते हैं। नित्यकर्म से निवृत्त होकर हम पति-पत्नी इकट्ठे बैठकर कभी गीता, कभी भागवत, कभी रामचरित मानस का पाठ करते हैं। भजनों का कैसेट तो सारे दिन अनवरत चलता ही रहता है। पाठ करने के बाद हम दोनों बैठकर उस पर विचार करते हैं। जो आज पढ़ा है उसकी अपनी-अपनी तरह से व्याख्या करते हैं और विचार करते हैं कि इस सीख को हम अपने जीवन में किस तरह उपयोग में ला सकते हैं। तत्पश्चात् पत्नीश्री ताजा छाछ लाकर देती हैं और स्वयं भोजन पकाने में लग जाती हैं और मैं अपने कामकाज के बारे में योजनाएँ बनाने लगता हूँ। पत्नी

के हाथ का सुस्वाद भोजन करने के बाद काम पर निकलता हूँ।

लक्खूभाई ने बताया कि मैंने आपसे कहा था न कि हमारे सौराष्ट्र के गांगेचा गाँव में महादेवजी का एक जर्जर मंदिर है। उन्हीं महादेवजी ने मुझसे स्वप्न में कहा कि लक्खू तुझे भंगी बनना होगा। हाथ में झाड़ू उठा और जितने भी स्थान की सफ़ाई कर सकता है उतनी जगह साफ़ कर। जीवन संघर्ष के शुरुआती दिनों में तो आत्मा ने भंगी बनने से इंकार कर दिया था। पर अब जीवन की इस संझा वेला में यह काम जरूर करना है। अपनी माताओं की सेवा न कर सकने का जो मलाल है, उसे भारत माता की सेवा करके मिटाना चाहता हूँ। भारत माता भी तो हमारी माता है—सबकी माता है। बड़े ही निर्द्वंद्व और निडर भाव के साथ लक्खूभाई कहते हैं, बेन मुझे अब परवाह नहीं कि पैसा वापस मिलता है या नहीं। मिले तो ठीक न मिले तो ठीक। मुझे जेल जाने से भी डर नहीं लगता। मेरा अगर कुसूर है तो मुझे तिहाड़ से भी कठिन कोई जेल हो तो वहाँ डाल दो, मगर न्याय होना चाहिए। अपराधियों को बख्शा नहीं जाना चाहिए। मैंने तो श्री नरसिंह राव को पत्र लिखा था उसमें सब साफ़-साफ़ लिख दिया था।

15 मार्च '95 को मैंने एक खत रजिस्ट्री से भेजा था। दिल की सारी कचोट मैंने इस खत में उँड़ेल दी थी। मेरे पिछले अनेक खतों का कोई स्वीकृति पत्र नहीं आया था, लेकिन इस खत का प्राप्ति स्वीकार पत्र आ गया है। अब तो हम बस नीर क्षीर विवेक की अपेक्षा कर रहे हैं अपने देश के न्यायालय से। हम तो जब वहाँ पहुँचे तो हमने न्याय मंदिर, न्याय देवी, न्याय सिंहासन, न्यायमूर्ति और न्याय कायदा शास्त्रियों को प्रणाम किया। फिर यह भी कहा नेमिचंद्रजी (चंद्रस्वामी) कैलाशनाथजी प्रणाम। उन दोनों ने हमारा प्रणाम स्वीकार भी किया। फिर जब हमसे गीता की शपथ लेने को कहा गया तो हम ने इस प्रकार ओथ ली, 'या देवी सर्वभूतेषु न्याय रूपे संस्थिता। नमस्तस्यै, नमस्तस्यै। नमस्तस्यै नमो नमः।'

मैंने मन, वचन, कर्म से आपकी आराधना की हो तो मेरी जिह्वा पर भगवान आपका ही स्थान हो। असत्य मेरे पास कभी न फटके। बेन यह कहकर मैंने न्यायालय में शपथ ली थी। यह देखो मेरे हाथ में कलावा देख रही हो नं, सत्यनारायण की कथा का कलावा है यह। मैंने अपरिग्रह और सच बोलने का नियम लिया है। अरे बेन आप दुनिया को ठग सकते हैं, पर खुद अपने मन को और भगवान को थोड़े ही चीट कर सकते हैं। मुझे कोई रंज नहीं है। जो सच है वह मैंने कह दिया है और कहता रहूँगा। पिछले बरस नवंबर में यहीं अटैक पड़ा था। पक्षाघात ने आंशिक रूप से लँगड़ा-लूला-अंधा सभी कुछ कर

दिया है, पर मैंने हिम्मत नहीं हारी है। न कभी हारूँगा। जीवन की आखिरी साँस तक सच के लिए खड़ा रहूँगा।

अपने देश की मिट्टी पर बड़ा नाज़ है लक्खूभाई को और बड़ा अभिमान है अपने दो गुज्जू भाइयों—मोहनदास करमचंद गाँधी और सरदार बल्लभभाई पटेल पर। लेकिन शिकायत भी है दोनों से। कहते हैं गाँधी ने जवाहरलाल नेहरू को अपनी कमज़ोरी बना लिया। सुभाषचंद्र बोस को ऊपर नहीं आने दिया। सुभाष ऊपर आते तो देश की आज शक्ल ही दूसरी होती। सूरत और सीरत दोनों ही ऐसी न होती जैसी आज हैं। पटेल के लिए कहते हैं, उन्होंने रजवाड़े खत्म किए, बड़ा कमाल किया पर सामंतवादी मनोवृत्ति कहाँ खत्म कर पाए। अपने प्राचीन काल में रक्तबीज नाम का एक दैत्य हो गया था न, उसे मारो तो उसके रक्त की बूँद से दूसरा दैत्य जन्म ले लेता था। वही हाल हो रहा है यहाँ। उसी सामंतवादी मनोवृत्ति के रक्त के बीज से पैदा हो गए हैं हजारों भ्रष्ट राजनीतिज्ञ। देश को रसातल तक ले गए हैं ये। पता नहीं कब देवी प्रगट होगी और उद्धार करेगी मेरे भारत देश का। नरसी मेहता से नरसीराव तक।

व्हाट ए फ़ाल ! व्हाट ए फ़ाल माई बिलवेड कंट्री—व्हाट ए फ़ाल!

ऐसी ही तमामों तमाम बातों के बीच में से मैंने फिर उनसे गुजरे ज़ीवन को कुरेदने की चेष्टा की तो पता चला कि लक्खूभाई जब छोटे से थे, तभी उनके पिता ने बड़े भाई के पास केन्या भेज दिया था उन्हें। बड़े भाई ने स्कूल में नाम लिखा दिया पर लक्खूभाई यानी लक्ष्मी शंकर पाठक स्कूल जाने की बजाय सारे दिन इधर-उधर मटरगश्ती करते और स्कूल की छुट्टी होते ही ठीक समयानुसार घर में दाखिल हो जाते थे। आखिर एक दिन जब पोल खुली तो जमकर ठुकइया हुई, मगर उन्होंने ईमानदारी से बता दिया कि पढ़ने में उनका मन नहीं लगता और न वह भाई की हलवाई की दुकान पर बैठना चाहते हैं। हारकर भाई ने उन्हें भारत वापस भेज दिया। पिता की मृत्यु हो चुकी थी। सही राह लगाने वाला कोई था भी नहीं, उम्र भी कोई ज्यादा नहीं महज़ ग्यारह-बारह बरस की पर सिर पर भूत सवार हुआ फ़िल्म बनाने का। आ गए मुंबई। इधर-उधर हाथ-पाँव पटकने के बाद जब पर्दे के पीछे की दुनिया की हकीकत का पता लगा तो गाँठ का पैसा लुटा-फुटाकर गाँव वापस आ गए। समाजसेवा की ठान ली और गरीब, बेसहारा, अछूत बच्चों को इकट्ठा करके उन्हें अक्षर ज्ञान देना शुरू कर दिया, ब्राह्मणों में रोष फैल गया। आखिर वह मुहिम छोड़कर उन्हें चुप बैठना पड़ा। पर चुप बैठना उनकी फ़ितरत में था नहीं। सो निश्चय किया कि साइकिल पर सारी दुनिया की सैर को निकलेंगे। पहले चरण में राजकोट तक पहुँचे। वहाँ गाँधीजी का भाषण सुना। सरदार पटेल के दर्शन किए और लक्खूभाई

साइकिल और दुनिया को भूलकर देश सेवा का व्रत ले बैठे। वहाँ उनके भाई की ससुराल के लोग रहते थे। उनमें से एक जन सरकारी मुलाजिम थे। लक्खूभाई की देशभक्ति उनकी नौकरी के लिए मुसीबत बन गई, तो उन्होंने केन्या पत्र लिख दिया और बड़े भाई साहब ने लक्खूभाई की जमकर लानत-मलामत की और कहा कि परिवार पर कर्ज़ चढ़ा हुआ है। यहाँ आकर काम में मेरा हाथ बटाओ। भाई के खत में कुछ ऐसी बातें थीं कि शर्मसार होकर लक्खूभाई पुनः केन्या की ओर चल दिए। 1939 में जिस दिन द्वितीय महायुद्ध छिड़ा था, उस दिन लक्खूभाई मोम्बासा के बंदरगाह पर उतरे थे।

इस बार वहाँ पहुँच लक्खूभाई ने अपने भाई की सेव-गाठियाँ की दुकान पर मन लगाकर काम करना शुरू किया। आब्ज़रवेशन से क्रिएशन तक वाली अपनी प्रक्रिया से उन्होंने भाई के कारोबार में चार चाँद लगा दिए। दोनों भाइयों ने मिलकर खूब धन कमाया। इस बीच इनके भाई ने सन् '45 में जंजीबार के एक मंदिर पुजारी की बेटी शांता गौरी से इनकी शादी करा दी। शांता हिंदू फ्रीगर्ल स्कूल में गुजराती माध्यम से पढ़ाई करती थी। पढ़ने की कोशिश थी सो स्कूल छूटने के बाद शाम को आर्य समाज चली जाती थी, जहाँ की एक टीचर अंग्रेजी पढ़ाती थीं। घर के कामकाज में कुशल सुसंस्कृत संस्कारोंवाली पत्नी पाकर लक्खूभाई और मन लगाकर काम करने लगे। उन्होंने महसूस किया कि हिंदुस्तानी कपड़ों की दुकान भी यहाँ अच्छा धंधा कर सकती है। बस खोल ली एक कपड़ों की दुकान भी। सन् '53 में लक्खूभाई ऊँची शिक्षा दिलाने के लिए अपने भतीजे को लंदन छोड़ने गए थे। तब उनकी जो आब्ज़रवेशन से क्रिएशन वाली प्रक्रिया थी, उसने उनके दिमाग में नई खलबली मचा दी। यह वह समय भी था जब अफ्रीका में बसे भारतीयों को वहाँ रहना मुश्किल लगने लगा था। काफ़ी बड़ी संख्या में लोग देश लौटने लगे थे। पाठक परिवार के साथ एक और दिक्कत आ गई थी कि इनकी अचानक दिन दूनी रात चौगुनी उन्नति इनके अपने समुदाय के लोगों की आँखों में ही खटकने लगी थी। कुछ ईर्ष्यालु लोग अफ्रीकन लोगों को इनके परिवार के खिलाफ़ भड़काने लगे थे। सरकार तो गोरों के प्रति अधिक उदार थी ही। ऐसे में इन लोगों के दोनों ओर से पिस जाने का अंदेशा था। लक्खूभाई ने अपने बड़े भाई को किसमू छोड़ने की सलाह दी। लंदन देखने के बाद इन्होंने कहा कि वहाँ हम अपना नया बसेरा बना सकेंगे। तो बड़े भाई बोले, देखो भई मैं तो यहाँ से उखड़कर कहीं और जाऊँगा नहीं तुम किस्मत आजमाना चाहते हो तो जरूर जाओ। एक हजार पौंड तुम्हें दे दूँगा। उससे जो कर सकोगे कर लेना। बड़े भाई तो मानने से रहे इसलिए इन्होंने अपना प्रिय गीत एकला चलो रे मन ही मन गुनगुनाया और लंदन जाने की ठान ली। खूब

विचार मंथन करके जब जाने की तारीख तय की तो भाई बोले, ''देखो भई यहाँ रहते हो तो सब तुम्हारा है। जैसे चाहो पैसा खर्च करो पर बाहर जाने के लिए तो मैं धेला भी नहीं दूँगा।'' लक्खूभाई को तैश आ गया। बोले, ठीक है कुछ मत दीजिए। मुझे तो जाना ही है। तो भाई ने कहा जाना है तो अकेले जाओ। बच्चे और बहू यही रहेंगे। पर लक्खूभाई तो अब अड़ ही गए थे कि हम तो पूरा परिवार लेकर ही बाहर जायेंगे। सन् 1955 की बात हैं यह। अपने छह बच्चों और पत्नी के साथ लक्खू भाई बिना कोई पूँजी लिए घर से निकल पड़े। जेब में कुल जमा अड़तीस पौंड थे। मोम्बासा से पानी के जहाज में सब लोग चढ़ गए। दो दिन ईडन में जहाज रुका। वहाँ एक रिश्तेदार के घर गए। शहर घूमघाम कर फिर जहाज पर आ गए। पत्नी और बच्चे सोने चले गए पर लक्खूभाई के दिमाग में तो हजारों कतरब्योंत चालू थीं। खुद से पूछने लगे पाठक भाई आप लंदन जा रहे हो वहाँ मौसी हैं ? मामा, चाचा हैं ? कोई सगेवाले हैं ? कोई दोस्त अहबाब हैं ? वहाँ गए थे तो अपने मुल्क के ज्यादातर पंजाबी भाई ही नजर आए थे। किसी को पहचानते हो? सब सवालों का जवाब नहीं-नहीं-नहीं। जेब में पूँजी कितनी है ? इतने पैसों में कितने दिन काट लोगे? अब यह स्टीमर पीछे तो लौटेगा नहीं। अब तो तुम्हें आगे ही जाना है। आगे होगा क्या ? संशय का भूत हजार-हजार डरावनी शक्लें बनाकर डराने लगा। कलेजा काँपने लगा। इतने में सुना कि जहाज का अगला पड़ाव फ्रांस के मार्सेल्स बंदरगाह पर होगा। वह जगह मैडीटेरियन समुद्र में है। इस पड़ाव के बाद दो एक जगह और रुकते-रुकाते जिब्राल्टर घूमकर इंग्लिश चेनल में होता हुआ स्टीमर सात दिनों बाद लंदन पहुँचेगा। लक्खूभाई ने कप्तान से बातें करके पता लगा लिया कि मार्सेल्स से यदि रेल गाड़ी पकड़ें तो चौबीस घंटे में लंदन पहुँच जाएँगे। इतनी जानकारी मिलनी थी कि लक्खूभाई के दिमाग ने स्कीम सोच ली। पत्नी बच्चों के साथ लंदन पर उतरकर घर ढूँढ़ने में दिक्कत तो होगी ही। छह बच्चों को देखकर कोई जल्दी से मकान किराए पर देगा भी नहीं। जब तक मकान मिलेगा तब तक सबको होटल में ठहरना होगा। उसके लिए पैसे कहाँ से आएँगे। सब समस्याओं का हल यह सोचा कि मार्सेल्स पर लक्खूभाई अकेले उतर कर लंदन पहुँच जाएँगे। पत्नी और बच्चे स्टीमर पर ही रहेंगे। रहने खाने की समस्या वहाँ हल होती रहेगी और इन पाँच दिनों में वह कोई मकान खोज ही लेंगे।

बस, पत्नी और बच्चों को जहाज के कप्तान के भरोसे छोड़कर लक्खूभाई मार्सेल्स पर उतर पड़े। दूसरे दिन रात को विक्टोरिया स्टेशन पर उतरकर लक्खूभाई ने टैक्सीवाले से कहा सस्ते से सस्ते होटल में ले चलो। उसने हॉलैंड पार्क होटल में पहुँचा दिया। वहाँ साढ़े बारह शिलिंग रोज में बिस्तर और ब्रेकफ़ास्ट

मिल गया। होटलवाले से लक्खूभाई ने पूछा कि भइया यहाँ सस्ते से सस्ता रिहाइशी इलाका कौन-सा है, तो ईस्ट एंड और कैंटीस्टाइन जगह अच्छी लगी। पता चला पेपरवालों या फल-सब्जीवालों की दुकानों पर लोग नोटिस लगा देते थे कि अमुक मकान खाली है, किराए पर मिल सकता है। इन दुकानों पर कई पते इकट्ठे किए। पर अधिकतर जगहों पर जाने पर बताया गया कि मकान उठ गया या भई आपने देर कर दी। अभी-अभी कोई पेशगी दे गया है। पता चला कि असल में लोग हिंदुस्तानियों को मकान देने से कतराते हैं। शायद इसलिए कि उनसे किराया अधिक मिलने की संभावना कम होती है। तीन दिन तक भटकते रहे, मकान नहीं मिला। स्टीमर आने का दिन नजदीक आता जा रहा था। लक्खूभाई के तो पेट में पानी हिलने लगा। अब क्या करें।

खोजते-खोजते एक मकान मिला। आठ कमरों का यह मकान था जिसमें पाँच कमरे खाली थे। लक्खूभाई की आब्ज़रवेशनवाली प्रक्रिया चलने लगी। उन्होंने हिसाब लगा लिया कि दो कमरे खुद काम में लेंगे बाकी के तीन किराए चर चढ़ा देंगे। उस आमदनी से घर खर्च का जुगाड़ हो जाएगा। पता चला फ्री होल्ड जमीन है। लक्खूभाई ने तय कर लिया कि यह मकान तो खरीद लेंगे। जेब में दस-बीस पौंड और मकान खरदीने का निश्चय। बात सुनने में एकदम अटपटी और असंभव। पर लक्खूभाई का दिमाग जब चलता है तो खूब ही चलता है। मकान का सौदा ग्यारह सौ पौंड में पटा। एजेंट बोला, एक सौ पंद्रह पौंड डिपाज़िट दो और चाभी ले लो। लक्खूभाई बता रहे थे कि मैंने जब उससे कहा कि भई मेरे पास तो पैसे नहीं हैं। तो वह एकदम से सकपका गया और बोला, मिस्टर पाठक आपका दिमाग तो ठीक है? तो मैंने कहा, हाँ दिमाग बिल्कुल ठीक है, बस, फिलहाल माली हालत ठीक नहीं है। तो वह बोला, थैंक यू। अब आप मेरे दफ्तर से बाहर निकल जाइए। मैंने कहा—नहीं। मैं तो नहीं जाऊँगा। क्योंकि यह घर मुझे पसंद आ गया है, इसे मुझे खरदीना ही है। वह बोला, नहीं जाओगे तो मैं पुलिस बुलाऊँगा। मैंने कहा, प्लीज़! जरूर बुलाओ पुलिस। पुलिस तो जनता की मदद के लिए होती है न। मैं पुलिस से ही कहूँगा कि भइया मदद करो मेरी। मेरे छह बच्चे और पत्नी परसों स्टीमर से पहुँच रहे हैं। घर नहीं होगा तो नवंबर की इस जानलेवा सर्दी में कहाँ सिर छिपाऊँ उनका। मकान दिलाने में मदद करो मेरी। उसने फोन का चोगा उठाया तो मैंने उससे कहा, सुनो तुम एक काम करो। बजाय पुलिस का नंबर घुमाने के तुम मकान मालिक का नंबर घुमाओ। आखिर तुम तो केवल एजेंट हो। घर तुम्हारा तो है नहीं। तुम एक बार मुझे इसके मालिक से मिलवा दो बस। पता नहीं क्या सोचकर उसने मुझे बाहर बैठने के लिए कहा और मकान मालिक को फोन किया। शायद मेरी बेढंगी

जिद की बात सुनकर मुझ पागल को देखने की उत्सुकता जागी होगी उसके मन में या पता नहीं क्यों। उसने मुझे बुलाया। मैंने जाते ही उनसे अपनी सारी परिस्थिति बताई और कहा इस समय इंसानियत के नाते ही सही मेरी मदद करना उनका फर्ज़ बनता है। मैंने उन्हें अपनी इंश्योरेंस पॉलिसी दिखाई और बताया कि इस कंपनी से मैंने बात कर ली है वह पैसा दे देंगे पर कागज़ी कार्यवाही में थोड़ा समय लग जाएगा। पर मेरा परिवार यहाँ परसों पहुँच जाएगा, इसलिए मकान मुझे अभी ही लेना है। इंश्योरेंस मेरी काफ़ी धाँसू थी ही। आखिर मैं किसमू के एक धनी-मानी परिवार का सदस्य था। कागजात देखकर मकान मालिक बोला, रुको मैं अपने वकील से सलाह लेता हूँ। उसका वकील बोला कि इस आदमी से कहो अपना वकील मेरे पास भेज दे। मैं बात करके देखता हूँ। मैंने फ़ोन किया और उन वकील महोदय से कहा भइया देखो मैं तो इस देश में एकदम नया आया हूँ, किसी को जानता भी नहीं। तुम ऐसा करो, तुम ही मेरे लिए कोई वकील तय कर दो और उससे बात कर लो। सुनकर वह हँसा और बोला, अच्छा तुम खुद आ जाओ मेरे पास। मुझसे बातें करके और मेरे कागज़ात देखकर वह शायद आश्वस्त हो गया कि मैं कोई धोखाधड़ी नहीं करूँगा और उसने मकान मालिक के नाम सिफारिशी नोट दे दिया।

लक्खूभाई जब मकान मालिक के पास गए तो बोला, ठीक है मैं मकान देता हूँ। तुम्हें तीन महीने के अंदर कीमत अदा करनी पड़ेगी और जब तक पूरे पैसे नहीं दे पाओगे तब तक मकान का किराया देना पड़ेगा। मैंने कहा, ठीक है मुझे मंजूर है। तो वह बोला, लेकिन मकान तुम्हें चौदह सौ पचास पौंड में मिलेगा। तो मैंने उससे सिर्फ एक बात कही, भइया क्या तुम यहूदी हो ? तो वह बोला, हाँ, लेकिन ऐसा क्यों पूछ रहे हो ? तो मैंने कहा, इसलिए कि मुझे गरजमंद जानकर चारों ओर से इस तरह कार्नर करने का काम यहूदी की व्यापार बुद्धि की तेज़ी ही कर सकती है। ठीक है मुझे मंजूर है, पर मेरी भी एक शर्त है। तो वह हँसकर बोला, भिखारी को चुनाव का हक नहीं होता भाई। तुम्हारी क्या शर्त है तो मैंने कहा, मैं चौदह सौ पचास तो दे दूँगा लेकिन जब तक दूँगा तब तक का कोई अतिरिक्त किराया भाड़ा फिर मैं नहीं दूँगा। पहले तो उसने ना नुकुर की पर शायद उसे भी इस सौदे में मजा आने लगा था। उसने मुझे मकान की चाभी दे दी। ये सारे झंझट पूरे करते-करते दो दिन लग गए थे। मेरे पास बिलकुल समय नहीं बचा था। चाभी जेब में रखी और मैं सीधा भागा-भागा बंदरगाह पर पहुँचा। स्टीमर आने ही वाला था। बदहवास-सी पत्नी बच्चों के साथ स्टीमर से बाहर आई। आते ही पूछा, कुछ इंतज़ाम हुआ ? मैंने उसे हाथ में घर की चाभी सौंप दी।

घर पाँच-छह मील दूर था। दोनों छोटे बच्चों ने मेरे दोनों हाथों की उँगलियाँ पकड़ीं। आगे-आगे हम तीन। उसके पीछे एक-दूसरे का हाथ पकड़े दो बच्चे। उनके पीछे अपनी माँ की उँगलियाँ थामे बाकी दोनों बच्चे लस्टम पस्टम घिसटते चल रहे थे। सभी एकदम थक चुके थे। हमें सड़क पर यों चलता देख लोग कुतूहल से एक-दूसरे को देख मुस्करा रहे थे। उनके लिए शायद अजीबोगरीब नज़ारा था वह। जैसे-तैसे ये लोग घर पहुँचे। चाभी से दरवाजा खोलकर शांताजी ने ज्यों ही घर में कदम रखा कि दरवाजे से ऊपर की अड़ाँस से कुछ औंधा गिरा और सबके सिर और मुँह राख से भर गए।

बाद में पता चला फायर प्लेस से राख इकट्ठी करके उधर रखी हुई थी। कुछ ऐसा हुआ कि उसका बर्तन उलट गया। बहरहाल इस विचित्र गृह प्रवेश से सब सहम गए। उन्हें नहाने के लिए कहकर लक्खूभाई कुछ खाने का सामान लाने को निकल गए। पता चला उस दिन गुरुवार का दिन था। दोपहर बाद बाजार बंद हो चुके थे। बेचारे यहाँ-वहाँ भटकते रहे। कुछ नहीं मिला तो एक दुकान का दरवाजा पीछे से खटखटा कर दुकान मालकिन के सामने हाथ जोड़कर बैठ गए—'मेरे बच्चे भूखे हैं। भले ही पैसे ज्यादा ले लो पर खाने-पीने का कुछ सामान दे दो।' पहले तो उसने आनाकानी की पर आखिर में पसीज गई। लक्खूभाई ने ब्रेड, मक्खन और जैम लिया, फिर बोले, 'देवी हो तुम, साक्षात् ऐंजल हो, प्लीज मुझे थोड़ी शक्कर, दूध और चाय की पत्ती भी दे दो।'

दूसरी दुकान से किसी प्रकार थोड़ा चावल, दाल और नमक खरीदा। घर पहुँचे बच्चों ने ब्रेड मक्खन खाया। खिचड़ी बनी। चाय बनी। आहा खूब ठाठ हो गए। घर से रजाई लाए थे ही सो बिस्तर खोलकर बिछा दिया। सब बच्चों को दुबकाकर सुला दिया। पड़ोसिन ने एक बाल्टी कोयले दे दिए थे सो फायर प्लेस में आग की गर्मी पैदा की गई। लो भई, लक्खूभाई और शांताबेन का शाही महल आबाद हो गया। सब कब गहरी नींद में सो गए किसी को पता ही नहीं चला। दूसरे ही दिन उन्होंने अपने घर के सामने 'किराए के लिए तीन कमरे खाली हैं' ऐसा लिखकर टाँग दिया। वहाँ काले और आयरिश लोगों को कोई जल्दी से मकान नहीं देता था। इन्होंने खुशी-खुशी दे दिया। तीसरे दिन ही किरायेदार मिल गए। 6 पौंड प्रति हफ्ते की आमदनी तो शुरू हो ही गई। पहला किराएदार फायर स्टोन टायर कंपनी में काम करता था। उसकी सिफारिश लेकर कंपनी में काम माँगने गए। काम नहीं मिला। एक दफ्तर से दूसरे दफ्तर भटकते-भटकते तीन दिन हो गए। कहीं काम नहीं मिला। रिसेशन पीरियड था यानी उन दिनों वहाँ की अर्थव्यवस्था डाँवाडोल हो गई थी। हर जगह से काम करनेवालों की छँटनी हो रही थी। ऐसे में नए आदमी को काम भला कैसे मिल सकता

था। नौकरी की तलाश में भटकते-भटकते और बस के किराए का पैसा बचा लेने के चक्कर में पैदल चलते जूते के तल्ले भी घिस गए पर नौकरी नहीं मिली। रोज रात को घर पहुँचते और पत्नी की कातर दृष्टि का सामना करना पड़ता। ऐसे काम नहीं चलेगा। लक्खूभाई पाठक गए लेबर एक्सचेंज। वहाँ के अफसर के सामने अपनी मुसीबत भरी दास्तान सुनाई। बच्चों के भूखे पेट की दुहाई दी तो बोला, देखो भई, एक काम है तो, पर तुम्हारे लायक नहीं है। लक्खूभाई बोले भइया मेरे सूट बूट पर मत जाओ। मेरे पास यही एक जोड़ा कपड़ा है इसलिए इसे ही पहन लेता हूँ। मैं बहुत जरूरतमंद हूँ। जो काम दोगे कर लूँगा। आखिरकार उसने एक चिट दी और कहा रिक्रूटमेंट विभाग में जाओ, तुम्हें काम मिल जाएगा। वहाँ पहुँचने पर पाठकजी को पता लगा कि क्लीनर की नौकरी है। मरता क्या न करता। नौकरी तो करनी ही है, पैसा तो कमाना ही है। क्लीनर तो क्लीनर ही सही।

उन्होंने समझा शायद किसी ट्रक या बस का क्लीनर बनना होगा उन्हें। पर जब पता चला कि नौकरी तो शौचालाय साफ करने की है तो ब्राह्मण कुल में जन्मे लक्खूभाई के तो पसीने छूट गए। पैरों के नीचे से जमीन खिसक गई। काटो तो खून नहीं। चक्कर आने लगे। लेकिन खुद अपने साथ द्वंद्व चलने लगा, अरे पाठक यहाँ कौन पहचानता है तुझे, पकड़ ले नौकरी। बच्चों का पेट तो भरेगा। पत्नी से क्या कहोगे कहाँ काम पर जाते हो। नहीं बताएँगे उसे। कभी गुस्से में आकर बोल पड़े तो ? तो वह जिस हिकारत की नजर से देखेगी वह सह पाओगे ? उसके बाप भाई तेरे भाई को लिखेंगे। जीवन भर के लिए तू सबकी नजर से गिर जाएगा। पैर काँपने लगे तो खंभे से टिक कर खड़े हो गए लक्खूभाई। दिल-दिमाग और आत्मा की लड़ाई जब चरम पर पहुँच गई तो लक्खूभाई ने अपने खुद के पैर से अपने दूसरे पैर पर जमाकर ठोकर मारी। और निश्चय किया जीवन भर किसी की नौकरी नहीं करूँगा। निश्चय करने के बाद पैरों में मानो पंख लग गए और पाठकजी सीधे घर पहुँचे। रोज की तरह पत्नी ने पूछा नौकरी मिली ? रोज की तरह गर्दन लटकाकर 'ना' नहीं कहा। शान से बोले, 'हाँ'। पत्नी ने पूछा। 'किसकी ?' बोले 'तेरी'। और बोले चाकू ला, आलू ला। और आलू छीलने बैठ गए। छीलकर उनकी बारीक सली बनाईं, चूल्हे पर कढ़ाई चढ़ाई। पत्नी से बोले तू इन्हें तल। मैं अभी आया। बाजार से चूड़ा लाए, कुरमुरे और मसाले लाए, दालें लाए। रात में बैठकर स्वादिष्ट चूड़ा बनाया। सुबह एक दुकान पर नमूना दे आए।

दूसरे दिन धड़कते दिल से उस दुकान पर पहुँचे और लो आशा की किरण चमक उठी। दुकानदार ने आधा सेर चूड़े का आर्डर दिया। हिम्मत बँधी और

दूसरी दुकानों में भी नमूने दिए। जरा-सा जोर पकड़ा काम ने तो बच्चों को पास-पड़ोस में घर-घर जाकर बेचने के लिए लगा दिया। एक दिन दूसरे मोहल्ले की एक दुकान पर देखा, अजीब बेढंगे से समोसे बिक रहे थे। लक्खूभाई ने पूछा मैं बढ़िया समोसे बनाकर दूँ तो ? दुकानदार ने कहा तो क्या? पहले आधा दर्जन नमूने के लिए लाओ। अब इतना समय तो था नहीं कि पति-पत्नी चूड़ा भी बनाएँ, समोसा भी बनाएँ और घर में बच्चों के लिए खाना भी बनाएँ, तो निश्चय किया गया कि खाना नहीं बनाएँगे। नमूने के लिए बनाना ही है ज्यादा बना लेंगे और सब लोग आज चूड़े समोसे का ही भोजन करेंगे।

दो-तीन दिन इसी तरह चला। मेहनत रंग लाई और समोसों का आर्डर दनादन मिलने लगा। सब जगह लक्खूभाई दौड़ नहीं सकते थे इसलिए बड़े बेटे भारत को बाजार तक भेजने का तय किया। पर मुश्किल यह थी कि भारत को अंग्रेजी नहीं आती थी। तो लक्खूभाई ने उसे दो जेबोंवाली कमीज पहनने को कहा। जेबों में पर्चा लिखकर रखा, मैं अमुक जगह जाना चाहता हूँ कृपया मुझे सही ट्रेन पर पहुँचा दें। एक जेब के पर्चे में घर का पता था, दूसरी जेब में दुकान का। भारत को समझा दिया कि दुकान जाने के लिए दाहिनी जेब का पर्चा दिखाए। घर वापस आने के लिए बाईं जेब का। और सख्त ताईद कर दी कि सिवाय पुलिसवाले के किसी और को पर्चा न दिखाए। माता-पिता ने छोटे से बालक को परदेस में अकेले इस तरह भेजा मानो तिलक करके युद्ध के मैदान में भेज रहे हों। जब तक बच्चा वापस नहीं आ गया दोनों के प्राण सूली पर लटके रहे। भारत जब सफलतापूर्वक काम करके वापस आ गया तब लक्खूभाई पाठक को सुनहरा भविष्य साफ़ दिखाई देने लगा। बस अब कोई चिंता नहीं। हमें कभी किसी की नौकरी नहीं करनी पड़ेगी और कभी भूखे-नंगे नहीं रहेंगे।

फिर तो बस भगवान ने जो दिया कि छप्पर फाड़ कर दिया। मेहनत रंग लाई। एक के बाद एक स्टोर खुलने लगे। मकान बदले शहर बदले। कोई हिंदुस्तानी घर ऐसा नहीं था जहाँ पाठक कंपनी के अचार, पापड़, सेव-गाठिए और समोसे न खाए जाते हों। हिंदुस्तानी तो हिंदुस्तानी अंग्रेजों की जीभ पर चढ़कर भी यह स्वाद बोलने लगा। दूर-दराज जगहों से कंपनी के माल के लिए आर्डर आने लगे। करोड़ों कमाए लाखों गँवाए। व्यापार-धंधे में यह होता ही रहता है। पैसा डूबने का दर्द ज्यादा दिन नहीं रहता। पर जब कोई झूठा विश्वास जमा कर छल करे तो उसका दर्द कुतर-कुतर कर कलेजे को छलनी बना देता है। लक्खूभाई का हृदय भी दुखी है। पक्षाघात के कारण शरीर भी निर्बल हो चुका है। पर ज़िंदगी का सामना उन्होंने जीवन भर शेर के जबड़ों के भीतर हाथ डालकर किया है। कभी किसी परिस्थिति में घबराए नहीं। फ़िलहाल हालत यह है कि

सांसारिक वैभव की कोई आकांक्षा नहीं रह गई है। परमात्मा की लगन लग चुकी है। स्वाद पर काबू पाने की चेष्टा में लगे हैं। एक छोटा-सा अन्नपात्र है। जिसमें मुश्किल से पाव डेढ़ पाव खाना समाता है। मीठा नमकीन तीखा फीका कैसा भी खाना हो, सारी चीजें उसमें एक साथ डालकर उतना ही पानी मिला लेते हैं और मजे में खा लेते हैं।

मैंने कहा यह तो संन्यासियों का भोजन हुआ। तो बोले संन्यासी वगैरा कुछ नहीं बेन, जीवन के हर तरह के वैभव विलास में से गुजर चुका हूँ अब उस सबसे तथा स्वाद के लोभ से बिल्कुल मुक्त होना चाहता हूँ। हमारी बातचीत के बीच में कई तरह के लोग आते जाते रहे। किसी से जय श्रीकृष्ण तो किसी से जय जिनेंद्र कह कर अभिवादन करते हैं। छोटों को सुखी रहो, भगवान तुम्हें सुखी रखे कह कर आशीर्वाद देते हैं। कोई भी साधारण आदमी होता तो इतने बड़े तनावों में खिंच कस गया होता पर लक्खूभाई हैं कि बेलौस बातें करते हैं। भजन-कीर्तन सुनते हैं। मिलने-जुलनेवालों को दिल खोल कर स्नेह और आशीर्वाद देते हैं। जैसा कि इस उम्र के लिए स्वाभाविक है। थोड़ा-सा भी कुरेदने पर अपने जीवन की पिछली यादों में डूब जाते हैं। इतने वर्षों के अंतराल के बाद ये यादें कभी-कभी वास्तविकता को कल्पना का गाढ़ा रंग दे देती हैं। कभी बहुत रंगीन क्षणों को बदरंग और नीरस बनाकर मन में उभारती हैं। सोचती हूँ लक्खूभाई पाठक के मन में इतने वर्षों की यंत्रणा झेलने के बाद कहीं वह निस्पृह विरक्ति छा रही है जिसके लिए कबीर ने लिखा था—

कबिरा खड़ा बाजार में माँगे सबकी खैर।
ना काहू से दोस्ती ना काहू से बैर।।

लेकिन शायद उसी में अंतर्निहित एक दूसरा व्यक्तित्व भी समाया है—अपनी आस्था और अपनी सच्चाई के लिए लड़नेवाला व्यक्तित्व ! जो कहता है—

कबिरा खड़ा बाजार में लिए लुकाठी हाथ।
जो घर जालै आपना, चलै हमारे साथ।।

लेकिन यह तो समय ही तय करेगा कि उनका संघर्ष सचमुच सत्य के लिए है या उसमें कुछ और भी प्रयोजन है। उनके संकल्पों में उम्र के अनुसार अतिरंजित एकपक्षीयता है या पारे की तरह पारदर्शी है उनका संघर्ष। जो भी हो, लेकिन यह जरूर है कि इस कदर विपरीत परिस्थितियों में भी उनका हौसला और हिम्मत आश्चर्यजनक है। प्रभु में उनकी एकाग्र आस्था कहीं दूसरे के मन को भी गहरे में छू जाती है। याद आता है संस्कृत का एक सुभाषित—

"निंदंतु नीति निपुणाः, यदि वा स्तुवंतु
लक्ष्मी समाविशतु, गच्छतु वा यथेष्टम्
अद्यैव वा मरणमस्तु, युगांतरेवा
न्यायात्पथः प्रविचलंति पद्म न धीराः।।"

अर्थात् नीतिनिपुण लोग भले ही निंदा करें या स्तुति करें, लक्ष्मी आए या बहुत सारी चली जाए, आज ही मरना पड़े या युगों के बाद मृत्यु आए, न्याय के पथ से धैर्यवान लोग अपने कदम नहीं हटाते।

जुलाई 1996

■■